湛庐CHEERS

与最聪明的人共同进化

HERE COMES EVERYBODY

如何阅读

LANGUAGE AT THE SPEED OF SIGHT

How We Read, Why So Many Can't, and What Can Be Done About It

[美] 马克·塞登伯格 著
Mark Seidenberg

吴娜 李哲 周海鹏 译

浙江教育出版社·杭州

你了解阅读的奥秘吗?

扫码鉴别正版图书
获取您的专属福利

扫码获取全部测试题及答案

- 人们在阅读时，可以自动补全遗失的信息吗？（ ）

  A. 可以

  B. 不可以

- 在掌握阅读能力之前，首先要学会：（ ）

  A. 说话

  B. 写字

  C. 社交

  D. 提问

- 文字与人类历史是同时出现的吗？（ ）

  A. 是

  B. 否

扫描左侧二维码查看本书更多测试题

献给我的妻子玛丽埃伦（Maryellen），
怀着最深的爱、钦佩和感激

献给我的孩子克劳迪娅（Claudia）和伊桑（Ethan），
感谢你们给我带来了生活的乐趣和幸福的家庭，
给我展示有关阅读的方方面面，
以及其他我所不了解的东西

目 录

第 2 部分 阅读背后的科学，我们是如何阅读的

第 3 部分 重新定义阅读教育

LANGUAGE

AT THE SPEED OF SIGHT

第 1 部分

文字与口语，阅读科学的基础

第 1 章

揭开阅读科学的神秘面纱，解决刻不容缓的阅读问题

虽然我们素未谋面，但有两点我可以肯定。首先，我知道此刻你正在读这本书。其次，我知道你一定是阅读方面的专家，因为“阅读”正是本书将要探讨的主题。

友人曾赠予我一本长达 380 页的学术著作，那本书中详细记载了铅笔的历史。纵然我喜欢铅笔和它顶端的粉色橡皮擦，而且经常使用铅笔，但是我始终认为，我实在没有必要知道铅笔是如何演变而来的。也许阅读之于读者正如铅笔之于我，有些读者可能会感到困惑，为何要读关于阅读本身的书籍呢？

人们发自内心去阅读也好，被迫去阅读也罢，不可否认的一点就是，阅读已经成为人们每天必做的事情之一。无论人们是在街上散步，在餐馆里点餐，还是查看邮件或者社交网站上的帖子，抑或是翻阅一本小说，或者查看食品包装上的营养成分表，阅读都发生在不经意间。阅读的目的五花八门。人们会因为工作需要而不得不读书，会因为想寻求学业上的突破而心甘情愿去读书，也会因为渴望徜徉于书海、体验阅读的快感而情不自禁地去阅读。在过往的生活中，人们已不知不觉地进行了大量阅读。倘若一个人投入数千个小时苦练棋艺就能成长为一名象棋高手，那么就人们对阅读所投入的时间而言，绝大多数读者都能被称为阅读方面的大师了。

这就导致了人们对于阅读的理解各有不同。有朝一日，当你的工作就是研究阅读时，你就能从人们口中听到各式各样有关阅读的故事了。从人们传递给我的信息中，

我得出一个结论：大家的阅读方式不尽相同。有人逐字逐句地读，有人则习惯一次性阅读大篇幅的内容；有人在阅读时会在脑海中勾勒出书中的画面，有人则会一边阅读一边体味字里行间的弦外之音。还有一些人与我分享了他们自己以及他们的孩子学习阅读的过程。我所收集到的这些信息，绝大多数都来自那些自称阅读速度很慢的读者。而这些人绝大多数都是我们眼中的成功人士。他们中的很多人都在需要高水平阅读能力的岗位任职，例如律师或校长。许多读者都认为自己的阅读速度比别人慢，殊不知这与乌比冈湖效应（Lake Wobegon Effect）[①] 恰恰相反，依据该效应，人们理应觉得自己的阅读速度快于他人。

这种现象的背后还存在另一个问题，那就是人们想要努力提升自己的阅读水平，但对于如何做到这一点却知之甚少。确实，阅读所涉及的大部分心理活动都发生在我们的潜意识之中。读者可以意识到自己在阅读之后加深了对事物的理解，收获了阅读给自己带来的快乐，或者意识到阅读可以向读者传递事实、观点和情感，但对于造成这些结果的心理活动和神经活动却一无所知。人们自身无法完全准确地了解自己的认知世界。鉴于此，试图通过观察自身阅读的经历来探究阅读的奥秘，就如同试图通过观看电视剧《权力的游戏》（*Game of Thrones*）来了解电视机的工作原理一样，都是行不通的。一个人可能擅长阅读，但这并不意味着他完全了解阅读的奥秘。因为我们无法借助自己的直觉理解阅读的过程，所以需要建立一套完整、系统的科学理论，以帮助我们全面、深入地探索阅读的奥秘。

我从事心理学、心理语言学以及认知神经科学研究多年，自迪斯科开始流行的年代以来，我就与全球范围内的志同道合之士一起从事阅读研究。很多人第一次听说阅读还有理论研究的时候，都不免会感到些许诧异。确实，阅读有什么可研究的呢？很多人认为阅读的过程就跟听讲解的过程一样，区别在于听讲解是用耳朵听而阅读是用眼睛看罢了。我们的眼睛看到文字，之后便可理解字里行间所传达的信息。然而这看似简单的阅读理解过程背后却隐藏着各个感官之间的大量协同配合。除了大脑中负责

---

① 乌比冈湖效应，意思是高估自己的实际水平。社会心理学借用这一词，指人的一种总觉得自己什么都高出平均水平的心理倾向。——编者注

控制视觉与语言的区域，还有负责控制人们的肢体动作、情感和做决策的神经系统，一些记忆系统，等等。由此可见，认为人类大脑利用率只有 10% 的说法实属谬论，仅在阅读时人脑的利用率就已远超这一数字。依据弗洛伊德的理论，心理动力学并不能清楚地解释人类做出某些行为背后的原因。与此类似，人类的神经认知机制也不能完美地诠释人类的阅读过程。庆幸的是，现在从事阅读方面研究的科研者已经找到了更优的理论。这些理论能够帮助我们研究阅读这种行为背后的潜意识基础。我们没有与参与研究的志愿者见面畅谈，而是通过磁共振成像技术记录志愿者在说话时的脑部活动。现如今，相关研究已经收获颇丰。

我们已经洞悉了人类大脑完成熟练阅读的运行机制、人类掌握阅读技巧的方式以及造成人类阅读障碍的主要原因。我们可以通过三四岁孩子的一些行为，预测他们今后的阅读能力。我们了解到学龄儿童在初入校园之后是如何掌握阅读方法的，以及他们会遇到的困难。

我们明确了如何区分人类阅读能力的强弱，以及熟练阅读者与入门级阅读者的区别。同时，我们也认识到诸如听力障碍或学习障碍等身体因素，以及缺乏足够的指导或家境贫穷等环境因素也会对人们的阅读能力造成影响。

鉴于人类大脑的构造大同小异，我们已经发现了人类阅读的一些共性。但由于文字系统存在差异，人类的阅读过程也存在差异。我们发现了人类阅读过程中所涉及的主要神经回路，以及患有阅读障碍的儿童产生的神经回路异常。

我们甚至还为阅读中所涉及的不同方面，如学习阅读、熟练阅读、阅读障碍以及因大脑损伤而失去阅读能力等情况都建立了相应的计算模型。这要求我们加深对这些不同阅读情况的理解，并在此过程中不断完善该模型。

我们的科学研究可以为那些深受阅读障碍困扰的孩子提供有效的解决方法。阅读是一门科学而非戒律。科学家纵然在有关阅读的许多细节问题上不能完全达成一致，但是已经就人类如何阅读以及决定人类是否可以阅读的因素等重要方面达成了共识。

阅读的“斯普特尼克时刻”

虽然阅读的相关研究已经取得了一定的成功，但由此引发的矛盾是：既然我们已经充分了解了阅读的本质，那么美国民众的读写水平为何还是如此之低呢？

2011 年，时任美国总统的奥巴马表示，美国人民已然迎来阅读能力上的“斯普特尼克①时刻”。当时的背景是，国际学生评估项目（Programme for International Student Assessment，简称 PISA）对来自吉尔吉斯斯坦、加拿大等 74 个国家和地区的 15 岁青少年的阅读能力展开了大规模测评。测评结果令美国民众十分诧异，人们深深地感受到了美国在这方面存在的差距。一年之后，美国青少年在国际学生评估项目组织的阅读能力评估中依旧表现欠佳，他们的阅读水平与经济合作与发展组织（OECD）中 34 个成员国的青少年阅读水平的平均值相接近。2009 年，该组织首次将中国及新加坡学生纳入测评。测评结果显示，在亚洲国家中，不仅仅是这两个国家，其他来自韩国以及日本的学生的表现均优于美国学生。在 2009 年的评估中，中国上海的学生成绩优异，在阅读、数学以及科学测评中的成绩均位列榜首，并大幅度领先于其他国家和地区的学生。

虽然美国学生的得分总是低于来自澳大利亚、加拿大、芬兰及新西兰的学生，但是其与亚洲国家的学生存在差距的事实却引发了更多的关注。美国学生阅读能力不佳的问题逐渐引起了社会各界的重视。政府官员和社会各界人士称这些测评结果为缺乏竞争力的美国教育敲响了警钟，并断言教育的不作为带给国家的威胁丝毫不亚于 1957 年苏联发射“斯普特尼克 1 号”人造地球卫星对当时美国造成的威胁。[1] 虽然人造地球卫星在当时已经不是什么新鲜事物，但是苏联在航天领域的强势崛起却促使美国在短时间内迅速反应并制定了全面应对的策略。在接下来的两年时间里，美国成立了美国

① 斯普特尼克 1 号是苏联于 1957 年发射的世界上第一颗人造地球卫星，由于当时世界正处于冷战时期，该卫星的发射震撼了整个西方，引发了美国国内的一连串事件。美苏两国之间的太空竞赛从此拉开序幕。——译者注

航天局，以及美国国防部高级研究计划局的前身高等研究计划局，其中，后者曾资助诸如互联网等突破性科技的研发，与此同时，美国国家科学基金会的预算增至原来的3倍。按照《国防教育法》（*National Defense Education Act*）的规定，美国政府大量拨款为学生提供贷款和奖学金。但是2011年的境况与1957年又不尽相同。第二次“斯普特尼克时刻”的热潮很快就消沉了，转瞬之间教育问题在公众视野中又销声匿迹了（见图1-1）。[2]

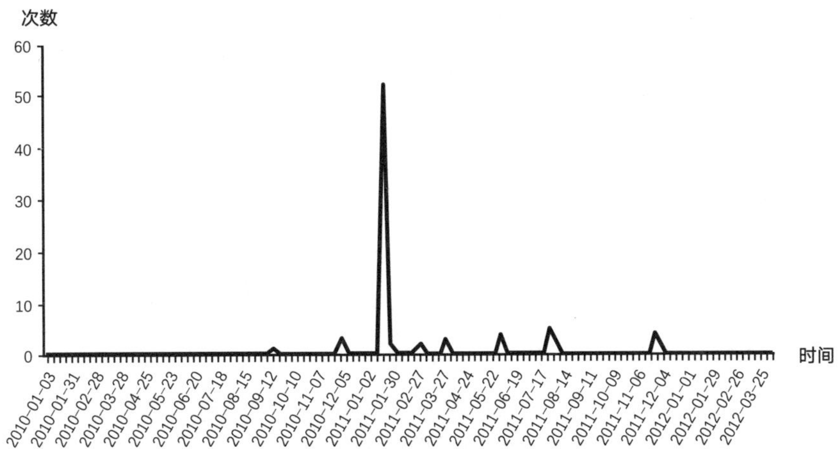

图1-1　2010—2012年，美国有线电视新闻网（CNN）在播出节目中提及“斯普特尼克时刻”的次数

如图所示，2009年国际学生评估项目发布评估结果的时间，正是在奥巴马总统提出我们已经迎来“斯普特尼克时刻”的时间节点上，因此“斯普特尼克时刻”一词出现的次数在2011年激增。

虽然国际学生评估项目的测试结果已经引起了人们的广泛关注，但许多关于美国人读写能力问题的内部数据依旧没有公之于众。美国已然成为教育问题上的“后进生”。2003年的一项研究表明，美国有9300万成年人的阅读能力处于基础水平或低于基础水平。[3]阅读能力处于基础水平的人能够读懂糕点制作配料表，却难以弄清楚有关高血压病症的资料信息。美国教育部曾组织国家教育进步评价（National Assessment of Educational Progress，简称NAEP，也称“国家成绩报告单”）活动。在这项测评中，超过半数的四年级与八年级学生的每一次测评结果都一致表明，他们的阅读能力仅达到基础水平，甚至低于基础水平。这充分证实了美国人确实存在读写能力低下的问题。虽然美国经济实力雄厚，但是国家培养出的具备熟练阅读能力素养的人的数量却远远低于预期水平。

在美国，但凡与教育相关的问题就会引发争议，国际学生评估项目以及国家教育进步评价的结果也未能幸免，同样引发了人们的激烈争论：是不是测试本身难度太大？学生们是不是没有学习过测试的内容？如果学生们的阅读水平真的不达标，为什么美国依旧是世界第一大经济体？美国政府非常热衷于进行各种测试，到底谁具备阅读能力，美国人的阅读能力到底处于什么样的水平？这些相关数据表明：许多美国民众数年来的阅读量明显不足。作为一名美国人，我在这里仅以美国为例，探讨民众的阅读能力问题，但是我相信，其他经济发达的国家在此问题上的情况也与美国十分相似。

众所周知，读写能力的不足会对个人及社会带来极大的影响。“阅读是基础”，这是我们随处可见的标语。儿童阅读技能的缺失会对他们在其他学科上的学习产生连锁反应。即使是数学这门学科，在课程设置与日常教学中，教师也会强调文字理解的重要性。因为学生在完成应用题、阐述题以及运用数学知识解决现实问题时都需要明晰语言的含义。阅读能力不足也会阻碍学生更好地掌握学习方法和形成批判性思维，同时，阅读能力不足也极大地增加了学生学习退步的风险。对于成年人来说，阅读能力不足使得他们无法胜任工作岗位或有效管理自身的健康状况，更别说为孩子的教育添砖加瓦了。如果上述情况还不够棘手的话，2012年一份来自美国外交关系协会的报告则足以为民众敲响警钟。这份报告指出：“美国人中大面积存在的受教育不足的情形，已经导致美国在国防、机要信息保密、外交权利的行使以及经济增长方面受到桎梏。”[4]

这样的情况不免使我感到担忧，而且这样的情况在美国已经持续了数年之久。在过去的几十年当中，美国的标准化阅读测试成绩十分不理想。我有时真的期盼，“哈利·波特系列”作品的热潮能重燃孩子们对于阅读的渴望，从而投入更多的时间来阅读。但现实情况常常令人感到失望。无论是常春藤联盟高校还是地方中学，我们都能听到对于测试的质疑声：学生的阅读技能和阅读习惯正逐渐衰退。而这些重要的能力，例如深度阅读具有一定难度的文章等，则是无法通过标准化测试体现出来的。美国当代作家菲利普·罗斯（Philip Roth）认为人类已无法重拾阅读能力。他表示："阅读文学作品的时代已经终结，而证据随处可见。我们的文化、社会、电子屏幕以及人们在电影、电视与电脑之间的流连都表明，阅读这一习惯已然成为过往。"[5]

人们对于阅读成果的焦虑引发了社会上对于究竟该如何教授阅读这门课程的争论。父母们虽深知阅读的重要性，却不信任学校在此方面的教学能力。为此，在经济条件允许的情况下，他们通常会花钱请家庭教师或送孩子去补习中心接受额外的辅导。我们自以为已经十分了解阅读，但是仍有许多人目不识丁，或只能进行浅显的阅读，或明明可以阅读却选择逃避，这些情况丝毫没有得到改变。所以，我也曾扪心自问：阅读这门科学究竟是否为改善美国或其他国家人们的读写水平尽过一份力。

这个问题的答案也许会让人失望，因为阅读能力低下往往是由贫困等深层次的原因所致。美国人口普查局表示：约 15% 的美国公民生活贫困，其中包括 1600 多万名儿童。贫困会导致许多恶性后果，例如：婴儿死亡率及神经系统非正常发育率升高、寿命缩短、学习成绩下降、辍学率上升、学校基础设施建设及师资力量落后等。而这份恶果清单的最后一项则是阅读能力低下。因此我们可以从调查结果中得出结论：要想解决读写问题，首先就要改善民众贫困的生活状况。[6]

贫困在美国乃至全世界都是一个棘手的问题。澳大利亚、加拿大、新西兰等发达国家的学生阅读成绩优于美国学生，但是那些地区的原住民学生的阅读成绩却并不优于美国学生，因为他们的贫困率比较高。倘若我们不去讨论提升阅读水平的方法，就不会注意到，原来我们生活中存在那么多不利于提高阅读水平的条件。但是贫困不是导致阅读能力低下的唯一原因，有 9300 万的边缘化读者都不曾遭受糟糕的经济条件的困扰。生活经历丰富的职业橄榄球运动员罗布·格隆考斯基（Rob Gronkowski）表示，自九年级读了《记忆中的知更鸟》（*Mockingbird to Remember*）后，他再也没读过任何书。环顾四周，像他一样的大有人在。[7] 这些人可能会是机场的安保人员、放射科的技师或警察，阅读水平往往还达不到社区大学要求的高中毕业生，校园中名气很大的"学生运动员"，往往通过收音机和有线新闻网获得信息的"低阶资讯选民"，以及很想把这本书读完，但是阅读的过程却困难重重的某些读者。只有拥有基本阅读能力的人才可以从事医疗、人身安全、执法、商业、政治等领域的各种职位。

需要依靠电子屏幕的活动，如电影、电视、游戏、软件、音乐视频等近年来日渐流行。这类文化活动的兴起又在多大程度上阻碍了人类成为阅读者呢？阅读与写作是否已经成为发送短信、发推特或更新脸书的辅助工具？孩子们越来越多的课外课程对其阅读能力的提升又会起到怎样的负面作用？在芭蕾舞、钢琴、小提琴、戏剧、跆拳道这些课外课程的包围下，有的孩子早上六点还要起床练习曲棍球和足球，或者出发参加比赛、旅行。试问一个中学生如何一边读书，一边带球训练呢？也许阅读真的没有以前那么重要了。书写是人类发明的第一项信息技术，但是现在其他的信息技术已层出不穷。屏幕、图片、声音、视频的出现将压缩人类使用文本传递信息的空间。我个人非常喜欢看菜谱，但对于那些没有耐心看菜谱的人而言，一个美食视频向他传递的信息已经完全可以满足他的要求了。大家可以通过阅读这本书来了解书中提及的现象，也可以通过看视频或亲身体验的方式来了解书中的内容，这也是我非常推荐的。[8]

我们的生活确实发生了一些不可名状的变化。如果你上网看看，就会发现网上充斥着许多言之凿凿关于阅读现状的评论，其中好坏参半。好的包括人们现在已经可以轻而易举地获得海量的文本信息，很多信息都与视听相结合。不好的包括现在网上有很多非文本媒体和质量并不高的文本。例如 K-12 学生用书的语言难度正在逐年下降。[9] 教育家称阅读是现代人必备的几大能力之一，但是美国国家艺术基金会发布的报告却向民众发出严厉的警告，即美国人的阅读水平正在不断下降。[10]

也许在未来的几十年中，我们都无法知道现在这种人类信息传递方式的变化究竟会对社会产生何种影响。我们暂且假设阅读不会在短时间内消失，同时，那些熟练阅读者相较于阅读能力差的人依旧在方方面面占得先机。基于这一点，我将研究目标对准了教育，这个将长期对人类阅读能力及阅读质量产生直接影响的因素。除了一些极端的特例之外，多数孩子都会在学校开始学习阅读。而从根本上解决孩子读写能力低下的方法则是从预防阶段入手，即学校从一开始就教授孩子们正确的阅读方法。如果教师在学校里换一种方式教孩子，是否会有更多的人能够提升其阅读能力呢？学校教育对于孩子们阅读的专注度以及阅读质量又有多大的影响呢？

我们现在面临着一个问题，即有关阅读的科学理论并没有与教学实践紧密结合。鉴于科学研究与学校教育的文化背景不同，科学家针对阅读所做的相关研究并没有对学校的教学现状产生多少影响。这种跨文化的差异着实难以跨越。

科学与教育间的严重脱节对阅读的开展造成了障碍。从科学理论的视角来看，许多授课手段都与人类认知与发展过程相悖。因此，许多孩子的阅读进程才会如此步履维艰。这些不恰当的教学手段不仅阻碍了学生阅读能力的提升，同时也忽略了贫困学生的情况。那些本可以熟练阅读的孩子在这样的教育方式下也难以成才。许多课程活动都无法激起学生的兴趣，在这样的情况下，他们很难学会阅读。简而言之，学生在学校所学的东西并不能满足现实需求，这一点在美国学生不尽如人意的阅读成绩上体现得淋漓尽致。当然还有其他原因也增加了学生的阅读压力，但教育理论与方法的不当无疑加速了阅读的边缘化。

有关阅读的科学理论虽然不能解决所有影响阅读成绩的问题，包括那些由贫困所导致的问题，但它确实谈到了如何在学校和家庭中提升阅读能力的问题。从科学的角度出发，我就提升阅读能力给大家推荐一些明确的方法。我们无须做更多的测验或出台新的法律政策，无须投入大量的资金，亦无须让学生在教室中使用电脑，因为在我看来，电脑对学生学习产生的威胁不亚于游戏和其他看起来时髦的新科技。人们要做的只是转变教育观念，使其建立在科学事实而非个人信念之上。

接下来的几章，我将会从专业人士的角度带大家领略阅读所蕴含的科学魅力，包括眼睛浏览页面的过程、负责阅读的脑回路的运转过程以及影响这些脑回路发育的基因等角度。我们所用的研究方法都十分简单，比如记录下学生在朗读某单词时所犯的错误，或让实验中的受试者判断 sute 是不是一个单词。其实，sute 并不是一个单词，但是它听起来像一个单词，即便在默读时，读者也会对其产生片刻的怀疑，纠结其含义。有的研究则使用了经颅磁刺激等外围学科技术，这项技术可以暂时阻碍影响阅读的神经元的传递。我们分析了阅读困难及存在读后理解障碍的儿童的案例。但有些患者的大脑是由于受到损伤而影响了其阅读能力，这种情况可能会误导我们的研究结果。已经过世的奥利弗·萨克斯（Oliver Sacks）医生曾记录过一个十分著名的病例，该病例中的患者患有失认症（agnosia），把妻子误认为是帽子。我们将类似的阅读障碍，例如将 sympathy（同情）读成 "orchestra"（管弦乐队）[①] 这样的情况称为深度诵读困难症（deep dyslexia）。在研究阅读的过程中，我逐渐揭开了阅读的面纱。这其中就包括那些声称可以在短短几周之内就将孩子的阅读水平提高一大截，以及使你成为一目十行的超级阅读者的商业骗局。教育神经科学不仅研究阅读、数学等基本技能，它还涉及人们获得这些技能的方式，我们将从这个角度分析问题。神经成像研究显示，在阅读能力低下的学生的大脑中，负责单词拼写的区域并不活跃。这样的发现是否能体现教师的阅读教学方式，或仅仅为阅读能力低下的学生单词拼写能力也不高这一事实提供神经学方面的证据？

在了解了阅读这门科学的基本要点后，我深入观察了学校的教育方式。如果你迫切想要了解美国阅读教学的现状，那么这些新的发现绝对会让你大吃一惊。如果你是（或曾经是）一位学龄儿童的父母，你一定会对这些发现感到格外震惊。

虽然将科学理论与教学实践融为一体十分重要，但是目前我们还不能做到这一点。教育家们整天都沉浸于自己的世界观之中而拒绝接受外界的新理念。现在的教育更重视培养所谓的"读写能力"，即强调读写训练、对于读写的态度以及无纸化读写等读写形式，而并不关注阅读本身。许多教育家认为一些科学观点实属无用，这些观点既不能抓住教学的宝贵时机又不能使师生之间产生有益的化学反应。教育领域的从业者通常不会接触有关认知、儿童发展和认知神经科学等方面的研究。这些知识的缺乏使得他们不具备评估教学内容、教学手段和最新的教学理论及其意义的能力。相反，他们听信于少数权威的言论，其中最具影响力的便是列夫·维果茨

① 关于符号，这里有几点说明。小写字体用于标注词汇的书面写法。引号用于标注词汇的发音。斜线用于标注词汇的音素。举例说明，bat 这种形式表示这个单词的书面写法，"bat" 表示这个单词的发音，/b/ 表示这个单词首字母的音素。

基（Lev Vygotsky）。这位苏联时期的心理学家用俄语写就了大量有关教育方面的理论著作，卒于 1934 年。他从未见识过美国的课堂，也从来没看过电视、计算器、电脑、电子游戏，更别说使用过智能手机了。科学家们天真地认为他们的科研发现对学校的教学实践意义非凡，却高估了教育界人士对科学的了解和重视程度。

作为一门学科，教育更注重日常观察与实践经验的积累，这又说回到了本书第一页的内容。人们对于阅读的直觉认知并不深入，而人们的观察也会受已有认知观念的影响，这其中就包括以前人们所学的关于儿童如何学习以及阅读发挥怎样的作用等方面的知识。教育家也是普通人，也会和所有人一样受认知水平和个人偏见的影响。缺乏对于读写能力的科学认知，再加上对个人观察结果的深信不疑，使得现在的教育方式虽然看起来使人信服，但实际上却没有科学依据，不堪一击。

如今，人们抱怨国内的教育情况并不亚于抱怨政府的不作为。有些人总是对教育领域的改革与创新满怀期许，希望有朝一日，教育可以使人不费吹灰之力就能变得更聪明、思维变得更敏捷，可事实却让他们的期望一次次落空。有些人则致力于消除贫困，因为消除贫困对于提高教育质量并改善其他方面显得尤为重要。与此同时，我们专注于改善那些可控的教学条件以提高教学质量。教育界人士往往肩负着设计课程、教授课程以及分配教学实践工作等任务。深入了解这些人的价值观与理念有助于我们进行改革。在最后几章中，我将详述人们对于现行阅读教学方法的顾虑。这些分析将向人们阐述我们需要做出改变的地方，并提出解决之道。

我们不可能在一夜之间就彻底改变现行的教育模式，但此书将会提供给读者一些实用的信息。阅读本书的你，可能是与教师打交道的家长，可能是学校校长，也可能是管理地方教育系统的官员，还可能是一位手握选票的选民，而你所支持的参选者则有权力影响教学目标与教学模式的制定、改善公立学校获得资金的渠道甚至是重新划分税收的分配。而以下便是你所需要的知识储备：对于熟练阅读、学习阅读、导致阅读困难的原因、正常人及阅读障碍患者的大脑情况有基本的了解；对于现行阅读课授课方式的批判性分析；熟悉有关阅读教育方式的争论；对于教育的意识形态及其演变过程的了解。同医疗行业一样，教育也是一个估值高达数十亿美元的产业，它关系着多方的利益，如政府、商界人士、教育者、父母、孩子、纳税人、工会、利益集团及慈善机构等。然而这些人的观点和利益通常会发生冲突。教育与医疗的另一相同之处则是，相较于被动的接受者，积极主动的参与者往往更能从中受益。

人们现在可以在互联网上查阅到许多关于阅读的信息，但互联网信息的真实性有待商榷。与许多顽固不化的偏见一样，网上的许多信息并不符合科学道理。一个外行人又怎会知道如何评判争议或判断主张的对错呢？从美国英语教师委员会（其实我认为该组织并不科学）到“科学教”方法论［由美国科幻小说家 L. 罗恩·哈伯德（L. Ron Hubbard）创立，他声称自己创造了一种全新的教学方法］，社会各界人士都对阅读有着自己的看法。一些学区还会将十分晦涩的教学宗旨与课程目标上传至其门户网站上，殊不知他们认知之外的世界早已精彩异常。人切忌故步自封，有时也需接纳外界的帮助。

为什么人们如此关注阅读

阅读是实验心理学领域最古老的研究课题之一，美国第一位心理学教授詹姆斯·麦基恩·卡特尔（James McKeen Cattell）早在 19 世纪 90 年代就开始从事这方面的研究。约 100 年后，认知神经科学兴起，而阅读也是这一领域的学者最热衷的研究课题之一。阅读对于我们来说早已不再新鲜，可为什么人们对它的热情却一直不减呢？

阅读是独一无二的。它充分展现了人类的智慧。虽然口语常常被视为人区别于其他物种的最高能力，但这一观点却存在争议。科研人员认为，其他物种的交流体系与人类的语言有着一定的相似之处。人类的语言能力是任何物种都难以企及的，但是动物的交流体系确实与人类的语言有着异曲同工之妙。一只非洲灰鹦鹉可以与长期训练它的主人进行交流。[11] 究竟是这只鹦鹉真的可以像人一样说话，还是它的表现只是长时间训练的结果？不管这个问题的答案是什么，我们都知道人类的阅读能力绝对是独一无二的。甚至连早期智人也是在 5000 年前书写得以发明后，才具备了阅读这项能力。了解阅读这项复杂的技能，就意味着了解人类的本质是什么。

阅读的重要性不言而喻。随着人类文化的发展与演变，阅读能力对于人类的蓬勃发展至关重要。在历史发展过程中，虽然有很长一段时间人们目不识丁，但这并不影响他们的正常生活。而现代社会中，情况就不能同日而语了。盖瑞森·凯勒（Garrison Keillor）① 曾于 2007 年发表了一篇文章，他在文章中为明尼苏达州孩子们不理想的阅读成绩感到惋惜，并表示："教会孩子们如何阅读是这个社会应尽的责任。"[12] 阅读在当今文化中的重要性已经毋庸置疑。不幸的是，这项技能并不容易为人所掌握，许多孩子要经过辅导才能学会阅读，大多数人也都需要耗费很长时间才能掌握这项技能。这也就意味着教师们的教学方法十分重要，它不仅会决定一个孩子能否成为一个阅读者，还决定着其阅读水平的高低以及以后是否可以享受阅读过程并积累阅读经验。为了有效地教育孩子并使越来越多的人掌握阅读这项技能，我们需要具体地了解有关人类阅读的方方面面。作为一名这方面的研究者，我主要对涉及阅读的各个方面展开了研究，并试图找出其中的关联之处。虽然不能解开所有研究中的疑惑，但我对这些研究课题的热忱却始终不减。从个人角度出发，我希望我的研究可以服务于儿童，让更多的儿童可以更好地阅读。我写这本书也是出于这个目的。

阅读是了解人类认知的一种手段。人类经过了几千年的演化，才成功学会了如何运用语言，这使得现在的孩子不费吹灰之力便可在与他人的互动中学会说话。但是阅读却与运用语言不同。像收音机一样，阅读是由一位或几位独具慧眼之人所发明的一种技术。阅读在人类历史上出现的时间相对较晚，是在人类拥有了说话、思考、感知、推理、学习与行动等能力之后才进化而来的一种能力。阅读是在人类现有能力的基础上演化而来的，这项偶然的演化成果却可以帮助我们研究上述的人类各种能力。人们当然没有必要为了研究阅读而成为一名阅读科学家。他们也可以通过研究视觉和记忆来解析阅读。例如，他们可以让人们参与到阅读单词或句子的实验当中。此类实

---

① 美国节目主持人，幽默作家兼编剧。乌比冈湖效应的名称便是源自凯勒在其主持的一档节目中虚构的草原小镇。——编者注

验已经帮我们积累了许多高质量且有深度的文献材料。

简而言之，阅读妙趣横生、错综复杂且不可或缺。我们迫切需要减少很少阅读或根本不阅读的人的数量，以确保未来的一代可以拥有足够的读写能力，从而在今后的世界中蓬勃发展。基于此，有关阅读的科学以及这本书便应运而生。

第2章

文字与口语的结合，让阅读变得可行

我们用眼睛阅读，但是阅读的起点却是口语。通常情况下，人们会认为阅读与口语是针对同一事物的两种不同的表达方式。就像同一个数字既能以二进制的形式呈现，又可用十进制的形式呈现一样，人类的口头语言与眼睛看到的书面语言应是可互相转化的。然而事实并非如此，这二者之间实际上无法实现互换。如同一对有着严格边界却相互依赖的语言一样，书面语言与口头语言之间联系紧密而且彼此相互影响。

相比较而言，阅读的地位次于口头语言。世界上没有任何一种自然语言只有书面形式，而没有口头形式。这里，我们使用“自然语言”一词，以便将人类的语言与蜜蜂的语言、肢体语言、标识语言以及其他各种隐喻义的语言加以区别。在书写这项技能出现之前，口头语言已随着人类的发展而不断得以进化。在相当长的一段时间里，人们的口头语言都没有相对应的书面表达形式。当代的很多语言亦是如此。儿童往往在具备读写能力之前，就已学会了说话，大多数儿童的成长发育都遵循着这条轨迹。

对于研究语言形式特征的语言学家而言，阅读想必与摩斯密码一样令人着迷。他们认为，人类具备说话能力之后，书写应运而生。而口语正是语言的核心特征所在。虽然现代科技发展不断创新，新技术层出不穷，但是书写实际上并没有改变语言的本质。然而，这样的观点未免把问题看得过于简单化。阅读的起源是一回事，但是阅读在现代读写文化以及个体的大脑中是如何运转的却是另外一回事。这不仅表明书面语言具有非常重要的作用——现代社会的存在与发展离不开书面语言，同时，这也意味着科技的发展为我们使用语言提供了新的方式。现在我们再去讨论阅读是否从根本上改变了语言的本质或者阅读是否只是人类历史发展过程中的附加产物，已经不是那么重要了。任何将阅读排除在外的语言研究都忽略了一点，即语言因为阅读的存在而得以不断进化。

书面语言与口头语言之间紧密而又复杂的联系构成了许多有关阅读的科研问题的基础，并引发了教育界关于阅读的一系列争论。这些问题与争论也是本书要讨论的主题之一。试想：

- 初学阅读的人要做的第一件事便是了解口头语言与他们所学的书面语言之间的关系。由于口头语言与其文字的编码并非一一对应，许多儿童在初学阶段就步履维艰。
- 鉴于书面语言是口头语言的一种表现形式，很多教育家表示，儿童学会阅读与他们学会母语一样，是一件自然而然的事。可事实却是，学会说话与学会阅读两者大相径庭。试想，若孩子们都在这样错误的假设下学习阅读，会产生什么样的后果呢？
- 人们对于阅读教学方式的争论主要集中于是否应提倡在默读中使用基于声音的信息。语音教学法因强调文字与口头语言间的联系而备受争议。
- 诵读困难症，即发展性阅读障碍的成因之一便是患者在文字与口头语言之间建立联系的能力受损。
- 使用口头语言的经历深深影响着儿童学习阅读的进程。儿童处在语言环境中的时长、语言环境的多样性，以及他们平时在家或社区所说的方言与在学校所说语言的差别都会深刻影响儿童阅读能力的提升。

了解文字与口头语言之间的关系是阅读初学者遇到的第一个挑战，而解释这二者之间究竟有什么联系则是我要完成的任务。

文字与口语并不是简单的转换

口头语言与文字是表达同一事物的两种不同的方式，但是这种观点却不适用于所有场合。最典型的一个例子就是，父母同为听觉障碍的儿童患者一开始学习的就是手语而非口头语言。美国手语等各种手语不仅拥有和口语一样的语法结构，还可以与口头语言一样架起沟通的桥梁。这说明语言不仅只有口头语言与书面语言这两种表现形式。但是，美国手语的语法却与书面语语法截然不同。课本并不是依照手语的语法来撰写的，所以将美国手语作为第一语言的听觉障碍患者还必须学习他们的第二语言——英语，只有这样他们才能进行日常的阅读与写作。与他人交流时使用第一语言，阅读时又要用另一种语言，具备这样的技能实属不易。[1]

神经病理学中的脑卒中与阿尔茨海默病也是导致口头语言与文字出现脱钩的一个原因。人们说："约翰给了玛丽一本书。"正常人可以听懂这句话，也可以阅读并理解这句话所对应的文字。而有些人则没那么幸运，他们只能理解其中一种形式的语言，却无法在口头语言与文字之间建立对应的联系。有些患者能听懂"book"（书）、"give"（给）等词语，却不认识这两个单词，而有些患者的症状则恰恰相反，他们能读懂，却听不懂。口头语言与文字间的脱钩现象仅发生在脑损伤患者身上，这类典型的症状引起了科研人员的极大兴趣。

口头语言和书面语言之间还存在若干共同的基本特征。其中有两个特别有趣。它们真实存在但也并不绝对。第一，人类可以在不经意间快速理解口头语言与文字的意思。当你阅读这本书时，你可以理解字里行间所表达的意思，如果我将这些内容说给你听，你也同样会明白其中的含义。无论是看还是听，人类总是可以在接触语言的第一时间就立刻明白那连绵不断的话语所包含的全部含义。语言表达形式虽然不同，但其传递的信息却是相同的。然而，人类的理解有时也会出现偏差，不同的人对同一句话可能会产生不同的理解。理解的过程转瞬即逝，人类理解语言的过程随着语音与文字信息的增加而推进，其间从不停歇。很多人都惊讶于人类大脑的工作效率如此之高，并且发现虽然看与听之间存在本质性差异，但是两者的工作模式却极为相似。手语也是在这种大脑高速运转的模式下被理解的。[2]

第二，口头语言与文字之间存在紧密的正相关关系。在成年人中，这两者的相关值高达 0.9（最大值为 1.0）。[3] 由于诵读困难症患者的阅读能力与口头语言表达能力差距过大，所以这一结论在此类人群中并不适用。有些文本对于人类来说是非常晦涩难懂的，例如美国小说家亨利·詹姆斯（Henry James）或英国物理学家斯蒂芬·霍金的作品，但是这些文本的音频形式也不可能会变得和《小熊维尼》（*Winnie the Pooh*）故事集一样浅显易懂。

市面上一直都有许多探讨口语本质的书籍，可如果阅读与口语真的如此相似的话，人们继续讨论这个话题的意义在哪里呢？而当我们透过二者共性探究其差异时，我们会发现二者之间其实存在很多不同之处。

- 口头语言是物种进化的产物。

而阅读就像货币一样，是人类文明发展的产物。

- 口头语言具有普遍性。除部分人因患有疾病外，几乎每个人都能够学会说话。

而阅读能力就像 Wi-Fi 一样，并非每个人都拥有。

- 儿童在与他人互动交流的过程中学会了说话。

而阅读需要专门的学习。儿童在最开始的时候会学唱字母歌、听睡前故事，最后通过在学校的多年学习，才能掌握这一技能。

- 口头语言转瞬即逝，口头语言中的语言信号在产生的瞬间就已经消失。

而人类创造的文字系统则弥补了口头语言转瞬即逝的不足。你正在阅读的这些文字，在你读完之后并不会消失。

- 口头语言表达出来的内容可能是杂乱无序的。要说出一段条理清晰的话实属不易。人们首先要想好说什么，其次要选词、构建出能表达说话者意图的语法结构，最后还要将这些词语有序排列，而上述所有步骤都要在说话的一瞬间完成。由于整个话语产出的过程要求极高，所以口头语言难免会存在语速不流畅以及表达内容有误等问题。

与口头语言相比，文字则更加清晰明了。书写过程中的时间要求并没有那么严格，人们还可以对文字进行二次编辑。若把口头语言比作草稿，那么文字则是经过修改的终稿。

当然也存在一些例外的情况。一些正式场合的口头语言表达一般在语言逻辑上都严谨且规范，而一些非正式场合的文字则杂乱无章。斯蒂芬·科尔伯特（Stephen Colbert）就是一位专业的脱口秀演员，他在大多数情况下都可以流利地说出逻辑性很强的话语。相反，像维基百科以及单词长城这种专门用于文本创建的系统，其产出的文字则在语法、拼写与搭配上都漏洞百出。

最后，就对理解速度的控制而言，二者也存在很大的差别。一方面，读者能够控制阅读的速度；而另一方面，听众完全听凭说话者的摆布，说话者需要说出连贯、流畅的话语，听众才能明白其中的含义。而作为交换，听众也获得了另一个优势，那就是，说话者提供了面对面进行答疑解惑的机会。在条件允许的情况下，听众可以向说话者咨询所讲述的内容，而读者却无法与作者进行现场对话（当然也有例外，在读者见面会以及图书签售会这样的场合，读者还是可以与作者进行现场对话的）。

最终的结果就是口头语言与书面语言在用词上的不同。有些词往往更多地出现在口头语言中；相反，有些词在书面语中出现的频率更高。请你判断一下，下面这些词，哪些常用于口头语言，哪些常用于书面语言呢？

> Yeah, such; right, actually; obviously, thus; shit, which; like, diverge①

儿童和成年人日常阅读的文本中出现的句式结构往往比他们话语中的句式结构更复杂。[4] 书面语言与口头语言当然还存在其他方面的差别，在此我们无法将其一一列出，只集中精力讨论这个主要的差别：由于书面语言与口头语言产生与感知的方式均不同，因此它们并不是彼此之间的简单变体。

短信，文字与口语的结合

听觉和视觉模式以及相应的感觉和运动系统的特性造成了书面语言与口头语言之间的差异。如果我们将口头语言或书面语言中其中一种形式的特征整体套用到另一种形式上会发生什么呢？是否存在一种可以完美结合两者特点的语言形式呢？又或者这两者之间的结合是否会产生什么可怕的后果呢？对于两者结合的问题，现代科学家已经做了一些相关的实验。其中一项就是发短信。短信是在智能手机创造的新环境下，为了应对语言使用的新挑战而出现的，是一种书面语言与口头语言的结合。短信虽然是一种书面语言，却具有口头语言的特点。

手机短信转瞬即逝。我编辑了一条短信，发送出去，目标接收者会阅读这条短信。这条短信在屏幕上停留一瞬，很快就溜走了。对于手机用户来说，与传统文本相比，短信就是匆匆过客，但停留的时间又比口头语言要长。当然短信存留的时间比人们预期的长，但是与互联网上长期存留的信息相比就不值一提了。

说话者可以通过控制说话的速度让听众理解他所表达的内容。编辑短信更像是产出一种口头语言。如果人们使用手机自带的语音识别软件来编辑短信，那么短信就成

① 这些词两个为一组，每组中的前一个常用于口头语言，后一个则常用于书面语言。

了一种基于口头语言的表达方式。短信相较于普通文本，它的可编辑性更弱。我说过口头语言更像是一篇草稿，而经过编辑的标准的文字则是终稿。由于短信中词汇和句法有限、拼写错误迭出，以及不断涌现的新词、缩写、表情符号等因素，短信也只能算作是一篇粗糙的草稿。短信的这种特点主要是由于智能手机中自动校准等功能的不完备。我们利用这种快捷方式来实现实时对话，虽然我们是通过点击虚拟键盘来实现的。

短信成功地融合了书面语言与口头语言的特点，并催生了一项崭新的语言交际商机。以前，人们总担心短信的这种特性会阻碍人们正确使用语法或拼写单词。虽然短信中的语言闹出了不少笑话，但是上述担忧确实没有什么依据。[5] 除网络娱乐段子之外，过往的经验都告诉我们，即使一个月发上千条短信的人，他的短信内容还是会与其他书面语言的内容有很大的差别。

其他书面语言与口头语言的结合体，则因为这两种语言表现形式的不匹配而成为一场灾难。有些文本，人们能看得懂却听不懂。多年来，一些哲学家一直认为人类可以朗读出一些晦涩难懂的语言。写作者在创作这些文本时，他们预设读者可以根据自己的节奏进行阅读，其间可以停顿或在必要时查阅相关资料。然而口头语言却不具备这些条件，同样的文本以口头语言形式表达出来就更加难以理解了。

几十年以来，听觉障碍患者所接受的教育受到错误使用混合式英语的影响。与人类其他的口头语言一样，英语也是由人们的听说能力塑造而成的。而美国手语等各种手语则深受视觉与手势的影响。原以为由教育家精心设计的手势英语可以使英语语法在手语与阅读中都得以应用，但是，将适用于口语 / 听力体系的英语语法套用到视觉 / 手势体系之中，又怎么可能取得成功呢？听觉正常的人可以轻松地理解并使用手势英语，可是这种语言却使听觉障碍患者这群最应该受益的人，感到既乏味又难以理解。

被省略的信息，不完美的完美

在语言学中，阅读与口语的核心都是一样的，可是它们在表现形式上的差异意味着有些信息在一种形式下很容易被理解，而在另一种形式下却很难被理解或根本无法被理解。这意味着语言中包含的内容远比这两种形式本身所能提供的多。文字和口语这两种表现形式是相辅相成、互为补充的，这也说明了它们之间的共生关系，同时更加证实了我的观点，即阅读并不仅仅是服务于口头语言的。

有些信息只能以文字而无法以口头语言的形式呈现。在单词书写系统中，空格表示单词之间的边界，而在流利的口语表达中却不存在这样的“空格”。[6] 口头语言中存在同音异义词的情况，即发音相同而意义不同的词。这种类型的词虽然拼写不同，但是很难从发音上将它们区分开来，例如：“blue/blew”，“pear/pare/pair” 等。此外，在英语语法规则中，人们使用大写字母来表示专有名词，但是这样的方法在口语表达中却无法体现出来。

与我们遗漏的内容相比，我们发现的问题只是冰山一角。文字系统是口头语言的一种表现形式，但书写并不是最接近会话的一种表现形式。语音信号可以向人们传递说话者的种种信息，包括性别、年龄、种族、受教育程度，以及他们是高兴还是焦虑、警觉还是漫不经心、说的是实话还是谎话等。文字系统对理解文本十分重要，但我们并不能依靠文字系统来传达上述信息。试想一下下面这段独白：

> 你在和我说话吗？
> 你在和我说话吗？
> 你在和我说话吗？
> 你在和我说话吗？
> 你在和我说话吗？
> 你在说话……吗？
> 你在和我说话吗？

> 你在和我说话吗？
> 你在和我说话吗？
> 好吧，你一定是在和我说话，毕竟这里只有我一个人。

人们在读到 1976 年的电影《出租车司机》（*Taxi Driver*）中主演罗伯特·德尼罗（Robert De Niro）粗俗的独白时，心中不免生出一丝恐惧。但上面那段独白并非出自这部电影，它出自 1986 年黑帮喜剧电影《黑街福星》（*Wise Guys*），电影中哈维·基特尔（Harvey Keitel）恶搞了他的好友德尼罗。这个例子说明文字不能将口头语言所涵盖的信息完整地传达给读者，这些数据也可表明心理病态与恶搞之间的区别。说到幽默，英国喜剧演员约翰·克利斯（John Cleese）非常喜欢讲一个笑话：

> 一只蚂蚱跳进了一家酒吧，坐了下来。酒保对他说："我们有一款酒是以你命名的。"蚂蚱问："什么，诺曼？"①[7]

人们只有在知道它的正确语调时，才会体会到这个笑话的幽默。整个笑话的笑点就在于"什么，诺曼？"这句话（几乎和"什么，我？"一样）。标点符号可以为我们抓住笑点提供有用的线索，却不能将笑话中的核心内容，即重读音节体现出来。读者能否理解写在纸上的笑话，在于其心理上能不能理解这份幽默。所以即使这个笑话不是由克利斯讲给大家听的，人们读到时也能体会到笑话的幽默。成功捕捉到语调信息也会为我们增添乐趣。

上述例子说明了文字的一个内在属性：它无法系统地体现出口头语言可以传递的内容。阅读是通过使用文字（正字法）来表现语言的。与口头语言一样，文本的含义深受语言的发音模式，也就是音系的影响。不同的文字系统之间存在很大差异，这种差异主要源于它们所呈现的基于声音的信息。但是所有的文字系统都略去了很多相关信息。例如音调——同为演员的伊利亚·伍德（Elijah Woods）要比赛斯·罗根（Seth

---

① 此处调酒师说的是以"蚂蚱"命名，而蚂蚱的理解是以他自己的名字命名，这只蚂蚱的名字就叫"诺曼"。——编者注

Rogan）的音调高；又如时间因素，即说话的速度、语句的长度、何时停顿的长度和位置以及响度等。所有这些口头语言特有的属性都会向人们传递重要的信息，但是文字所能传达的却十分有限，有些内容甚至无法用文字呈现出来。此外还有两个问题有待考虑：第一，我们应该如何避免误解所读的内容；第二，将这些信息都以文字的形式呈现出来，是不是一个更明智的选择。这一点我们利用键盘就可以实现。

这两个问题的答案可以简单概括为：人类之所以能够阅读，是因为大多数时候他们可以自动把遗失的信息补全，这些信息并不需要明确地在文字系统中显现出来。文字可以将所有信息呈现出来，但这样做却得不偿失。书写是一种折中的语言表现形式，它运作得很好，却达不到完美的境界。

在文字系统的运作过程中，许多语音信息都可以被省略。我们可以依据对话题的了解、上下文语境以及日常的语言习惯推断出这部分被省略的内容。如果我们对这部分内容进行明确标记，反而会显得多余。利用已知的知识预测信息是人类所具备的基本感知与认知的能力。我们每时每刻都在填补缺失的信息。[8] 在我们出现错觉或识别“不完整的”字形时，我们只能靠推测来判断其字母与字形。我们在阅读的同时，也能“听出”这些文字。“Permit me to demonstrate”（请允许我解释一下）。你在这个句子中看到了 permit（允许）这个词，你会下意识地将该词读成抑扬格的韵律（先弱读后重读），即重读最后一个音节“MIT”。但是你在读句子“I just got my new parking permit”（我刚刚拿到新的停车许可证）时，你就会将单词 permit 读成扬抑格的韵律（先重读后弱读），即重读第一个音节“PER”。我们会“听出”每个单词的重音。这种应对方式显然非常合适，而且我们足够聪明，这对我们来说不成问题。但我们真的喜欢这样做吗？如果文字系统被设计成用重音符号来表示音节重音的话，生活会不会变得更加轻松？阅读又会不会因此而变得更加简单呢？

答案其实是否定的。经过数百年的发展演变，英语的书面语言严格遵守了一种深奥的法则，该法则能够促使这种系统高效地传递信息。[9] 这一系统包括文字系统和加密密码系统。我们可以将这种法则通俗地解释为：以最易懂的方式将必要的信息传达出来。像“PerMIT me to demonstrate how to use the parking PERmit”（请允许我说明如何使用停车许可证）这句话中采用的重音标识的方法只会画蛇添足。因为即使不加以标注，我们也知道如何重读。使用大写字母、重音符号等印刷手段明确标注音节的轻重读只会掩盖人类语言特有的属性。

给文章添加注释也会使人们的阅读付出更多的代价：更多的注释需要阅读、学习和书写，从而也会消耗更多的纸张、墨水以及字节。与偶尔出现的理解错误相比，我们要为这些多余的注释付出更多的代价。更严重的是，过多的文本注释只会增加人们阅读的难度。现代希伯来语在展现细节与讲究效率之间做出了完美的权衡与取舍。与英语以及其他按照字母顺序进行书写的文字系统相同，希伯来语的字母表中也包括元音与辅音。与英语不同的是，在希伯来语的书写中，元音可以省略。阅读初学者会阅读使用附加符号标注元音的文本，而熟练的阅读者则会阅读元音全部省略的未标注版文本。如果成年人阅读那些没有省略元音标注的文章会怎么样呢？答案是，他们的阅读速度会更慢。这就是过多的注释给人们造成的困扰。[10]

无论是英语中的重音标注还是希伯来语中的元音标注，读者都更擅长阅读省略标注的版本，因为我们丰富的阅读经验会帮助我们补上被省略的信息，从而获得正确的理解。这其中的关键就是“丰富的阅读经验”，这些经验使得我们从复杂的文字系统中提取出有用的细节信息。这些信息有一定的规律可循。许多像 permit 这样既具有名词词性，又具有动词词性的单词，通常作为名词时需要重读第一个音节、作为动词时需要重读第二个音节（比如“consort”“detail”“protest”等）。当然并非所有单词都符合这一规律，有的单词无论是哪种词性，都重读第一个音节（比如：“use the anchor to anchor the ship”中的 anchor），有的单词则都重读最后一个音节（比如：“release the press release”中的 release）。这是语言的基本特征之一，且不仅仅局限于音节重读这一个方面。像语言这类系统既有规律可循，也有偏离常态的例外的情况出现，我们将这种特征描述为“拟正则的”。[11] 语言不同于国际象棋，不需要像玩国际象棋一样每走一步都不能偏离规定的法则。

尽管语言具有拟正则性，我们仍然能够熟练地说出并理解它，实际上我们能做到这一点，也恰恰是由于语言的这一特性。人们在具备相同的知识体系的基础上才能够互相交流，所以语言也需要遵循一定的规则，不能随心所欲。然而，人们如果想要理解并说出语言，那么语言还需要具有一定的灵活性，因为说话者的语言可能并不是标准的语言，而听众又能够理解这些话语的内容。许多口头语言中常用的词，如gonna、hafta、tryna等，促进了口头语言的流畅性，并逐渐与其对应的书面语相重合。口头语言与书面语言之间相互冲突，便造成了语言的拟正则性。人们通过大量练习就会掌握其规则。如果你从小就说一门语言，并且成为一个熟练的阅读者，你自然很容易就能掌握上述规则。而掌握音节重读对于将英语作为第二语言的人来说，则实属不易，这类人群对音节重读的敏感度不高。[12]

简而言之，书写使得读者充分利用口语知识，而又不会过度呈现所有细节。这种语言表现形式不够完美，但一味地追求完美只会让情况变得更糟。

文字与口语，不同的表达方式

现在我们来谈一谈语言中的欺骗行为。有些口头语言无法通过书面语言呈现出来，因此导致误解的产生。这种风险可以通过利用基础的文字修饰方式来降低，这些修饰方式包括标点（牛津逗号曾广为流传，但现在人们已不再使用它）、字体、样式和风格各异的表情符号等。英语使用者可以轻松地掌握上述内容，但是其他语种的文字系统却很少使用这些，例如，汉语与希伯来语就很少使用下划线或斜体的方式进行标注。在某些文字系统中，人们通常会在需要的时候，使用加下划线的方式填补语音方面的空白，并补全被略去的信息。你也许根本不赞成对表情符号、斜体字或感叹号的过量使用，但是这些手段却或多或少可以弥补书面文字在语音表现力上的不足。

克莱夫·詹姆斯（Clive James），一位高产的澳大利亚裔作家，以其妙趣横生的语言驰骋英国电视荧屏多年。他语言能力超群，常常可以用英语脱口而出众多妙语连珠的句子。他诙谐幽默，曾写道：“每个人都有权在美国获得一个大学学位，即使是在汉堡包制作技术方面。”他曾翻译但丁的著作《神曲1：地狱篇》，这本书没有使用任何特殊的印刷手段进行润色。詹姆斯最接近使用表情符号的时刻是对约翰·勒卡雷（John le Carré）笔下人物史迈利的讨论。如果由于没有使用常用的文字格式而造成了对语言的曲解，那又会发生什么样的情况呢？下面是詹姆斯对英国一档电视真人秀节目的评论：[13]

> 没有人会特意去看《经典车救援》（*Classic Car Rescue*）这档节目。但如果你在不经意间看到这档节目，你就会看到某位不讨喜的男主持人指着一辆车说：“那是一辆车！”除非这辆车被伪装成了一堆纸箱，否则这样的说话方式不会向观众传达任何信息。

这档节目听起来十分无趣，但是“那是一辆车”确实传达了一定的内容。一旦把詹姆斯的话写下来，我们会发现那位节目主持人带着盲目的热情说出了那个显而易见的事实。他极有可能在表达他对那件物品的看法。他可以通过使用斜体的方式来表现他要强调第一个词的意图，也就是说，主持人要强调的是“那是一辆车”中的“那”字。人们通常使用这种表达方式来表示某物是其同类中的特例。类似的表达还有：人们听到马丁·路德·金的《我有一个梦想》时，会说“那是一篇演讲”；品尝了一道特别的菜以后，会说“那是食物”；在看到一辆品质与庞蒂亚克车截然不同的一辆车时，会说“那是一辆车”。“人们不会特意去看《经典车救援》”这样的说法未免过于夸张。“那是一辆车”没有传达任何信息也是一种错误的理解，因为詹姆斯不屑于使用一些常见的文字格式准确地表达话语的含义。“那”这个词是狡猾的。[14]

重音会在很大程度上改变一句话的意思，而人们确实可以通过改变书面文字的格式来起到强调某些词语的作用。这可能并不会令美国英语教师委员会感到满意（或者引起詹姆斯的关注）。

> **弗雷德**昨天没有参加这项考试。（除了弗雷德，别人都参加了。）
> 弗雷德昨天**没有**参加这项考试。（他可以参加考试，但是他没来。）
> 弗雷德昨天没有**参加**这项考试。（他把这件事发到了网上。）

> 弗雷德昨天没有参加**这项**考试。（他参加了另一项考试，或者他少参加了一项考试。）
> 弗雷德昨天没有参加这项**考试**。（他没来参加考试，去做别的事情了。）
> 弗雷德**昨天**没有参加这项考试。（他在另一天参加了考试。）

这些重音上的差异是口头语言的特点之一。人们可以通过使用斜体、加粗、大写或者更改字体颜色的方式强调句中的不同成分。

这样的处理方式虽好，却不能时时处处使用。单个词语可以使用不同的文字格式达到强调的目的，但这种方式却不能将隐藏在字里行间的韵律，即语音模式表达出来。韵律可以使“你在和我说话吗？”这句话充满威胁，也可以使“什么，诺曼？”这句话显得风趣幽默。虽然韵律会影响话语的意思，但是与其他语言的文字系统一样，英语文本对此体现甚微。少数语音模式是可以被比较好地表现出来的，升调就是其中之一。这种方式常带有疑问的含义，例如：“所以，有一次？我可能是在一次露营中？我们不应该玩枕头大战？但是我们已经玩过一次了！而且玩得特别尽兴！”这个例子十分易懂，因为即使这个句子是陈述句语序，话语中的问号仍然成功地使人们使用问句的语调来读。但是这种方法不够精确，只是会对经历过这一情景的读者有所帮助。

语言如果使用不当也会给人们带来伤害。若在政治或流行文化等公共场合中使用比喻性的语言，稍有不慎，它们就会成为自毁前程的潜在武器。语言反讽是指用与其原意相反的词语来表达其原意。说话者通常会通过韵律来表达讽刺之意，而韵律则是文字表达不出来的。将一句讽刺的话写在纸上只会加深对其真正含义的误解。“披头士乐队比耶稣更受人欢迎”，说这句话的语气不同，传达的情绪也会不同，或惊讶或后悔或高兴。而这些情绪上的变化都无法在纸上体现出来。记者理应报道当事人的原话而不是将他们主观上对说话者意图的判断表现出来。但是一五一十地引用当事人的原话并不是真正的中立或“客观”。省去说话者的说话方式可能会传达给听众与说话者本人意愿不同的含义。[15]

美国前总统里根曾经说了一句惊世骇俗的玩笑话："美国同胞们，今天很高兴地告诉你们，我已经签署了一项法案，将俄国列为非法国家，我们将在 5 分钟后轰炸俄国。"这从一位美国总统的嘴里说出来是一句逗乐的话，而一旦写在了纸上，读出来的意思就会发生极大的改变。不出所料，苏联强烈谴责了美国这前所未有的恶意攻击。[16] 政治人物若是说出一些非字面意思的话语，往往都有很大的风险，这些话很容易被误解，尤其是被印刷在纸上成为书面语言后。这就是像戴维·莱特曼（David Letterman）这样的讽刺家最终没能成为总统的原因。

人们常用的一些排版格式可以有效地传递一些信息，但是除此之外却起不到任何作用。人们对这些排版格式通常持有一定的偏见。这不仅因为它们所传达的东西通常可以用语言本身更清楚地表达出来，还因为它们真正的沟通功能遭到了各种因素的破坏，例如在书面语言中的随意使用、它们的修饰功能、中学生对其的误用等。这样做的最终结果就是使排版格式成为一种修饰文字系统的手段而不是该系统的一个组成部分。我们之所以需要这些格式，是因为它们确实对我们有所帮助，又十分有趣。但是排版格式的体系还不够完备，还不足以成为正字法的一部分。

文字与口语的结合，让阅读变得可行

书面语言不能完整表达口头语言中的全部重要信息。读者通常可以自行填补那些无法呈现出来的信息。补全信息的习惯对我们的大脑有一定的影响。我们对书写的了解不仅加深了我们对口头语言的了解，还改变了我们对于口语的看法、见解以及它在我们头脑中的表现方式。

当我们大声读出 bat 这个单词时，这个单词的读音是由什么组成的呢？这个词的读音由三个音素组成，它们分别是：/b/、/a/ 与 /t/（读音波形图见图 2-1）。单词 tab 则是由这三个音素以相反的顺序组成的，所有人都知道这点，对吧？

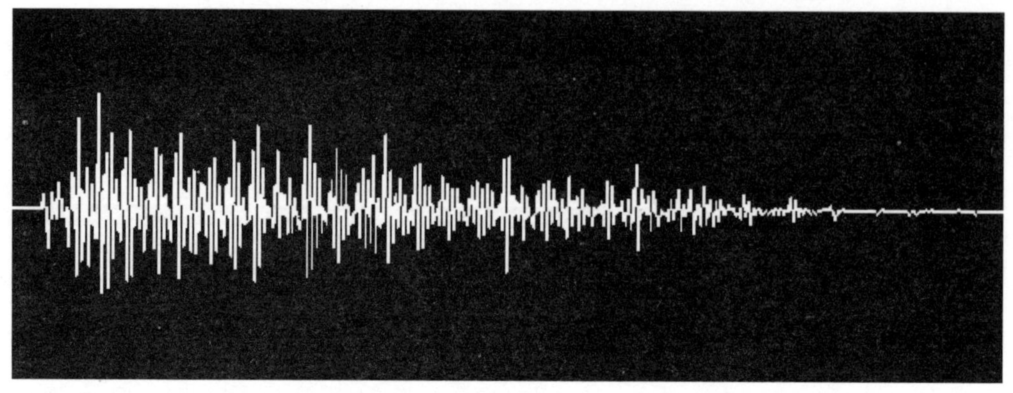

图 2-1　单词 bat 的读音波形图

时间轴从左向右延伸，声波的高度代表着声音的强度，简单地说就是声音的大小。这个单词的三个音素分别对应波形的哪个部分呢？bat 中的三个字母很容易区分，但是将其连读成“bat”时，发音就不容易区分了（以声谱图来呈现，情况也是一样的，声谱图是一种显示声音频率的更为细致的图像）。组成该单词读音的是连续的音节而非三个单独的字母，所以我们不可能找到每个音素对应的波动。比如，/b/ 对应的波动同时也包括下一个音素的波动。如果将一个单词中的字母比作串在同一根线上的念珠，那么单词的读音就是奔流不息的瀑布。

我们之所以总觉得 bat 是由三个独立音素组成的，是因为我们在阅读的时候也会拼写。英语的拼写依赖字母表。bat 由三个单独的字母组成，所以我们认为它好像真的由三个单独的声音组成。文字与口头语言之间这种抽象化的关联使得写在纸上的内容（这里单词的拼写可以由单独的字母或几个字母组成）与其对应的口头语言（音素）之间建立联系。阅读初学者要了解二者之间的这种关联。[17]

虽然人们总认为口头语言是由单独的音素组成的，但是我们很容易证明事实并非如此。试想一个提线木偶说话的过程：先是字母出现在屏幕上，然后木偶张开嘴，逐个说出字母所对应的音素 /b/——/a/——/t/，字母间的停顿逐渐缩小。一开始屏幕上的字母很分散，后来它们会慢慢聚集在一起并形成视觉提示。因为木偶的话是由三个独立的音素组成的，所以无论这些单独的音素之间的发音停顿有多小，都不可能与单词 bat 发音一样。如果人们不能掌握单词的连读发音而只是快速地将每个字母的发音说出来，那么人们肯定不能连贯地说出一段话。提线木偶虽然没有告诉我们如何连读，但是它的这种读法也有可取之处，儿童就是从字母和它们的读音学起的。可是这样的读法也滋生了单词是由单独的音素组成的这样的错误观念，而实际情况并非如此。[18]

在以字母为基础的文字系统中，了解口头语言其实是由音素组成的，这是学习阅读的重要前提。一些口语游戏，例如押韵，就可以帮助学习者学习发音。在听到 cat 与 hat 这两个均以“at”结尾的单词时，学习者就很容易区分出它们的首字母发音。但是这也造成了人们认为学会发音之后，就自然可以正确拼写（即学会阅读与书写）的错误观念。

如果口头语言中的话语是由字母发音组成的，那么与会阅读的人相比，那些不具备阅读能力的人是否会对话语产生不同的认知呢？答案当然是肯定的。对于一个具备读写能力的英语使用者来说，区分两个单词的尾音是否相同不过是小菜一碟（如 bat 与 sit 尾音一样，bat 与 sick 尾音不一样）。准备学习阅读的学前班的孩子也能够区分得出来。曾经有一个经典的研究案例表明，一群不具备葡萄牙语读写能力的成年人很难区分单词的尾音。[19] 当然，他们是用葡萄牙语进行测试的，测试的准确率也很低。其中一个人虽然不具备阅读能力，却并没有把 bat 发成三个单独的音，而是发出了类似于波形图中的音。学习拼写使得人们发现了隐藏在口头语言中的规则。

我们需要承认这个关键的事实：说话并不需要掌握音素方面的知识，那些没有读写能力的葡萄牙人虽然不会阅读，但还是可以说话。学习阅读则改变了口语的呈现方式，使得人们发现了音素这种抽象的概念。以音素呈现口头语言的方式让单词学习变得更加简单。反过来，这种方式也会加深口语表达对音素的依赖性。这种反馈回路对于阅读技能的提升至关重要。如果儿童不能掌握语言的发音，或者学校教学阻碍了儿童学习发音的话，学习阅读就会变得更加困难。

相比研究那些不具备读写能力的葡萄牙人，有一种更简单的方法可以测出字母拼写知识对于口头语言的影响。我们可以做这样一个实验：让实验对象在听到一组单词后判断这些单词是否押韵。这些实验对象都是像你我一样的普通读者。在这些单词中，有些是押韵的，比如 bank 与 sank；有些则不是，比如 beer 与 sank。这个测试十分简单。问题是，如果这两个单词既押韵又在拼写上相似（如 goal 和 coal）或只押韵但在拼写上不相似（如 bowl 与 coal），又会发生什么呢？请大家注意，这个实验只涉及听而不涉及读写。实验结果十分清楚地表明，人们更难判断后者是否押韵。虽然总是能判断正确，但判断第二种情况则需要花费更多的时间。很明显，单词的拼写会影响到我们听觉上对它的判断。这种影响非常强烈，在一位乐于助人的朋友和一个秒表的帮助下，你也可以重复这一实验。[20]

人们可通过神经成像以及实施脑部刺激的方式观察到拼写对于口头语言表达的影响。对于具备阅读能力的人而言，大脑在受声音影响的同时一定会受到拼写的干扰。音乐家劳丽・安德森（Laurie Anderson）曾说，语言是一种病毒。[21] 那么正字法就是一种已经渗入语言的病毒。英国认知神经科学家乌塔・弗里斯（Uta Frith）表示："学习一种字母系统就像感染了一种可以感染所有语音处理的病毒，因为自那以后，整个单词的声音都会自动分解成各个声音元素。语言再也不是以前的样子了。"

阅读有着强大的影响力。人类的口头语言历经几千年的进化才取得如今的成果，却在与书面语言接触的短短几年中就轻易被改变了。这样的改变其实是一件好事，书面语言与口头语言的结合使阅读变得更加简单。

阅读与言语虽然在形态特征、获取方式、所传达的信息以及使用条件上都存在不同，但是二者之间却又是息息相关、相互依存的，从行为到大脑，二者都是互为影响、不可分割的。

第3章

文字的属性
影响人们的阅读方式

人类历史上最重要的发明是什么？在互联网与清单时代，人们总是很容易提出这个问题。答案也总是那么几个：汽车、印刷机、电灯、电脑、互联网等。对于广大零售商而言，条形码与激光扫描仪的发明意义重大。麻省理工学院本科生曾开展过一场投票，选出他们最不可或缺的物品，结果显示：牙刷最不可缺少，汽车、电脑、手机、微波炉紧随其后。有趣的是，文字从未上榜。[1]

人类在掌握阅读能力之前，首先要学会写字。在人类历史的大多数阶段中，人们可以说话，却无法阅读。文字是人类发明的第一代信息技术，与电话和电脑一样重要。若美国专利商标局那时就已存在，那么文字“这项将信息保留在半永久媒介上的发明”也会被认定为一项专利。而苏美尔人则可以因此起诉腓尼基人、埃及人和中国人侵权，并向他们索要专利使用费。人类没有将文字与口头语言加以区分，因此并未将文字视为一项发明。文字的起源不详，它也许是很久以前一位天才发明家的杰作，而他忘了利用这项伟大的发明记录下自己的名字。但是，文字的发明绝对是迄今为止人类历史上最杰出的成就之一。如果没有文字，人类就无法创造、保留并传递如此海量的信息，人类文明甚至不会出现。如果没有文字，又何谈后来的印刷机、电灯、电脑以及互联网呢？

大英博物馆里的埃及馆令人神往，却也耗人心神，文字系统何尝不是这样呢？文字种类繁多，构成元素范围广泛，无不生动地展现了人类强大的创造力。文字与啤酒一样，种类繁多。赏鸟人根据鸟的外形特点、叫声以及栖息地追寻鸟类的行踪，他们可以在 Pinterest 等图片社交平台上交流信息。研究正字法的专家与赏鸟人之间存在相似之处。[2] 现在开展的楔形文字和埃及象形文字（Egyptian hieroglyphic）研究项目仅停留在中学生水平，仅仅是对古时精妙的黏土板与高深莫测的象形文字背后的故事进行了探究。即使不知道其他国家或民族文字的含义，有些国家的年轻人还是喜欢把异国文化中的“符号”文在身上，为此闹出了不少笑话。[3]

文字系统不是为了取悦业余的语言爱好者或成为文身图样而存在，文字原本就妙趣横生，就像约翰·列侬（John Lennon）说的那样，别有一番特色。文字系统的特性十分重要，因为它深刻影响着人类的阅读方式。文字种类繁多，这引发了我们对一个根本问题的思考：世界上到底有多少种阅读方式呢？因为人们的大脑和其他器官都是相似的，所以是否只存在一种阅读方式呢？还是说，不同语言在文字系统上的差异会导致阅读方式的不同？

研究结果着实令人大吃一惊：文字最重要的特点是它们在本质上是相同的，但它们在视觉上存在差异，这使其本质特点被完全掩盖住了。文字是口头语言的书面表达形式。数千年来，我们都在验证文字的特点。人类的能力、文化因素以及地理和历史上的偶然事件导致了文字系统在运行模式上逐渐趋同。人与人之间是相似的，这不仅使文字拥有类似的功能及使用模式，还促使人类的阅读方式也有了相似之处。

如果不同的文字系统之间真的如此相似，那么为什么不存在全世界通用的文字系统呢？文字与语言相辅相成，这并非偶然。口头语言与文字一样，在本质上基本相同，只是在词语的组合排列上存在差异。如果文字与口头语言属性相配，二者便可以更好地运作。文字与口头语言在核心属性上高度一致是高效发挥双方功能的关键。历史上曾出现过二者间相互不匹配的例子，这样的组合虽给一些文字系统带来了毁灭性的灾难，却推动了文字的整体发展，并使其在生活中变得更加不可或缺。

要了解文字，首先要追踪它的起源。文字是何时、何地、以何种方式出现的？它出现过多少次？是某一个天才发明了它，还是与电脑一样，它是众人合作的产物而不是某一个人的杰作呢？很明显，这个问题与有关人类起源的问题相似。我们不仅对探寻人类自身的起源有着很深的执念，还对了解人类的伟大发明、制度以及观念的问世过程怀有满腔热忱。如果人类的出现是一种超自然现象，那么文字也因为其神圣的起源而被视为神明的馈赠。古巴比伦人相信，来自海洋的半人半鱼之神俄安内（Oannes）将语言、科学及文字传授给了人类。[4]而古埃及人则认为是掌管智慧、魔法、语言与算术的神灵——托特（Thoth）将文字带至人间。

文字既可以说是人类智慧的杰作，也可以说是进化过程的结晶。有些学者认为文字是人类历史进程中一个巨大的进步，因此与人类此前的成果或其他可以追根溯源的发明不同，文字一定是一位天才的杰作，此人的聪明才智可与牛顿或爱因斯坦比肩。还有些学者认为，有证据表明，文字是人类历史进化的产物，在很长的一段时间里，这个进化过程断断续续，最后通过自我调适和突变形成过渡性语言，而最终，这种过渡性的语言被现如今所使用的形式所取代。[5]在记载人类进化过程的化石资料和人类文字的考古资料中，也存在类似的争议。文字不是有机的生命体，不具备可以遗传给后代的基因，我们这里是做一个类比。文字是文化进步的产物，但这与生物进化关系并不大。

与人类的起源不同，文字的起源以及发展过程是有迹可循的，因为正是文字本身记录下了自身的发展过程。事实证明，这些黏土板上的文字所传达的信息远远超出了其创造者的初衷，而且更持久。我们不知道镌刻在法老墓碑上的铭文是否完成了预期的末世功能，但这些碑文成功地记录了法老及其子民的生活，还有包括象形文字在内的埃及文明。发掘与破解这些史前器物的过程也为不少文学艺术作品的创作带来了灵感。系列电影《夺宝奇兵》（*Indiana Jones*）据此展开：古老器物上镌刻着的模糊的神秘文字揭开了人类历史的面纱。人类考古学家设法通过目前已经发现的部分文本了解早期文字及其发明者。例如，学者们对公元前 3000 年苏美尔人饲养牛的情况了解颇多，因为他们分辨出了代表牛和奶制品的符号，以及表示一群牛的数量及牛奶和奶酪数量的符号。[6]资料显示，人类历史上第一个有文字记录的人是苏美尔国王恩美巴拉格西（Enmebaragesi of Kish），他大约生活在公元前 2600 年。[7]这项研究的意义绝不仅仅是让我们多知道了一项事实而已。如果一块黏土板上记录着发生于某个古老村庄的绵羊与石油交易，我们可使用谷歌地图定位该村庄，从而了解到那个时候发生的事情，这些事情甚至比最复杂的族谱及口述史中的记录还要久远。

现有的考古记录无法给上述问题一个明确的答案。因为现存证据还不够完整，而且这些证据就像病态的收藏者的囤积物那样堆积如山、毫无头绪，令人十分沮丧。现存证据展示了人类的创造成果，包括文字系统及其特性，以及它们的演变过程。但某种文字具体是何时、何地、由何人创造的，目前尚无定论。楔形文字一直被认为是人类历史上出现的第一种文字，据说它发源于苏美尔的乌鲁克（Uruk）村。考古学家在此处发现了约 4000 块镌刻着楔形文字的黏土板，并据此推测这里就是楔形文字的发源地。然而这样的推论缺乏科学依据。[8] 现代中东地区也发现了同样的刻着字的黏土板。这些黏土板很多都早于楔形文字，或许还曾影响了楔形文字的发展，但现在我们只破解了黏土板上的少数内容，更多的还储藏在陈列室中等待研究。刻着楔形文字的黏土板可能是被带到了乌鲁克村，而非起源于此。所以黏土板上的内容可能并不是苏美尔人的成果，而是其他民族的杰作，这些人可能居住在距离乌鲁克村不远的地方。有学者认为楔形文字是由一位天才的苏美尔人发明的，并将其全部镌刻在黏土板上。而有些学者则认为它是由生活于不同地区的人类共同创造的。很多人认为，苏美尔国王恩美巴拉格西发明了楔形文字，但 20 世纪 90 年代出土的文物却显示，这位国王实际上可能是一位王后，甚至还有可能是一位虚构的人物。[9]

虽然现在的考古记录还不能解决文字的起源问题，但这丝毫未削弱人们对这一问题的满腔热忱。依据本福特定律（Benford's Law）："热情与可获得的真实信息的数量成反比。"[10] 现在，许多学者还在就这个问题的不同答案展开激烈的争论，过于高涨的热情反而使得研究尚无定论。许多学者认为苏美尔人、中国人以及中美地区的人分别发明了各自的文字，而人类学家贾雷德·戴蒙德（Jared Diamond）① 在分析了相同的数据后，得出了不同的结论。他认为中国人借鉴了与其有贸易往来的埃及人的文字，而埃及文字又来源于苏美尔人。戴蒙德的观点为探索文字起源提供了新的思路。有关戴蒙德观点的争论还在继续，现在还不能完全否定他的观点，或许在破译更多信息后，我们对这一问题就能做出更加明确的回答了。

① 加利福尼亚大学洛杉矶分校医学院生理学教授，美国国家科学院院士，美国哲学学会会员。其著作《性的进化》中文简体字版已由湛庐策划，天津科学技术出版社 2020 年出版。——编者注

令人惋惜的是，人类迄今为止无法找到完整的文字起源的考古记录。如今，已经不会再做有关新的语言问世的实验，而这一过程也无法通过更好的数据收集计划来进行复制。对文字起源问题的执着追求加上不完整的考古资料，是对研究人员极大的折磨。著名作家珍妮特·马尔科姆（Janet Malcolm）表示，当代学者的论文总是对一些“错误且具有误导性的观点言之凿凿”。[11] 以文字起源问题为例，学者们的言论虽能引起人们的强烈共鸣，但其准确性却有待考证，他们的言论就像发生在阴暗角落里的可怕罪行，无从考证。即使现存证据还不能说明文字的确切起源，我们依旧需要清楚的论述。现在有关文字何时、何地出现的言论不过是学者们一本正经的臆想，是他们试图利用手头残缺不全的证据以及学术界现存的观点，妄图自圆其说而创造的一部“根据真实故事改编”的文献纪录片而已。

文字的起源与发展

文字起源问题涉及人类个体以及各民族在特定时间、特定地点进行的活动。无论各种研究的关注点在哪，或渴望得到的答案是什么，文字都可以被视为人类的一项发明。各种有关文字的特性、异同点以及它们的演变过程的数据资料都有助于人类解决文字起源的难题。所谓的文字起源问题不是指谁发明了文字而是指它是如何被发明出来的。人类是如何从画马过渡到书写出表示马这一动物的文字的？文字的问世迫使我们思考人类的创造力究竟达到了怎样的水平：发明文字的灵感来源于哪？文字并不是与人类历史同时出现的。在人类发展的早期并没有文字出现。那么这期间一定是发生了什么，才促成了文字的问世。但如果文字概念以前从未出现过，那么它的创造灵感又是从何而来的呢？文字的演变过程漫长而缓慢，在这一过程中人类文明实现了几次伟大的创新性飞跃。这使得现代人对文字的起源更加好奇。例如，字母代表音素，但是抽象的音素是通过字母表现出来的。问题是，没有代表音素的字母，怎么可能发现音素呢？

这些问题远比判断苏美尔的恩美巴拉格西到底是国王还是王后更为复杂。但是这些问题的解决并不完全局限于考古资料所能提供的信息，所以更有说服力。运用现有的心理学、生物学和文化知识，我们可以探究数千年前的先辈们到底都经历了什么。已有的有关阅读的知识可以帮助我们确定文字的重要特性并研究其发展过程。这些问题的答案并不在于谁在何时、何地发明了文字，因此考古资料的缺乏也就没那么重要了。我们可以从人类的各种能力、人类所使用语言的特性，以及人类的生活环境等方面来深度探究文字系统的发展机制。文字的出现又是为了解决哪些问题呢？

通常来说，关于文字起源的故事都是这样描述的。人类早在 3 万年前就已经创造出代表物体的图形，这也正是目前已知的最古老的岩画出现的大致年代。[12] 这些岩画是创作者自身见闻的再现，主要包括动物、物体以及身体部位。早期文字正是这些图形的再现，我们将其称为象形字（pictograph）。象形字能够传达的内容有限，这一点极大地限制了人类的交流。许多网站上都可以找到类似图 3-1 的图片，这幅图展现了历史最悠久的苏美尔人发明的楔形文字在 3000 余年使用过程中的演变过程。

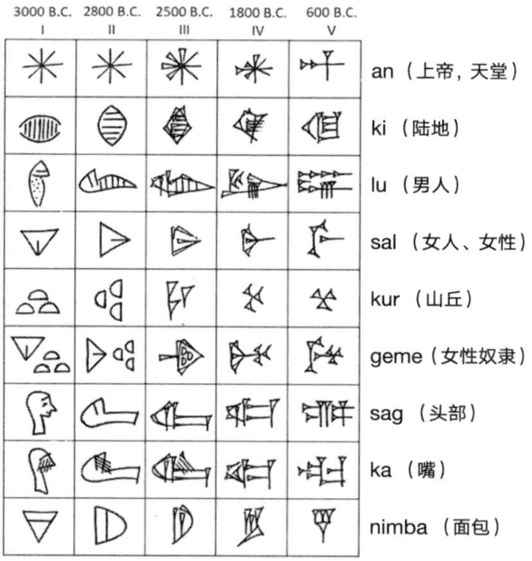

3000 B.C. I
2800 B.C. II
2500 B.C. III
1800 B.C. IV
600 B.C. V

an（上帝，天堂）
ki（陆地）
lu（男人）
sal（女人、女性）
kur（山丘）
geme（女性奴隶）
sag（头部）
ka（嘴）
nimba（面包）

图 3-1　文字由图像变成抽象符号的过程

几乎所有早期的象形字都十分抽象，上述图像的含义不一定完全准确。
资料来源：Kramer (1963), 304–305.

如图 3-1 所示，文字从最初的象形字逐渐演变为更加抽象的形式，它们所表达与传递的内容也随之逐渐增加。古代人发明文字符号，从而克服了图像在表达内容上的局限，正如西方艺术中从写实向抽象的转变，文字也是如此。[13] 上述是有关文字起源的诸多说法中流传甚广的一个版本。

上述说法听起来似乎是正确的，但是我们需要从科学的角度对其做出判断。人类确实耗时多年才克服了象形字的局限。图像虽然变得越来越抽象，可图像终究不是文字的起源。[14] 事实上，人类是通过使用图形元素（其中一些是象形的）这种全新的方式来表达语言的，这才是文字发展进程中的里程碑。但是这样的进程耗时长久，发展过程中的诸多未解之谜又亟待发掘。相比之下，文字中越发弱化的象形特点就显得没那么重要了。文字的出现主要归功于它的广泛应用，而非象形元素的消失。

在文字漫长的发展进程中，以下四点对理解文字系统的关键特性以及它与阅读之间的关联极为重要：

- 从图画到符号的转变：文字的出现表示人类开始使用象形字以及其他图形元素表示语言而非具体物体。例如，鸟的图画可以代表我们所说的鸟，此时该符号便代表它的发音。一幅画不仅仅用于表示所描绘的实体，这不仅违反人们的直觉，而且是千百年来没有人凭直觉能够意识到的。人类发现使用图形元素作为符号这一技巧之后，就一发不可收拾。这些图形元素可以是象形或抽象的，并且可以用来表示各种信息，如单词、单词的发音、概念、物体的种类以及语法信息等。
- 可以代表所有语言信息的文字符号：原始文字所能够传达的语言信息十分有限，主要包括物体及其数量。数千年以后，人类才创造出可以代表所有语言信息的文字系统。[15] 如何用相对较少的符号代表更多的词语，确定这一点才是关键的进步。每一种成功的文字系统都采用了同样的方法：使用符号组合同时表示语音和语义。
- 语音的发现：文字通过有限的图形符号表达口头语言中的词汇。人们普遍认为，口头语言是由单词、音节以及音素构成的，但是这些构成单位都是抽象的语音概念，需要提炼出来。文字与语音思维方式在很长一段时间内相辅相成，共同发展。

- 文字与口头语言的一致性：文字系统的特性需与其表征的口头语言的特性有机结合。文字系统经过长期的发展进化，才形成与口头语言相匹配的特性。

为什么上述提及的发展进程都至关重要？文字系统的发展是如何实现这些飞跃的？为什么它的进化需要如此漫长的时间？这些问题都有待讨论。菲利普·高夫（Philip Gough）在阅读研究领域颇有建树，他表示，与口头语言相比，阅读的出现“并非顺其自然”。[16] 但是文字发展过程中的几次重要突破也绝非水到渠成。它是多个地区、多种文化和语言以及无数人耗时多年、共同作用的结果。

楔形文字是如何出现的

智人在进化出必需的生存能力并发明工具后，便开始创作具有含义的图画，并以此向他人证明自己的能力、爱好以及无穷无尽的变化。遍布世界各地的大量岩画表明，描绘实物是人类的原始冲动之一。这些岩画的创作意图以及作用目前还尚未可知，但其存在足以说明，岩画的创作者已经具备描绘物体所需的感知、认知以及运动能力。假设创作岩画的目的是进行交流，而不是装饰洞穴或消磨更新世时期的无聊时光，那么当时的人类还需要具备其他复杂的能力，例如懂得他人理解图像的方式，以及形成语言交际意识等。人类固有的“心理推测能力”[17] 使其具有了解他人想法的优势。

这些岩画的水平已十分先进。它们不是我们想象中的儿童画或简笔画。依照现代人的评判标准，岩画巧妙的表征需要运用大量的专业技巧。考虑到画中意象所处的时代及特点，这些岩画的出现无疑是人类历史上的又一值得庆祝的里程碑。它们使人心生敬畏，我们不仅敬佩其作者，更惊叹于远古时期的创作与现代艺术的一脉相承。但这些岩画的局限性与文字的发展息息相关。法国拉斯科（Lascaux）岩洞中虽然有马匹的图画，可人类想要了解的信息却远不止画中描述的那么简单。创作者如何在岩画中表现马匹呼吸时发出的声音或他们的睡眠时长等信息呢？

伴随着人类文明的不断进步，农业、贸易、永久居住地以及记录半永久信息的技术均得到了长足发展。人类需要传达更具体、更多样的信息，因此文字作为克服象形图像局限的一种方式出现了。人类历时数万年才完成了从图画到文字的转变，着实令人震惊。为什么会花费这么长的时间？因为人类开始使用图形元素来表征语言而非具体的世界万物。

图像在信息传递中的作用展示了文字的重要性，同时解释了文字发展缓慢的原因。图像传达的最直观的信息就是图像本身，例如马的图片便是通过与马极为相似的图形告诉人们这是一匹马的。但是它所传递的信息却十分模糊，图中的马可能特指某一匹马，也可能泛指所有的马，还可能代表一场有马参与的活动或其他事件。并非所有事件或物体均可描述，这一点极大地限制了交流。可以运用一些技巧来扩大描述的范围，例如使用与其他事物有强烈关联的图像，或者结合与主题相关的图片，例如机场的国际“符号标识”。表示餐馆的标示牌往往采用刀叉的图像，而不是餐馆本身，因为刀叉便是餐馆这个概念的线索。尽管如此，表达方式依旧存在极大的局限性。

早期楔形文字主要包含几类符号。有些是象形字，如图 3-2 所示的大麦，画法虽然抽象，但图中的大麦枝叶还是非常容易识别的。象形字与岩画一样，它们的外形均与生活中的物体相似，并以此传递信息。图 3-2A 中的实线表明，这类符号是表象性的，其形式与意义之间的关系并非任意的。

与岩画的不同之处在于，象形字在代表物体的同时，还表示其名称，也就是它的发音（见图 3-2B）。该字代表着语音符号 še，即苏美尔语中的大麦。虚线代表它的表象与发音之间没有固定联系，如果把这个字的发音换成“ga”或“mark”，该象形字的指代功能依然不变。语音与其语义间的联系同样表现出任意性，如 še 也可表示牛或头部。

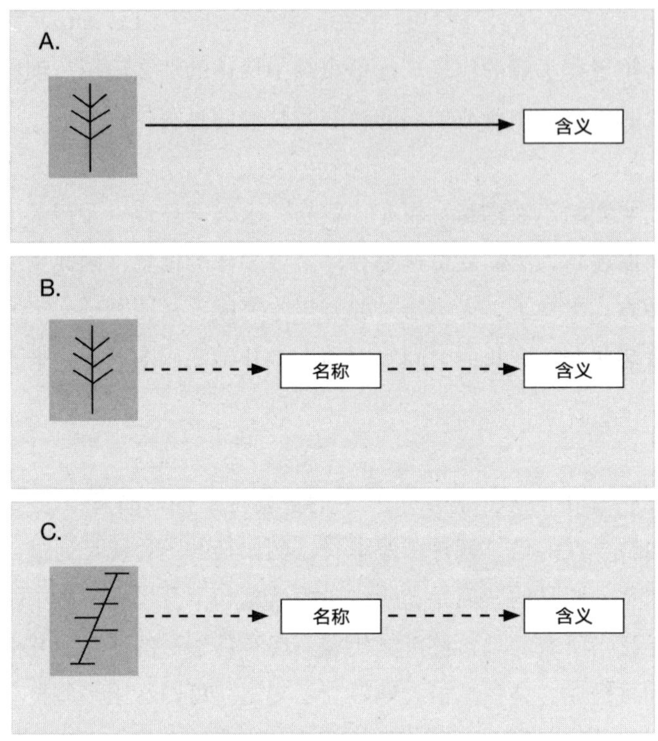

图 3-2　从象形字到抽象符号的演变过程（从上至下）

图 A：象形字与其所指代物体（实线所指）的外观相似，并借此传达含义。图 B：若象形字表示所指代物体的名称，那么它就变成了一种语言符号。图 C：若象形字不再与其所指代物体的外观相似，那么它就进化为了一种抽象符号（虚线所指）。

文字与象形字在指代大麦时差别不大，这两种方式都可以帮助人类辨别出那是大麦而不是鱼或面包。但这二者之间又存在巨大的差异，象形字经过漫长的发展演变后，才发展成为文字。

首先，文字让人类摆脱了使用图像进行交流的原始冲动。想记录下一群奔腾而至的骏马？那就画出一群马。想列出一张本周去苏美尔农贸集市的购物清单？那就画出鱼和大麦。象形字若想成为代表某个单词的符号，就必须摒弃其最显著的特点——与所指代物体的相似性。例如，玫瑰花的象形字与花的外观十分相似，而其实它也可以表示玫瑰这个词语。

其次，象形字的使用实际上降低了人类对它的需求。既然物体与其名称间的对应关系是任意的，那么图像也就不是代表物体的唯一方式。如图 3-2C 所示，它也可以是一条波形曲线。实际上，作为完整文字系统的前身，最早期的苏美尔楔形文字中的符号根本没有体现其指代对象的特征，例如绵羊的楔形文字为⊕。

楔形文字的形式与含义间的关联具有任意性，这为后来人类使用任意符号如字母等创造文字系统奠定了基础。大麦符号是图像过渡到文字过程中的“中转站”。代表该词的符号具有上述两种表达方式的特点，一方面它通过与实物大麦的相似之处传达信息，另一方面它又表示了大麦一词的名称。抽象符号表明：无论符号所指代的物体多么易于描绘，它在形式上都不必体现原物的特点。所以，图 3-2C 中的符号并不仅仅是把大麦符号变得更加抽象，它还抹去了与所指物体的相似之处。最终，符号可以在指代物体的同时，在形式上不具备原物的任何特点。

这里我们暂且不讨论苏美尔楔形文字的起源。它的存在可以证明文字从最初的描绘物体的图形逐渐过渡到表征语言的符号，这一过程极大地推动了文字的后续发展。

符号→标签→单词

用符号等图形元素表征语言是文字发展过程中的一次飞跃，它推动了文字在其后数千年中的发展，最终演变成了现代的文字。使用图形元素的灵感从何而来？也许我们应先将这一问题搁置一旁，它的答案早已淹没于时间和中东地区的漫漫黄沙之中。我们对这一问题有些了解，但并不知道确切答案，因此，还有两个主要问题亟待我们解决。

楔形文字历史悠久，它有两个特点让人琢磨不透。第一，该文字系统虽然十分复杂，却又条理清晰。通常情况下，儿童在语言学习初期都是从掌握少数单词入手，词汇量随着时间的增长而逐渐增多。但楔形文字的发展却并不遵循这一规律。第二，楔形文字过于抽象，并不是实物的形象描绘。因此，至今仍有许多楔形文字的含义有待破译。楔形文字的存在使得文字起源于图像的说法受到质疑。

楔形文字到底是如何形成的呢？此前，我曾提及过一种可能性，即孤独科学家理论：某个不知名人士（或者也可能是几个合作者）创造了这种文字系统。这个人天赋异禀，几乎可与哥白尼或孟德尔相媲美。与他一样具有这种天赋的人也可能生活在中国或者中美洲地区（也就是现在美洲的中部）。这样的天才人士就像科学家那样，在楔形文字领域中独自钻研数年，所以这种文字在出现伊始就已高度发达。但是，有些学者在一些起源不详的人类古器上也发现了这些尚未破译的文字，而这些文字可能在苏美尔人出现之前就已形成，于是就此推测楔形文字是从更古老的文字中进化而来的。[18] 那么，我前面提到的孤独科学家理论也就很难立足了。

考古学家丹尼丝·施曼特－贝瑟拉（Denise Schmandt-Besserat）曾提出一套完美的理论，用以解释楔形文字的起源。[19] 该理论认为，随着苏美尔人不断发展，文化不断丰富，文字也应运而生，并没有人特意创造它。我们又绕回了考古盲区，没有人知道数千年前苏美尔人到底经历过什么，所以该理论并不一定成立。但是它却将两件原本看似不相关的事物联系起来，说明了一系列事实，并解决了若干困扰人们的问题。这种方式不再依靠无法查证的天才或尚未破译的文字。

苏美尔人及其近邻为后人留下的不仅仅是黏土板。人们在所有中东地区的遗址中发现了数千件小型器物，我们将其称为陶筹。[20] 这些陶筹外形抽象，呈带有记号或小孔的圆锥形、圆盘形或贝壳形。多年以来，人们对于它的用途都不得而知。一位学者曾这样形容陶筹：“陶筹是一种神秘的圆锥形陶器，形状与现代的栓剂有些许相似。”[21] 陶筹出现于公元前 8000 年，远远早于楔形文字。施曼特－贝瑟拉与其他学者认为陶筹曾用于记录贸易往来，这种功能后来被文字取代。陶筹的形状各不相同，代表的物品种类（例如绵羊或石油）以及数量（例如绵羊的数量以及石油量）也不同。重要的是，陶筹是一种象征性物体，它的外形与所指代的物体间并无关联，例如代表绵羊的陶筹，在外观上并不像绵羊。

苏美尔文化与同时代的其他文化一样，发展进程十分缓慢。陶筹历经数千年才得以问世。不同的是，苏美尔人发明了大规模生产陶筹的技术以及保存它们的密封容器。为了能够在不打开容器的情况下分辨里面装的陶筹，苏美尔人在容器外面贴上了标签。这一做法真是聪明至极！由于陶筹的外形与所指代的物体之间没有联系，所以基于这些形状的标签便继承了这一特性。

当人类看不到陶筹所指代的实物，我们不妨设想一下绵羊的标签、代表绵羊的陶筹以及真正的绵羊这三者之间的关系。容器上的标签、陶筹以及它所指代的物体三者之间联系紧密。这种联系存在于标签与观察者的脑海之间，那么无论该标签是贴在容器上还是刻在黏土板上，人类在看到标签后就会开始联想其含义。这些被人们刻在黏土板上的标签，便成了许多早期楔形文字的雏形。羊的楔形文字是抽象的，因为用来表示它的陶筹以及陶筹容器上的标签都不具备羊的形象特征。

施曼特－贝瑟拉的理论在解释上述两个疑惑的同时，还指出了楔形文字各种特点同时出现的原因。她的答案都围绕陶筹展开：楔形文字之所以在问世伊始就高度完备，是因为它是更为古老的陶筹体系的延伸；楔形文字十分抽象，它的起源可以追溯到形状同样抽象的陶筹。

上述理论已经比较完善。但正如乔布斯在产品推介会上常说的一句口头禅，还有一件事需要考虑。上述理论推翻了文字是由图像发展而来的说法。早期楔形文字中，抽象符号主要代表常见物体，例如绵羊；象形字主要代表罕见物体，例如野猪。如果文字起源于图像，那么模式应与上述现象相反。

这里我们并不是说描绘常见的物体如绵羊，要比描绘那些不常见的野猪更难。楔形文字实际上是古代人在准确性与效率之间做出的权衡。如果一个符号的使用次数足够多，记住它所指代的对象就会变得顺理成章。这个符号就可以变得更加抽象。相反，如果这个符号的使用频率较低，人们就需要为它增添更多的细节。古时，人们经常进行绵羊交易，而野猪则十分罕见，几乎不曾出现在交易之中，所以代表绵羊的符号自然更为常用。5000 年后，我们还可以运用同样的理论解释现在的现象。例如，在计算机键盘上，如果某项命令执行频繁，那么其格式化的快捷方式可以是任意的组合键，反之，若是“首字下沉”等不常见的命令，其按键就是固定的。

施曼特－贝瑟拉的理论摒弃了之前有关象形字在文字发展中发挥作用的论断。她认为楔形文字并非起源于象形字，它从最开始几乎就是抽象的，然后伴随着时间的推移逐渐舍弃象形特征借以表达更多的信息。这些符号与它们所代表的单词和指称之间的关联是具有任意性的。记住这些任意性关联是完全可行的，只要这些符号像楔形文字一样，数量不多而且使用的频率还非常高。随着楔形文字的发展，人类需要为野猪等低频词汇创造符号。象形特征可以帮助人类识别不常见的物体，使得居住在不同地区的人们都能够了解其含义。由此看来，是象形字而非抽象符号逐步扩大了早期文字的语言表征范围。

如果事实真的如上所述，那么正是由于苏美尔人缺乏制造陶筹的技术，才促成了文字系统的产生。若他们造出来的陶筹如 3D 打印那般逼真，恐怕完备的文字系统的出现还要再推迟几千年。只有人类接受了陶筹与所指代物体之间的任意性，陶筹才会发挥作用。众所周知，人类拥有这种能力，因为人类可以使用口头语言进行交流。符号与其含义间对应关系的任意性是语言固有的特征之一：读音不仅代表单词本身，还能体现其他语言要素。绵羊一词的读音与绵羊本身并无关联。随便给绵羊换哪个名称，绵羊都还是绵羊。在陶筹体系中，陶筹的外形与所指代物体之间并无关联。因此语言成为陶筹体系的重要组成部分，该体系后来发展为可表征语言的文字。这样的过程堪称完美！

消亡的楔形文字

象形字与抽象符号之间不仅仅是表达方式上的转变，这种转变给人类带来了翻天覆地的变化，通往文字系统的大门就此打开。接下来的问题就是如何使用符号表征所有的口头语言，而不仅仅只是几百个重要的单词。作为现代人，我们当然知道如何完成这一过程。音素、音节以及语素是组成单词的三要素。语言是一种编码，它通过有限的三要素表达全部的信息。文字系统基于一组合适的要素呈现所有单词，进而表达语言的全部内容。我们需要进一步研究使用文字表达不同种类的口头语言的指导原则。

实现了最初的突破之后，楔形文字在接下来的2000多年中飞速发展。然而该文字系统并未缓慢扩张，因为天才也并不经常出现。主要原因是文化方面的因素：该文字系统的使用方式、使用人数以及运用的技术。在古美索不达米亚文明中，人类只需要掌握少数符号便可以编撰图书。也许正是因为在那个时期，数量不多的符号已经可以满足人们的需求，人们便未能认识到文字潜藏的巨大力量。这一切似乎也很好理解。这就好比在蒂姆·伯纳斯－李（Tim Berners-Lee）发明功能更加多元的万维网之前，互联网已经投入使用多年，早期接触互联网的学者和政客也只是通过它完成发送邮件、聊天或传送文件等简单的工作。

无论外形是形象还是抽象，大多数楔形文字都是用符号表示单词的图像文字。但是为每一个物体赋予不同的符号逐渐变得不再可行。原因主要有两点：第一，人类的记忆力是有限的；第二，这种方式记录难度大而且可读性很低。自然语言中包含很多单词，我们无法为所有单词赋予符号。这也就是世界上没有任何一种文字系统完全由图像文字组成的原因。为此，楔形文字的使用者想出了两种应对方式。第一种是为同一个符号赋予更多的含义。第二种是使用符号组合表示更多的单词。用符号表示物体的名称是文字发展过程中的一大突破，既然人类的认知水平已经达到了新的高度，人类就可以拥有更多的表达方式。虽然楔形文字发展到最后也可以表征整个语言，但是终究因过于复杂而被取代。在楔形文字的进化过程中，这种取代它的新型文字就已经出现。

楔形文字在符号再造的过程中一度陷入混乱。符号具备了多种功能，因此在特定的环境下，正确使用符号变得越来越困难。表示大麦的符号究竟是表示大麦本身还是另有其他含义？例如，它是否可以代表一种相当于1.5厘米长的测量单位？它是一个单独的符号，还是几个符号的组合？它是表示众多与大麦相关的单词之一，还是表示其他发音为“še”“ši”“šel”的单词呢？

使用抽象符号表示单词虽然是一项突破，但这种方式也引发了比较复杂的问题。苏美尔人最后想到了一种策略用于表示抽象概念。以“生活”与“箭头”这两个单词为例，这两个词在楔形文字中都有相同的发音“ti”。一支箭很好描绘，但生活则难以用图像表述。苏美尔人通过使用“箭”一词的象形字来表达与其发音相同的“生活”

一词。同音异义词就此问世，这类单词具有相同的发音以及拼写方式，却有着不同的含义。例如 watch 一词既可以表示手表，还可以表示看。“生活”一词的楔形文字只是组字原则中的一个例子。苏美尔人也曾根据该原则，使用 bee（蜜蜂）和 leaf（叶子）的图像来表示 belief(相信)一词。这种做法也有负面作用，它让人们在看到 arrow(箭)这个简单的单词时都要再三思考它的含义，这一符号在外观上与“箭”相似，可是它的发音却与“生活”一致。

组合图形元素来创造单词是现代文字系统的突出特点。楔形文字在推动文字系统发展的同时，也在一定程度上阻碍了它的前进。根据符号的发音及其指代的含义来创造单词是一件好事，这一点在现代文字系统中也得以沿用。但使用代表头部的符号 sag 以及代表碗的符号 sila 来表示食物 gu 就阻碍了文字系统的发展。这两个符号在含义上与食物相关，可是读音却不同。多音字，即使用一个符号表示若干个含义与之相关，可发音却完全不同的单词，便是楔形文字的缺陷之一。

楔形文字的策略及缺陷使得这种文字系统虽然能够取得一定成果，却终究没有走到最后。如果每一个符号都包含若干种含义，而且能以多种方式与其他符号组合，这些符号所代表的意义就一定会激增。使用这种文字系统就像是在解谜，人类因要猜测符号的含义而无法顺畅地阅读。楔形文字终究在使用了数千年后，无奈地退出了历史舞台。

文字，语音和语义的载体

虽然苏美尔人没有创造出最合理的文字系统，但是他们的方向是正确的。文字系统的潜在逻辑其实十分简单：

> 口头语言利用声音（语音）来表达含义（语义），
> 文字是口头语言的一种表现形式。

> 因此，
> 文字既能体现单词的读音（语音），又能表达单词的含义（语义）。

各种文字系统之间差别不大，它们都是以可视化的方式表达语音和语义。

口头语言的关键信息被隐藏在可视的符号中。如图 3-2 中表示大麦的象形字所示，该符号传达了声音和含义两种信息：通过与大麦一词在口语发音上的相似之处表示读音，通过象形字的外形特征传达它的含义。表示“大麦”一词的象形字的思路是正确的，可它在表达读音及含义上的效果却不尽如人意。后来出现的文字系统在遵循上述原则的基础上，使用更好的方法表达了单词的读音与含义。

表示大麦的符号由图像元素组成，并不能准确地表达其含义。图像元素的局限性非常大，因此这种表达方式注定无法走到最后。而表示绵羊等较为抽象的符号，其含义与形式之间没有固定联系。只有在人类记住这些符号，而且符号数量不多的情况下，它们才能发挥作用。表示大麦的符号也通过另一种任意性联系表示该词的读音。后来人类提出了两种解决上述问题的方法。一是将语音提示和语义提示分离，二是找到一种更加系统且高效的方式同时表现二者。这两种方法一直沿用到了现代。

在更为高级的楔形文字中，人类使用两个符号分别表示一个单词的读音及含义。在历经长时间的研究之后，语言学家马克·利伯曼（Mark Liberman）将此称为“猜字谜原则”：如果一个词的语义提示是 fruit（水果），而它的语音提示是 line（线），那么这个词的含义即为 lime（酸橙）。[22] 这种想法不错，但是实践起来效果却很差。如果将楔形文字比作当代硅谷的初创企业，它可能已经通过了好几轮融资，最终由于采取了不恰当的举措，如使用符号分别表示一个单词的语音和语义，而走向了灭亡。

埃及象形文字的发展过程与楔形文字十分相似，但其水平已有显著的提升。该文字系统最初使用象形字代表实物，例如曾使用过代表猫头鹰的象形字。楔形文字与埃及象形文字都拥有长达 3000 年的历史，在此期间都得到了广泛使用。代表猫头鹰的象形字经过再造后，既可以表示口头语言中的猫头鹰，又可以表示其读音。埃及象形文字取得了一定的突破，它在后期进化出了代表 24 个辅音字母的象形字，以及代表 2 至 3 个音节组成的辅音的象形字。与楔形文字一样，该文字系统也十分复杂。它没有将语音与语义区别对待，比如，猫头鹰的象形字在表示其语义及语音的同时，还代表了它的种类。猫头鹰在象形字中代表神灵或帝王。图 3-3 为象形字中“埃及”一词的语音提示以及语义提示。象形字中的象形信息并非必不可少，在“日常的”埃及象形文字（有时也称为草书体）中已经寻不见图像信息的踪影。[23]

图 3-3 象形字“埃及”的语音提示和语义提示构成

左侧的符号代表鳄鱼皮，中间的符号代表猫头鹰，右上方的符号代表面包，右下方的符号代表十字路口。前三个符号代表该字的发音，其中包含 /k/、/m/、/t/ 这三个辅音。最后一个符号十字路口，则表示地点名称的含义。

中国人使用的汉字距今已有两千多年的历史，该文字系统也采用了将语音提示和语义提示相结合的方法。与苏美尔的楔形文字和埃及的象形文字不同，汉字随着时间的演变，一直沿用至今。尽管汉字的历史悠久，但是英语中却没有描述汉字的标准术语。因为找不到专门的术语描述汉字的特征，汉字经常被称为“语标文字”。这样的说法其实并不准确。相反，汉字并不具有语标性，并非每一个汉字都有各自的符号，其中虽包含语标，但也只是一小部分。

现代汉语中，80% 的词都由语义提示（形旁）以及语音提示（声旁）组成，如图 3-4 所示，汉字“马”的发音为“mǎ”，标注在元音上的附加符号代表该元音的声调。汉字“妈”的发音为“mā”，这个字由“马”与“女”组成，“马”是其语音提示（声旁），而“女”则是其语义提示（形旁）。一些汉字既可以是语音提示，也可以是语义提示。[24]“马”在“妈”字中是语音提示，而在“驹”（其发音为“jū”）字中则是语义提示。

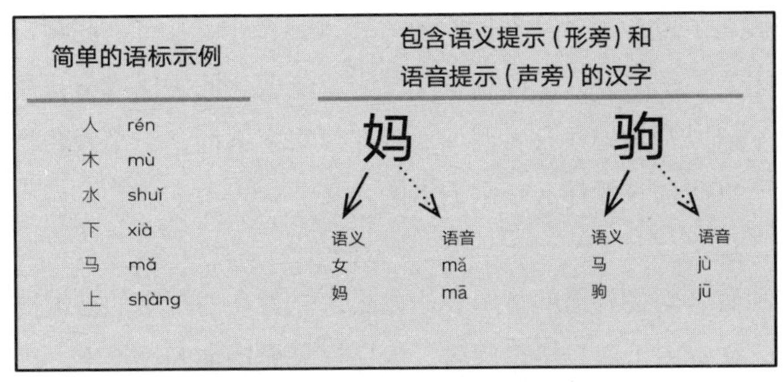

图 3-4 汉字中的一些语标及汉字示例

在“妈”字中，位于右侧的“马”字为声旁。在“驹”字中，位于左侧的“马”为形旁。

汉字由语音提示与语义提示组成，这种方式虽然有效，但也伴随着负面作用。因为声旁会影响汉字的含义。从词源学上讲，“马”是“妈”字的声旁部分，而汉语中，语音与语义间的联系是十分紧密的。在我所在的实验室，研究员王天林（Tianlin Wang）发现，当人们朗读“妈”字时，脑中就会联想到“马”字的含义。从意义上来说，“马”与“妈”的含义没有任何联系，可是“马”的含义还是会浮现在脑海中。所以“妈”字的语义会些许受到“马”字的影响。换一种说法，汉字的书写方式也会在一定程度上影响一个词的含义，例如“妈”字。

日语的语音提示与语义提示是两套不同的图形符号。日语的语音与语义是进一步分离的。最初，日语中也使用汉字。现在，日语中还保留着部分汉字，我们把它称为日文汉字。多数实义词均可用日文汉字表达。出于历史原因，这些词语兼具中文发音和日文发音。假名是日语中的第二种文字系统，它可以表示日语口语中的 100 多个音节。[25] 假名还可以表示语义较轻的元素，如语法上的音调变化、小品词、外来词等，比如コンヒューータ（该词读音为“konpyuta”，意为电脑）。日文汉字与假名通常在日语书面语中混合使用。

日文汉字及假名分别通过语义提示和语音提示传递含义。日文汉字更贴近语义，而假名则侧重发音。但和其他文字一样，日语的语义和语音也没有完全分开，它的表示方法虽然符合一定的规律，但也有特例。日文汉字的含义与它的发音相关。部分特殊假名（如振假名）也会通过补充说明的方式表示其含义。[26] 与此相反，假名有两种类型：平假名主要表示本族词汇以及日文汉字不能表达的语法成分；片假名主要表示外来语、科学术语以及其他专有名词。二者在写法上不同，与平假名相比，片假名更加棱角分明。所以假名一般都会暗示词语的含义。

日文汉字和假名均是日语的常用表达方式，二者在书写中的搭配使用可以提高日语的阅读效率。文本中可以只出现假名，但那样只会增加阅读难度，因为它破坏了二者之间的“和”（该词的日语读音为 wa，意为和谐）。

使用字母的文字系统仅仅需要一套符号便可以同时表示语音与语义。希伯来语和阿拉伯语等闪族语系的语言都以辅音字母为基础，含有固定词根的词语不仅在发音上相似，其含义也是相关的。以词根 ktb 为例，它表示与书写有关的词语，如 *kāṯaḇti*（כתבתי）表示“我写”，*kāṯab*（כתב）表示“他写”，*katteḇeṯ*（כתבת）表示“记者”等。希伯来语的词根 gdl 与“大”的概念相关，并出现在形容词“大的”，不同时态下的动词“长大”，以及名词“放大镜”“大小”“高塔”等词语当中。这种系统也是拟正则的，并不是所有的词根都像 ktb 一样与语义有如此紧密的联系，有些词根最多只能代表词语的部分含义。词语的完整含义脱离不了语音提示、语义提示以及它所在的上下文语境。[27]

最后，使用字母的文字系统，例如英语，使用元音和辅音共同表示发音。英文单词的语音与语义之间没有固定联系。英文中，代表小型家养猫科动物的单词可以是 cat，也可以是 dog 或 lump。发音相似的单词通常含义不同（如 cat、cut、bat），而含义相似的单词通常又有不一样的发音（如 cat、lion、panther）。字母似乎可以起到表示单词发音的作用，那由什么来代表单词的含义呢？[28]

答案就是形态学。单词由一个或多个语素组成。与音素和字素类似，语素是表示单词含义的最小单位。语素经过有序组合便构成了单词。下面就是一些例子：

> look 一个语素
> looked 两个语素（语素“-ed”代表动词的过去时态）
> lookout、outlook 两个语素（当每一个语素都是单词时，二者可组成复合词）
> diet 一个语素（但是有两个音节）
> dies 两个语素（但是只有一个音节）

“cat”的发音与它所对应的含义之间没有固定的联系（其拼写含义之间也没有固定联系）。然而，其他包含语素 cat 的单词，如 cats、catty、catnip、bobcat 等，却可以给我们带来一定的启示。许多包含语素 cat 的单词在语音及语义上都是相似的。英文拼写讲究字母顺序，所以“cat”在表示语音的同时，也表示语义。因此使用字母的文字系统也遵守“语音 + 语义”的原则，它们以一系列音素表示单词的发音，这些音素也与表示单词含义的语素相对应。

与口语匹配的文字

文字理应是语音和语义的载体，所有人对此似乎早就达成共识，但实际上，人类却耗费了很长时间才创造出兼具这两种功能的文字系统。语音曾是人类在这一过程中遇到的最大阻碍。人类认为词语读音由若干部分组成，只需要少数的图形符号便可以表示出来。文字创造者需要具备语音意识。在我们现在看来，这种语音意识是学习阅读普遍需要具备的。儿童可以辨别两个词语是否押韵，判断其是否以相同的读音开始或结束，找出词语中的音节并且分析其音素成分。只有当儿童做到上述几点时，才能够表明儿童认识到词语是由若干部分组成的。但问题是，人类的祖先是如何拥有这样的意识呢？依据金发女孩原则，词语要不长也不短，刚刚好。祖先们又是如何根据这一原则将各个成分组合起来的呢？漫长的文字进化史中，既有成功经验也有失败教训，这些经历促成了人类在这两方面的进步。

尽管前情不详，但不同种类的口头语言所需的书面语言也不同，这一点十分重要。在美索不达米亚地区，口头语言取得了里程碑式的进展，这种进展包括完全不同类型的语言（例如英语和日语）的融合。一种语言的文字系统会借鉴另一种完全不同的语言，这种例子在漫长的历史中并不罕见。人类曾使用其他语言的文字表达本族语言中的词汇发音，这样的做法使人们意识到不同语言在发音、构词以及用法上的不同。日语、希伯来语以及英语在类型、历史以及使用范围上都不同，属于三种不同的文字系统。我将以这三种语言为例，说明为何语言中不经意的误配如此关键。

日语的书面语言由假名和日文汉字组成。日语中使用符号表示音节的历史可以追溯到原始的楔形文字时期。学者们发现最早出现文字（例如楔形文字、古汉语以及玛雅语）的语言主要是单音节的形式。在使用符号表示单词时，苏美尔人不经意间创造了一种符号，来表示音节。这些符号最后都因其具备的语音作用而投入使用。当词语的结构越复杂，该语言所对应的文字发展就越缓慢。[29]

文字是文化和地理因素共同作用的产物，而不是语言单方面发展的结果。以出现在苏美尔地区的楔形文字为例，该地区临近两河流域，土地肥沃，既适合耕种又适合驯养家畜。定居文化在这里生根发芽，相反游牧文化则不在此处盛行。伴随着该地区不断发展的贸易往来，文字需求应运而生。但这不仅仅是因为苏美尔人居住在得天独厚的地理环境中，而是因为他们碰巧也说苏美尔语。

日语中，汉字和日语的不匹配促成了假名的出现。日本人最初使用汉字，但汉字终究不是日本的本民族语言，它无法满足日本人的日常需求。这种情况一直延续到了现在，汉字不能表示日语中主要的音素和语法信息，这激发了日本人创造其他图形符号的想法，假名体系由此问世。[30]

希伯来语使用辅音字母表，它的问世要归功于公元前 1200—公元前 1000 年生活在现在黎巴嫩和叙利亚沿海地区的腓尼基人。他们的成就得益于楔形文字、象形文字与腓尼基文字连续两次的误配。

埃及人最初采用楔形文字进行书写，而楔形文字代表的是与其完全不相关的另一种语言，即苏美尔语的音节。他们创造了一种符号，用来表示单音节和多音节辅音，从而解决了两种语言之间语音不同的问题。

反之，腓尼基语作为以三辅音为词根的闪族语系的语言，无法采用楔形文字或象形文字表示。腓尼基语后来发展为现在的希伯来语和阿拉伯语，从中我们可以得知，单一的辅音字母足以表示闪族语系的语言。埃及人创造了符号，用来表示辅音，但这些符号却不能表示埃及语言中的所有信息。

腓尼基语中的辅音词根具有语义提示的功能，所以它只沿用了埃及文字中的单音节辅音符号而舍弃了语义限定词。字母作为腓尼基语的图形符号，外观却十分抽象，后期的楔形文字和埃及象形文字也是如此。腓尼基人的成就可总结为：通过整合前人技巧编撰了非象形的辅音字母表，该字母表可以表示以三辅音词根为基础的闪族语系的语言。

英语字母表中包含辅音字母与元音字母（我将其称为 CV 字母表，以区别只包含辅音的字母表）。西方学者一直认为，纵观语言从初级向高级进化的过程，CV 字母表无疑是最高级的形式。希腊人在大约公元前 800 年创造了它。CV 字母表不仅在构词上实现了突破，而且还推动了各个优秀民族的发展和文明的进步。法国思想家卢梭认为，CV 字母表标志人类文化由原始向文明的转变。他表示：“原始人会将物体画下来，野蛮人会将词语以及观点用符号表示出来，而只有文明人才会使用字母。”[31] 20 世纪杰出的希腊文化学家埃里克·A. 哈夫洛克（Eric A. Havelock）是研究希腊文字方面的权威，他在 1982 年曾委婉地表达了相同的观点：“与之前包括腓尼基语在内的所有文字系统都不同，希腊字母的发明是人类文化史上十分重要的一步，但人类还没有完全意识到它的重要性。它将前希腊文明与后希腊文明区分开来，从而为后希腊意义上的文学和科学这两种知识形式打下了基础。”[32] 一位 20 世纪 50 年代的语言学家曾写道：“字母是最好的文字系统，没人会反对这一点吧？”这真是很高的评价了。[33]

使用元音和辅音共同表示口头语言的文字系统的发展是至关重要的，尤其对说希腊语和英语的人来说。而人类发现元音字母的过程与 CV 字母表的重要性是两个需要分开讨论的重要问题。

CV 字母表也是不同语言误配的结果。腓尼基语属于闪族语系，而希腊语则属于印欧语系。[34] 看看它们的“后代”，就会发现闪族语言没有元音不会影响其表达，而印欧语言则必须有元音。在借鉴腓尼基语的过程中，希腊人意识到了创造元音的必要性。有趣的是，元音曾偶然在更早的时间点上出现过。楔形文字中的符号主要表示音节。在苏美尔语和其他使用楔形文字的语言中，单个元音就可以表示一个音节。楔形文字中就有一个符号表示元音 /a/，意为“水”。这说明那时的文字系统中已经包含表示元音的符号，只是人类没有意识到这一点。单独的辅音不能构成音节，所以楔形文字中没有单独表示辅音的符号。因此，楔形文字中有元音，腓尼基文字和埃及象形文字中有辅音，而希腊语字母表则二者兼具。

希腊人之所以可以创造出完整的字母表，也许是因为那时人类的智力已经发展到可以完成这一创新的水平。文字发展史上连续不断的革新的主要原因在于，人们刚好会说希腊语这种兼具元音和辅音的语言，同时又居住在距离使用辅音字母地区不远的希腊。在其他文字系统中，也有兼具元音与辅音的表示方法，当时的学者结合相关信息，创造了正字法。

完整的字母文字是否优于其他种类的文字呢？词语是由各个音素组成的，所以所有语言都可以用一个数量在可控范围内的字母组合表示，这正是语言的特性之一。人们之所以认可字母，是因为它是解决文字问题的一种通用方法。有人认为，如果所有人都使用字母文字，世界将会因此而变得更加美好，而其他种类的文字之所以可以存在，是因为它们根基深厚以致无法取代。这种说法显然是站不住脚的。字母虽然可以表示所有语言，但这并不代表它的效率是最高的。创造一种特殊或是通用的文字并不是人类创造文字的初衷。创造与口语特性最匹配的文字才是最终目的。字母文字的出现还要归功于文字与口头语言之间的特性是可以不匹配的。使用与口头语言的特性不相匹配的完整字母表，也是一种误配的表现。

让我们回过头再来看看日语、希伯来语和英语。相比之下，日语的音节较少（大约 100 个），一套假名表就可以全部涵盖。音节是日语口语的基础，用字母表示日语的效果并不理想，因为它给词语加上了不必要的语音细节，从而模糊了音节。

同样，用完整的字母表来表示希伯来语也是画蛇添足，会使阅读变得更加困难。CV 字母表破坏了语言的词根结构，用它来表示希伯来语简直就是正字法的一场噩梦。以词根ktb为例，每一个包含k的音节都需要一个新的符号，比如ka、ki、ko等，包含词根 t 与 b 的音节也是如此，以 ktb 为词根的词语间的相似性也就此消失。一种语言的文字系统不遵守其构词原则，就必定会出问题。

英语呢？英语中大约有 15 000 个音节，没有人能将其收录到一张音节表之中。它不具备希伯来语中的词根结构，也不能只用辅音字母表示。英语字母表需要同时包含辅音与元音。

上述例子表明，文字系统若要变得更加高效并能够在现代得以沿用，其特性就必须与它所表示的口头语言相匹配。符合某种语言的文字系统，对于其他种类的语言来说，可能就是一场灾难。文字系统的组成单位也许很大（例如英语的音节表），也许很小（例如日语的 CV 字母表）。世界上不存在一种通用文字，不同语言的文字特性也不同。口头语言与文字的结合并非十全十美，有时一些不合常理的语言现象反倒沿用至今。即使某些文字的使用效率低且可读性不高，文字与口头语言之间的关系依旧是十分紧密的。总而言之，口头语言最终都会找到与之相匹配的文字系统，而 CV 字母表并不总是它们的最佳“伴侣”。[35]

文字系统所处的文化语境也会影响它们的存续状况。文字发展史上不乏这样的例子，某些文字系统可以满足一时的需求，但随着社会的发展，终因不能满足不断出现的新需求，而难逃被舍弃的命运。CV 字母表并不是所有语言的最佳拍档，但是它却最适合在键盘上使用。直到现在，键盘依旧是电脑和其他电子设备的“长期合作伙伴”。CV 字母表给中文等文字系统带来了压力，一些人认为字母已经可以表示一些汉语内容，其中包括用字母表示普通话读音的拼音。拼音是人们最初为阅读教学而创造的，同时它也可以应用于键盘。有些中文使用者因经常使用拼音键盘而忘记了如何书写汉字，我们开玩笑地称之为“提笔忘字”。[36]字母是会依旧被用于中文的文字系统，还是会被取代，目前尚未可知。有些怀疑主义者关注中文口头语言与字母间不匹配的问题，有人则支持使用对应的字母为汉语加上注释，还有人认为只用字母表示汉字足矣。[37]

与图片、表意文字和其他视觉元素相比，文字可传达出更丰富且更具体的信息。一种通用的解决办法是，使用一种高效的图形代码来表示适用于某种语言的口头语言。文字系统表示口头语言的方式和口头语言表示含义的方式，决定了该文字系统的特征。各种文字系统都是相似的，因为它们都表示语音和语义，只是在表现方式的细节上存在不同。文字系统的这种特性对人类的阅读方式十分重要。阅读不仅仅关乎拼写，它还与语音和语义紧密相关，因为文字系统本身就表示了语音和语义两个方面。

LANGUAGE

AT THE SPEED OF SIGHT

第 2 部分

阅读背后的科学，我们是如何阅读的

第4章

眼睛限制了阅读，我们该如何提高阅读速度

我们之所以能够阅读，是因为我们的祖先打破了口头语言的局限，解决了将口头语言以可视化的形式呈现出来这一难题。阅读这种新的方法保留了口头语言的表达力，同时又成功地克服了它的局限性：短暂性。语言记录的保存时间比口头语言更长久，这是一个明显的优势，但是文字系统还具有更多的优势。言语是强有力的，但遗憾的是它存在一些结构缺陷。它只能以一系列词语的形式产出，而无法以更大的集合——语块的形式产出。说话者前一句刚说完，就必须构思接下来要阐述的内容。人们总是期待能够通过构思，略为流利地表达出既符合语法规则又包含预期信息的句子，但是这样的行为实际上是有一定难度的。我们可以在人们的日常表达中体会到这种困难。我们的表达不时会出现这些错误：读音错误、语法错误和停顿等；我们经常在开始时利用某种句子结构表达某个意思，却在表达的中途转变了方向；我们常常依靠手势和面部表情来帮助我们传达意思。这些现象都反映了言语存在的固有局限，而并不是因为说话者个人存在缺点。

作为听众，我们受限于所听到的言语。他人表达的言语向我们传达了一定的内容。说话者产出的言语按次序出现，持续的时间即为说话者表达的时间，表达完成后立即消失，为随后产出的言语释放出空间。倾听的过程正如我们接下来要描述的一位名为露西的女工在传送带边工作的全过程。当设备以不可预测的时间间隔出现暂停、折返或改变运行速度等故障，而导致巧克力从传送带上掉落下来时，露西便要将掉落的巧克力包裹起来。就像包裹巧克力一样，听众必须在言语正在被表达

时，把它们暂时包裹起来，他们一旦落后了，就只能别无选择地往嘴里或口袋里塞几个。

对于人类来说，言语的表达和理解根植于他们的固有能力之中，而二者之间存在很大的差异。我们理解言语的速度要超过我们流利表达言语的速度。

坐在阅读这把“椅子”上，人们会感觉更为舒服。此时，你手里有一篇文章，准备开始阅读，宛如享受精心烹制的美食一般，而美食的准备过程则隐于厨房之内。这样的阅读体验，真是令人陶醉。我们虽然不是文章的创作者，但是却能控制自己理解文字的速度。并且，文本最大的优势在于：在我们阅读的过程中，文本并不会消失。语言也许起源于口语，但阅读却是其升级版。

假设文字并没有承袭口语的局限性，它是否拓展了人类的语言能力？答案自然是肯定的。文字这一媒介使写作者创造出了比说话者所表达的内容更为复杂的文本。这就是在文字尚未出现的文化里，人们口头所讲述的故事和图书之间存在的差异。幸运的是，读者还是能够理解这些更为复杂的结构。在特定技术的支持下，人类的能力可以突破自身的局限，而阅读正是人类能力得以提升的最好的例子。[1]

阅读可以引领人类的理解速度驶入快车道，实现从 0 到 60 的提速。听众必须花费同等的时间倾听说话者所说出的每一个字，读者却能使阅读的时间最优化，他们能够调整阅读文字的时间，如果有需要，读者会在一些文字上做短暂停留，等准备好继续阅读时，才重新开始投入阅读。但是人们在倾听别人说话时，无法跳过一部分内容而提前听到说话者想要表达的内容（除非说话者将内容预先录制下来）。我们必须承认，不同的人在理解速度上存在巨大的差异。当然，差异的大小因人而异。从阅读的角度来说，阅读速度取决于读者的阅读技巧、文本的复杂性、读者是否第一次阅读该文本，以及读者是否需要细读该文本等因素；从言语的角度来说，理解速度取决于口头信息传达的内容和信息传达的方式（例如速度、口音和音量等）。尽管无法通过数字来准确衡量文字和言语两种形式的差异，但是人们可以通过观察一个例子来充分理解两者的主要特征。设想一个优秀的读者（假设他是一位大一新生），终于可以抽出空闲时间阅读他人生中的第一本“哈利·波特系列”作品，他沉浸在书里无法自拔，阅读时充满了浓厚的情感和兴趣。

这名读者能以每秒 4 ～ 5 个单词的速度进行阅读，并且充分理解书中的内容。《哈利·波特与魔法石》这本书大约有 77 000 个单词。以每秒钟 5 个单词的速度阅读，理论上来说，这名读者能在 4 个多小时的时间里读完这本书。

但是我们都知道，4 个多小时看完这本书似乎并不现实，因为这里我们忽略了许多影响实际阅读时间的因素：翻开纸质书（或者打开电子书）、寻找合适的阅读场所、回顾部分前文以便和将要阅读的新内容进行融会贯通、重读一个句子、更换阅读的场所、翻到正在阅读的一页、做白日梦、抚摸身边可爱的小猫咪、将猫咪重新放下，以及许许多多在我们的日常阅读中常常出现的干扰因素。或者，读者需要暂时停下来，去体会阅读的内容，去思考、感受、期待后续发展；再或者，纯粹因为喜欢，读者再一次重新阅读了书中的某一部分，而阅读效率也显得没那么重要了。我们甚至不用考虑你的电子阅读设备可能带来的全部干扰。因此，倘若你没有在 4 个多小时内读完《哈利·波特与魔法石》，也完全没有关系。也许你实际耗费在阅读这本书上的时间确实为 4 个多小时。不妨将这 4 个多小时换算成 EPA 续航里程[①]，因为这比在现实世界里更好实现，也更方便对其进行比较。

相比之下，《哈利·波特与魔法石》的有声读物时长大约为 8.5 小时，其总时长包括了与文本本身不相关的时间（例如一些间隔音乐）。另外，有声读物这一媒介形式是一种有助于人们理解的、预先录制好的表演形式。有声读物的播放时间是人们预计阅读时间的 2 倍。尽管这个数字并不准确，但是倾听与阅读所耗费的时间的比率为 2 ：1，这一点确是真实存在的。英语口语的平均速度是每分钟 120 ～ 180 个词，有声读物的录制指南中推荐速度为每分钟 120 ～ 150 个词。这几乎是有经验的读者的阅读速度的一半。有经验的读者每秒钟的阅读速度为 4 ～ 5 个词，即每分钟

① EPA 是美国国家环境保护局（U. S. Environmental Protection Agency）的简称，EPA 续航里程是美国现阶段使用的续航里程测试标准。——编者注

240 ～ 300 个词。大多数有声读物和播客的播放器都允许录制者加快语速，但是除了简短的句子外，听众无法理解以每分钟 300 个词播放的录音。“哈利 · 波特系列”作品的有声读物也许是父母驾车带着孩子出门旅行过程中的一个完美陪伴，但这并不是快速理解该故事的方式。[2]

我们不禁要问，前面提到的这些数字同样适用于其他种类的言语和文本吗？我们不妨再举一个例子。阿伦 · 索金（Aaron Sorkin）是一位知名的电视编剧，他以连珠炮似的对话节目而闻名。也许你曾经看过由他编剧的新闻题材剧《新闻编辑室》（*Newsroom*）中的一段独白，杰夫 · 丹尼尔斯（Jeff Daniels）因其在剧中扮演的角色而获得了艾美奖。[3] 丹尼尔斯所扮演的角色说话语速非常快，大约可以达到 3.5 分钟 489 个词，每秒钟约合 2.3 个词。很难想象，竟有人能说出由如此之多的单词所组成的结构紧凑的句子！当然，丹尼尔斯可以做到这一点，因为他按照剧本将台词背了下来，并在表演的时候假装这是他即兴发挥说出的话。即便如此，他的说话速度也比每秒钟 4 ～ 5 个词的阅读速度慢很多。

阅读有许多优势。因为文本不会转瞬即逝，所以阅读的速度也是可控的，人们的阅读速度能超越理解言语的速度。如果只考虑速度，那么阅读胜出了。现在的问题是，我们如何将这种优势最大化？我们每个人几乎都有自己固定的阅读速度，这个速度还有提高的可能性吗？人们可以通过训练提高跑步的速度，为什么不考虑通过训练来提升阅读效率呢？我们可以让孩子们不再只是准备拼词大赛，让他们也尝试一下新事物，例如竭尽全力准备阅读比赛，最后在比赛中一决雌雄，看看谁读的速度最快，并且读音或理解的错误最少。

针对前文提到的现象，其实还有更进一步的科学解释。阅读过程实际是通过人的视觉系统完成的，而视觉系统的不断进化是为了解决许多其他的问题，如识别人脸和物体，感知到世界是一个稳定的三维空间，区别颜色、质地和外界物体的运动等，而非破译抽象的二维模式。阅读相比于言语的优势，只能扩展到眼睛所能看到的范围。

注视和扫视，常见的阅读模式

阅读主要是一种语言学的体验，它使用了与言语相关的知识。然而，纸上这些视觉符号的性质和排列顺序，以及它们是通过眼睛而不是耳朵被感知的事实，都赋予了阅读一些独特的性质。使用这种形态的语言有一定的优势，但人类被视觉系统的特性所束缚，这又加强了其自身的局限性。

人类对自身和许多其他物种的视觉系统都有了很深入的了解，从神经基质的发育到对三维世界的感知，其中包括存在于复杂、快速变化的视觉场景中的可辨别的物体和个人。关于视觉在阅读过程中的作用，最重要的信息来源于人类对眼睛本身的观察。精确跟踪眼睛聚焦位置和移动方式的技术在20世纪60年代末问世。彼时，刚刚兴起的第一批跟踪仪是一种昂贵的大型设备，与当时价格昂贵的大型计算机类似。现在，与计算机的发展轨迹异曲同工，视觉技术设备的发展也呈现出价格更加低廉、体积更加小巧的趋势。体型小、重量轻的眼动仪可以像帽子一样被人们戴在头上，当人们开车或者欣赏《蒙娜丽莎》画作时，眼动仪可以收集人们视线方向的数据。将一个眼动仪置于婴儿的头部，我们就能够看到他所喜欢的东西了。[4] 对内容制作者来说，能够了解人们所浏览的网页内容是非常有价值的。对电视节目运营商来说，掌握观众观看电视的时间是至关重要的。

20世纪70年代，研究人员决定用这种新型设备研究人类的阅读能力。他们其实是在进行一次大胆尝试，因为并不清楚仅仅研究眼睛是否能有收获。大多数的阅读过程都发生在人脑中，而不是瞳孔里。眼动也许能够为初级的阅读过程，即看到书页上潦草的字迹，提供一定的有价值的信息，但是眼动的一些潜在因素对于揭示深层次的思考过程所能提供的信息是非常有限的。这些深层次的思考过程包括使用语言知识和常识去理解潦草字迹所传达的信息。

在此项研究结束之前，这些状况似乎都是十分明显的。但研究证明，眼动的启发作用大大超过了人们的预期。仅仅有关眼睛如何接收文字编码这一事实，就能够解释有关阅读本质的许多信息。令人更为惊奇的是，我们可以根据眼动推断出人们在阅读时精神上发生的许多变化。这些研究往往都需要通过一系列精心设计的实验来完成。[5] 我们无法在人们阅读时通过直视他们的眼睛来了解其内心的想法或者阅读内容。令人欣喜的是，我们已经找到了某些可以助力我们完成上述任务的工具，眼动正是其中之一，它是帮助我们研究阅读和思考的有力工具。

眼动涉及两项决策内容：阅读的具体位置和移动眼球的时间。参加眼动追踪实验的受试者按照要求阅读电脑屏幕上显示出的文本。[6] 与此同时，眼球跟踪器将不易察觉的红外线投射到人的眼球上。通过测量从眼睛反射出的光线角度，跟踪器可以锁定人们阅读的具体位置。当眼球从左至右移动时会出现短暂的停顿，这种停顿被称为注视（fixation）。注视过程中的快速跳跃被称为扫视（saccade）。注视的次数、每次注视所用的时长和扫视距离的长短是阅读时间的主要决定因素（其中每次扫视本身增加了 20 ～ 30 毫秒的阅读时长）。

眼动录像也显示，阅读不仅仅沿着从左至右的顺序进行，受试者偶尔也会向回扫视以便重新阅读文本中的某一部分。即使对于熟练的读者而言，这些“后退式的眼动”也是普遍存在的。眼动录像中还记录了视线从一行末尾移动到下一行开头时的眼动。

这种跳跃的、“注视—扫视—注视”的模式构成了人们的阅读特征，而表面看起来这种模式的效率非常低。读者在文本中的某一个地方停顿下来阅读，与此同时，他几乎瞬间决定接下来的阅读内容，然后再次跳跃，将视线集中在下一个注视点。阅读每篇文本时，读者都会经历数次这样的紧张、激动和重复。我们不妨大胆设想一下，如果我们能够连续不断地浏览文本会发生怎样的情况呢？就像一个高级又稳定的平摇镜头那样。这种想法并非不可思议。视觉系统可以实现另外一种名为平滑追踪（smooth pursuit）的眼动。[7] 接下来就让我们一同来尝试一下。

用你的右手做出一个四指握拳、食指向上的“我们第一”的手势。将右手放在你身体左侧前约 30 厘米的位置。双眼注视你的食指，当你将食指从身体左侧缓慢移至身体右侧并再次移回至左侧时，保持视线始终固定在移动的食指上。你的眼睛能够追随食指的运动而没有跳跃，这就叫作平滑追踪。

现在让我们做一个微小的调整：用左右两只手同时做出“我们第一”的手势。将左右手分隔开约 60 厘米远，同时放置在你身体前面一个舒服的位置上。注视你左手的食指并将视线缓慢地从左移至右，但是这里切记不要移动你的手指。你的双手决定了你视线的起点和终点，但是你本人决定了视觉的路线。这种情况下，你还能平滑移动你的视线吗？答案当然是否定的。如果你努力地从左到右平滑地阅读这篇文章的话，也会遭遇同样的问题。你也许能通过练习避免扫视，但是我只能说祝你好运吧。视觉系统只能在眼睛跟踪移动的刺激物时才能实现平滑追踪。前面提到的你的食指就是移动的刺激物；在扫描静态刺激物，如一篇文章时，则不会实现平滑追踪。除非我们从根本上改变文本的呈现方式，否则阅读过程都离不开注视和扫视。

阅读时眼睛的感知范围

阅读时，视觉系统至关重要的特征是，在注视的情况下，人们所获取的信息量是有限的。例如，你现在正在阅读，你的视线固定在了前一句话中 amount（量）这个词的字母 a 上。这个时候你能看到几个字母？感知范围的宽度又是多少呢？

让我来告诉你答案吧。不过，由于倾听和阅读速度这两个因素的影响，答案也充满了变数。我们在每一次注视的过程中，并不会感知到同样数量的字母。这些数量之间虽然差别并不大，但是数量多少受到文字展示特征（如字母的大小和字母排列的紧密程度）和文本特征（如注视的文字或者它右侧文字的难易程度）的影响。我所呈现的数量是人类在理想状态下能够达到的上限。[8]

假如你正在阅读下面这句话：

Graphology means personality diagnosis from hand writing.
（笔迹分析法是指通过分析书写字迹进行个性特征评价的方法。）

你的视线集中在了 personality 一词的字母 a 上（原因是该字母有下划线，表示强调）。在这次注视的过程中你看到了几个字母？看到了多少细节信息？下列句子上方的点线表明了视窗的宽度：

Graphology means personality diagnosis from hand writing.

读者在注视时能看到所有的字母吗？有时他们认为自己可以做到。然而，视窗的宽度有可能会窄一些：

Graphology means personality diagnosis from hand writing.

甚至更窄一些：

Graphology means personality diagnosis from hand writing.

视窗的真正宽度是多少呢？人们很好地利用了移动窗口技术的眼球跟踪方法测出了答案。当受试者阅读电脑屏幕上的文本时，他们的眼动受到监控。该技术的原理是人们在两次注视期间进行扫视时，电脑通过控制程序迅速改变屏幕所展现的句子。这个过程十分迅速，以至于受试者完全感受不到这种变化。图 4-1 展示了在一次典型的实验里，当读者阅读一行文字产生一系列扫视时，电脑屏幕所显示的内容变化情况。第一行是正常显示。下面的几行是移动窗口显示。读者从左侧开始阅读，将视线集中在单词 little（小）的第一个 t 上。从这里扫视到单词 girl（女孩）的字母 i 上，屏幕显示发生了变化，删除了视窗之外的字母。接着，在扫视到单词 happy（高兴）的第一个 p 时，屏幕显示再次发生改变。该实验通过改变视窗的大小来测量感知范围的宽度，也就是注视点左右两侧没有被 x 替换的单词的总数。

我们可以进行简单的预测。替换离注视点太远而难以感知的字母，也就是那些感知范围之外的字母，其实并不会对读者产生影响。但是如果替换感知范围之内的字母就会干扰阅读。结果会导致扫视时间变得更短，注视时间变得更长。这里我们还有一个疑问：视窗的宽度为多少时，替换字母才能够产生影响？

```
The little girl was happy to win the race last weekend.
                         *
-------------------------------------------------------
xxe little girl wxxxxxxxxxxxxxxxxxxxxxxxxxxxxxxxxxxxxxx
       *
xxxxxxxxle girl was hapxxxxxxxxxxxxxxxxxxxxxxxxxxxxxxxx
                *
xxxxxxxxxxxxxxxxxxs happy to win xxxxxxxxxxxxxxxxxxxxxx
                          *
```

图 4-1 移动窗口实验

在注视点（由 * 标明）周围的窗口里，字母是可见的；其他字母被 x 取代。当读者扫视至下一个注视点时，窗口随之移动。如图所示，阅读一行需要 3 次连续的注视。

答案是这样的：注视点右侧 15 ～ 16 个字母和左侧 3 ～ 4 个字母被替换时不会产生影响，这其中还包括词与词之间的距离。因此，我们可以得出结论：感知范围大约为 20 个字母的宽度。替换字母形成更小的视窗，将会干扰正常的阅读。因为英语的阅读顺序是从左至右，所以右侧的视窗并不是对称的。你也许会猜到，对于从右向左读的希伯来语来说，左侧的视窗范围是不对称的。[9]

在 20 个字母的视窗范围内，人们并不会同等地注意到每个字母（见图 4-2）。当眼睛注视字母 q 时，只有右侧 4 ～ 5 个字母和左侧 3 ～ 4 个字母能被清晰识别。至于右侧更远位置的 5 ～ 6 个字母，人们只能识别出其大概的轮廓，如它们是上行字母还是下行字母（如 b 和 j），或者位于中间行的字母（如 o 和 e）。最后，位于视窗右侧边缘的 5 ～ 6 个字母，人们只能识别出是否有字母存在。最小限度的数值提供了十分具有价值的信息。空位表明了单词的界限，这有助于读者校准接下来要注视的位置。令人吃惊的是，人们能清晰看到的字母居然如此之少。

这个问题应该归咎于视网膜本身的特征。因为视网膜的中央凹区域敏锐度最高，所以靠近注视点的这些字母能够在视网膜中央凹位置成像。一旦偏离了中央凹位置，视网膜的敏锐度便迅速下降。因此，人类无法清晰地看到远离中央凹区域的字母投影后形成的图像。这种敏锐度的改变是由受体细胞在视网膜上分布不均所导致的。中央凹位置处有最密集的视锥细胞，即高敏度受体。当远离中央凹位置时，视锥细胞的密度迅速下降，随之而来的情况就是对细节敏感度的下降。感知范围的特征与视网膜神经生物学的这些基本事实密切相关。

The *quick brown fox jumped over...

清晰识别	识别大概轮廓	识别字母
右侧 4～5 个 左侧 3～4 个 总共 7～8 个	更远的 5～6 个	更远的 5～6 个

图 4-2　感知范围

注视点（由 * 标注）附近视觉敏锐度高，但是越向右侧敏锐度越低。获得信息的整个范围大约仅为 20 个字母的宽度。

在了解了这一重要信息后，我们再重新审视一下视频记录中的眼动模式。我们发现注视的间隔距离并不长。两次注视之间的间隔距离不同，但是大多集中在 7 个或 8 个字母，也有个别更长或更短的间隔距离。我们定位注视的方式使得大多数字母能被投射到视网膜的中央凹，从而缩减了从较低的分辨率图像中猜测单词的需求。[10]

感知范围狭窄看起来似乎是一个可以弥补的视觉问题。矫正镜片可以帮助人们更清晰地看到视网膜中央凹的字母。那如何解决中央凹外敏锐度较低的问题呢？研究眼球跟踪方法的专家曾经做过一些尝试。[11] 根据与注视点的间隔距离，他们成比例放大字母来增加离中央凹较远位置的视觉敏锐度。图 4-3 展示了这一实验所呈现的文字。箭头表示当前的注视点。每条线表示人们阅读每行文字时，由于注视点不同，所展示的文字的变化。研究人员使用图 4-1 中的字母替代法将视窗的宽度从 7 个字母调整为 21 个字母位置。主要问题是，当近窝区的字母比正常字母大时，视窗会变宽吗？

该实验的受试者是大学生，他们很快就适应了在近窝区放大的情况下进行阅读。令人惊讶的是，这种操作几乎没有产生任何积极或消极的影响。字体放大后，读者所耗费的阅读时间几乎与阅读普通文本时的相同，并且读者对文本内容的理解程度也相同。我们需要进一步强调，产生重要影响的是视窗的大小：当视窗缩小到只能正常显示 7 个字母时，阅读速度会变得特别缓慢。该结论证明了，尽管视网膜中央凹之外的信息可能是不准确的，但是这些信息也是有用的。

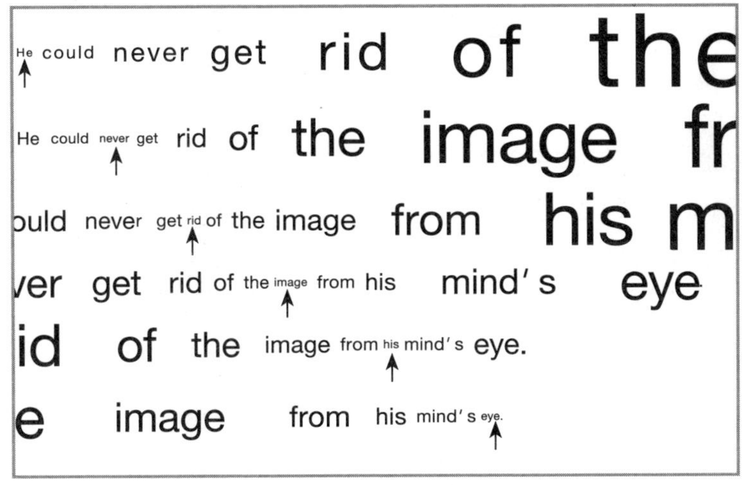

图 4-3 近窝区放大技术

每一行表示受试者阅读每行文字时，文字的呈现方式。箭头表示读者注视的位置。注视点附近的字母为正常大小，但是其周围的单词被人为放大，从而增加离注视点较远位置的视觉敏锐度。读者每扫视一次，字母的大小就会发生改变。

资料来源：Miellet, O'Donnell, and Sereno (2009), Figure 1, p. 722.

该实验表明，人类感知范围和视觉宽度的限制既是认知层面的，也是视觉层面的。在正常情况下，视网膜敏锐度的下降是主要限制因素。这就是人们日常阅读的真实情况。人们利用技术也无法完全弥补现实情况的不足，因为那些放大的字母只有少数位于感知范围内。此外，因为一次性处理的信息量非常有限，所以被放大的字母几乎不会对阅读产生多少影响。阅读是一种苛刻的任务。阅读过程中，当我们在注视时，我们所看到的单词量几乎与我们的理解速度完全匹配。即使在外围放大字母也不会产生任何效果，因为我们已经尽快将语言这块巧克力包裹了起来。

尽管逻辑上是可行的，但是，通过弥补视网膜敏锐度下降的不足来提升阅读速度，并不是一种有效的方式。通过这种方式加强练习，也许可以在一定程度上提升阅读速度，但这终究不是一种十分有效的方法。

注视实词，扫视虚词

人类视觉的感知范围似乎非常小。读者每次注视只能看清楚 7 ～ 8 个字母？我的姓氏（Seidenberg）都不止 8 个字母。当我们开始阅读时，眼睛显然成了瓶颈。这种影响到底有多严重呢？有没有其他方式可以减轻这种影响呢？

这种影响取决于两个因素。一是注视所持续的时间，也就是我们注视视窗内的单词所需要的时间。二是文本中有多少内容需要注视。两次注视的间隔相距多远不会影响人们的理解呢？可以跳读吗？

注视所持续的时间取决于单词的难度、文本的难度、阅读文本的细致程度和读者本人的阅读技巧。对于熟练的阅读者和与本段文字相类似的中等难度的文本来说，平均注视时长为 200 ～ 250 毫秒。图 4-4 展示了熟练阅读者注视时长的数据。在这一实例中可以看出，注视时长大多在 200 ～ 300 毫秒。这些数字十分具有代表性。对于不够熟练的读者来说，平均注视时长则会更长，而对于非常熟练的读者来说，平均注视时长则会更短。表 4-1 展示了眼动基本特征的发展变化。

哪些词得到了注视？答案是，几乎所有名词和动词这类实义词都得到了注视。一些较长的词，例如 university（大学）或 propagandize（宣传），会被注视两次。当眼球进行折返运动时，人们也会重新注视某些单词。如图 4-4 所示，研究结果表明，20% ～ 25% 的单词都被略过了。但需要指出的是，略过并不意味着完全不读，只是这些单词并没有被注视。大多数被略过的词都是短的虚词，如限定词（a 或 the）、介词、助动词和代词等，当你的眼睛注视临近的单词时，这些虚词就被一带而过略掉了。例如，当人们注视图 4-4 句子中的 Jerry 一词时，旁边的 is 一词或许也被读到了。

	Jerry	is	usually	quite	grouchy	until	he	has	had	his	morning	coffee	and	read	the	paper.
注视	*		*	*	*	*	*	*	*		*	*		*	*	*
顺序	1		2	3	4	5	7	6	8		9	10		11	13	12
持续时长（毫秒）	311		218	266	202	182	233	178	193		215	227		233	145	288

图 4-4　熟练阅读者注视时长的数据

图中句子的意思是：通常情况下，直到早上一边喝咖啡一边读报纸时，杰里才会感到开心。
注视持续时长的范围通常从少于 100 毫秒至多于 1 秒。扫视的长度也存在变化，在这个例子里，长度范围为 3 ～ 15 个字母。13 个扫视中有 2 个是回读。
资料来源：Starr and Rayner（2001），Figure 1，p.158.

表 4-1　阅读时眼动的发展变化

	等级水平						
	1	2	3	4	5	6	成人
注视持续时长（毫秒）	355	306	286	266	255	240	233
每 100 词的注视时长	191	151	131	121	117	106	94
回读的频率（%）	28	26	25	26	26	22	14

注意：当读者的阅读技巧不断提升，平均注视时长、注视频率和眼球回读频率都会随之不断降低。美国一年级学生平均为 6 岁，处于阅读教学的起步阶段。
资料来源：Starr & Rayner（2001）.

人们能够注视大多数词，这一事实并不是偶然事件，也不是生活方式的选择。当人类的感知范围与英语单词的特点相互矛盾时，就会发生这样的状况。假设一页文本的单词平均长度为 5 个字母，单词的长度从 1 ～ 15 个字母不等，加上 1 个字母的空格位置。如果一次注视仅能清晰地看到 7 ～ 8 个字母，大多数实义词都能够被注视，特别是当这些实词还搭配一些虚词时。

存在其他形式的跳读吗？如果一些实词具有高可预见性，有时也会被略过。当我们读到：

> The personable Nerl Patrick Harris ...
> （风度翩翩的尼尔·帕特里克·哈里斯……）

如果你的眼神落在了单词 Patrick 上，你也许能够获得足够的信息来判断它右侧的单词是 Harris，这促使你能够直接跳过该单词进行阅读。然而，几乎没有实词具有如此高的可预见性。虚词更具可预见性，但是因为它们所传达的信息较少，略过它们也无关紧要，况且许多虚词是依附于实词存在的。读者可以选择更大的范围进行扫视，但是这好比在阅读文章时，单词被断断续续地省略了。如果文章内容无聊或是读者所熟悉的，抑或是读者决定不需要完全了解内容时，他们也会略过一些单词。但是我们必须清楚这样一件事：跳读会造成信息的遗漏，因为没有被读者看到的词也就不会被读到，读者也就无法对其含义进行推断和理解。

人类的阅读速度到底能有多快

已故的著名导演兼编剧诺拉·艾芙隆（Nora Ephron）曾写了一部很有名的作品《我的脖子让我很不爽》（*I Feel Bad about My Neck*），但是与人们对自己的阅读感受相比，这种恼怒程度简直不值一提。我们总以为别人的阅读速度更快，所以要加快自己的阅读速度，如果阅读速度提高了，那将会是极大的优势。人类如果能够拥有比当前速度快 10 倍的阅读速度，就好比拥有了一种认知上的超能力。你的阅读速度可以达到《纽约时报》评论家的水平，你能读完《无尽的玩笑》（*Infinite Jest*）和《维基百科大全》。那么，人类的阅读速度到底能有多快呢？

显然，影响阅读速度的因素主要包括：读者的阅读技能和目标，以及他们阅读的内容。他们读的是理查德·费曼（Richard Feynman）的物理讲座内容还是美国名人消息网的网页内容呢？让我们基于眼睛和文本的特性进行一次严格的计算。

> 每次注视时，人类能够清晰地看到 7 ～ 8 个字母。
> 平均注视持续时长为 200 ～ 250 毫秒（每秒 4 ～ 5 个字母）。
> 在大多数文本中，单词平均长度约为 5 个字母。
> 每秒 4 次注视 = 每分钟 240 次注视
> 240 次注视 ×7 个字母 / 每次注视 = 每分钟 1680 个字母
> 1680 个字母 /6（每个单词 5 个字母 +1 个空格）= 每分钟 280 个单词

这是一个合理的数值，可以作为正常阅读情况的参照标准。这个数值比实际情况要高，因为这是一项不切实际的假设：在没有错误的情况下，每次注视时人们都能识别所有 7 个字母；眼球没有回读运动；人们在没有停顿的情况下以平稳的速度阅读。同时，它还排除了扫视、行扫描、眨眼和其他微不足道的小事所占用的时间，并且忽略了一个事实：更长的单词需要不止一次的注视。这个估计的数值还有一些保守，因为读者能够从近窝区接收一些信息，单词中所有的字母并不都需要被识别，每个单词的平均长度可能比 5 个字母要长一些。一些人每秒平均注视次数大约为 5 次，一些更短的单词则没有被注视。但是人们可以将该数值作为一个有价值的参考数据。

以这些数据作为参考，读一篇备受学前班推崇的著名教育家玛利亚·蒙台梭利（Maria Montessori）[①] 所撰写的 309 个词的文章需要花费多长时间呢？既然大多数的词会被注视 1 次，有些词会被略过，而有些词会被注视 2 次，注视的次数将会是词数的 80% ～ 90%。一篇包含 309 个词的文章将需要一分钟的时间来读完。该文章附在这一章的结尾，如果你感兴趣，想要检验自己的阅读速度，可以去尝试一下。不同的人的阅读速度是存在一定差异的。常规的阅读速度可能比我预估的更快或者更慢，文本细读的程度也会不同。有时单纯追求阅读速度反而会影响对内容的

---

① 蒙台梭利教育源自欧洲，迄今已有上百年历史，是世界范围内的经典教育方法。国际蒙台梭利教育知名推广人夏洛特·普桑所著的《蒙台梭利教育精华》中文简体字版由湛庐策划，浙江人民出版社 2020 年出版。法国国际蒙台梭利学校主班教师尹亚楠所著的《蒙台梭利家庭方案（0~3 岁）》《蒙台梭利家庭方案（3~6 岁）》由湛庐策划，浙江教育出版社分别于 2018 年和 2020 年出版。——编者注

理解，与之相比，每分钟阅读的单词数量就不是那么重要了。人们可以快速浏览文本，但这显然是不同的：人们也许捕捉了要点并获取了一些具体的信息，但是却错过了大部分内容。

我已经描述了一个典型的熟练阅读者的阅读行为。他的表现还有多大的上升空间？一些人声称他们知道成为超级读者的秘诀，并乐意分享给他人，同时收取适当的费用。

人们想要提高阅读速度的这一强烈需求已经催生出了一个稳定的消费市场，它向人们兜售能极大提高阅读速度的技巧，从而使人们在特定时间内的阅读词数超过所估计的数值。其中，具有突破意义的便是伊夫琳·伍德（Evelyn Wood）推出的“阅读动力学”计划。在肯尼迪总统的推动下，该阅读计划在20世纪60年代曾经一度非常流行。[12] 据说肯尼迪是伍德的粉丝，曾邀请伍德的教员到白宫培训政府人员。伍德是一名教师，提高学生的阅读水平是她的职业要求。“为什么我坚信可以用许多专家都认为是不可能的速度读完一本书？也许是因为我所笃信的宗教信仰告诉我，‘人一旦获得知识便能获得救赎’，‘人若是无知就不能获得救赎’以及‘上帝的荣耀是智慧’。”[13] 她的阅读计划被改编成一系列科技产品（例如书、盒式磁带、CD、DVD、应用程序、网站和YouTube视频等）。这种方法以各种形式被反复包装，不断推出的频率甚至超过了披头士乐队的歌曲。直到今天，伍德的品牌仍然存在，尽管该品牌在其所创造的市场上已经逐渐演变成了一个微不足道的角色。

20世纪70年代是伍德品牌的全盛期，几乎每个人都尝试了她推出的“阅读动力学”计划。[14] 当时，美国全国广播公司《今夜秀》（*The Tonight Show*）节目的首席主持人史蒂夫·艾伦（Steve Allen）将伍德的阅读计划推向了最高点。马歇尔·麦克卢汉（Marshall McLuhan）是20世纪70年代一位令人难以琢磨的媒体理论家，他在电影《安妮·霍尔》（*Annie Hall*）中客串的一个滑稽角色让人印象深刻。他所饰演的角色曾经说过一些非常滑稽的台词，例如“读写能力是工业机械化过程中所有项目的基础；但与此同时，它也将语言使用者的思想和情感禁锢在了机械化的碎片矩阵中，该矩阵是维护机械化社会稳定的必要因素”。此后，作为大学教授的麦克卢汉开始从事速读研究，他曾经向心存疑虑的同事们夸耀说，他一分钟能读 1500 个词，每周能读完 35 本书。作为一名研究信息时代技术影响的早期理论家，麦克卢汉并没有出版有价值的研究成果。尽管最初他坚信速读揭开了传统阅读模式中隐含的更深层的模式，最终他却得出结论，认为速读只适用于浏览垃圾邮件。[15]

在当代，任何人都可以成为速读领域的专家或者企业家。[16] 例如，曾出版《超级阅读秘密》（*Super Reading Secrets*）等一系列图书的作者霍华德·斯蒂芬·伯格（Howard Stephen Berg）就曾宣称，他每分钟能阅读 25 000 个词（约合每秒 416 个词）。伯格曾兜售一种名为“超级阅读”的产品，据说该产品可以大幅度地提高人们的阅读速度，保证人们在不影响理解的情况下把阅读速度提高到每分钟几千个单词。他最大的突破是 1990 年作为世界上阅读速度最快的读者，被收入《吉尼斯世界纪录大全》。像其他自我提升的产品一样，速读产业也依靠论证和个人的推荐。“仅在 8 周后，我的阅读速度能达到每分钟 30 000 个单词，理解水平达到 95%！”试想这样的宣传具有多大的诱惑力啊！而产品的设计者却避免对其实施细致的交互测试。

这些产品持续不断地受到市场的欢迎和追捧，这一点足以证明许多事实：人们对更快的阅读速度有着强烈的需求；阅读会引发表现焦虑（performance anxiety）；对于许多人来说，阅读有时是一种负担，是一项无法避免、必须完成的任务，所以他们想尽快地完成它。这一市场有着巨大的潜在利润，人们甚至愿意支付包括运输费和快递费在内的 19.95 美元去购买这样的产品。作为阅读领域的专家，而非销售或者精神病学专家，我的关注点在于这些体系是否能够奏效。利用专门技巧是否真的能够提高阅读速度和效率？读者会说：把钱省下来吧。这些产品承诺达到的效果和实际达到的效果之间存在巨大的差距，差距之大甚至引起了相关消费者保护机构，例如美国联邦贸易委员会的关注。如果考虑到眼睛和文本的基本特征，这些产品所宣称的效果不可能是真的。除非我们将阅读重新定义为迅速翻页，完全不考虑人们是否理解了阅读的内容，人们有可能每分钟读几千个单词，正如他们可以跑得比光速还快一样。

我已经提到了一个简单但有效的方法来提高阅读速度：略读。采用略读方法的读者在读一篇文章时，注视的次数少而扫视的范围大。人们的阅读目的不同，有时需要略读。如果你在网上读一篇关于南欧经济复苏方案的长文，你对细节不感兴趣，只需了解文章的要点，这个时候你就会略读。你收到了来自密歇根州的儿时玩伴寄来的圣诞信，长达好几页，这时你也会略读。这些文本需要快速读完，不需要理解太多的内容。我们可以将其称作“类似阅读”，而绝不是速读。

略读是速读课重点强调的技巧之一，尽管有时这样的课程不应被称为速读课。教师教授学生只阅读重要的信息，将其他信息一概略过。当然，难点在于，不读完文章，人们就无法判断哪些信息是重要的。然而，略读在一些情况下确实是有用的。我们只是不想把略读这样的技巧与以下情况混为一谈，例如阅读一本最喜欢的作家的作品、阅读生物学课本中的一个章节或者阅读美国国家税务局寄来的一封信等。

略读是一种常见的阅读技巧。略读时，人们的目标是在不影响内容理解的前提下，提高阅读速度。问题是这些课程除了教授略读到底还教了什么。正如伍德时代的导演伍迪·艾伦（Woody Allen）开玩笑所讲的那样：“我参加了速读课程，并在 20 分钟内读完了《战争与和平》。”[17] 为了规避与“速读”这一标签有关联的任何负面含义，有些产品在销售时被包装成“权威阅读”“突破性速读”“超级阅读”以及“有助于提高速度、加强理解和记忆的阅读动力学”。这些体系反复使用同样的方法，只是换了不同的包装而已。伍德的“阅读动力学”所概括的速读体系专注于改变读者阅读标准文本的方式。其他较新的方法是使用基于屏幕的技术工具（如电脑、平板电脑、智能手机等）改变文本的呈现方式。接下来我将为大家详细讲解应该发生的事和实际上发生的事。

常见的速读骗局

人们一直都受到误导，认为追求快速阅读的唯一障碍是不良习惯。与“人们只开发了大脑的百分之 n”这种说法类似，人们认为阅读能力也只被开发了一部分。挖掘未被开发的能力需要一定的反复训练。速读项目主要以三种方法改善读者的阅读行为。值得注意的是，这三种方法在伍德和玛乔丽·巴罗斯（Marjorie Barrows）于1958年合著的《阅读技巧》（*Reading Skills*）一书中有所呈现。[18]这本书并不知名，其目标读者是学校里的教师，目的是帮助教师应对有阅读困难的在校学生。这本书并没有强调速度，“速读”一词也并未在书里出现。但是伍德和巴罗斯向阅读困难的读者推荐的方法构成了速读的基础：（1）每次接收更多的信息；（2）消除默读（边读边默念）；（3）消除回读的眼动。下面让我们检验一下这三种方法。

方法1：每次接收更多的信息

通过训练眼球处理外围信息的能力，并且利用特殊的技巧浏览页面，读者就能够学会接收更大块的文本信息。伍德和巴罗斯介绍了一种策略，具体做法是用手指引导视线以之字形路线浏览页面；另一种方法是将手指沿页面中心向下移动，以便一次一行地向下阅读，而非从左至右阅读。在没有电脑的时代，雄心勃勃的或者焦虑的读者会购买一些小型设备来培养这种阅读技巧。当时出版行业的中坚力量是每月读书会（The Book of the Month Club），该读书会出售阅读计时器和小型设备来帮助人们提高阅读速度。[19]该读书会的意图非常明显：如果人们阅读的速度提高了，他们也许就会购买更多书。这种方法存在的问题也是显而易见的：他们公然违背视觉体系固有的限制。因为人类的视网膜缺少额外生长的细胞，所以人类的视觉系统不可能吸收整行、整段或者整页的信息。我们不能强迫自己识别更多外围的字母，正如我们无法强迫自己听到超出频率范围的声音一样。正如一篇标准的文本所展示的，语言结构中没有任何一点能够证明，采用之字形浏览页面这种获取信息的方法是有效的。文本的重要信息并不会出现在可预测的位置或者可预测的区间。当然，也没有证据表明这些方法是有效的。[20]但是这也不是必需的，毕竟，公司出售的是人们实现愿望的满足感，而不是被证实有效的技巧。

尽管我们不能强迫自己一次性接收更多的字母，但是确实有一些人拥有更宽的感知范围，能足足向右侧扩展几个字母的位置，如使用美国手语交流的聋人。贝朗格和同事们发现，对于熟练的失聪读者来说，实验测量出他们的感知范围是注视点右侧的18个字母宽度。[21]而对于有听觉的熟练阅读者来说，这个数字则是14。毫无疑问，这种结果与他们使用手语有关。在使用手语的过程中，他们会综合利用几种视觉信息，包括手的构造、手的运动、空间位置和面部表情等。在对话过程中，熟练的手语使用者会认真注视对方的脸部而不是手。他们之所以能够获取由空间和动作所传达的重要信息，是因为他们非常擅长处理视网膜的中央凹以外的信息。这项研究表明，在阅读的过程中，他们也能够充分利用这种能力。

有一项自然实验测试了速读项目的一个基本原则。正如速读项目所推荐的那样，使用手语的失聪读者对于视觉外围的字母更加敏感。然而，这并没有提高他们的阅读水平。两组受试者的阅读速度和理解程度几乎是一样的。失聪的受试者接收到的额外信息几乎都是没有价值的低质量信息。这种能力在其他情况下是有所帮助的，但对阅读却没有帮助。从语言上来讲，在理解手语的过程中，测定手势来源的大概位置是非常重要的。职业电竞选手在检测视觉外围的信息方面也非常熟练，因为游戏里出现的一个小圆点也许会变成拿着半自动等离子步枪的敌人。[22] 这种优势也无法在阅读时充分发挥作用，因为读者需要阅读的是单词而不是一个小圆点。因此，每次接收更多信息的训练对阅读是没有任何意义的。

假如人们在注视时并不能真正增加接收到的有用信息，用手指划过书页去阅读也没有出现奇迹，那么人们使用这些办法时到底发生了什么呢？他们会略读文本。你在速读方法上所耗费的钱实际上是买了一堆有关略读的冠冕堂皇的说辞。

方法 2：消除默读

大多数人都有同感，他们在阅读时会默念出单词，或者听单词。速读项目与人们的这一直觉相呼应，即认为这一习惯会减慢阅读速度。人们认为，默读的人只能以比正常说话更慢的速度阅读。通过消除默读，人们可以在直观基础上进行更快的阅读。速读项目鼓励读者控制默读行为，并通过提供相应的训练提升阅读者的阅读表现。

我在本书的开头曾提及，人们关于阅读的直觉是有限的，而且通常具有误导性。我现在就来解释一下有关默读的一些谬论。人们在阅读时使用与单词读音相关的信息，这种感觉并不是一种错觉。然而，这并不是默读，默读指的是人们在阅读时，小声重复一些内容从而帮助自己记忆。熟练的阅读者的做法与此不同：他们在心理上激活了语音编码，从而在内心听到“PERmit”（重音在前，意为许可证）和“perMIT”（重音在后，意为允许）的区别。反对默读的谬论在于将语音与言语等同起来。使用语音编码并没有限制阅读者说话的速度，因为这个过程中并不涉及说话。[23]

一旦这一谬论被揭示，就会引发一系列另外的问题：如果使用语音编码使阅读变得更简单而不是更难，那情况将会怎样呢？如果更依赖语音编码的是熟练的阅读者，又会怎样呢？如果人们不能有效地使用语音编码是阅读障碍的主要特点，情况又会如何呢？如果语音编码与文字系统中的拼写和含义紧密结合在一起，并且和支持阅读的神经回路结合在一起，以至于熟练的读者无法阻止自己激活语音编码，那情况又会怎样呢？

所有假设其实都是真实存在的事例，是经过几十年研究所证实的。[24] 速读方案通过排除阅读技能的主要来源之一，来提升读者的阅读水平。设想一下，我们将同样的方法运用于视觉中。人们会经常眨眼睛，眨眼时，人们是看不见的，因此如果不眨眼睛，人们将会更快地接收信息：速看！若将眨眼睛视为一种坏习惯，人们就忽略了它起到的作用和努力消除它所付出的代价。根据速读的逻辑，学会抑制激活语音，即一种人们过度学习的、自动和自发的行为，能够使人们成为更好的阅读者。倘若你的目标是读得好，我不会建议你这么做。

在后面的章节中，我将详细讲解语音信息在默读和学习阅读的过程中所起的作用。在此我只简单做一个小结：阅读的意义远比我们眼睛看到的要多得多。[25]

方法 3：消除回读的眼动

培养速读的第三种方法就是消除回读的眼动，努力做到仅读一遍文本。与音系一样，回读的眼动有着重要的作用，消除回读的眼动将导致阅读更加困难，而非人们期待的使阅读变得更加容易。回读的眼动是正常熟练阅读的内在因素。它们并不只是在文本被误读时才出现，它们还使读者加强了对文本的理解。因为语言的性质，所以一些回读是不可避免的。句子以直线状展开，但是它们所传达的信息却并不是这样展开的。请看下面这个句子：

- 如果他不认识前台的那个女人，你弟弟就不会请她帮忙。

只有当读者读到后半句，才能够理解代词“他”在句子中指代的是“你弟弟”。而对后半句中“她”的理解则取决于前半句中的“那个女人”。语言中充满了暂时含混不清的内容。这时，熟练的读者会运用回读这一有效的应对策略，将间歇性的回读组合成一个完整而有意义的部分。我们会在下个部分继续讨论如何消除它们，但是消除回读并不会使你成为更高效的读者，反而会徒增烦恼。

现在，我们可以更为准确地重新定义那些速读项目的主要原则：超越生理极限扩展视觉感知能力；抑制使用有助于阅读技能提升的信息，抵制多年阅读过程中培养出的将拼写和发音紧密结合的方法；消除有益的回读眼动；将注意力和精力集中在一种非常不自然的阅读方式上，而不是集中在文本上。

如果这些项目仅仅是基于那些似是而非的理论，那为什么它们还是一直有市场呢？我想如果伍德还在世的话，她应该能对此做出解答。标准就在伍德和巴罗斯合著的书中，关于速读产生的最早的记录：

- **描述快速阅读的明显益处。**
- **质疑人们现有的阅读能力。**
- **描述那些看似合理且符合常识的方法。**
- **利用个人的权威和信任确认速读方法的有效性。**

伍德和巴罗斯缺乏必要的工具（例如眼动仪和研究技巧），因此她们没有证据来证明自己的主张。她们根据自己作为教师的个人经验，描述了看似正确的事情，但事实证明她们是错的。她们认为阅读速度缓慢的读者，其眼睛的移动是这样的：

一个擅长游泳的人从不怕水。

这幅图片所描述的是一个极其滑稽的画面。没有哪个读者的眼动是图片中那样的。对于标准的文本来说，图中描述的扫视长度太短而且间隔太过均匀，而不擅长阅读的读者的眼动则更没有规律。下图是她们对回读眼动的描述：

这些漩涡虽然看起来可爱至极，但遗憾的是，这一次她们又错了。[26] 她们轻易就明确了默读的负面影响，仿佛那已是显而易见的事实，但是她们未能有效区分阅读过程中的小声默念和心理语音。这两项都是当时盛行的速读项目鼓励人们要消除的“坏习惯”。而视觉系统的特征，例如感知范围，却并未被提及。

伍德和巴罗斯缺乏相应的工具来证明她们的主张，其他人也同样没有。经过多年的研究，人们才最终明确了眼动和默读的基本事实，从而反驳了她们的主张。而那时，伍德所推出的“阅读动力学”计划已经形成大规模产业，伴随这项产业还衍生出许多相类似的项目，同时，有关速读的神话已经深深植入人们的文化意识中。尽管我们现在十分清楚这些主张是错误的，但是它们的影响却像臭虫一样难以消除。相比较而言，能够理解相关研究的人数，当然现在也包括你在内，比想要以更快的速度阅读的人数依然要少得多。有人认为，不必把推销这些速读产品时所说的话当真。而我则坚信当人们回顾伍德和巴罗斯的主张时，就会发现这些主张从来都是错误的。

伍德不再被推崇为速读的偶像了，她与乔・卡姆尔（Joe Camel）、惠普尔先生（Mr. Whipple）和水管工约瑟芬（Josephine the Plumber）一起光荣退休了。但是现在却出现了更多的“伊夫琳・伍德”。互联网上到处都充斥着阅读专家的博客和网站，他们声称可以帮助你和你的孩子阅读得更快，同时在阅读的过程中省略掉更多的内容。大多数阅读专家都有着与伍德相似的资历。他们中大多数人以前都是教师，致力于在长期的教育生涯里，将自己获取的知识分享给大家。他们非常自信地列出了熟练阅读的要点，但是这些要点并不都能发挥作用。他们兜售的内容无外乎新瓶装旧酒。这些内容在互联网上随处可见并且是免费的。这变成了一个互联网环境下的小型产业。我们可以看到，有些网站的内容相对来说更好一些，而有些网站内容则不尽如人意。对于家长或者家庭教师来说，想要区分它们的价值其实很难。

现在让我们再来回顾一下世界上阅读速度最快的读者霍华德·斯蒂芬·伯格的事迹。他与凯文·特鲁多（Kevin Trudeau）共同制作了介绍“超级阅读”的专题广告片，并因此达到了事业的巅峰。[27] 特鲁多是《他们不想让你知道的治疗方法》（*Cures They Don't Want You to Know About*）一书的作者，他还写过许多类似的书。该专题广告片最终引起了美国联邦贸易委员会的注意，其做出的裁定值得仔细阅读，而不是略读。伯格和特鲁多声称“超级阅读”计划非常成功，它可以用来指导包括成年人、孩子和残疾人在内的所有人，帮助他们显著提高阅读速度，同时，读者还能充分理解并记住所读的内容。鉴于此，美国联邦贸易委员会则认为该计划“无论从理论上还是事实上，都没能成功地教会任何人阅读”。针对该计划和伯格、特鲁多的其他几个产品，美国联邦贸易委员会做出裁定，坚决禁止被告做出带有欺骗性的声明。这一裁定虽然终结了介绍“超级阅读”的专题广告片，但伯格仍然能自由利用互联网，通过多种渠道推销自己的产品，例如 YouTube 视频、个人网站和社交媒体等。多变的伯格目前还会组织相关内容的研讨会，主题包括“如何更快更好地学习”“分享技巧知识，旨在提升阅读、记忆、材料组织、数学和写作技能”。他还继续出售自己撰写的相关书籍。然而，他在《吉尼斯世界纪录大全》中的成绩一年后就被删除了，吉尼斯同时将他的速读纪录从荣誉榜中去除。[28]

尽可能多地阅读，并涉猎新的阅读内容

如果人类能够找到比传统形式更有效的方法，将信息传递给视觉系统，那么阅读速度应该可以更快。古希腊人曾经尝试过一种“牛耕式转行书写法”（boustrophedon）。顾名思义，“牛耕式转行”指的就是牛在犁地时，犁完一行地后调转方向开始犁下一行

地。[29] 这种文本的书写方式为双向式，一行从左至右，下一行从右至左。这种方法看似能够保证阅读持续地进行，不会受到每行扫描的干扰。我们不妨尝试一下。以阅读下一段文字为例，开始时按照正常方式从左至右阅读，但是行尾处调转方向，从右至左阅读。然后继续这一过程，左右来回地把整个段落读完。

> 我们在这里看到的第一行是正常书写的。
> 。的写样这是行一下
> 哇，这简直是太讨厌了。
> ？错不还？样么怎法方种这
> 绝不是！这种“调整”使得阅读更困难了，而不是更容易了！

双向阅读是在书写发展阶段出现的小实验之一，但效果并不好。然而，现代基于屏幕的技术为阅读提供了其他的可能性。如果存在一种更有效的方法，那么在电子写字板和电脑普遍存在的时代里长大的孩子，也许很快就能适应新的文本呈现方式。

我们已经看过调整文本呈现方式的一个例子，即近窝区放大技术。但事实证明，这种方法既没有产生效果，也不具有可行性。一种被称为快速连续视觉呈现的方法似乎承载了人们更多的期待，人们希望它能够提高阅读的效果。这种方法是将文本呈现在屏幕上指定的唯一位置，采用一次呈现一个或几个单词的模式。这种方法在 20 世纪 60 年代主要运用于科学研究。当个人电脑逐渐普及时，这种方法成为一种提升阅读的工具；现在又出现了各种手机应用程序。一段 YouTube 上的视频便以这种形式展示了埃德加·爱伦·坡（Edgar Allan Poe）的作品《乌鸦》（*The Raven*）。[30] 你可以在许多免费网站上使用这种技巧，一定要试试。[31] 这种快速连续视觉呈现的方法便提出了一个问题：如果没有眼动，阅读将会怎样呢？文本被呈现在屏幕上的一个指定位置，就好像一系列的闪存卡一样。使用者设定每张卡片呈现的时间。与展示爱伦·坡的作品《乌鸦》的视频一样，正常的程序是一次呈现一个词。读者不必决定每个词的注视时长，因为已经预先设定了时长，并且扫视、回读眼动、行扫描和翻页都统统被消除了。当文本闪现时，读者能够完全专注于理解文本。

这个视频给人们带来希望了吗？文本以每分钟约 278 个单词的形式呈现，这属于熟练阅读的范围，然而读者想要理解文本还需要付出更多的努力。视频中，无论是 door（门）还是 morrow（次日），每个单词都以同样的时长呈现。因此，读者失去了对文本传输速度的控制，从而也失去了合理地分配阅读时间的能力。有用的近窝区信息和重读的选项都被消除了。这种体验更像是追踪文本而不是阅读它。

在实验室研究中，大学生采用快速连续视觉呈现的方法阅读时，其阅读速度可达每分钟 700 个词，并且他们能够理解所读文本的内容，这个速度大约是正常速度的 3 倍。[32] 在网站上迅速体验一下该程序，人们就会产生一种快感，意识到迅速浏览文本并不会影响他们对文本内容的正确理解。这种阅读短小篇幅文章的体验，对于维持这些产品的市场来说是至关重要的，但是更加严峻的考验来自长篇文本的阅读。

人们通过实验还发现，这种快速阅读文本并理解的方法只适用于篇幅短小的文本。如果换成篇幅较长的文本，快速连续视觉呈现的方法只会使阅读体验显得单调，使读者疲惫不堪。这是又一个因消除有利于流利阅读的元素而导致阅读更加困难的例子。快速连续视觉呈现的方法，要求视线对某一特定位置保持持续的关注，这就好比你和一本书开始了一场对视比赛。如果以这种方式阅读，你就不得不考虑花时间让眼睛和脖子休息一下。快速连续视觉呈现的方法是持续不断的：你挠鼻子看向别处的时候，就错过了一小部分文本信息，一些词转瞬间就消失了。尽管这种程序执行过程中可以暂停，但是重读需要重新开始或者回读，这比饱受诟病的回读眼动破坏力更强。具有讽刺意味的是，快速连续视觉呈现的方法将文本转化成了像言语一样迅速消失的符号，造成了一种不必要的形式误配。最终的结果是，人们只能在短时间内忍受这种阅读形式，而短期测试无法暴露出这种阅读形式的不足。

基于网络的免费快速连续视觉呈现的项目，有助于评估人们理解文本的上限。你可以测定自己的阅读速度，但是如果你想以每分钟的峰值速度真正阅读一次，那你就真的需要付出努力，开足马力快速阅读了。

与早期盛行的快速阅读技巧一样，快速连续视觉呈现法也被不断包装，成为某一时代焦虑读者的救命稻草。2014 年，一款快速连续视觉呈现手机应用程序的开发者声称，通过整合“最佳识别点”实现了阅读的突破。[33] 每个单词都有一个突出显示的字母，据说这样的做法可以确保读者以最快的速度识别出这些单词。

尽管一个网站上有一部分内容介绍了这些阅读产品所依据的科学理论基础，但是没有任何的科学研究表明每个单词都存在一个“最佳识别点”，因此突出显示哪个字母（或者任何字母）就能起到作用。也没有科学研究能够证明以“最佳识别点”显示单词能够提高阅读效率。我们可以大胆推测，该网站只允许人们对程序进行非常有限的、严格控制的试用。这一方法包含了一些特征，例如对某一特定位置的注视、单词连续不断的呈现、无回读的眼动等，这些特征都使快速连续视觉呈现技巧令人不悦。某些项目只是将这一程序进行了重新包装，例如突出显示个别字母，其效果和价值却不可知。

据我所知，目前还没有哪种方法比现有的标准文本呈现方式更好。在电子阅读器或平板电脑上的电子阅读方式其实使用了标准形式，虽然附加组件能够增强人们的阅读体验，但是这并不是一种更快的阅读方式。每个人都能意识到这些设备使人们太容易受到有趣信息的吸引，而立刻去查找更多更丰富的背景信息，例如马上去查阅字典、浏览作者的网站或维基百科等。读者面临的新困境是，到底是该继续阅读还是停下来去查找信息。这些设备鼓励慢读，类似于慢食，而不是吃快餐似的快速阅读。

平心而论，即使所有快速阅读方法在动机上都存在瑕疵，读者是否有可能通过勤奋练习提高自己的阅读水平呢？答案是肯定的。尽管采用一些阅读方法，阅读能力会得到一定的提升，但这不仅是关乎阅读方法的问题。这些训练课程要求人们合理规划阅读时间，排除一切干扰，在规定的时间里专注于阅读。所有这些要求都是有益的。如果读者只是浏览，那么读者从中获得的收益会很少，并且也不会达到非常快的阅读速度。阅读水平提高的原因在于人们读得更多，同时更加专注。当然，即使没有购买相关训练课程或者进行自欺欺人的练习，读者的阅读水平也能得到提高。你只需要坚持阅读即可。

我不是神学家，伍德也不是。如果上帝重视知识，而阅读是获得知识的有利途径，那么，乞求上帝帮助的人应该多读书，而不是认为伍德的方法会起作用。如果上帝想让我们成为快速的阅读者，他也许就会设法让我们的视网膜更大，从而拥有更多的视锥细胞，同时赋予我们更快理解语言的能力。

我已经详细阐明了这些方法背后隐含的谬论。这些方法赖以生存的沃土就是那些一心想要提高阅读速度的读者。只要有这样的人存在，这些推广阅读的方法就有市场。除此之外，更有许多投机商不断地刺激着读者的渴望和焦虑。同时，人们对于这些技巧失败的原因也缺乏了解。我们暂且不考虑感知范围和快速连续视觉呈现的方法这两个方面，所有类似方法都普遍存在的深层问题是，它们将眼动与阅读技能关联起来。这些方法都认为阅读技巧的提升源于有效的眼动，通过不断训练你的眼睛接收更多的信息，或者在不移动眼球的前提下进行阅读来提高阅读速度。他们宣称通过这样的阅读技巧训练，你将成为更好更快的阅读者。然而事实是，有效率的眼动是成为熟练阅读者的结果，而不是原因。获得了熟练阅读知识和经验的人确实能够更有效地移动眼球，从而提高阅读速度。但是这并不是我们通过训练如何移动眼球来实现的。在对发育性阅读障碍患者的治疗中也存在这样的谬论。当然，这些阅读障碍患者的眼动效率是很低的。但是在一些“视觉疗法”中，训练孩子像熟练阅读者一样移动眼球也是没有效果的，因为不规则的眼动是潜在阅读问题的表现，而这些问题是眼球训练所不能解决的。

在本章的开头，我展示了视觉系统是如何限制我们的阅读方式的。这一系统与目前市面上推销的提高阅读的方法并无关联，因此，专注于眼球训练的各种阅读提升方法都是无法实现的。如果人们的眼球不同，阅读将变成不同的体验：设想一下，人类如果拥有像昆虫那样的复眼，并且每个独立的复眼都有和人眼一样的敏锐度，那么文本该如何呈现才能使得这个不同寻常的器官更好地发挥作用呢？然而，我们的眼球并不是专为阅读而设计的，并且到目前为止我们还没有找到任何能够显著改善现有条件的方法。

如果以超快的速度去阅读并不可行，那是否意味着阅读不能得到提升呢？答案当然不是这样的。

要想提高阅读水平，即提高我们对文本的理解程度，当然还有速度和效率，重要途径是下面这句话：

阅读。尽可能多地阅读。尽可能多地涉猎新的阅读内容。

这意味着：

阅读。阅读技巧取决于从阅读中获得的知识。熟练的读者更了解语言，包括印在纸上的而不是言语里出现的许多单词和结构。他们也有更多的“背景知识”，熟悉阅读材料的结构和内容。我们是通过阅读这一行为本身获得这些信息，而不是通过训练眼球沿相反方向旋转、玩训练大脑的游戏，或者隔膜呼吸法等方式。提升阅读技能，只有通过阅读本身才能实现。

尽可能多地阅读。每次阅读，我们都会更新自己的语言知识。在意识层面上，我们是为了了解文本内容而阅读：因为阅读的内容可能是一个故事、一篇课文或者一则笑话。在潜意识层面，我们的大脑会自动记录有关语言结构的信息。下一章的内容便是围绕这一主题展开的。要想形成这种详尽的语言学知识网，需要接触大量文本。并没有什么特别的技巧可以练习，你没有错过所讲述的课程。你所需要的只是不断去阅读。

尽可能多地涉猎新的阅读内容。读者语言知识的拓展是通过接触尚不熟悉的语言结构实现的。也就是说，读者在阅读过程中遇到不熟悉的单词，或者虽然遇到了熟悉的单词，但是这些单词是以新的方式呈现的。这也许意味着，人们阅读 P. D. 詹姆斯（P. D. James）、E. L. 詹姆斯（E. L. James）和亨利・詹姆斯的作品，是因为他们运用语言的方式十分多变。这样做的目的并不是使阅读变得极度困难，而仅仅是为了保证新的阅读内容与以前所阅读过的内容有足够的差异，从而使人们不用付出太大的努力就能学到新的东西。阅读大量不同风格和类型的文本将起到一定的作用，这其中还包括读者花费在阅读并不熟悉的文本上的时间。

阅读拓展了人们关于语言和世界的知识，使得阅读变得更容易更愉快。阅读技能的提升使得人们能够阅读更多的文本，而阅读更多的文本则使得人们的阅读技能更加专业化。两者之间是相得益彰、相互促进的。

决定阅读技能的并不是人们的眼睛，而是人们对于语言、文本和世界的了解，这些知识很容易通过阅读来增加。在这种专业知识的引领下，人们的眼睛才能随之发挥作用。

测一测你的阅读能力

以下内容引自蒙台梭利所著的《蒙台梭利儿童教育手册》（*Dr. Montessori's Own Handbook*）第一页，这位知名的教育家开发了许多学前班都在使用的“蒙台梭利教学法”。以正常阅读速度而不是使你劳累的速度仔细阅读下面这篇文章。在文章结尾处有一道理解题需要你来回答。请使用手表或者计时软件来计时。

准备好了吗？

计时开始。

近年来，儿童的生活条件有了显著的改善。数据显示，几乎在所有文明国家里，尤其是在英国，婴儿的死亡率明显降低。

与死亡率降低相对应的是儿童体能的不断提高。儿童的身体更健康、更强壮。正是科学知识的传播与普及才带来了如此显著的进步。妈妈们已经开始接受现代卫生的有关理念，并在养育孩子的过程中不断付诸实践。许多新的社会机构如雨后春笋般涌现出来，并且不断得到完善，目的是在孩子们的成长过程中为他们提供帮助和保护。

按照这种方式继续发展下去的话，一个新的种族将要形成，这一种族将会更加先进、更加优秀，也更加健康。这一种族将能够抵抗一些隐藏的疾病。

科学的作用是什么呢？科学已经为我们提出了一些特定的简单规则，运用这些规则，孩子们将尽可能地恢复到自然生活的状态。科学提供的一些方法和指导规则对锻炼孩子们的身体机能非常有益。例如，科学建议母乳喂养、解除襁褓、多给婴儿洗澡、积极组织开展户外活动、加强锻炼、为儿童穿简单的短款衣服、为儿童提供安静且充足的睡眠。科学还制定了评估食物的相关规则，使之合理地适应儿童的生理需要。

然而，尽管如此，科学并没有做出任何新的贡献。还是母亲一直在照顾孩子，孩子们也总是有衣服穿，正常呼吸、按时吃饭。关键是，同样的身体行为，如果在盲目无序的状态下进行，可能会导致儿童罹患疾病甚至死亡，而在合理的、有规则的条件下进行，则会呈现更强大的优势和生命力。

计时停止。

理解题（不要回读）：蒙台梭利将哪三个有益的育儿实践归功于“科学”？

第5章

提高阅读能力，同样需要大数据和统计学

让我们做一些大数据研究。我们会将大量小事物积累起来，例如，数百万条推特信息，在线交友网站上数千份个人资料，或者脸书上发布的大约2500亿张照片中相当一部分照片。[1]然后，我们可以通过“深度学习”程序处理这些数据，这些程序可以筛选出隐藏其中的模式。[2]为了完成这项任务，我们需要利用大型计算机完成数量庞大的模拟计算。而计算的前提是需要对计算机进行优化处理。因为这些模式过于复杂，所以无法用语言准确描述，但是人们将其描述为统计偶然事件的复杂网络。我们可以在人脸识别或者场景描述等应用程序中使用该数据结构。你的智能手机能够识别出你所说的话，正是因为它安装了利用特定程序开发的口语统计规则的软件。我本人也非常支持新型数据分析软件，它们正在使用这些分析方法解决复杂的认知问题，并取得了可喜的成绩，而且，这些技术能够实现的成果没有明显的上限。

计量文体学致力于运用统计学方法分析文本的内容、风格及其作者身份。[3]令人吃惊的是，定量的方法只分析单词的出现次数，但并不解释单词的意思，这种方法能够揭示连作者本人都不易察觉的一些写作事实。文本统计信息已用于找出以笔名发表图书的作者，例如J. K. 罗琳（J. K. Rowling）被发现曾经以笔名罗伯特·加尔布雷斯（Robert Galbraith）发表过一部小说。[4]类似的方法还发现，一位荷兰社会心理学家曾发表了若干篇存在伪造数据的文章，这无疑是学术造假中的可憎案例。[5]这些伪造的数据呈现出独特的统计学特征。我们对比了同一作者撰写的未造假的文章，得出的结论是，在含有伪造数据的文章中，该作者使用了更多权威性的和充满感情色彩的术

语来描述他的研究发现。

对这一方法最知名的应用是人们利用它分析了英国小说家和散文家艾丽丝·默多克（Iris Murdoch）的作品。默多克曾经短暂地和维特根斯坦一起研究过哲学，她撰写的一系列以知识分子间的关系为主题的小说曾经广受好评。而她的最后一部小说《杰克逊的困境》（*Jackson's Dilemma*）却遭到了评论家的负面评论。例如，英国作家 A.S. 拜厄特（A. S. Byatt）将该小说的结构比作“印度的通天绳戏法，在小说里所有人都没有自我，因此这里没有故事也没有小说”。[6]研究人员开发了一种对这部小说进行分析的统计模式，利用这种模式统计一些简单的元素，例如小说中所使用的一些独特的词的数量、这些词出现的频率和每个句子里单词和从句的数量。人们利用这种统计方式分析了默多克广受好评的两本书。统计结果表明，这两本早期出版的书在统计学意义上非常相似，它们都与默多克的最后一本小说有较大差别，最后一本小说使用了更少的词汇和更简单的句子。

令人唏嘘的是，默多克在 1996 年被诊断出患有阿尔茨海默病，并于 3 年后去世，她的故事在 2001 年曾被改编为电影《长路将尽》（*Iris*）。研究表明，她的最后一部小说很有可能是在她患病的早期阶段写成的，这种可怕的疾病已经无情地剥夺了她的语言能力和其他方面的能力。

这样的做法看起来似乎有些可笑。将《战争与和平》甚至是罗琳的书进行统计学分析，就好像通过计算彩色点的频率和位置来描述点彩派画作的绘画特点一样。针对单词使用的统计模式也许可以揭示出默多克的某一本书与其他书不同，但是这种统计模式并不能充分展示这本书：这本书的内容、主题、观点、事件、类型和结构；表达方式是叙述性的还是比喻性的，是真实的还是讽刺的，书中人物是谁，以及他们为什么做出某种行为。美国作家杜鲁门·卡波特（Truman Capote）曾经对杰克·凯鲁亚克（Jack Kerouac）所著的《在路上》（*On the Road*）有一句著名的评语：“这不是写作，这只是打字。”[7]一个文学评论家也许会认为计量文体学根本不是文学分析，而是计算。

事实上，我本人对于这种方法更多的是抱有赞同的态度。它是一种新颖的文本分析方法，能够弥补传统方法的不足，还能揭示出其他方法所不能揭示的内容。13 世纪，人们自编辑第一本《圣经》索引起就开始将文本中的单词列成表格，列表显示出每个单词和它们在书中出现的位置。[8] 计量文体学分析法也是自动分级程序的基础，可以说，它对于本科英语论文的评估几乎和导师一样可靠。虽然没有人告诉我，但是我猜美国国家安全局也会使用计量文体学分析法，分析他们从网络和电话监控中所获得的数据，从而寻找他们感兴趣的字节模式。无论有怎样的内在价值、效用或者限制，这些分析都是非常重要的。因为这些分析还表明，除了其他特有的性质外，文本还有一个隐含的统计结构。计量统计学可以向我们展示与文本的内容相呼应的词和短语的分布，其中包括出现了哪些词、出现这些词的频率以及同这些词一起出现的词。与其他类型的数据挖掘一样，计量文体学能够探索并解释单词出现的规律与文本内容的呼应性。

对人们来说，成为熟练的阅读者是一个大数据。人是数据的采集者。我们对环境模式做出回应。我们记录重复出现的、新奇的事物，事物之间的异同，事物变化和共变的方式，以及共变事物如何共变。因为统计规则，我们所体验到的世界是一个充满各种物体和事件的三维空间。语言像可视的世界一样，从不同的层面展示了统计规则，例如，语音学、形态学、单词、词序、话语和上下文语境的关系等。阅读让人们找到规律，例如字母的组合方式，以及正字法与语音和语义之间的关系。对于人们来说，分析这些数据的运算法则便是学习。我们每次使用语言，也更新了语言的统计表示方法。我们的学习机制与大数据分析的一些算法相似，这些算法是在对人类学习的研究中发展起来的。

这种学习活动的数量多到无法估量。它始于母亲的子宫：3 个月大的胎儿已经开始学习母亲言语的统计特征，如母亲使用的语言是英语而非俄语。[9] 接触大量的数据和话语会促进人类语言的习得，这些数据和话语从不同层面体现了统计学规则。后来，阅读变成了有关印刷和语言的额外数据来源。[10]

当我们追求重要的目标，出于各种目的生成和理解语言时，语言的持续学习和更新就随之发生了。在没有意识或者意图的情况下，统计学习便发生了。它是一种隐含的、潜意识的隐性学习，是对显性学习的一种补充。在明确的指导下学习或者聆听一场 TED 演讲便是显性学习。这两种学习形式虽然不同，但又相互关联，因为两者都导致了长期记忆神经系统的变化。适时的和有针对性的指导是有效的，因为它使人们更快地获得大量的数据结构。如果说明确的指导和有意识的努力是露出水面的冰山一角，那么统计学习则是水面下隐藏着的巨大冰川。

简而言之，读者必须具备计算能力。这种能力不是指计算棒球第六局比赛时投出的球数，而是指探求语言中隐含的统计规则，在探求的过程中，具有挖掘语言统计规则与世界之间的关系的意识。学习阅读的过程便是获得几种不同类型的统计学知识的过程。这些知识能够帮助人们快速、有效地理解文本，从理解语音结构、正字结构，以及正字法与语音、词汇与语法之间的关系开始。这些方面知识的不足将严重影响孩子的进步和成年人的阅读熟练程度。这些知识虽然类型各异，例如拼写与词汇或语法不同，但是它们都具有统计特征，包括单词组成元素出现的频率，以及同时出现的概率。

通常情况下，人们不会将已经了解的知识视作多维度的统计矩阵，或者将学习视作一项持续终身的大数据项目。想要对这一观点有更好的了解，便需要了解阅读的独特之处，即正字编码。

语言中的冗余让我们更好地阅读

21 世纪早期，一段看似奇怪的匿名文本开始在网络上流行起来：

Aoccdrnig to rscheearh at Cmabrigde Uinervtisy, it deosn’t mttaer waht oredr the ltteers in a wrod are, the olny iprmoetnt tihng is taht the frist and lsat ltteer are at the rghit pclae. The rset can be a tatol mses and you can sitll raed it wouthit a porbelm. Tihs is bcuseae we do not raed ervey lteter by itslef but the wrod as a wlohe.

（根据剑桥大学的研究，单词中字母的顺序并不重要。唯一重要的是，单词的第一个和最后一个字母处在正确的位置上。即便其他字母顺序混乱，你也可以顺畅地阅读。这是因为我们并没有读每一个字母，而是将单词视为一个整体来阅读。）

随着这段文字的流行，许多不同的版本也出现了，其中包括用其他语言和文字系统呈现出来的文本。[11] 这段文本在社交媒体环境中如鱼得水。有些人认为，它揭示了与创造力和管理策略相关的人类心智的深层次特点。[12] 这段文字如同病毒般迅速扩散，因为尽管其中有许多拼写错误，但人们确实能够读懂它。只是这段文字所讲述的事是假的。

剑桥大学根本没有这样的研究。

只需第一个和最后一个字母的位置正确，这种观点是不对的。

我们并不将单词看作一个整体来阅读。

正是因为我们没有这样做，才能将“tihng”读成“thing”（事情）。

这个剑桥恶作剧流行起来是因为它有趣，而不是因为其真实性。这使人们好奇，人们竟能在不知道文本正确拼写的情况下将其识别出来。人们描述这一现象的方式也非常聪明，原因在于读者能够亲自体验。我们应该夸奖这段文字的作者，毕竟，从阅读这一日常的活动中获得新奇体验是有一定难度的。

对于这一现象的实际解释涉及正字法统计知识。我们需要了解已经出现的模式（我们所熟悉的单词），可能出现的模式（如 mave 或 glorp），以及同样重要但不会出现的模式（如 tsip、sitp、xplk），除非出于特殊目的，例如超人的敌人捣蛋鬼（Mister Mxyzptlk），兰道尔·门罗（Randall Munroe）的网络漫画 xkcd 等。① 我们需要了解这些模式出现的频率以及组合方式。这样的信息非常有用，因为已经出现的模式是有可能出现的模式的一小部分，这是克服剑桥文本错误的关键，而不是“将单词看作一个整体来阅读”。这种解释不仅有趣，而且真实。

要识别一串字母组成了某个特定的单词，就必须排除该单词是其他单词的可能性。字母表存在潜在的问题，因为即使少量的字母也能形成大量的拼写模式。26 个字母能够组成 475 254 个 1 ～ 4 个字母长度的单词。如果再加上 5 个字母长度的单词，26 个字母能够组成的单词数将增加至 1200 万之多。如果算上更长的单词，那么能够组成的单词数将数不胜数。读者如何在巨大的正字法可能性中找到某个单词呢？如果所有的可能性均存在，我们将无法找到某个单词，但是实际情况并非如此。在英语的整个历史中，《牛津英语词典》一共收录了 17 万多个仍在使用的单词词条，阅读本书的人词汇量介于 20 000 ～ 40 000 个之间。实际上这种估算并不准确，因为人们对于“单词”的定义是不同的。事实上，大多数的字母组合根本不会出现，这使得人们更容易识别出已经出现的字母组合。甚至，在人们读单词之前，字母组合的可能性范围已经受到严格限制了。[13]

人们所使用的拼写模式是数百万种可能性中高度非随机的例子。单词由能够被读出来的小型子集组成，例如 tr、ea、un、lk、ave、ist、ost、str 等；更多的字母组合因为不能被读出来（如 lbatk、sktp）或还没被人们使用（如 mave）而被排除在外了。最后，人们频繁使用的是合理的字母组合中更小的一部分。令人惊奇的是，尽管我们知道数千个单词，但只有极少数单词在我们阅读的文本材料中占有一席之地。语言中最常见的 150 个词，大约占我们读到的单词的一半。在最常见单词中排名前 2000 位的词，大约占我们阅读词汇的 90%。单词的使用频率呈现出

① 捣蛋鬼是美国 DC 漫画旗下的超级反派，也是一个五维世界的五维人；xkcd 是兰道尔·门罗的网名，又是他所创作的漫画的名称。他最早选择 xkcd 作为其网名，是因为他想要一个没有任何意义的名字，这样他就不会有一天对其感到厌倦。——编者注

“长尾”式的分布规律：小部分的单词被频繁地使用，而其他许多单词的使用频率则很低。

读者建构出能够表示这些统计模式的神经结构，并且在每次阅读文本时都对其进行快速优化。大量证据表明，已经出现的有限的模式也携带着不会出现的模式的相关信息。我们无须别人告知，tlkp 这样的排列顺序不能组成一个单词，是因为它与已经出现的单词模式并不相似。

字母组合的非随机方式意味着，字母携带着很有可能出现的其他字母的信息。人们将这种特征称作“冗余”，它可以通过数学家克劳德·香农（Claude Shannon）提出的信息论加以量化。[14] 这是一个至关重要的概念。

通常情况下，我们认为语言冗余是一件不好的事情。在写作中，我们努力避免多余的表达，例如 extradite back（引渡回）、PIN number（PIN 码），因为后一个单词并没有在前一个单词所传递的意思外增加额外的信息。与此类似，在英语中使用重音符号标注重读音节也是多余的，因为人们已经可以预测出这些重读音节。

我们先不考虑这些多余的结构，冗余是语言固有的特性，正字法清楚地说明了这一点。冗余减少了各种元素相互组合的不确定性，这些元素包括字母、发音、单词等。这样我们就无须在大量组合的可能性里去搜寻了。为了说明这一点，让我们来看 wor_ 这个字母组合，对于最后一个字母来说，前三个字母 wor 是多余的。最后一个字母不能是 26 个字母中的任意一个，只有 k、m、e、d、n 和 t 能与之构成单词。dor_ 的最后一个字母只能是 m、k 和 y，就最后一个字母来说，dor_ 这个字母组合的冗余性更高一些，因为它对最后一个字母的约束性更强。

冗余代码最大的好处就是它是容错的：一个字母因为潦草的字迹而变得模糊或不易识别，这种情况并不会影响整个单词的识别。冗余使我们能够应对如下的烦恼：

验证码安全系统基于这一事实：比起 bot 自动化程序，人们更善于利用正字法结构知识来解决字母和数字的失真问题。[15]

书面英语中的冗余程度给人留下了深刻的印象。这里，我们只考虑元音。即使一段文本中的大部分元音都被删除了，该文本还是可读的。正如下面选自广告语的一个句子，该句的写法会让人们联想到 20 世纪 70 年代纽约市地铁里所看到的句子。

> F u cn rd ths msg, u cn gt a gd jb.①
> （如果你能读懂这条信息，你就能够找到一份好工作。）

即使删除了所有的元音（就像希伯来语），许多文本人们还是可以读懂。

> Th bsc dmnstrtn s tht txt s stll mr r lss lgbl whn th vwls hv bn rmvd.②
> （初步证明：当删除了元音之后，文本还是或多或少可以被读懂。）

然而，这种情况是有条件的。

① 该句原为：If you can read this message, you can get a good job.

② 该句原为：The basic demonstration is that text is still more or less legible when the vowels have been removed.

> n n ld rtcl tht s ndsrvdl bscr, rsrchr Mrln dms pntd t tht rdblt drps ff rpdly f th vwllss txt nclds lss cmmn wrds sch s tchbl, cntsn, cnfblt, nd bttrbr.①
> [在一篇字迹非常模糊的旧文章里，研究员玛丽莲·亚当斯（Marilyn Adams）指出，如果一篇没有元音的文章中包含一些不太常见的词，例如 teachable（可教的）、contusion（擦伤）、confabulate（交谈）和 butterbeer（黄油啤酒）等，该文章的可读性就会下降。]

我们应该注意到了，不太熟悉的单词需要更多的拼写提示，所以删除元音并不是完全能被容忍的。

正字法冗余使我们能够识别一些略带掩饰的咒骂语，例如 sh*t（shit）和 f*ck（fuck），但是遇到一些不太常见的词，例如 bl*v**t* 或者 cr*m*l*nt（原词是 bloviate 和 cromulent），星号就不起作用了。英语中是存在冗余的，但是没有达到可以完全将元音删除或用占位符代替的程度，当然，咒骂语和简单的文本信息除外。

香农推测，英语的字母码大约有 50% 是冗余的。[16] 这并不意味着若文本中 50% 的字母被删除，人们仍然能够读懂它，因为冗余源于字母之间的依赖性，如果删除了某个单独的字母，字母之间的依赖性也会在不同程度上受到干扰。冗余使人们更容易识别单词和字母。这不仅对于读者来说是一件好事，而且对于解读远古文本的考古学家和试图破译编码信息的解码者来说，也是一件大好事。

人们很容易理解书面英语中的统计结构，但是这些例子所包含的内容几乎都是读者不了解的。谷歌的研究主管彼得·诺维格（Peter Norvig）公布了一些其他有趣的简单正字法统计数据，但这些数据也只涉及了该研究的皮毛。[17] 虽然没有办法完整地

① 该句原为：In an old article that is undeservedly obscure, researcher Marilyn Adams pointed out that readability drops off rapidly if the vowel-less text includes less common words such as teachable, contusion, confabulate, and butterbeer.

描述正字法结构，但是大脑和计算机能够很好地捕捉到它。

正字法对熟练阅读很重要

读者通过获取大量数据就有可能成为正字法方面的专家，这也是孩子们应该阅读大量不同类型文本的重要原因之一。对于一个初级阅读者来说，每个单词都是一个独特的模式。当孩子们接触更多的单词时，他们的头脑中就会出现主要的统计模式，之后他们的理解将更为细致，从而能更好地依靠一些事实进行判断，例如 st 既可以作为音节的开头，也可以作为音节的结尾；tr 只能作为音节的开头，而不能作为结尾；bs 只能作为音节的结尾而不能作为开头；sb 则只能位于音节之间（如 disbar 一词）。获得正字法专业知识的途径其实很简单，就是通过不断练习，从而取得越来越多的收获。通过学习获得的拼写知识是有限的，学校里关于拼写的指导通常在四年级时就会结束。想要成为下棋或者演奏大号的专家，就需要经过多年的专门练习。但是想要成为正字法方面的专家，并不需要经过多年的专门练习。不是只有特意学习正字法模式才能具备阅读能力，我们是通过阅读获得正字法的专业知识。在收集所有拼写数据的过程中，人们也享受了阅读。[18]

人类是统计学的学习者，其他物种也是，只是人类更擅长而已。即便人们都认为鸽子迟钝，在测试条件良好的情况下，人们也可以教它们识别出以一种字体呈现出来的 26 个字母。它们需要大量训练，并且需要食物的诱惑才能学习。对于鸽子的学习阅读来说，这已经足够了。[19]

对动物来说，行走时不会摇晃头部的狒狒在阅读方面表现更好。2012 年，它们曾在阅读实验中大出风头，尽管它们自己并不知情。据报道，科学家训练了几只狒狒阅读单词。《科学》（*Science*）期刊曾报道狒狒可以学习辨别单词，例如区分 brake 与看似存在的单词 brone。[20] 在人类研究中，这种任务被称作词汇辨析（它是不是一个单词？）。

人们可以教狒狒识别一串字母（单词）。在测试阶段，研究人员将这些单词与新的字母串（非单词）混合在一起。狒狒将它们区分开的准确性是惊人的。该研究的负责人认为，该研究展现出狒狒具有学习正字法统计知识的能力，例如，它们能够将字母组合区分开来。这证明了阅读所涉及的这项能力并不是人类这种高等动物所独有的。

这类研究提出了一个新问题：动物行为是否在很大程度上与人类行为相似。在“狒狒能阅读”[21] 这个故事震惊世人后，人们继续开展研究，并发现实验中特定的单词和非单词的统计特征有细微的差别，而这些差别是实验者所没有注意到的。一些字母更有可能出现在测试的单词中，而另一些字母则更有可能出现在非单词中，而并不愚蠢的狒狒注意到了这一点。狒狒并没有学会多字母的正字法模式，它们只是观察了这些字母出现的频率，这足以使它们在刺激下实现报道中所说的那种水平的表演。这虽然不是普通的行为，但也不是单词识别。我觉得人们也可以拿鸽子验证一下，看看鸽子将怎样做。除了人类以外，没有其他动物有能力学习文字系统中的复杂统计结构，这些狒狒则差得更多。而发现这些正字法模式象征着其他的因素，例如单词的读音和含义，则是另一个巨大的突破。

特别的正字法专业知识是另一种极端的例子。正字法领域的大师是拼字游戏比赛的选手。[22] 拼字游戏是一种词汇辨析比赛。选手的任务是想出能填入题板的得分高的单词组合。他们必须知道什么字母组合能够组成拼字字典里的单词。他们也要能辨别哪些字母组合并不是单词，以便当对手耍把戏时，能够发现他拼写的单词并不存在，而是将非单词的字母组合伪装成了真实存在的单词。为了达到最高的技术水平，比赛的选手们需要研究单词表上的单词：2 个字母的单词、3 个字母的单词、包含最高点值字母（j、q、x、a）的单词、短的单词、长的单词、包含许多元音的单词（miaou、zoeae），等等。选手们记住了变位词，也就是所有能由特定的字母组合组成的单词，然后在限定时间内不断练习拼字游戏。

拼字游戏比赛选手所具备的正字法专业知识与熟练的阅读者并不相同。后者是偶然学会了正字法统计知识，它就好比阅读过程中的一个副产品。而选手的专门知识则是通过特意练习而获得的，就像在10分钟之内吃下尽可能多的热狗这样的技能。阅读者需要知道单词的意思，而拼字游戏选手则不需要了解单词的意思。在参与比赛的过程中，了解字母a、p、t、y、k、l、i可以组成95个合理的单词是有帮助的。相反，阅读者必须识别出特定单词的模式，而不是在随意组成的字母串中发现某些单词。拼字游戏中的优秀选手是在不断的练习中获得了正字法的专业知识，而不是词汇量或者口头表达能力这类普通的技能。这些练习包括学习单词表、分析以前的比赛、花时间参加有竞争力的比赛等。拼字技能并不会被运用于阅读中，但是专业选手更善于辨别竖直呈现的单词，就像在比赛中一样。[23]

拼字游戏比赛选手具有的正字法专业知识就像伦敦出租车司机对城市街道详尽信息的了解一样。一项对出租车司机开展的著名研究表明，他们对这一详尽信息的学习能够促进部分海马中的灰质（主要是神经元）的增加，海马是一种对形成记忆至关重要的大脑结构。[24]我想在拼字游戏比赛中，人们同样能发现专业选手的大脑区域里具有相似的解剖学效应。这些大脑区域，有的可以将单词拼写进行编码，有的可以重组单词的拼写。

另一类正字法专家是拼写比赛中相互竞争的孩子们。他们也用了数千小时特意练习，记住单词的拼写。我目前没有找到任何关于正字法知识对孩子阅读或者学习成绩影响的研究。正字法知识的影响可能有点不可思议。在比赛中获胜使得孩子们对生僻的单词产生了兴趣，而从出现的频率来说，这些都是比较生僻的单词，例如stichomythia（轮流对白）和nunatak（冰原岛峰）。这类单词大都是科技术语或从其他语言引进的外来词，它们的确改变了参赛者正字法大数据的统计结果。与参加拼字游戏的选手不同，据报道，拼写冠军知道许多单词的意思，并且他们研究过词源学和单词的构成（形态学）。[25]他们阅读词典，而不是阅读包括字母j、k或q的由6个字母组成的一系列单词，这表明他们获得的知识具有很大的实用性。然而，这些选手也许会对美国高中毕业生学术能力水平考试（Scholastic Assessment Test，简称SAT）的新规则表示不满，因为在该规则下，掌握生僻单词的学生并不具备优势。

现在，一个显而易见的事实是，我们掌握的有关正字法结构的知识虽然不在拼字游戏比赛涉及的范围内，却足以让我们看懂那段关于剑桥恶作剧的文字。将单词里的字母重新排序明显是有影响的，因为修改后的文本比正常的文本更难读懂。然而，因为编码是冗余的，即使拼写有误，人们也可以识别出单词，只要这种错误的拼写不算太多。除了单词的第一个和最后一个字母保留在原有位置外，单词内部的字母也不能以任何随机的顺序排列，那段剑桥文字的作者一定是意识到了这一点，因为他在编写这段文字时，排除了一些会破坏预期效果的模式。他们主要使用了不规则性的最简单形式，颠倒两个字母的顺序，例如 wrod（正确形式为 word，意为“单词”）、oredr（正确形式为 order，意为“顺序”）和 letetr（正确形式为 letter，意为“字母”）。这些改变叫作二元置换（bigram transposition）。更为精心设计的不规则拼写仅被用于少数单词，例如 rscheearh（正确形式为 research，意为“研究”，research 一词一开始就被拼错了）。

人们很容易忽略二元置换。FCUK 是英国服装品牌 French Connection UK 的标识，如果该服装品牌的名字是 French Connection US，那么其标识就不易让人记住了。将单词 the 打成 teh 是一种常见的错误，以至于现在这一拼错的单词已经成为有自身含义和语法功能的术语。人们很容易识别二元置换，因为其字母顺序是不符合规则的（例如在单词词尾的 cma 和 edr），或者其字母顺序是极为罕见的。它们很容易被纠正，因为与其他单词相比，这一胡乱写就的单词与正确的单词是比较接近的，例如 oredr 对应的正确的单词是 order（顺序）。如果字母是随意打乱的，例如 leretst，它与实际存在的单词的关联线索并不明确，将其恢复成正确的单词就有一定的难度。

有一个能输出类似那段剑桥文字的文本的程序证实，单词的更改只有限定在简单的范围内，例如二元置换，文本才具有可读性。[26] 我们用那个程序复制粘贴一段文本，该文本的字母顺序就会被打乱，除了单词的第一个和最后一个字母得以保留。除非该文本是苏斯（Seuss）博士的儿童阅读绘本《绿鸡蛋和火腿》（*Green Eggs and Ham*）这种水平的，否则打乱后的版本几乎让人无法理解。下面是从维基百科上复制下来的一段文字：

> Wrtinig is a mduiem of huamn couomcmtnaiin that rseteenprs lngaguae and eiomotn thgourh the iicsptrinon or rcioenrdg of snigs and sbmlyos. In msot lneagaugs, wniirtg is a celnmmpoet to seecph or skoepn lgagnaue. Writnig is not a lganauge but a from of tlcoogenhy taht doeleevpd as tloos depeleovd with haumn seictoy.①
>
> (文字是人类交流的一种媒介，它通过记录标记和符号来表示语言和情感。在大多数语言中，文字是言语或者口头语言的一种补充。文字并不是一种语言，它是一种技术形式。随着人类社会的发展，这种技术形式也发展成了一种交流工具。)

我们对于字母顺序的真实敏感性是由两个相抗衡的因素塑造而成的。首先，字母的正确顺序是非常重要的，否则我们将难以区分 tap（轻拍）、pat（拍打）和 apt（恰当的），salt（盐）和 slat（板条），也难以区分通过字母重组而形成的许多单词。其次，正字法的冗余造成了一定的回旋空间，使人们忽略了字母拼写的小错误。这种冗余包含字母组合方式的约束和大多数字母顺序并未构成单词的事实。大家普遍接受的一种解释就是，顺序信息的重要性是有差异的，人们也会根据这些差异做出相应的调整。[27]

对于阅读那段剑桥文字来说，正字法冗余是其主要依据，但并不是唯一的依据。读者的任务并不仅仅是识别出拼错的单词，而是即使有拼写错误的单词存在，仍然能够理解这段文字本身的含义。在这种情况下，这段文字并不是一团糟。理解这段文字的部分问题，已经通过保留几乎一半原封不动的单词而得到了解决，即 66 个单词中的 32 个未经过改动。人们也能利用已知的背景知识，如通过对大学名称和项目研究的了解来理解该段文字。

---

① 该段原为：Writing is a medium of human communication that represents language and emotion through the inscription or recording of signs and symbols. In most languages, writing is a complement to speech or spoken language. Writing is not a language but a form of technology that developed as tools developed with human society.

最后，我们能准确地理解那段著名的剑桥文字说明：当单词的第一个和最后一个字母处在正确的位置上，而单词内部的一些字母主要通过二元置换的方式被重组，这些单词存在于原本就有意义的上下文中，并且其中许多单词的拼写都是正确的，那么读者就能识别出这些单词。尽管该段文字的一些观点是错误的，但是正字法统计知识不仅仅对于拼写或拼字比赛至关重要，它对于熟练阅读也十分重要。那些拼字游戏专家有可能也很擅长阅读杂乱的文字。

阅读中的纵横字谜和数独游戏

读者并不是分析文本的大数据机器。我们在阅读的过程中还会进行思考。我们已经具备了一定的背景知识，了解了一些事情，如一些物种如何繁衍、疾病的微生物理论，小说《米德尔马契》(*Middlemarch*)① 中脱离传统顺序的叙述手法的作用。文本统计具有重要的意义，例如将文本分类便于作者识别或比较，将文章划分等级或预测一本书是否能畅销。[28] 有些统计，例如某位总统在演讲中使用人称代词的频率，虽然引人深思，但同样又是欠考虑的。[29] 这些统计用于回答有关语言的一些有趣的问题，而这类问题只有在这些统计方法存在的前提下才能成立。人们仍然需要思考这类问题，确定一种能够提供相关信息并且解释相应数据的统计分析。然而，由于人们发现了以前未被察觉的文本特征，人们提出的问题也会受到相应的影响。

文本和口语统计并不是每个问题的答案，但是想要学习阅读并且熟练阅读的话，这些数据则是非常重要的。我们能看到文本的拼写，但是读者从多个层面收集文本统计特征的数据：字母、字母组合、音节、词素、单词、单词顺序、短语，等等。每个层面都包括一系列特定的元素，这些元素组合在一起形成另一层面更大的元素系列。对每一层面知识的了解是随机的：我们知道什么有可能或没有可能发生，但是极少能

① 《米德尔马契》是 19 世纪英国著名作家乔治·艾略特（George Eliot）所著的一部长篇小说。——编者注

准确地知道发生了什么。wor_ 横线处不仅可以是一个字母，也可以是几个字母。其中，字母 k 比 e 或 m 更有可能出现在这个位置上。take your 的后面可以加许多单词，但是 time 出现的可能性要大于 chair 或 pineapple（take your time 意为“不着急，从容不迫”）。读到 the keys to the cabinet（柜子的这些钥匙）这个短语，我们知道后面有可能出现动词的复数形式，但是我们不知道会出现哪个动词，以及该动词出现的时间，例如，有可能是 are here（在这里），in the kitchen（在厨房里），were here（曾在这里），等等。如果做一些改变，将 keys 改为单数，即 the key to the cabinets（柜子的这把钥匙），搭配的动词就得变为单数形式。

更深层次的问题是，所有这些可能的信息如何才能成为有用的信息。想要理解一个句子，人们需要将每个层面不明确的地方分析清楚，尽管有时分析得并不完整。人们需要确定正确的字母和字母顺序，而不是有可能出现的字母，分析单词和词序也遵循同一原理。如果我们不确定一个层面的因素，又如何能确定另一个层面的因素呢？我们再看一下前面提到的验证码安全系统的例子。如果第一个单词是 unto，我们能想到单词中第二个模糊的字母是 n。只有当人们识别出包括 n 在内的字母后，人们才可以将该单词识别为 unto。如果人们对单词和字母都不确定，怎么能通过单词识别出字母，或者通过字母识别出单词呢？哪个是先被识别的呢，字母还是单词？

大脑对于该谜团的处理可以通过两个熟悉的益智游戏来解释：数独和纵横字谜。[30] 其中的机制在游戏中更容易识别出来，因为它们更接近人的意识表层，而在阅读中，它们是在人们无意识的情况下发挥作用的，而且复杂得多。

数独是一种满足限制条件的例子，正式的说法是，它是人们通常所说的排除过程。该游戏的规则规定了谜底必须同时满足几个条件，即子表格以及行和列的数字搭配。这些限制条件相互制约：满足一个限制条件的谜底又受到了其他限制条件的影响。这种字谜游戏无法通过单独解决子问题来完成，应该先从一个子问题开始（也许是更小的子表格），然后解决其他的子问题（行和列的限制条件），因为一个问题的谜底必须与其他问题相兼容。人们若想要成功做出数独题，就不得不在各种子问题中不断地来回操作，某部分的进展会影响其他部分的进展。数独游戏是通过同时满足所有限制条件来完成的。

就像做数独题一样，读者并不是完成了一个层面后，再向下一个更高层面进阶，他们需要在各个层面来回思考，这种处理方法是交互式的。正如在游戏中，这种解决方式之所以有效，是因为各个层面并不是独立的：一种因素（如字母）是另一种因素（单词）的要素，而后者又组成了另一个因素（短语），诸如此类。这种嵌套使得每个层面的信息都缩小了其他层面的不确定性。在验证码安全系统的例子里，猜出字母的信息可以缩小单词可能性的范围，而单词又限制了字母组合的可能性。人们在各个层面之间反复思考，最终识别出该单词和组合成单词的字母。[31]

纵横字谜也是满足限制条件的一种游戏，但它不像数独那样有多重嵌套谜面，它呈现了这类游戏的另一个特点，即各种可能性以非线性方式组合。例如，横向的线索表明了几个可能的答案，但是你不太能确定这些答案的准确性。对于纵向相交叉的单词来说，你的不确定性也是相同的，你想出了另一组有可能的单词，但每一个单词正确的可能性也较低。然而，将它们放在一起考虑，你会发现只有两个单词，一个横向一个纵向，彼此协调一致，因为这两个单词在交叉时，重叠的方格中是同一个字母。因为答案不是独立存在的，它们拥有相同的交叉的字母，两个低概率事件的组合极大地增加了两个单词是正确答案的可能性。

让我们将这种游戏与更为常见的情况，即两个独立事件的可能性组合在一起，做一下对比。例如，身高 2.1 米的人出现的概率非常低，与出生在新泽西州蒙特克莱尔（Montclair）的概率一样低。因为这两个事件之间没有关联，将它们组合在一起则形成了更低概率的事件：来自蒙特克莱尔的身高 2.1 米的人。这根本不像我们讨论语言时所使用的统计法。

为了解释这一机制，我再举最后一个游戏为例：该游戏叫作“我正在想一个东西”。第一个线索：

> 我正在想一个黄色的东西。它是什么？

这个线索的限制性并不强，因为许多东西都是黄色的。如果第一个线索换成：

> 我正在想一种水果。
> 我正在想一种圆的东西。

情况依然如此，因为有许多黄色的东西、许多圆的东西、许多水果，所以究竟哪一个是我正在想的东西，猜中的概率非常低。

尽管每一条线索本身并没有很强的限制性，但是若将所有线索组合在一起，答案很有可能就是——柠檬（正确）!

这个例子与阅读过程一样，因为各种特点相互依赖，所以各个低概率线索的组合就产生了一个高概率的答案。水果是一种有颜色和形状的物体。该答案也有可能是错误的，我也许想的是番石榴，但是通常情况下，一个答案比另一个答案更有可能，因此它便成为正确答案。[32] 这些是真实的例子，而不是非线性思考的比喻性例子。这些答案，例如识别出某个字母或单词、字谜游戏的谜底、我正在想的东西、对一个句子的解读，均来自概率限制的非线性组合。将我们熟知的事物以这种方式组合起来的能力是人类智慧显著的特点之一。阅读时，这个过程在很大的范围内发生，并且是在人们毫无意识的情况下自然发生的。

这些机制十分强大，以至于有时一篇比那段剑桥文字更极端的文章，人们也能读懂。为了证实这一点，请将你的视线从这本书移开一段时间，花 2 分 55 秒的时间观看电视游戏节目《幸运之轮》（*Wheel of Fortune*），节目中的参赛者试图通过每次猜一个字母的形式，而最终识别出一个短语。[33]

看完了？

获胜者仅用几个线索便猜中了一句熟悉的话语“I've got a good feeling about this”（我对此有很好的感觉）：

- 该字谜的种类（短语）。
- 单词的数量和长度。
- 第一个单词中的撇号。
- 没有字母 R 的存在（前一个参赛者错误的猜测）。
- 字母 L 存在于一个特定的位置（获胜的参赛者的猜测）。

在这些线索中，没有一个线索本身含有信息量，但是它们组合在一起就成为一个答案，曾经练习过这个比赛的参赛者便可以迅速锁定正确答案。这并不是魔法或运气，而是当书面语言的特征与强大的思维计算相结合时会发生的事情。

第6章

儿童是如何学习阅读的

作为阅读的基础，文字的特性我已经集中做了介绍：符号的特点、它们所表示的内容、它们组合的方式以及我们从符号中看到了什么。我们可以将这些视为阅读的“系统发育”（phylogeny）：语言这个物种的决定性特征及其起源。我们再将这种生物学比喻延伸一步，是时候了解一下个体发育了：儿童如何获得阅读这种技能。

儿童是如何学习阅读的呢？这是一个简单的问题，也是关于阅读最基本、最有趣和最具争议的问题，更是这一章和下一章的主题，确切地说，是整本书隐含的主题。这个问题可以从两个方面来考虑。首先，基于基础研究所告诉我们的阅读的性质，它是关于儿童如何学习阅读的一个问题，即理解书面语言需要具备的要素，以及儿童的特征，有助于熟练阅读的各种知识是如何发展和分类的，正如戏剧人物在舞台场景中找到自己的位置，比如斯蒂芬·桑德海姆（Stephen Sondheim）的音乐剧《星期天与乔治同游公园》（*Sunday in the Park with George*）[①] 中出现的乔治·修拉（Georges Seurat）的油画。对于所有儿童来说，答案都是一样的。文化、经济和教育环境会明显影响儿童的阅读能力，但是他们需要学习的东西并没有改变。

其次，在考虑文化假设（如对于家人参与的预期）和教育假设（需要教给儿童哪

---

① 斯蒂芬·桑德海姆是美国概念音乐剧鼻祖。1984 年，他与法国画家乔治·修拉合作的第一部作品《星期天与乔治同游公园》正式上演。这出音乐剧受修拉的油画启发创作而成。——编者注

些内容和教授方法）的前提下，儿童如何在实践中学习阅读？该问题是后面几章的主题。儿童阅读能力的提升取决于在家庭、学前班或儿童保育机构以及学校的经历。这些经历取决于这些环境里的成年人对学习阅读的看法。正如我将展示的，在美国和其他地方，这些看法只是与有关学习阅读的基础研究得出的结论有轻微的关联。由于这两方面的差异，关于如何教或是否应该教阅读，人们一直处于争论中。这些争论让人们疲惫不堪，但是它们并不是小问题。解决这些问题有一定的难度，因为它们源自科学文化和教育文化根深蒂固的差异。关于阅读的争论会持续下去，正如其他跨文化差异一样，很难在其中搭建桥梁。

正如管道工的技能一样，熟练阅读是一种只有少数人拥有的专门技能。职业管道工在通过执照考试后，就能展示其专业技能。考试的内容包括如何修理煤气管或水管等。所有的必须技能都由执照颁发机构详细列出。将要成为管道工的人都需要通过课程指导和实践练习才能获得专业技能。如果熟练阅读也需要人们考取证书，那情况会怎样呢？如果我们能将成为管道工所需要的技能列成条文，那我们是否能将阅读所需要的技能也相应地列成条文呢？

如果熟练阅读者有证书

前提：所有考核者必须已经达到与年龄相符的口头语言熟练程度。

与阅读相关的专门技能：

- 正字法结构和书面语言与口头语言之间关系的知识，包括文字如何发音和口语如何书写。
- 迅速且准确地识别大量文字的能力，包括主要出现在课本中的学术词汇，例如“分析”“习得”“鉴于”等词。
- 对单词含义的拓展知识，包括单词的多重意义和理解，以及在上下文语境中准确解释单词的能力。

- 各种短语和句子结构的知识，包括字面意义和修辞意义。
- 在阅读过程中，理解复杂程度不同的句子结构，包括从句子序列中创建更大的结构，如段落、章节、文章、一本书等，在各个层面内和层面之间建立必要的联系。
- 识别理解错误并进行简单纠正的能力。
- 拥有能够理解广泛主题的相关背景知识。①
- 根据阅读目的，对理解深度和投入度做相应调整的能力。

同时，接受考核者必须已经完成拓展练习，其中包括几千小时的阅读实践。

这种获得证书的考试将包括一些实践课程，考生在实践课程中展现出所需的一些知识，例如经济合作与发展组织开展的国际学生评估项目。

为了获得熟练阅读者的资格，考生必须展现出额外的专门技能，例如，能够利用形态学结构和分类统计学知识，推测不常见的单词的含义；能够通过分析文本，获得对内容、文体和隐含的含义等更深层次的理解；熟悉多种文体，包括记叙文、说明文、议论文，以及至少两种其他文体；其他额外的专门技能，这取决于熟练阅读者的专业知识。

在每一个主要的专业领域里，将要获得证书的读者需要展现出一系列相关的技能。针对八年级学生开展的美国国家教育进步评价包括了 32 项相关技能，从“通过对文章的整体理解分析文章”到“通过对文字的理解分析作者的意图”。[1] 大体上来说，英语语言艺术专业的课程标准将阅读证书要求的阅读能力按照从学前班到十二年级的级别归类。相关的要求变得更加具体化了：

① 具体内容也许会有差异，但是至少应该包括相关的文化知识，例如对于媒体、政府和社会制度的了解。还包括特定领域，如音乐、枪支、汽车、体育或“星球大战”系列电影的专门技能。

> （每个读者都能够）引用上下文中强有力的证据支持对文章确切表达的内容的分析，并且能从文章中得出推论，包括判断文章在哪些方面存在不确定性（十一和十二年级）。[2]

如果要我对具备十二年级以上的阅读能力提出一个标准，那将是“读者应该展现出理解阅读课程标准的能力”。

读者在完成了严格的阅读训练课程后，需要接受拓展的阅读培训，最后通过资格考试，经认证的熟练阅读者将得到相关部门颁发的证书和许可文件，如下：

持有该证书的读者，能够阅读和理解传统纸质形式的文本，以及包括智能手机、平板电脑、笔记本电脑等基于电子屏幕的媒体文本。人们也许会在求学或者工作期间被要求阅读，那么他们就必须能够保持足够的注意力，理解如《电话销售员工手册》（*Telemarketing Employee's Handbook*）这样篇幅较长的文本以及更厚的“哈利·波特系列”图书。该证书能够展现出读者熟练阅读书封广告的能力，同时，还能证明读者具有良好的判断力，例如，是等一本书出现在公共图书馆时再读，还是购买该书的精装本、平装本、有声书或电子书，或者若运费不贵的话，购买二手书。持有该证书的读者已具备数千小时的文本阅读量，不包括浏览网络上的交友资料等对读写能力要求较低的阅读活动。持有该证书的读者在给孩子们朗读故事时，不能跳过或改动文章中重要的单词。最后，持有该证书的读者能够在飞机的经济舱阅读，即使在翻书页时肘部会不可避免地碰到邻座的人。持有该证书的读者的责任包括，不经意间更新个人的语言统计数据和维护一个完整的正字法系统。

尽管阅读能力证书完全是一个玩笑，但是技能清单并不是。该清单准确地展现了熟练阅读需要具备的核心要素。为了看起来不像一个笑话，上面这段文字还省略了一部分。获得该证书的要求是成果，而非阅读课程中需要逐一掌握的各个进阶阶段或学习模块。与阅读证书相关的训练表明，专业阅读并不是一门高深莫测的艺术：主要的要求都是可以罗列出来的。将熟练阅读者所了解并掌握的技能具体化，我们就能够知道他们是如何成为熟练阅读者的。

儿童的阅读能力是如何发展的

阅读技能的提升遵循人们一生的发展轨迹。准备阶段从婴儿期开始，这个阶段开始了解语言和这个世界。通常情况下，儿童在正式接受学校教育的头几年学习阅读，但是很长一段时间内有关阅读的专业知识会持续发展，直到青春期后期。甚至到了成年期，人们的阅读技能也会受到相关活动的影响而进一步改变。学习阅读是一个复杂的问题，因为多个相互重叠的分支技能同时发展。在阅读的道路上，每个儿童前进的速度都不同，但是很少有提前跨过某个阶段的情况，因为具备基本技能是具备更先进技能的先决条件。

阅读遵循发展的轨迹，这一事实可以产生两个重要的结果。首先，人们成为熟练阅读者并非通过模仿。我们可以想一想人们是如何获得运动技能的，如果你不想谈论体育，你也可以想一想人们是如何获得音乐技能的。如果跳水教练训练一个新手去模仿奥运冠军从 10 米跳台上跳下的动作，那将是非常危险的。运动员或音乐家会随着时间的推移不断增强自身的技能。在这一过程中，学习者与专业人士的表现并不十分相似。这种过渡状态是进一步向专业化发展的必经阶段。阅读也是如此。

其次，成为熟练阅读者究竟意味着什么，取决于个人在技能发展轨迹上所处的位置。一个非常优秀的四年级阅读者的阅读水平可能相当于一个非常糟糕的八年级阅读者。对于一个八年级阅读者来说，如果以美国国家教育进步评价的标准来衡量，他的阅读熟练程度可能达到精通水平，但是，若以大学水平的标准来衡量，他可能就是一个能力较差的阅读者。与预测和监控进度相关、具有适龄阅读特征的行为会随着时间的推移而发生相应的改变。对于一名学龄前阅读者来说，能够认识字母并辨别单词的韵律是很重要的。到了一年级，这些阅读技能就没有那么重要了，因为一年级的阅读者已经掌握了这些技能。一年级的优秀阅读者需要掌握一套不同的技能：较为流利地大声读出单词和课文，并且具备足够的语言和词汇知识，从而了解所读单词和课文的意思。四年级的阅读者已经掌握了朗读的技能。这时阅读的重点又转变为默读和课文理解，以便从中学习和体验新事物。从接受正规的学校教育开始，到中学，再到不同的职业转换，每个阶段对于阅读者的阅读要求都在不断提升，因此，提升阅读技能的目标并不是长期不变的。

前面我已经提到过，从长期来看，阅读和言语是相互依赖的一种关系。两部分的关系随着时间的推移而发生改变。两位备受尊敬的阅读研究者伊莎贝尔·贝克（Isabel Beck）和康妮·朱尔（Connie Juel）曾讲述的一个故事就能够解释这一观点。[3] 一位教师正给一年级某个班的孩子们朗读绘本故事《给小鸭子让路》(*Make Way for Ducklings*)。孩子们的反应表明他们听懂了这个故事：他们因为故事内容大笑起来；当他们听到鸭夫人差点被自行车碾到时，表现出了自己的担心。在故事发展的某一阶段，叙述者说："树林里一定有狐狸，小河里也一定有乌龟，鸭夫人一定不愿意将家安顿在有狐狸或者乌龟的地方。"尽管文章中并没有明确地说明原因，但是当教师提问时，孩子们却能够解释为什么鸭夫人不愿意将家安顿在这样的地方。虽然孩子们能够理解文章，但是几乎没有人可以阅读文章内容。

在童年的大部分时间里，言语具有主导性。阅读起源于口头语言的习得。儿童在看见字母之前就开始接触口头语言了。言语是儿童语言知识的来源，也是获得外部世界信息的渠道。儿童接触阅读以及阅读的进展速度，取决于他们掌握的言语知识。因为成为一名阅读者是至关重要的，通过测试尚未开始阅读的儿童的口语能力，能够有效预测他们今后阅读技能的提升水平。

即便有些儿童最初在阅读上落后了，但是他们在开始上学后，也会在阅读方面有很大提升。阅读能力赶上口头语言能力并最终超越它，这个过程就是掌握读写能力的过程。如果获得了足够的技能，阅读就能成为拓展语言知识的主要方式，因为许多单词和句子结构会出现在书面的阅读材料中，却极少出现在口头语言中。同时，阅读使人们能够获得某一主题或某一文体的专业知识，从而更好地理解文章内容。

在阅读发展过程中的最初阶段，读者会习得大量的口头语言和少量的文字知识。这些知识深深地隐含在阅读初学者所面对的两种主要挑战里：领会文字如何表示言语，同时理解以新形式呈现的语言。

语音：学会口语的儿童能够生成并理解其所说的话。语言的这两面存在一些差异。言语的生成，涉及使用声音器官产生复杂的声波。这一行为包括一系列发音器官的协调运作，其中包括呼吸循环系统、下巴、嘴唇和舌头。语言学家路易斯·戈德斯坦（Louis Goldstein）和凯西·布朗曼（Cathy Browman）将这些运作描述为手势谱，类似于音乐乐谱。[4] 在理解的过程中，人们体验这种发音模式，就像利用听觉系统来分析听到的事件一样。这一过程显示了声波的特点，例如其频率和强度随时间的推移而发生的变化。代码虽然不同，但又互相关联：人们听到如 glorp 这样错误排序的单词后，可以重复这个单词，在读出的瞬间，又能够听到这个单词。人们可以将一种代码转换成另一种代码，这便是通过语音实现的。[5] 语音是一种中间媒介，既不是发音也不是声音，而是由两者塑造的更为抽象的代码。婴儿通过咿呀学语发出声音，并听到所发出的声音来调节这一系统。

婴儿要用将近一年的时间学习他们所接触的语言中的各种声音，然后要用更长的时间学习单词的语音形式。随着儿童词汇量的增加，以及开始学习文字，这些表现形式也会发生改变。婴儿说出的第一批单词只是一些声音的片段。[6] 通过词汇量增加而发现声音的组成部分，这对于言语和以后的阅读学习都是很重要的。如果一个婴儿所知道的单词仅限于 cat（猫）和 mommy（妈咪），即使不用声学特征去分析，婴儿也能识别出，这两个单词与洗手间的冲水声或关门声这类非语言的声音是两种截然不同的模式。儿童最初学习的一百多个单词，例如 cat 和 mommy，之所以被视为声音的片段，是因为从语音学层面来说，这两个单词的差异较大。这些单词还包括 bath（浴盆）、bowl（碗）、spoon（勺子）、diaper（尿布）、chair（椅子）、duck（鸭子）和 milk（牛奶）等。

随着词汇量的不断增加，词汇之间的重叠使得语言学的一些特点开始呈现出来。押韵的现象十分有趣，它也使儿童具有了韵律的意识。韵律即为口头音节重叠的部分，例如 “hop”（跳）和 “pop”（流行音乐），“said”（说）和 “bed”（床）。押韵单词的重叠部分也会使儿童注意到不同的首字母发音。单词 cat 在单词表中与 can（能）、car（车）、could（can 的过去式）接近，这有助于儿童将首字母发音区分出来，即音素 /k/。约 18 个月大时，儿童的词汇量迅速增加，识别首字母发音的这一能力更加稳固。针对这一区别发音的过程，发展心理语言学家阿曼达·沃利（Amanda Walley）提出了一个详细的理论，并将其称作“词汇重组”。[7]这是统计学习的结果，是受儿童的词汇量、听到单词的频率和单词之间的模式驱动而产生的。

阅读字母表的过程中，最小单位是音素，例如 bat（蝙蝠）一词中的 3 个音素。音素是抽象的，因为它们是互不相连的，而言语的信号却是连续的。[8]从英语口语的统计数据来看，儿童在对比单词差异时，能够从一组组声音中发现一些近似的音素。如果儿童知道自己名字的首字母是 m，那么他就会对这个声音形成表征，尽管它只是音节 mark 中单独的一个发音部分。这个名字不再被视为一个声音片段，它也不是一连串音素。言语由音素组成这种重要的假设，只能通过进一步接触文字资料得以求证，通常从学习拼写和书写人名开始。[9]

单词及其组成部分的语音表征的发展是学习口头语言的一个主要步骤。这些表征的特性也在阅读中起着至关重要的作用。语音表征的缺陷通常会在阅读的发展中和言语障碍中体现出来。虽然语音的发展并不是与学习阅读有关的唯一因素，但它却起到了至关重要的作用。

从字母歌开始识别字母

儿童在读书或者听别人读书时，开始意识到文字的作用以及文字与言语之间的关系，但是最初让他们意识到文字与语言之间关联的是字母和他们自己的名字。儿童可以从字母书、会说话的玩具、与成年人玩字母积木或者观看《芝麻街》（*Sesame Street*）等方式来学习字母，但是几乎每个人都学过字母歌（字母歌的曲调与经典儿歌《一闪一闪小星星》是一样的）。对于儿童来说，学习字母歌就好比人生进入另一阶段的一个仪式，就像跳水坑和画手指画一样。家长们感到非常激动，这种游戏活动既能教儿童识字，又不需要进行后续清理。我们可以从 YouTube 上看到蹒跚学步的幼儿非常可爱地用英语、俄语、法语以及其他语言演唱字母歌的视频。这些歌曲引导他们学习字母和字母顺序。世界上大多数的字母歌都会教孩子们字母的发音，例如，英语中字母 A 的发音为“ay”，字母 B 的发音为“bee”，字母 M 的发音为“em”，字母 W 的发音为“double-u”；俄语字母中有“ah”“beh”“veh”的发音；在其他语言中情况类似。有些字母歌使用与字母相关的发音（例如用“buh”取代了“bee”）。关于英语和其他语言的研究都发现，学龄前儿童对于字母名称知识的掌握程度预示着他们以后将取得的进步水平。[10]

字母歌也许在各种文化中都是普遍存在的，因为它们是学习阅读的简单的入门知识，无论对儿童还是大人都是有益的。[11]但是为什么字母的名称与阅读初期的成绩存在如此密切的关联，这还是让人有点困惑。字母的名称与字母的发音并不存在简单或者一致的关联：单词 bee 以字母 B 的发音开头，但是单词 eff 并不是这种情况。对于英语中的元音来说，几个发音中的任意一个被用来作为字母的名称，这确保了字母（例如 A）在某些时候只会被人们读为字母名称的发音。如果“em”是字母 M 的发音，那 mark 一词的发音应该是“emark”。字母的名称教会儿童将字母与音节联系起来（W 有三个音节），而它们和音素的对应关系则与阅读相关。[12]字母名称使人们可以拼读出单词，这是非常有益的方法，并且使拼字比赛成为可能。但是在这些功能实现以前，儿童就已经学习了字母的名称。字母名称还有哪些特别之处呢？

对于阅读初学者来说，有一项任务不得不学习，那便是识别字母。这并不容易，因为字母存在多种形式（见图 6-1）。[13]读者必须能识别出左侧字母表中不同字母在视觉上相似的模式，也要能够识别出右侧字母表中同一字母在视觉上不同的模式。字母识别是一个分类问题：所有不同的变体必须被视作同一个字母的不同形式。这个问题与判断一个物体是不是一种水果类似。相似性对识别有一定的帮助：许多水果看起来是相似的，无论在大小还是在重量上都有相似之处，并且通常情况下都有令人愉悦的气味和味道。这就好比许多形式的字母 A 看起来是相似的。但是水果里也有像菠萝和榴莲这样看起来与其他的水果并不相似的水果，榴莲还有特殊味道。这就好比有些形式的字母 A 看起来非常奇怪。有些水果与另一种物体看起来更为相似，例如香蕉和回旋镖。这就好比有些形式的字母 A 看起来更像字母 H。读者也可以使用字母出现的上下文语境作为线索识别字母。

将图形符号 A 放置在单词里应该出现的位置（见图 6-1 的底部）来识别字母，需要对许多文本进行大量的统计研究，虽然儿童尚未掌握这一技能，但它却适用于机器学习算法。如今，该算法甚至能够精准地识别手写字母。[14]

然而儿童能够利用另一个线索，各种形式的 A 都具有一个共同特点：它们的名称是"ay"。在形成类别的过程中，相似性是非常重要的，但是名称提供了黏合剂。研究者加里·卢普扬（Gary Lupyan）细致地研究了在类别形成过程中名称所发挥的作用。他发现类别名称的存在使创建新类别以及将范例归入现有的类别变得更为容易，这克服了相似性的限制。[15] 这一理论很容易推广到字母学习中。它不仅仅说明，被叫作其他名字的玫瑰闻起来一样香。更重要的是，它说明"玫瑰"这一名称帮助我们确定某盆花不是牡丹或万寿菊。

除了上述讨论的功能外，字母歌的重要性还体现在它教会儿童识别 26 类物体的名称。这已经被证实是有用的，因为它收集关于视觉特征、声音和组合统计的数据，从而解决字母识别的问题。

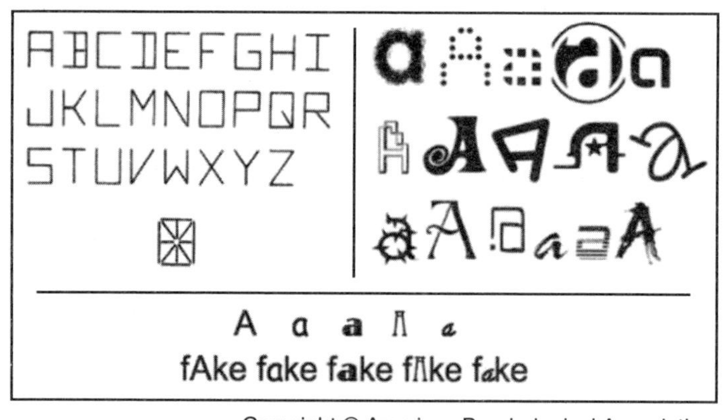

图 6-1　字母识别问题

将左上方视觉上相似的模式识别为不同的字母，将右上方视觉上不同的模式识别为相同的字母。字母出现的上下文也提供了线索（见图底部）。

资料来源：The alphabet is from Rumelhart and Siple (1974), Figure 2, p. 101.

词汇量对于阅读很重要

儿童说出第一句话是他们语言发展过程中的一个特殊阶段，这是人们喜闻乐见的进步。家长等待孩子们说出第一句话和第一个词组，并将其视为孩子们步入语言学习正轨的标志，因此对于家长来说，口头交流能力的出现是一件奇妙且令人欣慰的事。尽管已有大量关于英语和其他语言的词汇习得研究，但直到最近，研究者、教育家和决策者才开始意识到儿童语言之间的差异有多大。差异的各种来源、这种差异对于阅读和在学校取得的成绩的影响以及如何调节这些影响是目前人们极为关注的焦点。

为什么词汇量对于阅读者来说如此重要？K–3 水平的儿童在阅读一本书时，会遇到较少的已认识的单词。对于一年级的学生来说，如果他能够读懂几百个单词，他就可以成为阅读高级材料的群体中的一员。这些词汇量足以使他读懂有 236 个单词的《戴帽子的猫》（*The Cat in the Hat*）这本书。如果他想读懂更高级的文本，他就需要掌握更多的单词，但是限制阅读的首要因素是书面文字的知识而非词汇。

从其他方面来看，词汇也是非常重要的。通过思考来了解一个单词究竟意味着什么，这种重要性显而易见。从人的直觉上来说，有关单词词汇的知识是已知的形式（口语或书面语）与含义之间的联系。这种对认识单词的狭义的理解成为测试词汇发展的基础。[16] 例如，儿童听到单词 cup（杯子），需要在 4 张物体图片中指出与杯子含义相符的物体图片。能够正确地指出杯子图片的儿童，说明他已经认识这个单词。但是儿童在将单词与图片建立起联系的信息上却存在很大差异，研究者查尔斯·佩尔费蒂（Charles Perfetti）将这种状况称为“词汇才能”。[17] 单词是连接多种信息的中心点：单词的语音、发音和拼写；单词的多重含义（例如饮品器具、度量单位、奖品）；单词所指代的实体（例如各种杯子）以及这些实体的感官和知觉特征、它们的功能、使用方式；一些事实，例如它们的产地、购买地点、保存地点和妈妈最喜欢哪一个；它们的语法功能（例如 cup 一词既是名词也是动词），以及该单词如何与其他单词组合在一起形成类似于 sippy cup（鸭嘴杯）和 cuplike（杯状的）这样的表达。与某个单词相关联的信息量反映了儿童对于许多事物的了解程度，而不仅仅只是形式与含义之间简单的联系。

单词的含义也与人们期待可能出现的单词有关。通常情况下，杯子是承受动作的物体而非发出动作的主体（例如“我拿着这个杯子，这个杯子掉了”），而龙卷风则正相反，它更多地作为发出动作的主体。听到或者读到“杯子掉了”这句话会让人们产生期待，究竟谁掉了杯子，什么使杯子掉落，杯子是怎样掉落的以及杯子为什么会掉落。尽管从表面来看，龙卷风袭击也会让人们产生期待，但这种期待是龙卷风影响了哪些人，而不是谁导致了龙卷风。对于 cup 这类单词来说，它的名词意义和动词意义都有各自的分类特征。该词的动词意义表示“（像杯子一样）托住”，可以与 hands（手）、chin（下巴）或 face（脸）这类名词搭配连用。也可以与杯子能够容纳的事物的名词连用，例如咖啡或面粉。我们所掌握的大部分语法知识都以这种形式与单词相关联。[18] 当然，这些知识是随机的，“the cup held”（杯子里面装着）这句话引起人们的期待，使人们思考后面可能会接的单词，而非确切的某个单词。杯子里可能装着咖啡或茶。[19] 杯子也有可能被人拿在手里，或者因为杯子是毛皮做的而被保存在博物馆里。

因此，我们所掌握的单词知识并不像字典词条，除非你的字典被赋予体验单词和跟踪统计的功能，能够统计出单词出现的频率和单词会出现在什么样的语言和非语言的语境中。这种更广义的词汇通过增加中心词和构建词汇与多种知识之间的联系得以发展。当我们学习一个新单词或者学习一个已知单词的新意思时，这一过程会贯穿人的一生。

词汇阐释了一个普遍存在的关于语言和阅读的困惑：需要学习的内容太多，而学习的时间太少。儿童利用几年的时间学习了第一种语言。5 ～ 6 岁的英语学习者的词汇量在 2500 ～ 5000 个词之间。在入学的最初几年里，他们的词汇量每年增加 3000 个（大约每天 8 个单词）。[20] 这是如何实现的呢？尽管人们一直争论语法知识是不是与生俱来的，但词汇一定是后天习得的，因为语言形成单词的方式是不同的，同时使用单词来辨别概念的方式也是不同的。家长和其他看护者确实会教一些明确的单词

（例如动物和字母的名称），特别是在儿童刚开始学习词汇的阶段。这种教育起到了重要的作用，但是，他们并没有教儿童数千个单词。让人们困惑的是，儿童是如何在这么短的时间里学了这么多的单词呢？

这一问题具有重要的意义，因为在入学时，每个个体都展现出了词汇量和词汇水平的差异。[21] 小学的常规语言学科课程里包括增加学生词汇量的单元，并且研究者已经制定了有效的教学程序。[22] 这其中的关键是常规课程涉及的词汇量过多。教师在一学年中没有足够的时间来教学生数千个单词，或者仅通过这些方法来减少学生的词汇量差异。

就像学习正字法结构和字母类别一样，学习词汇也是一个大数据问题，解决该问题需要少量的及时指导和大量的统计学习。优点是统计学习也包含了扩大词汇量的机制，这种机制无须明确的指导或特意的练习。这种机制基于这样一个事实：意思相似的单词往往也会出现在相似的语言环境里。设想一下出现在 lion（狮子）一词前后的单词。这些单词也有可能会出现在 tiger（老虎）一词的前后。这两个词分别指代两种有相似特点的大型猫科动物，往往能与相同的词共同搭配使用。例如，大多数能够修饰一方的形容词也能够用来修饰另一方。有相似意思的动词也如此，例如 toss（投掷）、throw（扔）和 fling（抛）。在人生阶段的头几年里，孩子们便接触了数百万个单词，它们均出现在相关的真实背景下以交流为目的的言语中。对 lion 和 tiger 这类单词信息的积累，使得听众（或者以后的读者）在不被告知的情况下，也能在类似的上下文中推断出如 lynx（山猫）这类生词的意思。

1957 年，英国语言学家约翰·弗思（John Firth）描述了这一过程所隐含的主要观点。他创造了这句格言："你将从某个单词周围的一些词中猜测出该单词的意思。"[23] 人们可以猜出某个生词的大致意思，因为该单词与相似的单词出现在相同的语境里。因此，猜中 lynx 这一词的意思就不需要太多额外的特殊信息了。多年以来，人们无法确定这一过程是否有很好的效果，因为在大量的语言样本中分析统计模式几乎是不可能的。另外，美国语言学家诺姆·乔姆斯基（Noam Chomsky）强调了语言的生成，认为人们可以生成并理解新的词组，即使这些新组合与之前的表达几乎没有任何相似之处。语言如此灵活和自由，以至于组合统计也许并没有什么意义。[24]

1997 年，在大数据时代刚刚开启时，托马斯·兰多尔（Thomas Landauer）和苏珊·杜迈斯（Susan Dumais）开展了一项具有划时代意义的研究，该研究重新激起了人们对这一主题的兴趣。[25] 当时，人们已经可以对文本和言语进行相关的统计分析。这种分析展示出，人们使用类似于三元模型（三个单词的序列）这类相对简单的统计方法，就能对单词有更多的了解。例如 lion 这样普遍的单词，它的前后都可以接大量不同的单词。然而，这是另一种长尾的情况。相对较少的一部分单词重复地接在 lion 一词的前面和后面，例如，cowardly（胆小的）一词频繁地接在 lion 一词之前，而 king（国王）一词则频繁地接在 lion 一词之后。这种高频模式让人们能够判断新单词的意思。兰多尔和杜迈斯认为，由于单词组合具有很强的统计规律，儿童又接触了大量的话语样本，当单词最终出现时，儿童已经具备了识别它们的能力，正如前面所举的 lion、tiger 和 lynx 的例子。

该理论具有突破性，因为它解释了儿童是如何在仅有间歇的指导或纠正的情况下，迅速地掌握了大量的语言知识的，例如词汇知识。儿童会在大约 36 个月的时间里学会 0 ～ 1000 个单词。正如我们所看到的那样，每个儿童在学习的速度上存在差异。学习的曲线呈指数型而非线型：儿童在学习最初的大约 50 个单词时，速度很缓慢，但之后学习速度便迅速提升。根据统计学习理论，当儿童积累了足够的语言和经验数据，可以自己推测出越来越多的单词的意思后，他们的学习速度便会迅速提升。[26] 对于单词学习的这种说法也解释了快速映射的现象。[27] 儿童学习新词的速度极快，有时仅在一篇有意义的上下文中接触一次就可以学会。一种解释是，儿童先天就知道单词潜在描述的所有概念。[28] 统计学习理论认为，儿童会不断地收集关于语言结构和语言结构使用场合的数据，这为儿童迅速增加词汇量提供了便利。

统计学习貌似为“需要学习的内容太多，而学习的时间太少”这一难题提供了一个可能的答案。统计学习并不会受到明确指导的限制，因为它在语言使用的过程中自动发挥作用。然而，正如许多研究所阐明的那样，统计学习也解释了读者为什么会从词汇指导中获益，即使所能教授的只是一小部分单词。正如兰多尔和杜迈斯的理论所阐述的，单词指导的影响已经超过了单词本身，因为它使得学习者与其他许多单词相关的统计网络得以更新。对各种学习过程表现的计算分析表明，许多隐含的学习活动与少量适时的、明确的学习课程相结合，会产生非常有效的效果。[29]

给儿童朗读并不等于教授儿童阅读

尽管电子阅读设备不断发展，连绘本《晚安，月亮》(*Goodnight Moon*)都出现了应用程序，但是对于年幼的儿童来说，与阅读相关的最重要的活动依然是大人给他们朗读故事，这种活动对于美国人来说熟悉得就像苹果派一样。我指的是传统的阅读活动，一个有经验的读者和一个儿童之间的互动，而不是某个人朗读故事的视频。

给儿童朗读是很重要的。它使儿童融入阅读的体验中，并且使他们在能够自主阅读之前参与到阅读这项活动中。在阅读的过程中，儿童会了解这本书和它的各个组成部分——书的不同规格、形状、颜色、质地和字母的排列方式等，当能够识别其中一些字母后，儿童就会非常兴奋。他们听着奇妙、可怕、惊奇和有趣的故事，看着各种故事的插图；他们了解有关其他的地方、人和事的信息；他们得到别人的关注和喜爱。所有这些经历都有助于引发儿童在阅读方面的兴趣，并激发他们学习的动机。这些都是给儿童朗读故事所带来的益处。但是让我来解释一下。我无意抹杀人们与祖母或自己的孩子一起阅读一本书的美好回忆。我要说的是，儿童从大人给他们的朗读中得到的东西，有可能比通常想象的要多，也有可能要少。

与阅读本身一样，给儿童朗读包括了几项活动。给儿童朗读这种说法本身就不太恰当，因为通常大人是与儿童一起阅读、讨论主题、提问和回答问题的。这也正是为什么给儿童朗读故事有时候又被称为“共享阅读”。成年人给儿童朗读的方式取决于朗读的时间（睡前几分钟或和孩子们共处的一段宝贵时间）、地点（在家里和一个孩子一起或在学前班和一群孩子一起）、原因（为了娱乐或指导或为了让孩子们入眠）、朗读者［朗读者的语言背景、文化程度、动机或他们的文化习俗以及其他的情况，例如，是第一遍还是第 n 遍朗读《拍拍小兔子》（*Pat the Bunny*）］等因素。当然，所有这些因素都有积极的方面。然而，我们的文化强调给儿童朗读的重要性，这给人的一种印象是，给儿童朗读在儿童学习阅读的过程中所起的作用，与跟儿童说话在儿童学习说话的过程中所起的作用是一样的。

这样的印象并不正确。在没有疾病干扰的情况下，与儿童交谈确保了他们将学会说话，但给儿童朗读并不能确保他们将学会阅读。儿童通过接触和使用学会口语，但是阅读需要系统的指导和反馈，而不经意间给儿童朗读并不能完全实现这些。简而言之，给儿童朗读并不等同于教他们学习阅读。我之所以强调这一点，是因为人们过分强调给儿童朗读的重要性，似乎这正是他们学习阅读所需要的。因此，对于在学习阅读上存在困难的儿童，人们就会认为，一定是因为家长没有给他们朗读足够多的书。不擅长阅读的儿童的家长经常会被问到一些问题，其中就包括家长是否给自己的孩子朗读故事，或者家里是否有书供孩子阅读。给儿童朗读是重要的，但仅仅做到这些还远远不够。儿童能够从中受益，有一些还可能受益匪浅，但是这既没有排除指导的作用，也不能有效预防诵读困难症的发生。儿童即使在听完大人朗读很多绘本后，很可能依然无法成为一名熟练阅读者。

那会有例外的情况存在吗？能从家长的朗读中学会阅读的儿童或者自学的儿童确实存在。这种现象引起了大家的好奇心，却很难去研究。我经常问班里的学生，他们是在何时学会阅读，又是如何学会阅读的。这并不是一项科学研究，我主要是想让学生将他们的经历与我们正在做的研究联系起来。一些学生说他们在上学前就已经学会了阅读，是某个家庭成员教会他们的，或者是自己领会的。已故的马丁·加德纳（Martin Gardner）是一位博学多识的学者，他长期以来为《科学美国人》（*Scientific American*）杂志写一些颇受欢迎的专栏文章。根据《纽约时报》上他的讣告：“当时他的母亲都不知情，在她为加德纳朗读 L. 弗兰克·鲍姆（L. Frank Baum）所著的《绿野仙踪》时，加德纳通过看书本上的单词自己学会了阅读。”[30]可见，加德纳是自己领会了阅读。

当人们描述自己学会了阅读时，我很自然地想到了一只叫作坎兹（Kanzi）的倭黑猩猩。它是一种与普通黑猩猩关系非常密切的灵长类动物，是20世纪80年代开展的一项动物语言学习实验的明星级实验对象。[31]人们教几只倭黑猩猩和普通的黑猩猩利用发光的按键进行交流，这些按键对应着strawberry（草莓）和go（去）这类单词。开展这些研究的科学家认为猿类使用键盘正如儿童使用语言，但是其他科学家对此并不赞同。[32]人们首先需要数小时来培训猿类识别按键和strawberry这样的指示物之间的关联。这与儿童在学习单词的过程中的快速反应形成了鲜明对比。然而，据报道，坎兹并没有接受额外的训练就学会了这些按键标记。坎兹确实没有接受数小时的直接培训，但是它并不是独自学会了这一系统。在母亲的背上时，它就或多或少地开始学习了。坎兹的母亲在接受训练时就背着它。也许以后《泰晤士报》上坎兹的讣告应该这么写："坎兹的母亲当时并不知情，当人们教她使用按键上的标记时，坎兹就通过观察这些标记学会了'交谈'。"

和儿童一起阅读主要集中在内容和共享的经历上，同时对文字代码的不同特性做了不同程度的强调。相关研究表明，在给学龄前儿童朗读时，将他们对书面文字的注意力运用到阅读中的这种方法会产生非常有益的影响。[33]令人惊讶的是，给儿童朗读时专注于书面文字在很大程度上等同于一对一的指导。对于性情相投的成年人和儿童来说，这种阅读上的长期互动也许确实能使儿童开始学会阅读。正如在课堂中，所需指导和反馈的多少取决于儿童和环境的其他特征。一个儿童具备的优势越多，他所需要的指导就越少。著有70余本书的加德纳从小就是字谜的狂热爱好者，在母亲给他朗读时，除了读出书本上相应的单词之外，他不需要更多的指导。我们不知道著有《模仿游戏》（*The Imitation Game*）的英国计算机科学之父艾伦·图灵（Alan Turing）小时候是如何破解了正字法的，但是可以确定的是，这种现象非常有趣。

尽管存在这些例外的情况，但是给儿童朗读的过程很少会涉及教他们阅读。这一活动对儿童的进步确实发挥了积极的作用，但它并不是全部。一些儿童确实在极少的指导下就学会了阅读，但是与学习交谈不同，认为儿童不需要指导就能够学会阅读显然是一种错误。[34]

给儿童朗读有一个鲜为人知的作用，该作用至少与让儿童接触书面文字一样重要：它拓展了儿童的口语知识。成年人的言语比其他任何经历都更能影响孩子们的语言习得。给儿童朗读也是与他们交谈的一种形式，这种形式以特殊的方法促进了儿童的语言发展。[35] 当我们给儿童朗读时，我们是用一种非日常交谈的方式在说话。即使是给最小的孩子看的图画书也包含日常对话中极少出现的词汇和语法结构。因此，给儿童朗读是一种丰富语言的方式。

还记得前面讲过的小鸭子的故事吗？书中写道：There were sure to be foxes in the woods or turtles in the water, and she (Mrs. Mallard) was not going to raise a family where there might be foxes or turtles［树林里一定有狐狸，小河里也一定有乌龟，她（鸭夫人）一定不愿意将家安顿在有狐狸或乌龟的地方］。许多儿童不是通过日常对话或直接的经历懂得狐狸和乌龟的意思的，他们是从家长朗读的故事里了解的。其实 Sneetches（史尼奇）① 和 wildthings（怪兽）这样的词也是通过这种方式学来的。除了讲鸭子的故事外，mallard（野鸭）一词（在引语中用“她”来指代）不太可能出现在和儿童的日常对话中。30 个词的句子，与儿童的日常言语和他们从成年人那里听到的言语相比，其长度更长、语法结构更复杂。[36] 正如这句话所阐述的，童书是语言学习者独特的数据资源。

埃里克·卡尔（Eric Carle）所著的《好饿的毛毛虫》（*The Very Hungry Caterpillar*）是最受欢迎的儿童读物之一。它是一本纸板书，非常适合年龄小的孩子阅读，因为纸板可以防止来自食物和液体的“腐蚀”。故事的主角包括苹果、梨、李子、草莓、橘子、巧克力蛋糕、冰激凌筒、泡菜、瑞士奶酪、意大利腊肠、棒棒糖、樱桃派、香肠、纸杯蛋糕、西瓜和绿叶。在这些东西中，只有一部分儿童也许通过其他来源对它们有了一些了解。书中的第一句话——In the light of the moon a little egg lay on a leaf

① 史尼奇是著名儿童文学作家苏斯博士所著的一部儿童绘本中的角色。——编者注

（在月光下，一枚小小的虫卵躺在树叶上）——以复杂的介词短语开始了整个故事，这种句法结构是文学性的而非口语性的。

尽管显而易见，成年人通过阅读学会了许多专有名词，这一过程却开始得更早，始于人们为学龄前读者朗读故事。词汇和阅读之间存在关联作用：词汇量越丰富，学习阅读和熟练阅读就越容易；阅读量越大，掌握的词汇量也就越多。这种双向的关系也适用于语法学习。儿童从他们听到的话语中学习了语法，其中包括成年人给他们朗读的文本，而这些文本内容又包含了其他口语形式中极少用到的语法结构。熟悉更广泛的语法结构有助于人们开启阅读并获得相应的技巧。同时，人们也能更好地去交谈。[37]

对于给儿童朗读这件事，经济条件的差异会影响儿童的发展。一个低收入家庭没有条件为孩子购买图书，并且更有可能生活在一个公共图书馆很少的社区。与中产阶级家庭生活的社区相比，这里的公共图书馆服务着更多的居民，藏书却更少。[38]有儿科医生和教育家开展了一项值得称赞的项目，名为“伸出手阅读”（Reach Out and Read），该项目为数百万的儿童分发了数百万本书。[39]提供阅读材料是重要的一步，但是最终产生的效果在于如何使用这些图书。这取决于与社会经济状况相关的其他因素，例如是否有父母或其他人给儿童朗读图书，以及朗读者的阅读和语言能力。

最后还要给儿童朗读提一点忠告：朗读故事存在不同的形式并且发挥着各种作用。朗读者并不需要严格按照故事内容去讲解，而是可以根据我所描述的有助于语言构建的方式去讲解。朗读者可以选择简化词汇和语法，将故事重塑成更随意、更口语化的形式。有时，家长们在朗读时并不愿意自由发挥。然而，如果朗读者不断地重塑故事，那么这对孩子的影响将会产生显著的变化。为什么要重塑故事呢？可能是因为双方都喜欢，也可能是因为成年人的英语知识有限，或者他们所说的方言与文本语言有很大差异。运用自己的语言讲述故事也许能够丰富某些方面的体验，但同时却削弱了潜在的有利于语言学习的益处。

识别单词并发音是儿童阅读的出发点

人们所做的许多尝试将儿童带到了阅读的初始状态。阅读过程中的转变是在正式的阅读教学开始后发生的。这时，儿童从参加与阅读相关的活动转变为能够独自完成阅读。过去，这种转变通常发生在一年级后期。学前班有时被称为“预备一年级”，但是人们并不确定儿童是否在更早阶段就已经通过了这个主要的转折点。[40] 转变通常发生在学前班之前至二年级阶段，个体之间的转变时机存在一定差异，并且从长期的阅读进展来看，这种转变并不具有很强的预测性。[41] 阅读一开始可能会受到环境因素的影响，其中包括缺乏有效的指导，无法保证学校规定的出勤等因素。从其更加长远的影响来看，出勤率是否能够得到改善将会影响儿童阅读能力的提升。阅读或语言障碍以及其他发育异常也会阻碍儿童阅读能力的提升。尽管有些较晚开始阅读的儿童也能成为很好的阅读者，但从二年级后期以后，如果在非常有利的环境下仍没有及时掌握基本的阅读技能，就需要予以更加密切的关注并实施积极的应对策略了。有些儿童在阅读上存在困难，如果发现得晚，结果是非常糟糕的，因为如果能够尽早发现，尽早实施干预，还是可以取得良好效果的。

美国并没有对儿童开始接受正式学校教育的确切年龄做出严格限制。学校系统将每年的 12 月 31 日定为同年儿童入学的最低年龄，因此 12 月出生的儿童几乎比 1 月出生的同级儿童小一岁。密歇根大学的阅读研究者弗雷德·莫里森（Fred Morrison）利用这一规定开展了一项非常有意思的研究。[42] 他和同事们观察了三组人，年龄较大的学前班孩子和年龄较小的一年级学生在实际年龄上是比较接近的，但是他们却分别位于入学截止日期的前后。这些年龄较大的学前班孩子中也包括那些父母特意送来上学前班的孩子，这些父母认为，自己的孩子在学前班多学的一年能使他们比同年级更小的孩子有更多的发展优势。年龄稍大的一年级学生有许多是前一年错过入学，而在学前班多学一年的孩子。研究人员在学年开始和结束时对孩子们的阅读表现进行了评估。他们研究的主要问题是阅读成绩是否与年龄或接受的学校教育程度有关。年龄较小和年龄较大的一年级学生都取得了相似的进步，晚入学实际上并没有明显的优势。尽管两组学生的年龄非常接近，但是年龄较小的一年级学生比年龄较大的学前班孩子取得的进步更大。因此，影响儿童阅读能力的关键因素在于接受学校教育的时间而非年龄，这也是人们反对推迟上学的证据。

如果一切进展顺利，进入学前班的孩子已经获得了大量口语知识，包括词汇和语法。他们已经开始发现单词的内部结构，包括音素。他们学会了字母和字母名称，并且认识到书面文字代表他们从言语中听到的单词的一种形式。学龄前读者通常能够准确识别并读出少量单词，例如，他们自己的名字、可乐或迪士尼这种以特有的字体和颜色书写的品牌。但是这一过程与识别一罐可乐或一位迪士尼公主并没有太大的差异。学龄前读者能够利用他们所了解的少许字母知识准确地猜出一些单词，但是有时他们也会犯一些可笑的错误。当人们要求学龄前读者从几个打印出的单词中挑选 bat 一词时，他也许会从已有的认知出发，选择以发音 /b/ 开头的单词，然后误选了 butterfly（蝴蝶）一词。[43]

几年前，菲利普·高夫提出了“关于阅读的一个简单观点”，描述了儿童逐渐参与阅读活动的这种过渡。[44] 高夫本人有些过于自谦。实际上，他提出的这一简单观点体现了他对于学习阅读的深刻见解。他发现早期阅读包括两个组成部分：书面文字知识和理解能力。阅读初学者已经能理解口语了。如果他们能理解书面文字中的语言，他们就能够阅读。他们的任务是建立一个新的循环回路，将视觉代码与现有的语言神经系统联系起来（见图 6-2）。由于书面文字、语音和语义这三者都会涉及，我将使用“基本技能”这一术语进行概括，这是一套有限却非常必要的程序，它能使人们有效识别并理解书面文字。基本技能和理解能力并不是独立存在的，两者都与口头语言有关联，并在人们学习阅读的过程中相互影响。阅读初学者可以轻易地获得理解能力，但是基本技能却需要指导和练习才能获得。

掌握了基本技能的儿童能够识别并读出单词，这是进入阅读的起点。儿童发出的明显的读音或后来的内部语音代码，能够被口语系统所理解，从而在书面文字与言语之间建立起必要桥梁。学习阅读在很大程度上取决于这一突破，但这一点很难实现。在最佳的情况下，儿童需要接受有效的教育和指导；而在最坏的情况下，儿童在学习上存在极大困难，这会严重地妨碍学习的进步。

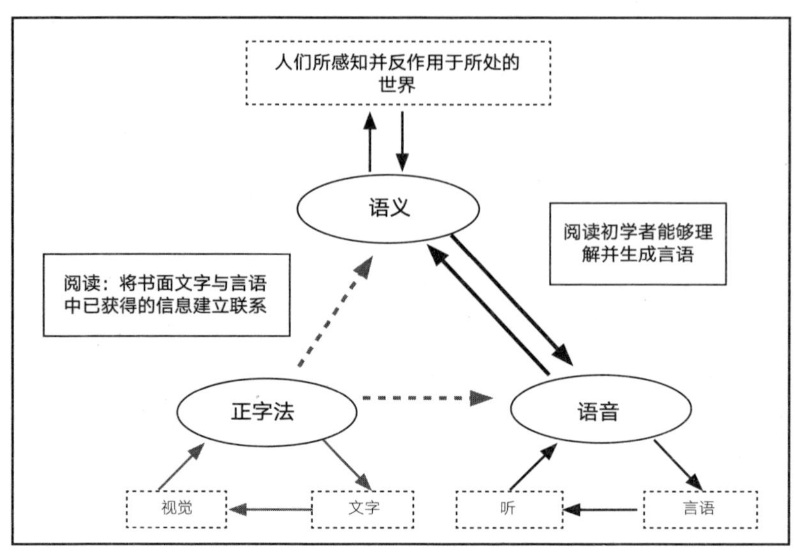

图 6-2 学习阅读的过程中存在的逻辑问题

儿童必须将书面文字与现有的口语知识联系在一起。原则上，书面文字能够与语义或语音相关联，例如将 book（书本）一词与其含义和 book 一词的发音联系起来。图上椭圆形里的每个代码都是由相应的感知和行为发展而来的（例如识别字母的同时也会书写字母）。

最初的障碍是掌握字母原则，即书面文字中的单位（字素）表示口语中的单位（音素）。这里出现了几个潜在的障碍。第一，正如我已经指出的，音素是一种抽象概念，它在一定程度上取决于对书面文字的了解。儿童的任务并不只是了解已知的字素与音素之间的关联那么简单。相反，他们通过学习书面文字来巩固音素表征。反之亦然：对音素的了解也会强化对正字法结构的学习。这种互相依赖的关系表明，学习书面文字存在的问题也会影响口语的学习。

第二，字素与音素之间的关联是任意的。字母的书写形式与其发音无关。例如，字母 b 是音素 /b/ 的符号，这一关联是任意的。如果字母和发音之间的关联被打乱，像其他语言中的字母那样，人类的文字系统仍然可以发挥作用。例如，在古斯拉夫语的文字中，b 代表音素 /v/，h 代表 /n/，p 代表 /r/（你可以从单词 mapk 中听出来）。儿童会学习每个字素的默认发音。当然，事实证明这些字母在不同的单词语境中也会有其他的发音（例如在 comb 一词中字母 b 是不发音的），但是，知道字素通常与一个特定的音素相关联是学习更为复杂的偶然事件的先决条件。

第三，字素与音素之间的关联是跨越形式的：字素（视觉）与音素（语音）相关联。人们学习任何任意性关联都是非常困难的，因为人们必须分别记住这些任意的关联。如果这些关联涉及两种形式的话，学起来就更加困难了。许多研究都关注过一个问题，即阅读能力差的人是否在学习任意性关联方面存在困难。报道中经常提及这种困难，更为重要的是，跨越形式的视觉－语音关联是最难的，在许多情况下，它也是唯一受损的类型。[45] 与学习其他技能一样，儿童的任意性关联学习障碍程度是存在差异的。对于许多儿童来说，当关联较难，例如它是跨越形式关联的时候，该障碍才会影响学习。注意力障碍等其他风险因素会增加其影响，而其他保护因素，例如高度的语音意识和有效的指导等，则会减轻其影响。

现在我们应该清楚，为什么字母原则成了需要指导、反馈和实践的主要障碍。儿童必须从音素层面去思考，这涉及语音和正字法知识，并且需要学习字素和音素之间跨越形式的任意性关联。这一步可能会受到各种因素的制约，这些因素会影响到整个过程中的每个环节。儿童所需的指导程度取决于儿童个体和他们所接受的教学方式。

尽管该术语被称作字母原则，但是实际上它是对某种行为的一种相当高级的描述，这一行为不同于学习一种规则或其他广泛的概念。儿童并不能通过茫然地盯着书面文字，就能意识到这些文字包含与音素对应的字素，从而自然而然地就正字法与语音进行大规模重组。相反，这个发展的顺序包括积累正字法和语音统计结构的知识，以及二者之间的映射关系。

字母原则是一种转换的标签，当儿童获取相应信息时，这一原则就非常有帮助：在某些时候，他们开始将字素与音素相对应。统计学习的计算模式已经表明，儿童的学习是如何从一个渐进的过程到出现顿悟的。从神经系统层面来说，随着时间的推移，在行为发生明显变化之前，会发生许多小的变化。这种明显变化被视作一种突然的转变。[46] 通过明确的指导，这种循序渐进的学习过程会不断加快。

当儿童能将口语单词视作由音素组成时，人们便认为这些儿童已经获得了“音素意识”。这个术语也有点儿不恰当。儿童并不会像意识到每只手有五根手指一样意识到口语词汇是由音素组成的。儿童只需要能够掌握这一知识，并学习书面和口语代码是如何相关联的。他们通过完成“音素意识”的任务来展现他们的知识，例如判断两个单词的开头或结尾是否发音相同。这与有意识地解释音素是什么，或者“以相同发音开头”这句话的意思是完全不同的。

同样重要的是，理解“音素意识”在多大程度上依赖于拼写。[47] 儿童也能够证明这一点。其中一个“音素意识”的任务叫作音素删除：我要求你说单词“bat”时将“b”省去，所以你应该说“at”；说单词“step”时将“p”省去，所以你应该说“ste”，这 3 个音被剩下了。这一任务比判断单词是否开始和结束于同一个音更加困难，通常情况下，儿童只有在开始上学后才能完成这一任务。三位认知神经科学家设计了一个非常有趣的实验。他们让儿童完成这个任务：只听单词并做出反应，不包括阅读或书写，但是其中的一些单词包含了不发音的字母。例如读“lamb”时不发“m”的音。答案是什么样的呢？根据读音单词的开头应该是“la”，即剩下的辅音和元音。已经是熟练阅读者的 8 岁儿童经常回答为“lab”。如果读单词“sword”时省略“s”的发音，又会怎样呢？他们经常回答为“word”。在这样的情况下，单词的拼写明显地影响了回答。音素意识并不仅仅与读有关，它还与拼写有关。

在所有的字母文字系统中，都存在学习正字法和语音的相关性这种障碍。英语与芬兰语、意大利语等语言的不同之处在于，儿童在掌握了字素与音素之间的相关性后，很快便会有另一个发现：它们之间的对应并不一致。如果 /bat/ 是“bat”的读音，那么 /kat/ 是“cat”的读音，/kap/ 是“cap”的读音，这种方法看起来超级棒，并且对于许多单词来说都是有效的！但是 c-a-r/kar/ 是“car”的读音，听起来并不像 cat 的读音，并且 Cinderella（灰姑娘）一词开头的发音与“sat”开头的发音 /s/ 相同而与“cat”开头的发音 /k/ 并不同。那字母的原则是什么呢？符合字母原则再加上奖励，儿童就能学到他们所需学习的一切。

第7章

我们是如何理解文字的意思并完成阅读的

儿童基本理解了书面文字与语音之间的关系，便可以继续学习阅读单词。这里我之所以特别强调单词识别能力的重要性，是因为它是阅读独一无二的组成部分，而不是说拥有这一能力便足够了。而理解力包括其他种类的知识，其中口语和主题知识最为重要，但这些都需要建立在准确高效地识别和理解大量单词的前提下。

在书面语言与口头语言之间搭建桥梁则需要获得足够的文字－语音映射知识来形成正确的发音。确切地说，与其他许多文字系统相比，这个问题在英语里显得更为棘手。文字系统随着正字法深度的变化而变化[1]，即字词单位如何一致且清晰地在正字法与语音中相互对应。英语被视为“深奥的”便正是因为这两者之间的不一致性。在英语里，拼写相似的词通常有不同的发音。相比之下，芬兰语则是拥有“浅显的”字母表的众多语言之一，它的字素与音素的对应完全一致或几乎完全一致。芬兰的儿童通常在正式上学前就开始理解这些关联。而对于学习英语的同龄儿童来说，这一任务几乎还没有开始。这些可怜的孩子受到传统的“诱饵导向法”的支配：我们向他们强调字母和声音之间的关联，并用各种字母表、应用软件和视频来不断“轰炸”他们；然后，在他们最终掌握了字母原则后，他们读到的第一批单词却包括了 have（有）、give（给）、some（一些）、are（是）、was（是）、said（说）、who（谁）、what（什么）、where（哪里）、done（做）、laugh（大笑）和其他一些“例外的单词”。因为这些单词属于最常用的单词，因此学习它们是必不可少的。苏斯博士所著的童书《绿鸡蛋和火腿》仅用了 50 个单词，但是其中 20% 为不规则单词。英语中大量拼写和发音不一致的情况成了无数打油诗和讽刺诗的内容来源，也变成了英语拼写改革爱好者的创作素材。[2]

我曾经说过，为了从言语中获得想要了解的内容，我们有必要学习书面文字与声音之间的对应关系。但是考虑到文字系统的不一致性，也许有人会问，何必这么麻烦呢？人们也许能够通过这个词的上下文和它的拼写来识别它。在没有声音作为中介的前提下，儿童能够学会将单词的拼写模式与其含义相关联。识别 book（书）这个单词正如识别书这个物体一样。如果单词仅被视为一种视觉形态，那么 dose（剂量）、pose（姿势）和 lose（丢失）这几个词不押韵的事实就无关紧要了。用文字代表言语是人类历史上划时代的事件，但是我们并没有义务在阅读时使用这样的信息。

图 7-1 解释了我们的选择，该图展示了正字法、语音和语义的三角关系，其中语义位于三角形的顶点。读者最基本的任务是从书面文字中推测出单词的意思。所有文字系统都允许人们用两种方式推测单词的意思。一个单词的书面代码（无论是字母、文字还是黏土碑上的刻痕）都能够与它们的意思直接关联，这经常被称作直接途径或者视觉途径。书面代码也能与读音相关联，因此人们还能够利用读音猜测单词的意思，例如在理解言语的过程中就会发生这样的情况。除了年龄很小的读者之外，其他读者都会使用心理暗示的语音代码而非公开的读音来实现这一目的。这便是语音调节的途径。单词所在的上下文可以帮助人们对其语义（例如，该单词可能指代某种动物）或者对可能的单词（例如，它也许是“猫”“鸟”而不是“老虎”或“熊”）有所预期。对于有多个意思的单词来说，上下文还可以帮助读者分辨并排除多重词义，例如 tire 一词既有“使……疲劳”的意思，也有“轮胎”的意思，需要与句子所在的上下文相结合才能被理解。两个途径都可以利用上下文的信息来猜测词义，在这一点上两者没有优劣之分，所以也不会在很大程度上改变我下面要描述的过程，因此，下图也并没有展现这一点。

前人如何在阅读中使用这些途径的争论成了自 19 世纪以来的阅读教学的根基。语音途径需要人们了解书面文字和声音之间的关联方式，这是拼读法（phonics）教学的重点。视觉途径则消除了人们对于语音的需要。对于研究阅读的科学家来说，语音途径在阅读过程中，特别在开始学习阅读时是十分重要的，这是至今为止对人类复杂行为研究所能得出的近似于确凿的结论。而持相反观点的人则认为语音途径是能力不足的读者才会使用的一种效率低下的策略，这种观点仍植根于教育的理论和实践中。

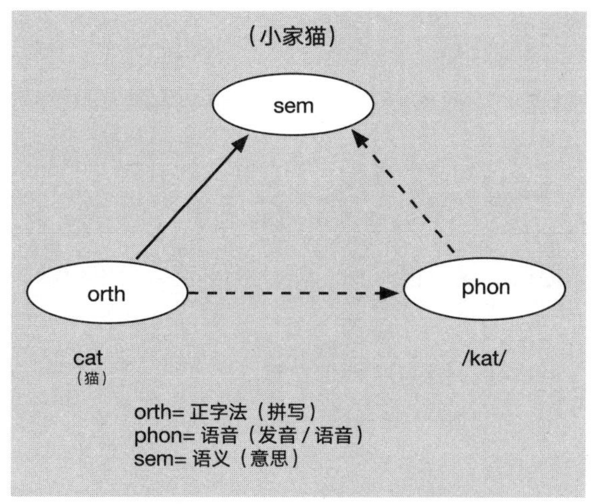

图 7-1　正字法、语音和语义的三角关系

从书面文字到意思有两个潜在的途径："正字法→语义"这一途径是单词拼写与单词意思之间直接关联；"正字法→语音→语义"这一途径则是通过书面文字来获得其语音编码进而推测单词的意思。

这些都是被人们反复研究的具有内在科学价值的问题，我们可以从三个角度来看待这些问题：

人们是否在阅读中使用语音以及这种使用是如何受到诸如阅读技巧或文字系统等诸多变量的影响，这是一个实际问题。这里我将总结一些从事阅读研究的科学家所认为的具有决定性因素的代表性发现。这些发现表明读者在阅读过程中会使用语音信息。且在低年龄层的读者中，熟练的阅读者比不熟练的阅读者更善于使用语音信息，这使他们不用太过依赖上下文来猜测单词的意思。虽然在细节上存在一些差异，但这些发现同样适用于文字系统。

基于这些发现，人们又提出了一个重要的假设：如果英语的文字系统变得像芬兰语那样浅显，人们学习英语阅读是否会变得更容易，也会有更多的人成为熟练的阅读者呢？芬兰人在跨国评估中往往得分很高。芬兰的教育体系也令人印象深刻，但这有可能仅仅是因为他们的文字系统中了大奖吗？如果英语的文字系统也跟芬兰语一样简单又会发生怎样的情况呢？英语的文字系统是怎么发展成现在这个样子的呢？难道它就不能被修改吗？

我将描述一个有关单词阅读的理论，它或许能够解释人们的许多发现。它展示了对于阅读初学者来说，语音途径发展得更快的原因，以及当人们不使用语音途径时，学习进展更为缓慢的原因。这可能是由于拼读教学较为简单或缺失而造成的。这一理论也表明了随着专业知识的发展，这两个途径会共同发挥作用，实现高效分工。它与图 7-1 所示的两个途径不同，因为这种理论认为这两个途径并不彼此孤立，它们会共同合作。因此，这一理论将拼写、语音和词义之间的对应关系视为统计学信息，并用计算模型来演示人们习得这些对应关系的方式，这也不足为奇了。该理论解释了文字系统的性质是如何影响阅读，以及如何影响阅读量和指导类型这样的经验因素的。

语音信息是熟练阅读的基本条件

一直以来，阅读研究的一个中心问题是，熟练阅读究竟是视觉的还是语音的，又或者是两者的结合？在第 2 章里，我描述了几个现象，它们似乎能够解释语音在默读中的应用。但是一些质疑的观点会认为，人们怎样理解笑话或者电影对话与通常的阅读能力无关。大多数教育家认为阅读纯粹是视觉性的，而语音途径则是能力不足的读者才会依赖的方法。

对于这一问题，由于人们很难获得绝对证据，所以多年以来，诡辩和直觉一直占据主导地位。对于阅读研究者来说，这个问题在 20 世纪晚期已经得到了解决。人们进行的几种不同类型的研究导向了相同的结论：在所有语言和文字系统中，语音信息都是熟练阅读所必需的基本要素；对于语音信息的使用障碍是诵读困难症患者和阅读能力不高的人存在的典型问题。这并不是说语音是阅读的全部。相反，语音途径的使用是熟练阅读的关键因素。对于大多数孩子来说，阅读需要指导，因此出现了语音教学。在支持流畅阅读的体系中，儿童在掌握了有关文字和声音相互关联的知识后，也能在阅读的其他方面取得进步。

熟练阅读者的证据

语言学研究者盖伊·范·奥登（Guy Van Orden）开展了具有突破性的实验并且提出了范·奥登效应。他的发现经由人们在英语和其他语言中的重复实验而得到了证实。范·奥登的发现与当时（20 世纪 80 年代晚期）人们所接受的观点正好相反，因此最初他很难将这些结果发表出来。他的第一篇具有重大意义的文章最终发表在一本很普通的心理学期刊上。[3]

该实验的受试者是一些擅长阅读的大学生，实验设置也很简单（见图 7-2）。[4] 在每一轮测试的开始，屏幕上都会先出现某一类别的名称，随后屏幕中间出现一行字母（即目标单词）。受试者的任务是，如果他们确定该单词属于该类别（例如 thigh 一词属于“身体部位”类别），就按“是”键，如果确定它不属于该类别（例如 book 一词不属于“生物”类别），就按“否”键。这样的实验包括许多不同类别的随机测试。我还设计了一个供你与朋友和家人使用的玩具版本。[5] 要注意的是，这个实验不需要朗读；受试者只需默读屏幕上的单词并通过按“是”或“否”键来做出自己的选择。

这一实验设计的关键因素在于它包含了如下的测试：

- 类别：动物　目标：bare

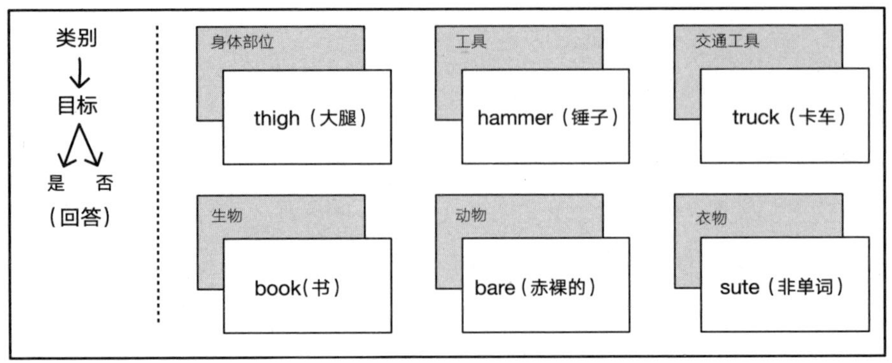

图 7-2 范·奥登实验的主要条件

在每轮测试里，受试者能够看见类别的名称（例如身体部位），类别名称下面是一个目标单词或者一个编造的非单词。受试者的任务是确定该目标单词是否属于该类别（例如“大腿”一词是否属于身体部位）。在一些实验里，目标单词可能是一个听起来很像从属于某类别的单词或非单词［例如听起来很像“bear”（熊）的“bare”和听起来很像“suit”（套装）的“sute”一词］。

bare 和 bear（熊）是同音异义词。这会发生什么呢？如果受试的大学生正进行视觉阅读，他们很容易就能反应出 bare 和 boat（船）都是不属于这一类别的单词，这里所控制的刺激因素是：不属于该类别的单词，不是同音词或较为相似的拼写。如果受试者在默读时形成了语音代码，那么 bare 这个单词会变得更难排除，因为它与 bear 读音相同，这将触发该词的语义。

对“动物：bare（赤裸的）”这一测试做出“是”的回答，这是一种“积极性错误”。范·奥登发现，即便在 bare 这种类型的测试中，受试者在通常情况下都做出了正确的回应。然而，与其他情况相比，受试者只有在形成了 bare 一词的语音代码的情况下，才会做出错误的判断。因此，范·奥登总结道，人们熟练的默读行为中其实包括了语音推测。

在这一过程中究竟发生了什么呢？受试者以正常的方式阅读单词。正如在其他测试里一样，受试者读到 bare 一词并产生了它的语音代码（正字法→语音），这使受试者联想到与该语音代码相关的多个意思，包括动物 bear 一词和并不存在的 bair 一词。

在大多数测试里，受试者通过识别 bear 一词的拼写不是 bare 而设法避免了错误，但是这种思考拖慢了受试者的反应。在其他一些测试中，因为 bare 与 bear 一词读音相同，从而引发了语音和语义的关联，导致受试者做出了错误的判断而按下了“是”键。

在实验过程中，当目标刺激并不是一个单词时，如对于“衣物”这一类别中出现的 sute，人们也会犯类似的错误。sute 并不是一个单词，而是实验人员编造出的与 suit 一词读音相近的非单词。如果受试者在阅读过程中使用视觉途径，那么他们很容易将 sute 排除，因为该词没有实际意义，从拼写上看也并不像人们熟悉的单词。但如果受试者激活了该词的语音代码，便极有可能发生错误，因为这一语音代码与 suit 一词相似，从而使受试者联想到它的语义。与 sote 这类非单词相比，受试者确实会更多地在 sute 这类非单词的测试中错误地按下“是”键。[6] 对比其他情况，对于有相似读音的单词来说，人们在错误地按了“是”键之后又改按“否”键的速度也更慢。

实验结果非常具有说服力，可以看出即使语音途径会影响受试者的表现，他们还是会在实验中使用它。如果人们持续做着本身想尽量避免的事，这就表明这一行为并不受意志的控制。这就是为什么通过抑制默读以加快阅读速度这一主张是不正确的。

对于每一项新发现，特别是那些挑战传统思想的新发现，人们总是觉得有必要评估一下对于它们的其他可能阐释。是不是因为 bare 和 sute 这样的错误答案与正确答案 bear 和 suit 的拼写相似才会导致错误的出现呢？不。拼写相似的情况是可控的，因为测试中也包括其他拼写相似的非单词（如 sote）。是因为受试者已经了解这个实验的目的了吗？不。即使同一类别的众多单词里只出现了一个非单词同音词，人们还是会犯同样的错误。会不会是受试者仅在某些测试（例如有同音词或者非单词同音词的测试）中使用语音知识呢？不。各个测试都是随机出现的。受试者完全无法调整策略，因为他们并不知道下一个出现的目标单词会是什么样的。

此外，这些新的发现也必须证明，在其他实验室使用不同类型的材料和不同的受试者的情况下，它们的结论也是可重复的才行。在心理学和其他学科领域，有一些已发表的结论往往是不可重复的“积极性错误”。[7] 而范·奥登的实验发现具有非常高的可重复性，人们甚至可以在家里做这个实验。

最后，使用其他方法对这一实验结果进行检验也是非常重要的，因为实验结果可能会受到个人习惯的影响，包括对同音词和非单词同音词的使用等。另外的研究也强调了教育家们的顾虑和担忧：这些结论是在人为的“实验室条件”下得出的，而不是在人们正常阅读的情况下产生的。如今人们开展了更广泛细致的研究来消除上述的两个顾虑，这些研究使用了不同的材料、任务、受试者、文字系统和语言，也包括了受试者阅读单个单词和更长文本等不同情况。以下是一些示例：人们根据自己的速度阅读文本，通过眼追踪发现了语音的影响。[8] 人们在默读打油诗或者绕口令时会更多地受到语音的影响。任何阅读诗歌的人都不会对这个结论感到惊讶。在拼写过程中会产生互补作用：一些基于语音的错误，例如同音词互换 [把 bear cub（熊崽）错误地拼成了 bare cub（赤裸的幼兽）] 的错误发生率比那些仅仅是基于拼写的错误发生率要高得多。校对者往往不太能找到与预期单词读音相似的错误单词，因为它听起来是正确的。凡此种种，就不再一一列举。[9]

来自儿童的证据

那么对于年纪更小的阅读者来说，情况又如何呢？范·奥登效应也同样会出现在儿童身上。[10] 值得注意的是，阅读水平越高，影响就越明显，因为高水平阅读者更了解拼写与读音之间的对应关系。这本应是一个优势，但在遇到上述“赤裸的幼兽”这种情况时却会变成一个麻烦。查尔斯·佩尔费蒂实验室的两项研究清晰地阐释了语音、语境和早期阅读之间的关系。在第一项研究中，佩尔费蒂对三年级和五年级的学生进行了研究，这些学生被分为熟练的阅读者和不熟练的阅读者两组，一同接受标准化的阅读理解测试。[11] 他们的任务是朗读单词和非单词（例如 nust），一次读一个词，他们的反应速度和准确性都被记录下来。对于这两个年级的学生来说，与不太常见的单词相比，普通单词（高频词）更容易朗读出来，而非单词则是最难朗读出来的。更重要的是，朗读与学生的理解能力有关。在读到最常见的单词时，学生们的表现几乎一致，而对于不太熟悉的单词即低频词和非单词，理解力稍差的学生就不能很好地朗读出来。因此，理解力稍差的学生可以像理解力好的学生一样朗读一些单词，但不能将所有单词都很好地朗读出来。后来的一些研究表明，当这些单词出现在故事里时，也会出现同样的差异。

朗读的技能与理解文本之间是否存在因果关系？[12] 或者它们之间存在相关性却互不相关？2000—2009 年，马苏里拉奶酪的人均消费量与土木工程博士学位数量之间的相关系数是0.9586。与马苏里拉奶酪和工程学的关系不同，在英语中，朗读技能与理解力密切相关。对朗读感到吃力的儿童也无法在默读时成为熟练的阅读者，他们阅读的不流利状况只是无法被听见而已。朗读和默读过程中对文本的理解有着因果关系，因为它们都利用了图 7-1 所示的“语音→语义”途径。在朗读的过程中，大脑产生的语音编码驱动语音的产生。而在默读的过程中，正如范·奥登的实验一样，产生的语音编码被应用于产生语义。

佩尔费蒂的第二项研究解释了熟练阅读者与不熟练阅读者是如何阅读句子里的单词的。[13] 许多研究关注的都是单个单词的阅读，但当单词在正常的情况下，也就是在有意义的上下文中被读到时，一切都发生了变化，这又会带来怎样的改变呢？在第二项研究中，四年级的学生会阅读包含两个句子的文本，句子以他们朗读的目标单词结尾。在实验者创造的文本语境中，目标词要么是可以高度预测的，要么是虽不可预测却在语义上看似符合的，要么就是令人惊讶的（非常出乎意料，但仍有意义）。

这项研究的主要结果与第一项研究结果相似。正如研究者所预期的那样，总的来说，熟练阅读者的阅读速度更快也更准确，而不熟练阅读者比熟练阅读者要更加依赖上下文。[14] 当单词具有高度的可预测性时，两组人的表现同样好；然而，当单词无法预测时，不熟练的阅读者的表现要差得多。佩尔费蒂的研究还表明，当研究者要求受试者预测故事里会出现的单词时，熟练的阅读者更善于完成预测任务。

以下便是研究结果。

不熟练阅读者在使用语音编码去识别单词的过程中存在更多的困难，特别是遇到不太常见的单词时。因为他们的解码技能较差，所以他们不得不更多地依赖上下文猜测单词的意思。这实际上是一个无效的策略，因为他们在阅读文本中的单词时也存在困难，猜测单词的能力也较差。

相比之下，因为熟练的阅读者更善于解码单词，所以他们对上下文的依赖也更少。尽管他们比不熟练的阅读者更善于依据上下文猜测单词，但他们不必依赖这种无效的策略。相比于猜测哪个词更符合上下文语境，熟练的阅读者会更倾向于迅速地识别出每个单词并将它与之前的单词结合起来。[15]

这些研究已有 30 多年的历史，其结论已经多次得到了证实。然而，这些结论与如何教授儿童阅读这一问题仍然存在分歧，这反映了阅读科学与教育实践之间的脱节，而这正是本书第 11 章的主题。

无法完全对应的拼写与发音，不规范的书面英语

如果学习正字法和语音之间的表征关系如此重要，那么学习书面英语似乎是一场"灾难"。英语读者也许有理由对这样的事实表示出相当多的不满：其他简单的字母文字系统几乎没有任何像 mint/pint（薄荷 / 品脱），dies/diet（死 / 饮食）和 done/bone/gone（做 / 骨头 / 去）这样的对比词；不发音的字母；像 c、g、y 这样代表两个音素的字母；像 wind（风 / 蜿蜒）、dove（鸽子 / 潜水）和 permit（允许 / 执照）这样的同形异义词；或者像 yacht（游艇）和 colonel（上校）这样的专有词汇。甚至连 the 这个英语中最常见的词也有两种发音，例如美国歌星凯蒂 · 佩里（Katy Perry）的一句歌词"I've got the eye of the tiger"（我有老虎的眼睛），这句话中的两个 the 的读音便不相同。[16]

当然，这些只是英语的拼写体系中无数奇怪特点的极小部分。数百万人都在努力学习这一体系，但是如果这些奇怪的特征能够被消除，或许人们的学习会更容易，阅

读水平也会更高。这种情况以前也发生过：许多简单的字母表源自皇室或者政府的命令。典型的例子就是15世纪的韩国在世宗大王统治时期开始采用韩国语字母表，此后韩国还设立了国家节日来纪念这一历史事件。[17]

对此，人们提出了一些问题。首先，为什么书面英语是这样的，以及什么形式会更好？其次，书面英语的形式重要吗？文字系统的难度对读写能力会产生影响吗？学习阅读英语比学习阅读芬兰语或韩语更难吗？

书面英语中的不规则现象根植于英语语言和文字系统的历史。但既然使用单词并不需要了解它的历史，所以它们看起来是随意的，特别是对阅读初学者来说。事实上，这一系统遵循了几个设计原则，但问题是，这些原则之间经常发生冲突。[18]

像其他拼音文字系统一样，书面英语也遵循文字与语音编码单位相对应的原则。然而，随着时间的推移，单词发音的变化使得这一原则的贯彻受到了影响。例如been（be的过去分词）在大部分的英式英语中与bean（豆子）发音相同，但在大部分的美式英语中与bin（箱柜）发音相同。元音的持续时间被缩短了，正如许多不规则发音的单词，例如have（有）、give（给）、said（说）等。其原因也许是迫于人们想要流利迅速地发言的压力。与拼写相比，单词的发音变化得更快。这使得曾经可以通过拼写与语音之间的关联推测出读音的单词产生了变化，变得更加不规则。从原则上来说，这些发音的不规则能够通过改变拼写方式来更正，例如将been改成bin以及将said改成sed，这是一些拼写改革者所提倡的，更改后的拼写将减少发音的不规则性，但这样做的代价是什么呢？

这里就要提到另外一个原则，那就是即使单词的发音存在差异，也要保持单词拼写的连续性。如果单词的拼写被简化，这种原则就不能奏效了。英国人和美国人将会有更多拼写不同的词，例如color/colour（颜色）和organize/organise（组织）。加拿大人不得不做出选择。在这些国家中，不同区域的方言又是怎样的呢？在美国南部，人们倾向于将结尾的g和所有格符号后的s省略，例如having（有）被拼写成“havin”，going（去）被拼写成“goin”，getting（得到）则会被拼写成gittn。得克萨斯州则拥有自己的拼写体系。学习拼写已经足够难了；学习同一词的其他拼写方式使得这一任务难上加难。改变单词的拼写方式使其与发音相一致的可行性几乎和进行发音改革让所有人以同样方式拼读单词一样，都是不切实际的。

以 been 和 said 为例，它们体现了英语拼写似乎有些矛盾的第三条原则。been 的拼写体现了一个事实，即它是动词 be（是）的一种形式，如果将 been 改成 bin，这其中的联系便不复存在。同样地，如果将 said 改成 sed，便也无法体现出它作为 say（说）的过去式这一联系。在上述例子中，文字系统以违反拼写原则的代价保存了单词之间的词素学关联。你应该知道词素的定义：如同音素和字素的含义一样，词素是最小的语义单位。

像 cat 或 -ly 这样的语素在它们所在的单词中发挥了相似的发音和语义作用，但是在语言发展的漫长历史中也发生了一些奇怪的事。让我们看一下 sign、signal 和 signature 这三个词，它们都含有同样的词素（词目）。然而，sign 是给英语带来“坏名声”的词。sign 不发音的字母 g 看起来完全没有存在的必要，因为这个词可以拼写成类似于 wine（葡萄酒）和 fine（美好的）的 sine，或者拼写成 syne 或 scien（两者均非单词）。如此一来，单词的拼写似乎简单得连巴布工程师[①]都能搞定。

然而，最好的解决办法是人们在不断使用语言的过程中达成某种妥协。英语中的 sign 很有可能是引自法语单词 signe。在法语中，字母 g 也不发音，但这并不是不规则的用法：这就是法语的发音规则，字母 g 在法语单词 signature 和其他许多单词里都不发音。在英语中，由于发音音节不能以音素 /g/、/n/ 结尾，因此 sign 一词中的 g 不发音。而这对于后两个单词 signal 和 signature 来说就不是问题了，因为 /g/ 和 /n/ 出现在这两个单词的不同音节里。那么该如何拼写 sign 这一单词呢？如果将其拼写为 sine，就失去了它形态学意义上的关联性，并且还形成了与意义上并无关系的 sine 之间的错误关联。将其拼写为 sign 则保留了它在形态学意义上与其他单词的关联性，但其代价是多了一个不发音的字母 g。对此，语言使用者该怎么办呢？

① 英国 BBC 一档著名卡通教育节目中的主人公。——编者注

根据《牛津英语词典》的记载，几百年以来，人们尝试了许多拼写方法，其中包括 sine、segn 和 syne，最后才逐渐确定采用 sign 的拼写。对保持形态学结构信息的需要胜过了保持拼写与发音的一致性。在语言学中，这种长期以来形成的群体决策被称作历时变化。当这一变化过程的时间变得更短时，它就变成了在线百科。严格来说，历时变化就像在没有互联网的情况下用蜂群思维解决问题。

sign 这个例子虽然奇怪，但并不是毫无章法可循。[19] 著名语言学家诺姆·乔姆斯基和莫里斯·哈利（Morris Halle）曾认为，用 sign 来表示"sine"的发音是一个最佳解决方案。这样的拼写保留了有价值的形态学信息，读者也能够通过其他方式非常容易地做出 g 不发音的判断：/i/、/g/、/n/ 三个音素不可能同时出现，因为这样的序列在英语语音学中并没有出现过。并且，因为"sine"对应了一个孩子在日常言语中便能获得的一个词，而 /s/、/i/、/g/、/n/（四个音素的发音）并不如此，因此字母 g 一定是不发音的，其他单词如 reign（统治）、phlegm（黏液）、malign（诽谤）等同理。

这就是英语拼写的奇特之处，并且人们也保留了这一特点。对于研究语言结构和历史的语言学家以及高水平阅读者来说，这一点是有意义的。许多单词的拼写是相互冲突的字母顺序和形态学原则的各种要求之间的妥协。对于正在学习阅读的儿童来说，这种结论算是一个小小的安慰。

熟练阅读者会意识到单词之间的形态学关系并将这些知识运用到阅读和写作中[20]，例如当我们试图推测 supernumerary（多余的）或 connectionist（联结主义）这种不熟悉的单词的意思时，就会运用这些知识。唯一的问题是形态学也是一种看似规律的现象。词素经常对单词的语义构成起到相似的作用，但并非总是如此。例如，红头发的人在英语中叫作 redhead（红发者），但是深色头发的人叫作 brunette 而非 blackhead（黑色的头），这代表着一种表面瑕疵，而单词 deadhead（免费乘客）则又是完全不同的情况。

许多拼写错误的原因来自人们对形态学的错误分析。提问：以下哪个单词的意思表示“微小的量”呢？是 miniscule 还是 minuscule 呢？词素 mini-（意为“小”）的存在会导致人们得出错误的答案：正确答案是 minuscule（极小的），该词源自拉丁语 minus（意为“更小”）。supercede（代替）一词在结构上看起来与 precede（先于）、recede（后退）和 concede（让步）非常相似。但是 supercede 一词实际上有另一个来源，并且其正确的拼写是 supersede（代替）。

对 sine（正弦）和 sign（标记）这样的同音异义词来说，如果采取相同的拼写方式，将丧失大量形态学意义上相似的词的信息。然而，如果增加同音异义词的数量，又将导致不相关词之间差异信息的丢失，例如 watch 和 stalk 这类单词，它们只有一种拼写和发音，却有两种甚至多种不相关的意思，比如 to watch（看），the watch（手表）。英语中这类单词的数量众多，除非有意为之（例如在俏皮话中使用），否则人们极少会曲解这些词的意义。使用单一的拼写方式简化了该体系的一部分（拼写 - 发音映射），但会增加其他方面的复杂性，如失去形态学上的关联，造成更多同音异义词的歧义等。

拼写 - 发音不一致的另一个主要原因是，一些单词是从其他语言中借用而来的。在原语言中一些原本发音清晰的规则单词在被引入英语中后可能就变得不规则了。请看以下的例子。

希腊语：apostrophe（称呼语），chlorophyll（叶绿素），aesthete（美学家）
拉丁语：algae（海藻），equus（马属），ficus（无花果属）
西班牙语：mesa（桌子），amigo（朋友），chipotle（墨西哥辣椒）
意大利语：bruschetta（意式烤面包片），cello（大提琴），cupola（圆屋顶）
法语：chagrin（懊恼），croissant（羊角面包），amateur（业余爱好者）
意第绪语：bagel（硬面包圈），schnoz（大鼻子），nudnik（惹人讨厌的人）

这些单词非常好，它们为英语增添了色彩，但是它们的存在也会造成英语拼写和发音的混乱。其实 chaos（混乱）一词本身就源自希腊语 khaos。英语对来自其他语言的单词具有高度的包容性；在英语中没有对语言学边界的严格把守。这与有些国家不同，一些国家的政府机构会强制采取语言学保护主义政策，如法国设立法兰西学术院，加拿大设立魁北克法语办公室等。

将这些因素结合在一起，便得到一个看似规则的系统：大多数单词的拼写 - 发音对应关系是一致的，同时正字法又允许来自不同词源的单词之间存在偏差。姑且不说实施拼写大改革是完全不切实际的想法（毕竟美国是一个连公制体系都没有采用的国家），用简单的正字法表达英语将会在语言和文字系统之间造成现代性的失谐。

天下没有免费的正字法午餐

人们对英语拼写无休止的抱怨会使我们认为是英语的语言体系特征让人们学习和使用它变得更加困难，但情况果真如此吗？一些以英语为母语的国家，如新加坡、新西兰、澳大利亚和加拿大（魁北克地区是个例外），在跨国评估项目中的得分总是高于美国，所以这其中一定有其他原因。不过尽管如此，如果书面英语不是现在这样的话，也许这些以英语为母语的国家的跨国评估项目的得分会更高。

一项直接证据便来自对学习英语阅读和学习其他拥有简单文字系统的语言阅读的研究。其中一些有趣的研究直接利用了威尔士的语言环境。[21] 当时，学龄儿童可以选择威尔士语教学的学校，也可选择英语教学的学校。无论是从语言结构还是语言历史来说，这两种语言都是不相关的。英语相对复杂，而威尔士语则简单许多。参与研究的儿童对象在种族、文化和社会经济地位方面都相似，选择的学校也相似。

研究结果清楚地表明，学威尔士语的 7 岁儿童朗读单词和非单词的能力是学英语儿童的两倍。简单字母表的优势在意大利语、西班牙语、德语、芬兰语、塞尔维亚 - 克罗地亚语、土耳其语和其他语言中也有记载。正如一篇比较了英语、威尔士语和阿尔巴尼亚语的论文《学习阿尔巴尼亚语阅读：一种容易获得的技能》所说，研究人员得出的结论是，这些语言的阅读学习都比英语容易。[22]

不过且慢，这些研究普遍都偏离了轨道，因为它们把“朗读”等同于“阅读”了。大多数的阅读是无声的，并且阅读的最终目标是理解。[23]在上述威尔士语和英语的比较研究中发生了一件非常有趣的事：英语读者虽然不擅长朗读，但他们在阅读理解测试中的得分却更高。研究人员由此公正地指出：“就阅读理解而言，这个结果表明简单的正字法并没有带来任何优势。因为阅读的目的显然是理解，这一发现可能会让英语教师们感到安心。”

在英语中，朗读与理解有着密切的关系，在其他简单的字母文字系统中则不然。在英语中，如果一个儿童能够正确发出例如 have、give 和 some 等词的读音，则表明他认识这些单词并掌握了其拼写与语音之间的对应关系，这种知识也会被他应用在默读中。学习进度较慢的儿童在生成这些单词的语音代码时则会犯更多的错误，从而影响了他们的理解。

在浅显的正字法系统中，儿童可以正确地朗读还没有学过的单词。这是一个很好的技巧，但它与理解力无关。芬兰儿童在不理解 omistushaluinen 和 avioliittoneuvola 两个词的意思的情况下，仍然能够将它们读出来（这两个词的大致意思是“想获得的”和“婚姻咨询中心”）。事实上，在浅显的正字法系统中，人们可以在不懂语义的情况下朗读整篇文章。包括元音在内，希伯来语是一种浅显的语言，我学会了准确并充满感情地朗读希伯来语，尽管我根本不懂我读的内容是什么。对于跟我一样的幸运孩子来说，希伯来语是一种很适合受戒时使用的语言。芬兰语、阿尔巴尼亚语、威尔士语、意大利语和其他有着简单的正字法系统的语言也是如此。然而，丹麦语不属于这种情况，它与英语一样是复杂的语言。

如果英语的文字系统变得更加浅显，那么阅读英语将会变得更加困难。同样地，如果芬兰语和阿尔巴尼亚语这类语言像英语这样书写的话，也会变得更难阅读。具有浅显正字法系统的语言有更为复杂的词形变化规则。这些语言的词素表达了很多特征，例如时态、数、性别和格等。相比之下，英语是词形变化最简单的语言之一。但对学习者来说，英语中的拼写－发音不一致的情况在其他语言中是不能容忍的。[24]

例如，与英语一样，在芬兰语中，名词有数和格的词形变化，这反映了名词在一个句子里的功能：名词能代表某一动作的施动者、动作的对象、所处位置等。芬兰语有 15 个名词格。儿童不仅要学习“房子”一词的单数和复数；他们还要学习一组词形变化形式，在名词后面，分别加上不同的词缀来表示如“在……里”“到……”“在……附近”和“从……”等。而这只是芬兰语词形学的一小部分。芬兰语还具有黏着法构词的性质，可以用一个词来表示在英语中需要多词短语来表达的意思，例如芬兰语单词 istahtaisinkohan 在英语中意为“I wonder if I should sit down for a while”(我不知道我是否应该坐一会儿)。

一个单词准确的词形变化通常取决于它前面的一个音素。如果文字系统里包含例如 c 和 g 这种代表两个音素的辅音或具有多个发音的元音时，就会使得原本已经很复杂的关联特征变得更加难以学习和使用。简而言之，威尔士和芬兰的儿童能够很快学会字母的发音是一件好事，因为他们将花费更多的时间学习词形变化。而语法教学则依赖于文本阅读，并且会持续多年。

因为英语的词形变化体系相对简单，因此，英语里的单音节词也比其他语言里的要多。许多教学活动里重点关注的不规则单词大多是短小、高频的单音节词，例如 have、give、said、been 等。因此，不规则的单词与容易学习和记忆的单词混合在了一起。

简而言之，没有免费的正字法午餐。简单和复杂总是交替存在。英语的学习者只能接受这样的事实。芬兰的学习者也是如此。

我们是如何学习阅读单词的

对于我们所学习和喜爱的书面英语，我们是如何学会阅读它的呢？

初级阅读者所面对的一个重大挑战是学习如何识别和理解书面文字。大多数研究认为这一任务始于观察。由于英语文字系统的特性，观察这一行为便包含了几个步骤。语音途径适用于简单、规则、拼写与发音相对应的单词，但区分 bare 和 bear 等同音异义词还需要来自视觉途径或上下文的输入。正确规定 gave（给）、save（挽救）和 pave（铺设）等词的发音规则则会导致对 have 这个词产生错误发音；因此，发音不规则的单词必须通过视觉途径"看"出来。但这样一来，有时人们会认为只要仔细阅读单词，就能确定它们是否与上下文提示的发音相符。人们鼓励初级阅读者掌握多种阅读单词的策略，因为他们事先并不知道哪种策略适用于他们将要读到的单词。

这种办法虽然听起来不错，但是想确定该采取哪个步骤和策略可不是那么简单。尽管人们在熟练阅读的过程中可以清楚地运用语音知识，但令人困惑的是，没有人确切知道这些语音规则是什么以及如何有效地学习它们。一些简单的拼写模式给我们提供了一些显而易见的规则，例如"bat-mat-cat/bat-bag-bad/bat-bit-bug"等。因此，当看到如 yat 这样的新字符串时我们也能尝试着去发音。但这些词都是由简单的"辅音－元音－辅音"音节构成的。如果有其他音节的存在，就更难说出其规则是什么了。cook/look/book 这组单词似乎遵循了"-ook"的发音规则，这又使得 spook 的读音成了一个例外。但如果把 spook 与 spoon 和 spool 放在一起就没问题了。如果将 book 与 look 和 cook 组合在一起，能看出固定的规则，但是如果将 book 与 boon、boom 和 boot 放在一起，它就变成了读音不规则的单词。以下哪些以 own 字母组合结尾的单词是规则的，而哪些又是例外情况呢：clown、town、frown 或者 own、flown 和 blown？更糟糕的是，无论怎样归类，不同的发音规则都非常之多，教师所能教授的仅仅是其中的一小部分，而且教授这些规则也一定是每个负责语音教学的教师的苦恼。儿童到底是如何掌握那些教师并没有教授给他们的语音规则的呢？这至今是个未解之谜。

凭视觉"看"单词的读音同样是行不通的。除非儿童已经掌握了大量词汇，否则对他们来说，拼写和词义之间的联系是任意的，因此只能采用死记硬背的学习方式，而这需要大量练习。这是对学习中文阅读的传统方法的准确描述，即通过数小时的反复抄写汉字来记忆它们，但这与学习阅读英文单词不同。那么依据上下文猜单词的方法有用吗？尽管它偶尔奏效，但是作为一般的方法则是无效的。这些关于儿童阅读的假设使得人们更难理解儿童是如何学会阅读的。

当研究人员开始根据人们在学习时大脑的运行方式来建立学习理论时，新的方法出现了。[25] 尽管我们对大脑的运行方式的了解还远远不够，但是我们已经掌握了它的许多基本特点。行为的产生源于大量神经元活动，这些神经元相互连接形成巨大网络，其中每个神经元都受到与之相连的数千个神经元的影响。我们所知和所做的事情在这个网络中都有相对应的活动模式；而学习则是开发和调整这些活动模式的过程。

人们用计算模型对这些概念进行了探索和研究，这些模型可以完成简单的任务，如识别单词和发音等。我们的目标不是制造一个会阅读的机器人，而是将这些模型作为工具，得出一套关于复杂人类行为（如阅读）的理论，从而揭示这些复杂行为的本质特征。这些计算模型综合了多个领域的研究成果。神经科学提供了构成行为基础的相关大脑特征的证据。计算机科学，尤其是它关于“机器学习”的子领域能为学习和知识的呈现提供信息源泉。认知科学则为人类的复杂行为及其构成提供了证据。计算模型能从机械论层面解释人类行为产生的原因，从而不受直觉感知的限制，就像物理学理论可以超脱我们对物理世界的体验来解释世界一样。

我和同事们已经开始使用计算模型来研究儿童学习阅读的方法、造成阅读技巧差异的基础、诵读困难症形成的原因、不同干预类型的效果、脑损伤对阅读的影响、不同类型的文字系统里不同的阅读方法，以及单词、脸和对象识别之间的关系等多个主题。[26] 我想详细地说明它们的运作方式，以阐述一些基本概念，以及它们是如何改变人们对于学习阅读等问题的看法的。我希望我的说明是简洁明了的，没有太多难以理解的知识。对此我做了必要的简化，但它们绝不是我的主观臆断。你可以将这些模型的本质理解为运行着的计算机程序。人们已经研究过许多同类的模型，你可以在互联网上查到关于它们的运行细节。我们的学术论文中阐明了模型设计的深层次原则和它们的局限性。我并没有参与设计该计算框架，我只是一名用户。和我一样，这个用户群体的成员认识到了这些概念与阅读和语言的基本问题有关。著名计算机学家、心理学家杰弗里·辛顿（Geoffrey Hinton）便是该计算框架的发明者之一，他也是艾伦·图灵的真正继承者之一。后者的研究使人们在深度学习领域取得了突破，它帮助人们建立一个更大更复杂的网络。相比之下，我将要描述的模型则要简单得多，但它与人类行为的联系却更为紧密。[27]

图 7-3 向我们展示了一个总体框架。单词由拼写、语音和语义代码来表示。人们通过感知和行为学习代码，并且这一过程受限于人类生物学的范畴。例如，拼写知识来源于观察、理解和书写字母。语音代码由听和说发展而来。语义代码则发源于人们对世界的感知和身处其中的活动。构成这些代码的神经系统特质以及它们之间的相互映射也进一步塑造了我们所学的知识。阅读行为需要人们使用正字法来生成单词的语义和语音代码，这可以帮助人们完成各种任务：理解单词、朗读以及判断一个字母串是否能够构成拼字游戏里的正确单词等。同样的神经网络也被用于执行其他任务，例如在听到一个单词后推测它的意思或拼写，或者根据单词的意思推测它的发音或拼写等。

我们从观察人们如何学习拼写到语音的映射开始，这是英语中一个有趣的问题。然后，我们再研究能根据书面文字推测单词语义的模型，研究重点为图 7-1 所展示的两条路径的作用。计算模型执行这些任务的方式便与相应的人类行为及其大脑基础相关联。

以下是与阅读相关的神经网络的一些基本特征[28]：

表示方法

网络由多组或者“多层”类似神经元的单元组成，这些单元分别用以表示正字法、语音和语义。例如，单词的拼写由正字法这一层的单元激活模式（如打开或关闭）表示。这些单元对应着字母或字母的特征。每个单词的拼写都由一个独特的开关单元表示。想想大学橄榄球赛的记分卡，上面的字母便是通过持卡人变换卡片的两个展示面而呈现的。[29]

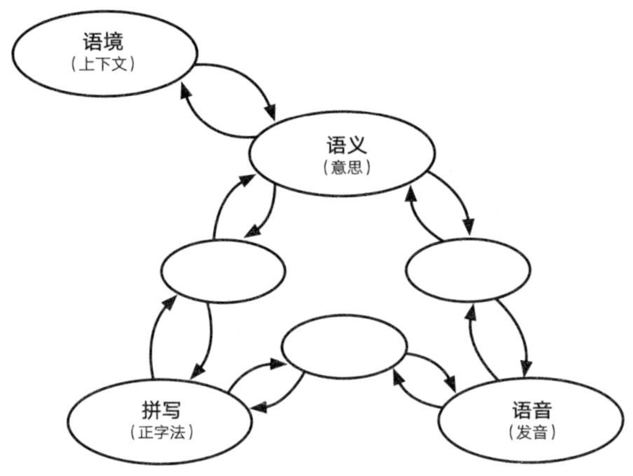

图 7-3　通用的“三角形”框架

它为研究阅读和单词的模型提供了大致框架。实际应用中的阅读模型会在细节和重点上有所不同。这些模型虽然是高度简化的，但仍然包含了控制多种人类行为和大脑基础的基本原理。

资料来源：Seidenberg and McClelland (1989), Figure 1, p. 526.

人们也采用同样的方法来表示单词的语音和语义代码。语音层的单元对应不同的音素或其组成特征。单词的意思可以用更简化的方式表示，正如单元本身可以表现“小的”“黄色的”“生气勃勃的”“有翅膀的”等特征。在现实生活中，我们认为这些表征是从经验中学到的；它们被构建到这些模型中，以便我们更好地研究系统是如何学习映射的。这些模型可以展示字母串，但是它必须知道哪些字母组合能构成单词以及它们与语音和语义之间的关系。

这些分布于多单元的表征具有很重要的特征。首先，一小部分的单元可以用来表示更大的模式集，类似于一个字母系统可以表示一门语言中的每个单词。其次，这些表征会对模式的相似性进行编码。相似拼写的单词的拼写表征与拼写不相似的单词相比会有更多重叠部分。对于语音和语义表征来说也是如此。这一特点很重要，因为学会一个模式（如 must 的发音）也将有利于其他有着重叠模式的单词的学习（例如 dust 和 rust）。

联结

一个网络是由一层单元与其他层单元相互联结而形成的。从正字法到语音，或从语音到语义的这些途径，实际上是不同层次的单元之间的大量联结。该网络构造中通常包含位于中间层的“隐藏”单元，这些单元能使模型学习更为复杂的映射。隐藏层上的激活模式最终代表了一种更深层的结构，它提示了不同编码之间的关系。我们设计的模型在每个途径上都存在一层这样的结构，一个强大的深度学习网络可能会使用十几个甚至更多这样的单元层。

激活

单元可以被激活，这与神经元的“放电”类似。它是指一系列包含将电信号和化学信号传递给其他神经元的事件，从而形成发生其他事件的潜在可能性。阅读单词 gave 的过程始于激活代表该词拼写模式的拼写层单元，随即激活作用传递到隐藏层，然后到达语音和语义单元。被传送的激活量则取决于各单元之间联结的强度。用数字来代表每个连接的强度——也就是一个“权重”，它能调节激活过程中的信息传递顺畅度。该过程就好比神经元之间用不同强度的神经突触来互相影响。例如，语音层每个单元的激活程度是由单元联结传递给它的信号强度所决定的。

学习

阅读某个单词的任务现在可以被描述为：将一个特定的拼写模式作为“输入”，激活代表该词的语义模式则为“输出”。

学习问题可以被描述为：找到一组联结权重，它能使该网络针对多个单词正确地执行这一任务。

权重最初被设定为一个随机值。因此，像 gave 这个单词的拼写模式最初会产生一个随机的语音模式。权重是在预先指定的运算基础上变化的。人们探索过许多类似的过程，这些过程的区别在于它们与在大脑中发生的学习行为的对应程度不同。一般的观点认为，权重是根据经验（当学习者是一个计算模型时，经验就变成了“训练”）和对表现的反馈来进行调整的。逐渐地，该模式便会集中到一个固定的权重上，它能使该网络对大量模式准确地执行任务。这种学习的算法是一种有效的调整权重，提高性能的方法。还是以 gave 为例，在最常用的被称为“反向传播”的算法中，权重是根据模型生成的该单词的语言模式与其正确模式之间的差异（“误差”）来进行调整的。这一算法过程的最大特点是，对差异的产生负有更大责任的权重会有更多的调整。也就是说，对于权重的调整力度与其造成的总误差量成正比。在 gave 这个单词的实验中，权重将不断调整以减少这个单词的误差。

令人感到棘手的地方在于，这个模型是基于大量单词来训练的，例如一年级学生需要学习阅读大量单词，不仅是 gave 这一个词。该模型必须找到一组权重值，以便为所有单词生成正确的输出。调整权重的方式使模型更好地识别 gave 这个单词，这也有助于其识别 gate（大门）和 save（节约）这样具有重叠映射的单词的读音。然而，这也使该权重远离了对 have 或 give 等单词有益的数值。相反，对 have 一词进行训练会使权重更适合识别 have 这样的单词却不利于模型识别 give 和其他相似的单词。

在对该模型进行了针对大量单词的训练后，权重会根据书面英语的统计特性达成一个平衡值。我们并没有对该模型输入英语单词的发音规则，也没有告诉它哪些单词是不规则的。相反，人们发现单词拼写和语音之间的许多映射中隐藏了一些子规则，它们是每个实验日程中为了减少错误而形成的副产品。

我们已经探索了许多这样的模型，它们被设定用来检查阅读系统中的不同组成部分及它们的发展方式。这些模型的运作令人惊叹，就像正在学习阅读的儿童一样。以下是其中的一些例子。

规则单词和不规则单词的相同程序

我们最开始使用的模型仅有“正字法→语音”这条途径。该模型能够为大约

3000 个普通单音节单词生成语音代码，其准确率高达 97%。需要说明的是，该模型出错的词都是一些低频且不规则的词，例如 guile（诡计）和 debt（债务）。识别这些单词需要“正字法→语义→语音”途径的辅助，这是我们最初的模型所不具有的功能。这些词既包括规则单词也包括不规则单词。例如，输入单词 gave 的拼写模式，它就输出 gave 这个词；如果输入单词 have 的拼写模式，它就会输出 have 这个词。该模式能够识别 said（说）和 paid（付款），pint（品脱）和 mint（薄荷），blown（吹）和 flown（飞），clown（小丑）和 town（城镇），dose（剂量）、pose（姿势）和 lose（丢失），这些单词占据了英语语言中单音节单词的一大部分。它们都有相同的识别程序，使用单元之间具有相同加权的联结，将正字法到语音的混杂映射进行了编码。这是一个令人惊讶的实验结果，通常人们认为像 mint 这样的单词是按规则发音的，而像 pint 这样的单词只能通过死记硬背学会，而实验结果恰恰与人们的直觉相违背。

这怎么可能呢？模型的结构体系——单元层、呈分布式的表征、学习过程等，这些都允许该模型获取单词间的统计模式，其中许多模式是肉眼看不到的。此外，因为对所有单词都使用了相同的权重，所以对某个单词的识别会影响到其他所有单词。这提高了模型的工作效率：如果已经从都具有 -ave 结构的单词 save、gave 和 pave 中学会了 ave 的模式，那么学习 brave（勇敢的）和 state（国家）等具有同样结构的单词就容易得多。

非视觉性单词

发音不规则的单词，如 have 和 give，通常会被视为必须记住的视觉性单词。然而，have 的发音并不是随意的；它与 had、has、have、haven’t、hive 等词的发音重叠。因此，儿童对 have 等词的学习可以扩展到其他单词，反之亦然。此外，我们从 have 这个单词中学习到的知识与元音发音不规则的许多其他单词（如 give 和 come）相互关联。该模型能够代表这些局部的规律性，因为学习算法能够推算出它们的读音。根据该模型我们得出结论，儿童能够学习大量发音不规则的单词，因为它们其实并不是必须单独记忆的随意模式。

虽然该模型并不是通过记忆来学习“视觉单词”的，但是一旦它很好地掌握了某个单词，它的做法就好像是“通过视觉”来阅读这个单词一样。这一属性也与儿童的学习有关，但它很难凭直觉感知。在训练初期，模型在像 have 一词的学习上会受到该词的其他重叠单词的影响。它并不是“凭视觉”记忆的。然而，像大多数的“视觉单词”一样，have 绝对是一个高频词。因为常见单词比不常见单词运用得更频繁，所以模型学习该单词的速度相对也较快。最终模型学会了该单词，因此其他单词不再会对它产生任何可以察觉的影响。这就是该模型的“视觉阅读”方式。然而仍然有一些不直观的部分，即该模型仍然代表了一个单词的组成部分，这会持续影响其他不常见单词的识别过程以及像 mave 等新词的识别结果。因此，have 这个词是被“视为整体”阅读的吗？单词的组成部分会造成影响吗？这就好像在问光到底是波还是粒子一样。答案并不是非此即彼，因为它包含了两者。

一致性程度

在一部 20 世纪 80 年代的电影《伴我同行》（*Stand by Me*）中，一个人对他的朋友们说：“好吧，好吧，米奇是一只老鼠，唐纳德是一只鸭子，布鲁托是一只狗。那高飞是什么呢？”

当谈论的主题变成阅读，那么对话就会是这样的：

> must（必须）是规则的（因为所有带 -ust 的单词都押韵）。
> have 是不规则的（因为它与其他带 -ave 单词不押韵）。
> 那 gave 是什么呢？

按照传统的说法，gave 是规则的。它与其他 -ave 结构的单词发音规则一致，遵循词尾 -e 不发音的规则，因此它的发音很容易预测。如果其他因素（如单词长度）相同，gave 这类单词应该像其他规则的单词（如 must）一样易读，而且这两个单词都比不规则的 have 更容易阅读。然而，在阅读网络中，对所有单词设置的权重都是一样的。该模型在识别 gave 这类单词的表现上就稍差了些，因为它也受到 have 等词的影响。相比之下，must 的规则是清晰的，因为不存在与它相似但发音不规则的单词。因此，人们的推测是，尽管两个词都是规则发音的单词，但是朗读 gave 比 must 更难。

实验结束后我们知道了答案。像 gave 这类受规则支配但一致性不高的单词比 must 这类“纯粹”受规则支配的单词更难读。[30] 对于熟练的阅读者来说，“更难读”意味着人们可以正确地读出这个单词，但是速度会更慢。对于 pint（品脱）和 aisle（走廊）这样的低频词来说影响则更大。对于初级阅读者以及阅读能力较差的成年人来说，这种影响也扩展到了高频词汇上。一个普遍的现象是单词之间的拼写和发音映射的一致性会影响单词的发音。规则的单词和不规则的单词在统计连续统一体中各自占据了一定的位置，该统一体包括许多不同程度的拼写 - 发音一致性。这就解释了为什么人们很难列出书面英语的发音规则这一问题：该系统并不受规则支配，它具有的是统计学的特征。[31]

对于归纳的新解释

语言之所以受规则支配，是因为我们可以归纳已了解的知识并将其应用到新的例子中。[32] 当我们掌握了英语过去式的规则，我们就可以有把握地认为 glorp 的过去式是 glorped。如果模型不了解规则，模型怎么能读出像 mave、nust 和 brone 这样的生造词呢？答案是：模型的发音规则是一样的。该模型并不知道输入的字符串是单词还是生造的非单词；只需要输入拼写模式，它就能输出语音模式。因为该模型掌握了相似的词如 must（必须）、just（只是）和 nut（坚果）的读音，因此也能正确地读出 nust 一词。实际上，该模型在生词出现之前就已经“知道”了它们的发音，这和学习词汇的原则是一样的。归纳能力可能来自神经网络的行为而非来自规则，这一观点是 20 世纪 80 年代开发该框架的研究人员取得的重大概念性突破，这也是对正统语言学思想的一个挑战。[33]

一致性效应和归纳这两种现象表明，这些模型并不只是简单地记住了已经被训练过的单词。它们还扩展了单词不同组成部分的表示方法。一致性效应来自单词间许多包含相同部分的模式。因为这些模型扩展了单词不同部分的表示方法，所以它们能够读出由不同部分组合而成的新单词。

这些模型说明了人们依赖直觉完成阅读的危险。在这些模型出现之前，如果有人认为 have 和 gave 等词是通过同样的机制被人们学习、阅读和发音的，这会被认为是相当荒谬的。该机制也能被用来朗读像 mave 这样的新单词。这种主张违反了人们的直觉，而且也没有任何已知的程序是这样运作的。其实如果人们不熟悉这种类型的运作系统的话，这种主张仍会被认为是荒谬的。然而，我们采用的模型确实做到了这一点。在解释了现有数据的成因后，这些模型对典型和非典型变化、脑损伤的影响以及许多引导相关后续研究的问题做出了新奇的预测。

分工

后来人们设计的模型侧重使用某种结构来从书面文字中提取单词的含义，在该结构中，词义是由三角结构中的视觉途径（正字法→语义）和语音途径（正字法→语音→语义）共同激活的。那么我们将如何利用已知的两个途径呢？

因为儿童在开始阅读前就已经掌握了许多口语单词，所以我们首先对模型进行了大量“语音→语义”途径的单词训练。一旦模型学会了许多这样的映射，我们就对它进行三角的其他部分（即“正字法→语音”和“正字法→语义”途径）的训练，然后阅读行为就开始了。在阅读测试中，模型必须根据单词的拼写来推测单词的意思。它也会继续进行一些“听力”测试，根据语音来推测单词的意思。在阅读任务中，该模型没有被指定使用哪个固定途径；相反，它以自己对每个单词的识别情况的反馈为基础来调整其网络所有部分的权重以便提高其性能。

随着时间的推移，这两个途径之间的分工也发生了变化。该模型最初主要依赖于其网络的“正字法→语音→语义”部分。许多单词的“语音→语义”映射是已知的，并且该模型可以较快地学习“正字法→语音”之间的映射。“正字法→语义”这一部分的发展时间则较长，因为两者的映射是随机关联的。经过更多的训练，“正字法→语义”部分开始发挥更大的作用，例如辨别同音异义词（如 bear/bare）的功能被激活了。这一发展过程与神经影像学的研究相吻合，该研究显示，儿童的“正字法→语音”途径发展得更快，在获得了更多的经验后，“正字法→语义”系统也会随之发展。[34]

模型在经过数千个单词的学习和训练后，这两个途径都对识别单词语义起到了作用。然而，分工情况，也就是每一部分起到多少作用则完全取决于单词的性质。这种划分比简单地使用“正字法→语义”途径来识别不规则单词和使用“正字法→语音”途径来识别规则单词要复杂得多。例如，yacht（游艇）这类拼写和发音都不同寻常的单词通常需要更多地依赖“正字法→语义”途径的输入；然而，如果 yacht 是你经常使用的单词之一，那么“正字法→语音→语义”途径便会承载更多的工作。我们使用经过训练的模型来模拟包括范・奥登效应在内的各种行为现象。

我们将这个模型运行了若干次，每次都会改变其中一些小的变量，以观察它是否会根据不同的阅读任务使用不同的解决方案。长期以来，人们认为阅读者可以分为两类，一类是视觉型阅读者，而另一类是语音型阅读者，但这一观点很难从行为研究学中找到明确的证据支撑。[35] 两个途径之间的分工随着阅读技能的发展而变化。阅读技能则在一定程度上取决于人们的阅读经验，而每个人的阅读经验是各不相同的。对于人和模型来说，较少的阅读经验通常会被视为一个年幼的读者或阅读水平只达到了八年级水平的成年人的表现。对于相似程度的阅读经验水平，其分工也并没有太大的不同。[36]

如果改变模型的训练方式，这些典型的实验结果也会受到影响。我们的模型可以使用视觉和语音两种途径。然而，一些特定类型的阅读教学已经假定使用语音途径是造成阅读效果不佳的原因。因此，我们只运行了通过“正字法→语义”途径训练的模型版本。这些模型没有接收任何与语音相关的信息，即没有经过正字法和语音学映射的训练。“正字法→语义”模型最终确实形成了完整的映射；然而，这是建立在大量的训练测试的基础上的。实验结果表明“视觉”阅读在理论上是可行的，但是与同时使用两种途径的阅读方式相比，前者要耗费更长的时间。因为人们要求儿童在四年级初就具备一定的阅读能力，所以花费额外的时间学习这种效率不高的方法并不是一个好主意。因此从实际来看，教师为了避免给学生灌输重复的阅读练习而取消语音教学，这其实会产生相反的效果，使儿童更难掌握基本的单词识别技能。

我们的研究表明，虽然人们的阅读方式各种各样，但他们采用的阅读策略也不至于截然不同。阅读体系的基本架构是大体相同的，但由于阅读经验的多少、教学类型和个体神经结构的不同等因素，阅读体系各个组成部分之间的分工存在一定的差异。写作体系对于阅读的影响也是相似的：它们的基本架构相同，但是分工存在差异。最有趣的证据来自一些使用相同类型的模型学习中文阅读的研究。学习中文阅读这一过程需要三角形结构中的“正字法→语义”这一途径的高度参与，这一发现与行为学和神经影像学的证据发现是一致的。[37] 然而，这种差异只是程度的问题：就像学习英语单词一样，大多数汉字都是经由两种途径习得的。考虑到中文和英文两种文字系统之间存在的巨大差异，其学习方案的相似程度之高也许更令人惊讶。

当然，阅读不仅仅是推测单个单词的意义和发音。我们需要想象一下我曾描述过的一种模型。该模型内嵌于处理单词序列的程序中，负责追踪前文讨论过的句子和文本层面的统计数据。这种序列模型的确存在[38]，并且对于理解儿童如何学习词汇和语法，以及句子是如何被理解和生成的这两个问题起到一定的作用。读者也会利用他们积累和储存起来的知识内容。研究单个单词会更容易，并且更复杂的模型也更难控制。基本的单个单词阅读技能是很重要的，在很长一段时间里，人们都不清楚儿童是如何真正掌握这些技能的。我们的模型有很多局限性，但是它们至少取得了一个重要的进步：向人们证明了单词阅读能力是可以通过学习获得的！

阅读指导的意义又是什么？如果儿童能够通过接触足够多的文本来学习阅读，他们会成为小型统计学习机器吗？我们是否已证明了儿童是真的“靠自己”来学习阅读的呢？

并非如此。我们已经解释了为什么适当的教学指导可以产生更广泛的影响，学习词汇也是一样。这些模型体现了一种统计学的学习理念，即对一个单词的了解会影响到对其他许多单词的学习。考虑到目前儿童的知识储备情况，在未来我们也许能够确定哪些具体的教学活动将会在总体效果上产生最大的影响。这样一来，明确的语音和词汇教学也会更加有效。人们还需要进行深入研究，以确定这些模拟结果将如何为教育实践提供更多有效的信息。目前，我们只知道，教师认为儿童从视觉单词、语音或词汇课中学到的知识可能与他们实际的大脑反应不同。将这两者更紧密地结合起来或许会对学习产生更大的影响，但这一猜测仍然有待证明。

第8章

诵读困难症及其影响

对许多儿童来说，学习阅读并不是一件复杂的事。因为当儿童和他们的家庭成员及照料他们的人员一起参与文化体系中的活动，如一起交谈、阅读、唱字母歌、玩单词和语言游戏、参加学前班或日托所的活动以及上学时，阅读的行为就发生了。一些儿童因为缺乏家庭、学校、社区资源，或者由于一些其他的不利因素而不能经常参与上述活动或参与的活动质量不高，则可能会在学习阅读时面临失败的风险。如果某个儿童因为上述类似的情况而没能成为一名合格的读者，虽然这令人震惊，但也是有因可循的。

对于一些人来说，学习阅读真的是一件极其困难的事。如果一个正常参加上述活动的健康儿童在阅读方面表现得十分吃力，会让人感到十分惊讶。而如果这个儿童的其他行为都与年龄相符，甚至超出年龄，就更令人不可思议了。所以当一些儿童表现出阅读困难却没有显而易见的原因时，人们自然会觉得吃惊。

这些阅读困难的表现引发了人们的一种推论，即它们是由某种影响阅读学习的特定状况（发育障碍）造成的。人们将其称为“诵读困难症”，同时也会使用“阅读障碍”“失语症”等术语。自 20 世纪初期，人们便针对诵读困难症开展了广泛的研究。1972 年，该领域的研究还成了“课外专门研究项目”（after school special），但人们对诵读困难症的特征和形成原因仍感到不解。如今，行为学、神经生物学和基因方面的证据都无可争议地表明，即使在其他成长条件都有利的情况下，一些儿童的成长方式也会极大地干扰他们对阅读的学习。然而，人们在经历了漫长而曲折的过程之后才获得了这样的认识，这个过程充满了争议，而且许多争议仍在不断加剧。对于诵读困难症及其形成原因的理解一直在不断变化，这导致人们对其定义、识别和治疗产生了困惑。[1]同时人们对于如何命名这种障碍以及它是否真正存在也心存疑惑。

我的目标便是阐述人们目前对于诵读困难症及其相关缺陷的看法，我也将解释为何人们对这一话题的讨论仍然存在争议。如今我们对于诵读困难症的基本特点和成因已有了足够的了解，并能够对它进行识别和治疗，但许多问题依然存在。在我看来，这些问题用美国国防部前部长唐纳德·拉姆斯菲尔德（Donald Rumsfeld）的话来说，是属于“已知的未知”，我们只要沿着现有的道路展开更多的研究，便能一一解决。

尽管我们已经明确了诵读困难症的基本情况和未来的研究方向，但患有该障碍的人还表现出了发育障碍所固有的一些特征，这使得我们很难对它进行简洁准确的定义。此外，知识层面的差距又造成了现实情况的困境，那就是：尽管我们对该领域了解得还不够全面，但如何才能够准确有效地识别出患有诵读困难症的孩子，从而让他们获得及时和适当的帮助呢？最后，因为诵读困难症既神秘又复杂，因此它在文化生态系统中也处于尴尬的夹缝境地。诵读困难症是日常生活里会出现的一种障碍，其诱因往往并不明显，但确实会对患者造成很大的困扰。我们大多数人都认识一些有诵读困难症的人，许多人都被诊断为轻度或重度诵读困难症患者。在研究方面，人们对诵读困难症的理解在不断加深，对于其复杂性也有了更多的了解。如今的研究并非旨在发现导致阅读障碍的一个根本原因，而是让研究者认识到造成阅读障碍的原因绝不是单一的。话题度高[2]和复杂的病因学的结合为那些自诩为专家的人提供了可乘之机，他们大量推广有关诵读困难症的简单理论，但是这些理论并不能真正站得住脚。你会在书店的自助书区域看到许多类似这样的书，而我们这本书则会被归到科普类区域。

诵读困难症患者的典型特征

我对诵读困难症的描述可以被视作一个简易的指南，其中包含了诵读困难症的主要特点、研究发现和问题。其内容类似于简洁的旅行指南。通常情况下，这样的旅行指南会包含若干游客必去的景点，而且这些景点不会是什么人迹罕至的地方。我还会提供一些小贴士，让大家能够避开旅游陷阱和扒窃。在本章我所关注的是人的行为，下一章我会讨论造成诵读困难症的神经和遗传原因。

我们首先需要明确的是，诵读困难症指的是阅读能力受到损伤。通过认真分析阅读这一复杂行为的各个组成部分，我们可以确定哪些部分受到了影响。例如，某个儿童不擅长快速准确地阅读单词或者不能读出生词，或者某个孩子虽然能准确地读出单词却不能理解文本内容。我们可以从多个层面分析造成这种缺陷的原因，如“近因”是指与缺陷行为最接近的直接原因，而“远因”则指潜在的影响大脑发育和以后的阅读行为的遗传异常等原因。

近因大多指的是构成阅读行为的认知、知觉或运动神经功能方面的损伤。例如，无法流畅阅读单词可能有以下几个方面的原因：对字母或字母组合的识别速度较慢、拼写和读音关联能力受损、由于练习不足而导致的知识匮乏等。

当然，我们还可以挖掘造成诵读困难症的深层原因。对于教师或试图帮助诵读困难患者的阅读专家来说，找出读者在识别字母组合或者关联字母与发音的能力上存在的缺陷是非常有价值的，但是这些缺陷也有其根源。这种损伤是由听觉或视觉的感知问题引起的吗？究竟是学习问题还是语言问题呢？是缺少专注力吗？还是一些只有在同时发生的情况下才会造成严重问题的小缺陷？找出这些潜在的原因也许能让教师或阅读专家更有效地帮助读者。

不过，上述说法仍然是在用一种行为（如感知、学习、专注力）来解释另一种行为（阅读障碍）。一旦我们开始考虑造成阅读障碍的大脑基础，解释的视角就会发生变化：大脑的一些神经回路在结构和功能上出现了异常，因此造成了可视的行为缺陷。而这些神经回路的特性在很大程度上是由广义的遗传学因素决定的：人类的遗传天赋具有个体差异，它受到生命中不同环境因素的影响，从而造成人与人之间在发育和行为方式上的不同。遗传学的研究有助于我们确定影响大脑发育的机制，从而更好地理解和探究造成阅读障碍的近因。例如，发育性诵读困难症中常常出现的语音处理能力受损这一障碍[3]，目前来看似乎是由某些影响大脑发育的基因造成的。这些基因能够影响大脑特定区域的发育，而这些区域对于口语来说具有极其重要的意义。

我们对诵读困难症的行为特征及其近因了解最多。表 8-1 列出了患有诵读困难症的儿童身上常见的行为缺陷。这些信息为确认已经患有诵读困难症以及可能具有患病风险的儿童提供了有力的支持，同时也有利于人们对此采取有效的干预措施。如果能够充分利用这些信息，便能及时有效地改善阅读障碍。大脑中负责阅读的神经系统若在结构和功能上产生了几种特定类型的异常，也会有造成诵读困难症的可能。这些信息本身便充满意义，因为它们表明了诵读困难症患者阅读费力并不是因为他们主观上不够努力。但遗憾的是，到目前为止，我们还无法使用大脑成像技术和相关工具准确地识别出诵读困难症患者或优秀阅读者。不过话虽如此，有些行为的确是许多在阅读上存在困难的儿童的典型表现，但是具体情况因儿童个体和年龄而异，并且取决于其潜在缺陷的类型和严重程度。研究者测试了儿童的一些行为，包括基本的阅读技能和影响理解能力的不同类别的知识。随着孩子年龄的增长，这些潜在的缺陷可以通过教学活动和治疗得到改善。其他可能改善缺陷的保护性因素包括智商、更高的社会经济地位背景以及韧性、抗逆力、内在动力等个性特征。

表 8-1　诵读困难症患者的特征

语音	语音能力受损 　　缺失（读 split 一词时将 /p/ 音素省略掉） 　　匹配（bat 和 let 结尾的发音相同吗？） 　　混合（当你把字母 b、a 和 t 的发音组合在一起能得到什么单词？） 也许在其他语音测试中会出现其他缺陷（例如无法识别字母的名称和其读音）
朗读	朗读缓慢、不流畅且容易出错 　　读发音不规则的单词存在很大困难（如 said，once，give） 　　对于拼写较为简单的单词，发音准确却缓慢 　　经常错误地根据单词首字母和上下文猜测单词 不擅长读出编造的非单词（如 nust，mave，trask）

续表

处理速度	读出熟悉的数字、颜色和物体名称的速度较慢（快速自动命名任务） 很难流利、准确地读出单词
正字法	对于正字法结构的理解有限 　　区分合理与不合理字符串存在困难（如 dorn 和 dolr） 单词拼写知识薄弱 　　误拼 　　错误辨识（如 rain 还是 rane？） 　　拼写不流利
记忆力	“口头记忆”任务上存在缺陷 　　重复编造的非单词（如 fragistat 和 contoban） 　　“记忆持久度”任务
语言	已知的词汇量和词汇难度受限 熟悉范围较窄的句子结构和表达方式 用恰当的重音和语调朗读课文存在困难

大脑研究提供的结果针对的是一些具体问题的解决，这些问题超出了我们能根据人类行为做出推断的范畴。例如，只有当我们知道正字法和语音在神经层面上是密切相关的，我们才能避免“阅读究竟是视觉性的还是语音性的”这种争论。

智商水平并不能解释诵读困难症

诵读困难症是导致阅读障碍的一种状态，但是一些阅读能力差的人并不是诵读困难症患者。“诵读困难症”是指神经和基因的发育异常影响了人类的阅读技能，从而导致的阅读障碍。它并不包括造成阅读困难的以下因素：个人性格特征（例如动机和毅力）和个人成长环境（例如家、学校和社区环境）。有的儿童可能会觉得阅读不重要而不去阅读，他们可能缺少父母的鼓励与支持，或者正面临一定的社会压力。还有一些无家可归的儿童只能去教育质量不高的学校就读，因而没有学会阅读。每个人具备的阅读技巧都反映了无数类似上述因素的影响。诵读困难症研究关注的是造成阅读障碍的神经生物学和遗传学根源，而不是诵读困难症患者受到的环境影响。此外，这一领域的研究不关注阅读者的一般能力（例如对行为有广泛影响的性格特征），而是关注与阅读密切相关的能力（例如语言、视觉、学习和记忆）。尽管这些因素之间存在明显的差异，但在现实中，这些因素是并存的，在人的成长过程中也是相互影响的。

我必须强调的是，不管是什么原因造成了阅读困难，有这类问题的儿童有权得到帮助。并不只有某些特定类型的阅读障碍才应受到高度重视。在评估造成阅读问题的基本因素以及确定解决方案时，我们必须全面考虑所有相关因素。然而，我们如果想对诵读困难症有更深入的了解，还需要将这些有着不同起源和影响的原因进行区分。

如何定义诵读困难症呢？如果想知道这个问题的答案，我们首先应该明确向谁提出这个问题。实际上，诵读困难症的标准定义是不存在的。不同的个人和团体都对诵读困难症提出了不同的定义[4]，这些个人和团体的研究方向、专业知识和研究目标天差地别，且诵读困难症的概念也随着人们对其的了解而变化，因而对它的定义也就有很大的不同。医疗机构、教育组织和政府机构会定期根据他们的需要提出不同的定义。美国儿科学会为其成员提供了阅读指导，这些指导极佳但过于专业。[5]美国教育部根据立法要求发布了阅读和学习障碍的定义。例如,《残疾人教育法案》（*Disabilities Education Act*）规定残疾人能够获得免费、适当的公共教育。这就需要人们将学习、阅读、语言和其他残疾类型加以定义。这套法规所使用的定义以法律术语写就，因而具有确定性和晦涩感相结合的特色。[6]

美国精神医学学会出版的《精神障碍诊断与统计手册》（*Diagnostic and Statistical Manual of Mental Disorders*，简称 DSM）是用来定义和分类各种行为障碍的标准指南。该手册当前的版本（DSM-5）对发育性学习障碍（包括阅读）的描述十分特别，且与研究文献不符。该手册定义了这种障碍的一般类别，即“特殊学习障碍”，并表明这种障碍体现在阅读、写作或数学等方面。[7]该手册具有重要的临床和管理功能，对于这种病症的诊断、治疗建议、获得治疗的途径以及费用的承担方式都产生了影响。但人们若是想了解这些障碍的性质和原因，该手册并不是最佳信息来源。相关研究人员对此会有更加细致的描述，而且他们的描述都建立在对阅读和人类的成长发育有着更深刻理解的情况之上。[8]但是研究人员的描述没有该手册那么严格，因而不适合官方政府使用。

研究人员和临床医生都在为区分两种普遍的发育性阅读障碍而努力，这两种障碍与菲利普·高夫提出的“简单观点”中涉及的两种症状类似。“诵读困难症”这一术语是专门用来指代那些在学习阅读基本技能上存在困难的儿童（具体来说就是指阅读书面文字方面存在困难）。当然，这些困难会影响儿童对文本的理解，但是这些儿童的口语理解能力符合他所在的年龄范围。另外也有儿童的阅读困难源于语言部分。其中的一些儿童虽然掌握了足够的基本技能，但仍然不能很好地理解文本。这些儿童的口语障碍影响了他们的阅读能力。[9]

对于诵读困难症的各种定义千差万别，这一事实不仅令人沮丧，甚至还让人们对诵读困难症这一问题究竟存在与否提出了质疑。20 世纪初的神经学家提出了诵读困难症的概念，认为它是一种能干扰阅读的神经发育障碍。他们认为诵读困难症是一种选择性缺陷，它影响人们的阅读，有时也影响写作，但不会影响人们的其他能力。

后来，人们的研究重点变成了明确这种阅读缺陷的典型特点，并对诵读困难症的定义和诊断标准进行了细化。从本质上来说，人们对诵读困难症的最初定义是“无法解释的阅读困难”，即并非由于缺少机会、接受的阅读指导不足或者具有“明显的”神经病理学因素才造成的阅读能力低下。1968 年，世界神经病学联合会（World Federation of Neurology，简称 WFN）根据以上的排除性标准，将诵读困难症定义为“在具备常规的阅读教学指导、足够的智力条件和接触社会文化的机会的情况下仍然存在阅读困难情况的一种障碍。这种障碍往往是由天生的基本认知障碍造成的”。[10] 该定义证实了诵读困难症是一种发育性障碍，并且该定义还包含了一种观点，即诵读困难症人群应该排除因智力残疾等因素导致阅读障碍的儿童。但是该定义并没有说明造成障碍的原因以及诊断和治疗的方法。

该定义中提到的“足够的智力条件”这一说法掩盖了后来人们所了解到的一些矛盾点。将由于一般的智力缺陷所导致的阅读困难与由特定阅读障碍所造成的阅读困难进行区分，这看似十分重要。一般的智力缺陷也许会影响阅读，但也会影响许多其他类型的行为。相比之下，诵读困难症被认为是一种范围较窄的缺陷，它对阅读这一特定行为产生了影响。

虽然世界神经病学联合会的意图是清晰的，但定义中所提到的“足够的智力条件”这一概念并不明确。20 世纪六七十年代，美国教育部对该概念的定义并不包含被他们称为“智力迟缓”的儿童。[11] 后来出现的定义则强调了智商和阅读表现之间的差异。智商较高但阅读能力差的儿童会被归类为诵读困难症患者，而智商与阅读能力都较低的儿童则不会被归到这一类别。阅读能力和智力的下降是统一的，但是两者之间的差异标准需要界定：阅读能力低于某一水平，智商高于某一水平，或者阅读能力与智商表现之间的差异超过特定的范围。[12]

这种做法并不是完美的，分界是基于实用性而不是真正的差异性。如果对智商和阅读水平的评估不精确，这几个分界点就毫无意义，而且还影响了对有不同表现的儿童的分类，这也将影响到他们随后入学的分班情况和获得教学资源的途径。分值接近分界点的儿童被分到了不同的组别；然而，比起他们与各自组内成员之间的行为差异，分数接近分界点的这些儿童在行为上更加接近。并且，应该把分界点设置在哪里，同样是一个难题。诵读困难症患者和非诵读困难症患者之间的分界的随意性，使人们对诵读困难症的发生率缺乏统一的意见。[13] 而据说，有诵读困难症的人占总人口的比例可能高达 15% ～ 20%。

人们最初设置分界点是为了识别那些智商和阅读水平差异较大的儿童。[14] 该策略在使用之初是具有合理性的。研究人员试图了解阅读缺陷的性质和原因，因此，他们从看似清晰的案例开始研究：高智商、高表现力但阅读能力几乎为零的儿童。人们研究此类案例获得的结论则可以被应用于处理更为复杂的案例。

后来的行为遗传学研究支持了这一逻辑。这些著名的双胞胎研究评估了如身高和宗教信仰等特征的遗传可能性。有些特征的遗传性并不是固定的量，因为遗传影响还受到环境因素的调节和制约。[15] 这一点也能通过遗传对于阅读技能的易变性产生影响得到证实。如果一个高智商儿童的阅读能力很差，那么这种缺陷很可能反映了与阅读行为相关联的基因变异，而不是智商的问题。如果人们的研究目标是识别引发阅读缺陷的神经发育原因，那么从研究高智商儿童着手是个很好的选择。治疗专家也十分关注这样的儿童，因为他们似乎最有可能从干预中受益。具有高度特定的阅读缺陷的高智商儿童最终成为人们对诵读困难症的刻板印象。

如今，通过智商和阅读水平之间的差异来识别诵读困难症这一做法已被视为有缺陷的。[16] 智商（适合任何智商测试的方法）与早期阅读成绩有关：非言语智商（适合不完全依赖语言的智商测试）与儿童的阅读能力之间的相关性在 0.3 ～ 0.6 的范围内，会造成 10% ～ 30% 的分数变化。这些相关性数值并没有很高，但不容忽视；这表明，高智商儿童很少会是阅读能力差的读者。[17]

高智商是防止读者被归类于诵读困难症患者范畴的一个保护性因素，但它对于脱离这一范畴的关系不大。对于阅读能力差的孩子来说，智商因素并不能帮助人们很好地预测他的预后反应以及长期干预结果。此外，在广泛的智商范围内，阅读能力差的人有非常相似的行为特征。对于阅读能力差的不同智商水平的人群来说，他们大脑活动的模式几乎是无法区分的，而且都与熟练阅读者的大脑活动模式不同。[18] 在如此广泛的智商水平范围内，阅读能力差的读者对阅读感到同样费力，需要同样的帮助，并对干预产生相似的反应。简而言之，给儿童的阅读造成困难的技能与智商测试所衡量的技能之间没有非常紧密的联系。最主要的问题在于孩子们的阅读能力（无论其是否低于其年龄预期的水平），而不是他们的智商。[19]

诵读困难症真的存在吗

如果不能通过阅读能力和智商之间的差异来定义诵读困难症，那么究竟如何识别诵读困难症患者呢？诵读困难症患者是指阅读能力处于正态分布之下的儿童（以及长大后的成年人）。人们的阅读技巧是由多种不同维度的因素组合而成的，在图表上呈钟形曲线分布。位于曲线下部尾端的儿童有更严重的诵读困难症，需要予以特别的关注。“诵读困难症患者”指的就是这些儿童。从这个角度来看，诵读困难症与“正常”阅读是个连续的统一体。所有儿童在学习阅读时都面临同样的挑战，但诵读困难症患者在阅读的基本要素方面存在更大的困难。这些方面的缺陷累积在一起，它们之间的叠加效应影响了儿童的阅读表现，其表现达到如今普遍规定的标准后，这些儿童就会被诊断为“诵读困难症患者”。

对于研究人员来说，上述方法具有解放性的意义，因为我们可以看到一个整体的表现变化幅度，而不需要预先对个体逐一分类。我们可以研究个体的行为如何在该连续的统一体中发生变化及其变化原因。研究排除了那些明显受其他因素影响（例如听力受损或者智商非常低）而产生阅读问题的人。这些人的情况可以单独作为个案研究。[20]研究者有时十分关注智商水平和阅读技能之间存在巨大差异的儿童，希望借此找出解决某些问题的方法，但这并不意味着阅读缺陷仅局限于这些个体。

如果诵读困难症患者仅指处于连续统一体底端的读者，那么它是一个有效的诊断性或描述性分类吗？这是个严重的问题，但很容易被人们误解，从而产生潜在的不利影响。如果某一技能在某个群体中分布不均，那必然会存在表现较差、处在连续统一体底端的个体。对于唱歌这一技能来说，我便是处在底端的个体。有类似情况的儿童只会被要求念出歌词，而不会被送去接受治疗。如果阅读技能也是连续的统一体，那么我们有正当理由将表现最差的阅读者分类为发育性障碍人群吗？

这样的观点促使一些研究人员和教育工作者开始质疑诵读困难症的确定是否有正当依据。诵读困难症可以被视作人类行为被逐步医学化和病理化的一个例子，该行为处在正常范围之内，却恰好位于这一正常范围的底端：例如下肢不宁综合征、咖啡依赖症、网络游戏障碍等。在以上的情况中，人类的正常行为和障碍行为之间是否存在有意义的界限？一些行为可能是极端的，但这是病态的吗？

每个病例都必须根据它的实际情况来判断。在阅读方面，对诵读困难症患者的分类是指那些阅读表现需要得到特别关注的人。儿童学习阅读的速度各不相同。许多在阅读学习初期落后于其他同龄人的儿童可能并不是诵读困难症患者。如果能得到一般性的支持加上足够的努力，他们将能够赶上其他人。而诵读困难症患者则不会摆脱这种状况，尽管他们中有些人最终能成为优秀的阅读者。一个个体的阅读进步程度取决于其缺陷的严重程度和其他条件，例如是否能得到良好、及时的干预，以及智力条件、个人毅力和良好的环境等保护性因素。对于患有诵读困难症的儿童来说，人们应该将更多的注意力集中在帮助他们改善问题上，否则这些问题会像滚雪球一样越滚越大。儿童的阅读缺陷要比成人的阅读缺陷更容易得到改善，因此及早发现儿童身上的这一问题是至关重要的。简而言之，鉴别出有诵读困难症的孩子是至关重要的，因为他们是有特殊需要的人群。因此，诵读困难症是人们将正常行为有目的地进行医学化的成果：这一症状既属于正常分布，同时又具备可治疗的条件。[21] 诵读困难症是一个标签，标记出了不合格的读者，但这一标签与五音不全的标签不一样，因为从幸福生活的角度来说，前者的改善比后者更重要。

如果以上关于诵读困难症的观点仍令你感到困惑，不妨将它与人们能十分确定的其他疾病诊断相比较。腮腺炎是一种具有特定病因的疾病，它的主要成因是腮腺炎病毒感染，而且还能够引发特定的症状。这种疾病的诊断是非常明确的，而且患者和没有患病的正常人之间的界限也十分清楚。诵读困难症与流行性腮腺炎的确是不同的。肥胖和高血压也是医学上公认的病症，它们与腮腺炎也不一样。然而，它们与诵读困难症相似，因为人们的体重也是在一个范围内变化的。对于一些人来说，他们的体重以他们的身高或年龄来说是超出健康范畴的。一些利益相关的群体不受限制地给肥胖下定义并提出改善方法，但它和超重之间的界限是模糊且不明确的，同时也受到文化规范的限制。同样，高血压的主要症状是血压高，而高血压的数值也是在一个范围内变化的。高血压和正常血压之间的界限也不是固定和绝对的，而是由周期性变化的常规因素决定的。[22]

针对肥胖和高血压症状的明确的诊断分类标准是存在的，这是因为人们挑选出了一些不健康且需要明确、有针对性治疗的症状。这些症状的极端表现也可能是由一些不同的病因造成的，这可以告诉我们该如何治疗这些病症。肥胖和高血压这两种病症不能像腮腺炎那样得到明确的诊断，但这并不意味着这两个类别的诊断是无效的，事实上，对这两个病症类别的识别是十分重要的。对于诵读困难症来说也是如此。

许多阅读教育工作者并不认同这一观点。他们有如下顾虑：诵读困难症是标记阅读表现的一个标签；处在从学前班到小学四年级这个年龄范围内的儿童的阅读能力差别很大；教师对学生的各种需求都很敏感，也会及时处理学生出现的问题，这是教师的工作。将一些阅读能力差的儿童划分为诵读困难症患者没有任何实际意义。此外，如果将某个孩子分类为诵读困难症患者会使他获得额外的教育资源（例如一对一的指导），这就为人们广泛使用这一分类制造了动机，反倒削弱了该分类本可能存在的有效性。这在英国一直是人们关注的重要问题。最好还是让教师保持传统的教育目标，即帮助每个孩子成为阅读者。

对诵读困难症真实性的怀疑在美国和英国已经成了争论的焦点。美国阅读教育专家、国际阅读协会前主席理查德·阿林顿（Richard Allington）曾对马里兰州巴尔的摩市的教育工作者说："没有学习障碍或诵读困难症这回事。"[23] 他引用了一些研究结果并且参考了自己 45 年来的经验——他从未遇到过他教不会阅读的人。

阿林顿还谈到了妨碍阅读的一些"借口"。最大的借口是认为学习和注意力存在障碍，如诵读困难症或注意力缺陷多动障碍。阿林顿表示："这些理由为不愿费心为学生提供高品质阅读教学提供了借口。但它们是根本不存在的，教师和学校编造了这些（障碍）……医生和家长认为它们存在，是因为学校已经让他们相信这些障碍是存在的。这是一种心理手段，学校用这种手段来保护自己，避免对学生不佳的阅读表现负责。"[24]

2009 年，《科学》杂志发表了一篇封面文章"Dyslexia: A New Synergy Between Education and Cognitive Neuroscience"。[25] 2008 年，一篇发表在著名教育理论期刊上的文章问道："诵读困难症真的存在吗？"而一名长期以来一直试图将研究与教育实践相结合的研究人员基思·斯坦诺维奇（Keith Stanovich）早在 1994 年就提出并回答了同样的问题。[26]

在我看来，对诵读困难症的极端怀疑是被误导的，这也违背了儿童的最大利益。[27]

怀疑论者鼓励在不考虑潜在原因的情况下进行治疗。这种方法是狭隘的实用主义。他们会说，阅读成绩差是问题所在；但是探究某个儿童阅读成绩差的原因实际上是在浪费时间，这类似于对历史的事后批评。相比之下，如今诵读困难症的现代概念及在此基础上鉴定和补救的方法则强调探索造成阅读缺陷原因的必要性。阅读不流利这一症状就如同严重的头痛：它可以由许多内部和外部因素引起。治疗的有效性取决于它是否解释了导致这一问题产生的相关原因。对这两者来说，仅仅治疗表面症状而不去了解潜在成因是一种危险的做法，而且可能是灾难性的。

怀疑论者的观点对教师提出了不切实际的要求。有阅读障碍的儿童的需求往往超出教师的教学范畴。对于这些儿童来说，统一的课堂教学是无法取得理想效果的。教师已经给这些儿童提供了一定的帮助，但是仅靠教师增加指导是不足以解决根本问题的。对于诵读困难症的儿童（以及他们的父母）来说，人们经常给出的建议是应该更努力地练习，应该多尝试对其他孩子有用的方法。而实际情况是，他们之所以在阅读方面落后，恰恰是因为那些对其他孩子有用的方法对他们并不奏效。此外，那种认为教师可以解决深度的阅读困难的想法是完全不对的。很少有教师接受过相关的培训；他们更可能接受的指导是诵读困难症问题并不存在或者孩子长大后自然就会摆脱这一问题。此外，认为教师除了履行课堂职责外还能对诵读困难症提供足够干预的想法也是非常不现实的。与肥胖和高血压一样，分布于底端的人群需要更多、更专业的干预。

极端怀疑论者还会为阅读干预设置额外的障碍。诵读困难症是一种隐形的缺陷：儿童阅读能力差的原因深植在神经系统中。这种行为缺陷并不需要即时的回应，因为它与那些最终成了合格阅读者的儿童所具有的缺点并没有什么不同。诵读困难症与孤独症等情况又有很大不同，因为后者是一种显性的且需要人们格外注意的病症。我们并没有期望教师成为孤独症专家，也没有期待教师除了管理课堂之外能够满足孤独症儿童的各种需求。对于那些需要管理有严重阅读障碍的儿童的教师，我们也应有一个同样客观的认识。能够识别出患有诵读困难症或可能有患病风险的儿童是十分必要的，这样一来便会降低这些问题在他们成年前受到忽视的可能性。因为这一问题在成年后将更加难以改善，也更容易导致其他负面后果的产生。

过度诊断和过度治疗是美国医疗体制的系统性问题。然而，就诵读困难症而言，问题却在于诊断和治疗不足。家长只能通过教育学和医学领域的权威信息来识别自己孩子在阅读方面存在的问题，并寻找获得有效帮助的途径。医学工作者常常把阅读能力不足看作一个教育的问题，因此，他们认为这是教育专家应该负责的范围。一些教育家虽然承认诵读困难症的存在，却认为这是医学问题，因而未经培训的教育工作者没有责任也不具备权威去治疗它。诵读困难症这一标签有助于防止孩子陷入这样的困境中。识别出有阅读困难的孩子比给诵读困难症下定义更重要，这样他们的困难才能够得到有效改善。极端的怀疑主义对于已经负担重重的诵读困难症患者和他们的父母来说更是雪上加霜。

认为诵读困难症和多动症是学校为其失败的教育所编造出来的借口，以及坚信任何有足够学习动力、受过足够阅读指导的孩子都能学会阅读的观点都是不可思议的假想，这些观点对父母尤其是他们的孩子而言，伤害极大。[28]

行为干预，识别诵读困难症患者

遗传学、神经生物学和行为学方面的研究都证明了诵读困难症的存在，由此我们来探讨一个严肃的问题：如何识别那些受诵读困难症影响的个体？像其他发育性障碍一样，对于那些因为孩子阅读吃力而迷惑不解的家长、想要帮助他们的阅读专家以及努力探究诵读困难症的研究人员来说，诵读困难症具备的几个特点都是他们要面对的挑战。

诵读困难症是一种突发性状况，它还会不断地发展。最好的“治疗”就是预防，人们应该尽快采取干预措施帮助孩子摆脱这一症状的困扰。因此我们需要在孩子年龄还小的时候鉴别哪些孩子有可能有患诵读困难症的风险，而这种鉴别具有很大难度。在 4 ～ 6 岁的年龄段，有患诵读困难症风险的儿童的行为与没有患病风险的儿童之间没有太大的不同。正常发育的孩子学习阅读的速度会因体质和环境的差异而不同。有些兔子一开始跑得很快；有些乌龟起步较慢，但随后也会赶上。在某种程度上，那些有严重患病风险的儿童与乌龟非常相似。而事实上，许多行为类似的孩子后来确实成了优秀的阅读者，这就是为什么一些诵读困难症儿童的家长经常错误地认为他们的孩子在没有额外帮助的情况下也能赶上其他孩子。

考虑到这种行为的交叠，如果诵读困难症患者因为没有表现出明显的症状而没有得到应有的关注，其结果将是非常不幸的。[29]与腮腺炎的例子不同，世界上并不存在诵读困难症病毒。与单基因紊乱的囊肿性纤维化或亨廷顿病不同，诵读困难症是多基因紊乱造成的，受到多个基因的影响。简单的行为标准，例如智商和阅读能力之间的差异，并不能正确地筛选出有障碍的儿童。一些儿童在阅读上落后只是因为他们没有得到足够的指导、获得一定的机会或者受到足够的鼓励。在孩子 10 岁或 11 岁之前，想要准确鉴别他们是否患有诵读困难症都是不大可能的，而到那时想要对他们进行干预又太迟了，会导致他们无法获得最佳干预效果。并且，如果能够更早地得到帮助，许多诵读困难症儿童也不会比其他的孩子落后太多。基于大脑基础的神经成像或行为测试等技术也许最终能填补这一诊断空白，但目前科学还没有发展到这一水平。鉴于此，尽管会存在含糊不清的情况，但是因为早期干预对诵读困难症儿童来说至关重要，所以关键的两个问题是及早识别出有诵读困难症的儿童并对其进行有效的干预。

阅读研究人员为这些问题设计了良好的解决方案，并将其称为干预反应模式。[30]这一模式在美国和其他国家得到广泛使用，并成了 2004 年获得重新授权的《残疾人教育法案》的组成部分。干预反应模式是一种包含多个步骤的程序，而非试图通过研究幼儿的阅读行为来诊断诵读困难症。首先，对所有学前班至小学一年级的儿童进行筛查，以确定有患诵读困难症风险的儿童。美国的许多州采用了这种筛选方法，该方法只需要通过一些快速、简单的基本阅读技能测试收集数据；此外还能够获得关于儿童其他行为问题的信息。有阅读或语言障碍的家族史是一个强有力的风险指标。筛查程序将选出有患诵读困难症风险的孩子，他们正如上文所提到的乌龟。其次，这些儿童在常规课堂上的进步会通过一些简单的关键技能测试得到评估。一些接受过有效教学实践和策略的专项培训的教师可以为这些儿童提供一级干预。

对于一些仅仅需要更多练习时间和有益反馈的儿童来说，这样的做法足以让他们跟上进度。而那些仍然没有取得足够进步的儿童将开始接受二级干预，其中包括一对一指导或者小组授课。儿童对干预的反应再次决定了后续的干预步骤。在二级干预之后仍然没有取得足够进步的儿童将开始接受三级干预。根据儿童所在地区的资源和政策，三级干预可以采取多种形式。通常情况下，该级别的干预需要在专门的指导教室开展。

干预反应模式利用儿童自身的行为来引发干预，从而将早期的阅读困难扼杀在萌芽状态。它还包含了一项程序，该程序能确定儿童是否存在深层阅读缺陷：即儿童未能从一级和二级干预措施中充分获益。三级干预是为那些显然无法在普通教育体系中正常发展的儿童设计的。在这种模式之下，对阅读障碍的涵盖性定义便成了儿童对高品质的教学和干预的反应不佳。

干预反应模式是一个经过深思熟虑、逻辑严密且设计优良的项目。它只有一个缺点：它必须在现实环境中才能得以实现，而现实环境通常又是不够友好的。干预反应模式的效果取决于它的实施情况，这一点又取决于学区或学校体系。项目的执行依靠资金支持，主要包括参与干预人员的费用，而这一项费用往往差别很大。一级干预的费用可能用于聘请课堂教师，或者用来雇用一些专业人士。二级干预可能需要孩子参加接受过少量培训的准专业人士的集体辅导，或者参加接受过特别培训的教师开办的昂贵的一对一项目辅导。如果三级干预是特殊教育，教室里就会坐满各种有特殊问题的儿童，而教师几乎没有受过与阅读有关的高级培训。一旦接受了特殊教育，有阅读障碍的儿童就不可能再回到常规课堂。

一个更深层次的问题是干预反应模式的有效性被许多因素所削弱，其中包括：阅读的行为机制、教学方式以及在整个教学过程中解决阅读问题的方式等。干预反应模式的基础理念是通过观察那些未能从高品质的阅读指导中获益的儿童来确定诵读困难的存在。然而，如果儿童得到的指导本身就不充分，那该模式就无法发挥作用。美国公立学校能在多大程度上提供高品质的教学，这仍然是一个疑问。许多教师受制于学校校长和教育系统权威灌输的关于阅读、学习和成长的理念，从而继续施行没有效果的教学实践，这一点我将在后面的章节中讨论。

干预反应模式是一种十分有效的方法，在那些能够遵循该项目实施原则的学校中，它往往能够取得成功。识别出有患诵读困难症风险的儿童，密切关注他们的进步，并将干预措施与他们的优缺点结合起来，这种思维逻辑和实施方法是非常可靠的，比那些只是押上赌注，盲目相信某个孩子将会“赶上”其他正常孩子的方法要好得多。一只本来就会追赶上兔子的乌龟如果接受了额外的训练，是不会有任何害处的。等待有阅读障碍的儿童长大甚至成年后再去帮助他们，与之相比，采取这种预防性的方法是更加有益且明智的，这与使用预防性的药物来减少难以治疗且治疗费用昂贵的疾病的发病率的道理是一样的。然而，干预反应模式在许多学校实施后并没有获得预期的效果，这使人们对该项目不再抱有幻想。因此，有些家长会寻求校外的高品质干预指导，这也导致学生获得教育机会的差异的扩大，往往只有那些家庭条件较好的学生才能得到这种机会。

关于诵读困难症的一些困惑

定义诵读困难症就像定义语言一样。人们可以做到这一点，并且其中的一些定义优于另一些。但所有定义都是将某些复杂的概念浓缩成只言片语。对于这些概念的最佳“定义”是基于事实且能够对该领域一些重要问题做出回答的理论。[31] 对于语言领域来说，关于“语言”的定义就回答了如下一些问题：当人们了解一门语言时，他们真正了解的是什么？人们是如何获得并使用这些知识的？对于诵读困难症来说，问题就成了阅读障碍的特点和成因是什么，以及如何预防或改善阅读障碍等。

对于一名阅读水平远低于同级别水平的八九岁的儿童来说，人们不难发现他的问题所在。首先，让我们观察一下阅读水平正常的儿童，熟练的阅读者不需要太多的思考和努力就能够快速准确地识别大量的单词，这几乎是条件反射，也是阅读训练的目标。对于生词他们也有不同的识别方式：读出生词；识别出这些生词中与其他已知单词重合的部分；通过上下文猜测。这些都可以通过对该文本内容的了解而变得轻松容易。他们用正确的语调大声流利地读出句子。然后他们开始独立阅读文本，在阅读过程中磨炼自己的技能，扩展自己的语言知识。即便是优秀的读者也并不会在每个领域都取得同样快速的进步，但他们在所有领域都会取得不同程度的进步。对一个即将升入四年级的九岁儿童，人们便期待他可以达到这样的水平。

诵读困难症患者对有效识别和读出单词感到吃力，这也阻碍了他们在其他领域取得进步。人们首先需要足够流利地读出单词，才能获得动力继续去理解短语、句子和更长的文本。儿童存在的问题会迅速增加，因为他们无法获得熟练阅读所需要的丰富的经验。阅读障碍会削弱儿童的动力并诱导他停止阅读训练，从而形成一个恶性循环。

识别这些儿童的阅读障碍很容易，而确定造成这种阅读障碍的原因（这对预防或改善这些问题至关重要）则要难得多。

阅读并不是唯一的问题

大多数儿童在经历多次阅读失败后才会被认定有阅读障碍，甚至连最乐观的教师也能看出这些孩子不会简单地“迎头赶上”。对于一个有着以非典型方式发育的大脑的儿童来说，9 ～ 10 年已经是很长的一段时间。通常阅读能力差并不是他唯一的问题。

阅读能力差的儿童的其他行为也会受到影响，因为阅读障碍源自一些能力的异常发展，而这些能力不仅仅只作用于阅读行为。此外，阅读行为的每一个动作都结合了视觉感知、学习、记忆、语言等因素。我们阅读的目标可能是理解某一文本，但是它的附加作用是它协调和改善了这些在阅读过程中相互关联的机制。由于阅读在学习中有重要的作用，因此，阅读对人的行为也有十分广泛的影响。阅读和数学这两门看似［用生物大师斯蒂芬·杰·古尔德（Stephen Jay Gould）的话来说］“毫不重叠”的学科，从对符号的口头描述、概念和程序，到应用题，再到将数学运算与现实世界联系起来的所有课程都是紧密关联的。阅读和其他任务以及专业知识之间的联系使得区分它们的因果关系成为一项艰巨的挑战。人们不断发现，最初被视为造成诵读困难症的非典型行为实际上是诵读困难症的后果。[32]

没有特定原因的特定阅读障碍

关于“特定阅读障碍”的概念是不符合逻辑的。阅读是一项任务，其障碍并不在于任务本身，而在于该任务所涉及的一个或多个能力。这就好比骑自行车。不会有特定的骑自行车障碍，而是相关能力存在障碍（或缺少骑车的机会、获得的骑车指导不足）。膝盖受伤肯定会影响骑车，但也会影响依靠膝盖活动能力的其他活动。同样，视力低下的问题会影响到字母识别[33]，也同样会影响对物体和人脸的识别。

一个潜在的缺陷对阅读的影响可能远远超过对其他行为的影响。阅读是以许多要素为基础的具有复杂结构的一个独特体系。让我们思考一下字母的特性，字母和其读音之间的关联性既是任意的（字母 p 有可能表征音素 /r/），也是系统性的（在大多数单词里，p 通常读成 /p/）。这些特性使人们努力去学习字母和其读音间的任意关联以及统计学上的规律性，它们虽然不局限于阅读领域，却以独特且互相关联的方式结合在一起，存在于复杂的字母识别过程中。一个潜在的缺陷也许会干扰这一过程而对其他方面几乎不产生影响，这就在表面上形成了看似与阅读相关的特定缺陷。例如，影响阅读的语音缺陷也许对言语的产生或理解仅产生十分微弱的影响。

同样的问题，不同的原因

存在阅读障碍的读者往往有相似的问题，但造成这些相似问题的原因却可能不同。例如，诵读困难症患者几乎总是不善于读出生词，这切断了他们主要的学习机制。而识别陌生的拼写模式的读音这一过程可能会受到各种干扰的阻碍，而这些干扰很难根据行为本身被识别出来。在利用神经成像技术和大脑数据更精确地识别病因的研究领域中，这是一个很好的例子，这项研究可以帮助人们更集中有效地开展干预。

行为的改变

正如熟练阅读的特点会随着儿童成长发育而改变，不熟练阅读的特点也会随之改变。例如，4 岁儿童能读出的字母数量是展现他们阅读进步情况的良好标志。但当他们成长到 8 岁时，能读出的字母数量就不足以用来衡量他们的阅读水平了，因为即使是阅读能力差的儿童，到这一年龄段也能学会这些字母。但是潜在的阅读缺陷却仍然存在，只是其影响已经从读字母转移到了其他更复杂的任务上了，例如读出字母组合。对于那些期待通过简单检查就可以获得诊断结果的人来说，这些不断变化的行为特征是令人沮丧的，但这正是人们需要克服的：诵读困难症是一个不断变化的靶向目标，人们必须不断地瞄准它并朝它射击，诵读困难症理论阐述了行为发展和变化的方式；针对阅读水平开展的评估也应该使用与儿童年龄相符的标准来评分，我们可以把这种评估视作一个有着时间维度的检验表，同时包含与每个时间维度相关的诵读困难症的发生率和严重程度。

共病情况

诵读困难症经常与其他发育紊乱共同发生，这种情况被称作“共病”(comorbid)。这是一个医学术语，但也许会让人联想到不相关且令人不适的“病态”(morbid)一词。我使用的“共病”一词仅指同时发生的情况。与诵读困难症同时发生的最常见情况是言语和交流障碍、多动症和数学障碍。这些状况同时发生主要是因为语言、阅读和数学利用了许多相同的认知能力。这些共享能力存在缺陷便会产生共病情况。在这种情况下，这些障碍不仅同时发生，而且还会重叠。[34]

共病情况也可能是由基因多效性引起的，在这种情况下，单个基因紊乱会造成多个独立的影响。[35] 例如，脆性 X 染色体综合征除了会导致认知和学习障碍之外，还会使得患有该病症的人具有诸如大耳朵、长脸、扁平足和关节过度活动综合征等特殊的身体特征。尽管这两种情况都由同样的基因异常引起，但是大耳朵并不会造成认知障碍。与诵读困难症同时发生的一些问题可能就属于这种类型，但是造成诵读困难症的遗传学异常要比脆性 X 染色体复杂得多，人们目前对此尚不了解。例如，诵读困难症与行为笨拙共同发生的频率比这两种病单独发生的频率要高。行为笨拙既可能是一种与阅读障碍无关的多向性特征，也有可能与阅读障碍有更密切的联系。学习障碍和全身协调障碍可能会影响单脚跳和跳跃等动作，也会影响语言的生成，因此语音的发展和阅读也会受到影响。

共病情况使得发育性障碍更加难以识别。事实是，如果一个儿童表现出注意力不集中、分散或挑战权威等行为，这会很容易掩盖潜在的阅读问题。但是，显著的阅读问题也可能掩盖了例如多动症这类共病情况。一个由专业医疗人士（如临床神经心理学家或者专门研究如诵读困难症等发育障碍的语言病理学家）所实施的全面的医学检查可以帮助厘清一个儿童身上存在的所有可能的情况，这项检查会基于家长和教师给出的信息而实施，但与此同时，人们必须对儿童的行为持续保持密切关注。

相互作用的各种因素

影响阅读的各种因素之间也会相互影响，令人很难确定它们各自产生的效果。举个简单的例子，儿童的学习动力和毅力很重要，除非有其他保护性因素起作用，例如良好的性格或环境，否则由于发育性障碍而导致的长期的阅读表现不佳会破坏儿童的学习动力和毅力。一个更为复杂但同样现实的例子是：儿童的神经认知能力随着时间的推移而发展；儿童并非生来就拥有成人的大脑，而是不断地朝着成人的大脑发育。这一长期的发育过程受个体经历的影响。然而，一个儿童能从经历中学到什么则取决于他们目前的发育状况。各种因素不断相互影响是发育的基本条件。

我前面反复提及在研究和诊断诵读困难症的过程中所面临的挑战，并不是想要表现悲观的态度，而是避免出现将诵读困难症的原因归结为单一原因的简单化理论。事实上，研究人员可以使用有效的定量方法来分析复杂的现象[36]，在这些现象中，多维因素（即程度不同的因素）随着时间的推移相互作用。这些定量方法已经被应用于阅读行为及其大脑基础的研究中，并取得了一些成就。为了实现研究的目的，计算模型也得到了应用。诵读困难症是一张需要解开的错综复杂的网，但在过去 20 年里，我们对它的了解已经超出前 100 年对它的了解的总和。展望未来，我们可以做出如下假设：

- 诵读困难症不是由单一原因引发的。在遗传、神经发育和认知水平上潜在的异常现象都可能与复杂的阅读技能相互干扰。
- 潜在的缺陷严重程度不同，它们造成影响的行为及其程度就会不同，其延展性和持久性也不同。
- 阅读障碍可能是几种相对较轻的缺陷同时出现而导致的结果，但如果这些缺陷单独出现，其影响力也不会被削弱。这些缺陷的影响可以通过其他领域的优势（即保护性因素）来调节。
- 随着儿童的成长，这些缺陷的表现形式会随着时间的推移而改变。

共病情况也许很复杂，但这些更深层次的理解也使我们意识到，与早期理论所提供的信息相比，我们现在有更多的机会预防阅读障碍，也有更多的方法来解决阅读障碍。

诵读困难症出现的先兆

诵读困难症是一种基于语言的障碍。它的根源是言语（感知、言语的生成）和语言（词汇、语法）自儿童出生开始的发育异常。它的决定性证据来自对儿童行为的跟踪研究，这些研究从儿童很小的时候，甚至是在儿童出生的第一天就开始了，远远早于他们接触文本的时间。这些具有前瞻性的研究的逻辑很简单：对一组婴儿或蹒跚学步的幼儿进行数年的历时跟踪研究，一直持续到他们开始阅读，有些孩子会出现阅读困难，而另一些则不会。这时再重新分析那些在他们更小时候便收集的数据，从而确定那时儿童是否已经表现出一些能预测孩子未来阅读表现的明显特征。这里的特征是指那些与阅读发展有明确因果关系的特征，而不是眼睛的颜色或星座这样的特征。

对同一群儿童进行数年的跟踪研究可以排除许多潜在的相互交织的因素，因为这种研究方法是在不同的时间段内将儿童与他们自己进行纵向比较。它还排除了一种可能性，即认为阅读障碍是阅读水平不高导致的结果而不是原因。若干对不同语言的研究最终表明，在婴幼儿和初学走路的儿童中便可以检测到诵读困难症的前兆。这些已知的前兆包括言语和语言方面的因素。

这项开创性的实验是由霍利斯·斯卡伯勒（Hollis Scarborough）在20世纪80年代末开展的。[37] 斯卡伯勒的创新之处在于他进行了一项家庭风险研究。只有当足够多的实验参与者出现阅读障碍时，这项前瞻性的纵向研究才算成功。如果一个或多个一级亲属（父母或兄弟姐妹）有阅读障碍的历史，那么这个儿童患诵读困难症的概率将显著上升。斯卡伯勒的研究对从这些家庭招募的高风险儿童与没有这种家族史的低风险儿童进行了比较。[38] 她从其2岁半时就开始对他们进行研究，一直跟踪到他们长到5岁为止。研究人员根据这些儿童完成的简单任务来评估他们在语言的若干方面的表现，同时也会对他们进行智商和其他方面的测试。对这些儿童的自然口语记录被用来密切追踪他们的口语发展。在他们5岁时，还对他们的基本阅读准备技能进行了评估（如字母名称和字母－发音的关联知识）。

该实验的关键发现是，如果某些儿童在5岁时表现出阅读障碍，实际上他们可能在2岁半时就已经出现了口语缺陷。随着儿童年龄的增长，语言障碍的影响也发生了变化：

- 在2岁半时，未来成了诵读困难症患者的儿童写出的句子语法更简单，单词的发音也没有非诵读困难症患者的儿童准确。
- 3～4岁后，他们在词汇和语音方面（例如押韵，即判断两个单词的开头或结尾是否发音相同）出现了缺陷。
- 5岁时，即入学前，他们的学前阅读技能（字母知识、字母发音、音位意识）和词汇学习方面的能力存在障碍。

下面是起源于口语的诵读困难症发展史的一个片段。

还有其他研究者在非英语语言中开展了类似的研究，并对上述发现进行了补充。当代两位杰出的阅读科学家玛吉·斯诺林（Maggie Snowling）和查尔斯·休姆（Charles

Hulme）开展的研究尤其引人注目。他们的一项研究跟踪调查了 3 ～ 13 岁有患诵读困难症风险的儿童，发现他们在 3 岁时就在口语词汇、表达性语言和语法方面表现较差。另一项发现是，他们口语技能的薄弱表现会持续存在。甚至在 13 岁时，他们的语音任务表现仍然受损；词汇量和语法水平远低于同年龄段的预期水平，当然有部分原因是这些孩子的阅读量较少。这些结果表明，尽管个体的结果通常有所不同，但到了 13 岁时这些孩子的语言障碍都不能得到完全的解决。早在这之前，玛吉・布鲁克（Maggie Bruck）曾进行过一项具有划时代意义的研究，她对儿童时期便被诊断为诵读困难症患者的成年人进行了研究，并得出了同样的结论。[39]

在斯诺林和休姆的研究中，大约有一半儿童并没有患诵读困难症，这意味着他们的阅读能力是在“诵读困难症”的分界点之上的。然而，在大多数测试指标上，这些儿童的表现位于两组之间：比诵读困难症儿童好，但是比来自无风险家庭的非诵读困难症儿童差。研究结果与前文提到的观点一致，即诵读困难症患者与非诵读困难症患者的行为处于一个连续统一体中。家庭风险的影响受到遗传因素、环境风险以及保护因素的调节和制约，而这些因素之间也会相互作用。随后对这一组儿童开展的一项研究发现，孩子在 3 ～ 4 岁时表现出来的口语技能差异可以帮助人们预测他们 8 岁时的阅读理解能力。[40]

即使人们的研究对象是婴儿，也可以通过从他们的头皮上探测到的电位（“脑电波”）的微小变化发现诵读困难症的前兆。照片中的婴儿戴着可爱的浴帽，浴帽上连着许多电线，看起来就像他们的脑电波的延伸。[41] 电信号是大脑活动的微弱回声。当婴儿对感兴趣的图片、声音、面孔和其他刺激做出反应时，研究人员会测量他们大脑电信号的变化（这些变化被称为“诱发电位”）。对于有诵读困难症家族史的婴儿来说，非典型的言语会诱发电位。[42] 没有家族风险的婴儿如果经常暴露在吸烟的环境中也会产生这样的异常反应。[43] 这是一个严厉的警告：不利的环境会影响孩子的大脑发育。

这些研究发现令人印象深刻，但我们不知道哪些婴儿长大后会成为诵读困难症患者。丹尼斯・莫尔费斯（Dennis Molfese）和同事开展了一项有重大意义的纵向实验，对这一未知领域进行了研究。婴儿会对言语刺激做出反应产生诱发电位，值得注意的是，在婴儿出生后 36 小时内收集到的异常诱发电位与他在 3 岁和 5 岁时的口语能力以及 8 岁时的阅读障碍密切相关。[44]

这些影响是互相关联的吗？答案是肯定的。研究人员没有直接测量儿童阅读水平的发展。然而，研究结果体现出了非常高的因果关系概率。首先，数据来自同一批儿童的不同发育时期。其次，研究人员通过儿童早期诱发电位与正常诱发电位的差异程度预测了儿童后期的语言和阅读水平，这加强了两者之间的联系。最后，基于其他实验证据的阅读发展理论解释了孩子从早期言语反应异常到阅读发展的过程，研究人员并不需要编造理论来解释他们已经收集的数据。

这些研究重点强调了从发展的角度看待阅读的重要性。与阅读水平有关的行为会随着时间的推移发生改变。例如，简单的音素感知任务的表现与学前儿童的阅读能力密切相关。但同样的方法却对测试 8 岁儿童的阅读理解能力没有太大的意义。这是否意味着因为其影响是短暂的，并且与阅读的真正含义（即理解能力）无关，因此音素技能就不重要呢？当然不是。这些技能在阅读发展轨迹的某一阶段是至关重要的，它们可以帮助孩子获得更高级别的技能。

诵读困难症患者的语音障碍问题

造成诵读困难的发育异常最初体现在儿童的口语中，随后出现在阅读中。尽管诵读困难症儿童的言语与非诵读困难症患者没有明显的不同，但他们有着更加不明显的语音缺陷，这些缺陷会影响学习文字、声音和言语以及三者间的映射。我们的诵读困难症模拟模型能够说明该过程是如何发生的。

如图 8-1 所示，该模型与我所描述的其他模型类似。单元的输入层表示正字法；输出层表示语音。在正字法和语音之间还有一个由 100 个隐藏单元组成的中间层。清理单元就像一层隐藏的单元，与语音单元层相连接，形成一个反馈回路。该模型以拼写模式作为输入，并通过加权连接将激活传递到隐藏单元，之后再传递到语音层单元。在更简单的网络模型中，处理过程便到此为止。而在这个网络模型中，激活被传递到清理层，然后再返回语音单元层。这个过程一直持续到语音单元层中的单元趋于稳定（大幅度变化停止）。模型适应这种运行模式所需的时间与人们做同样事情所需的时间是相关联的。

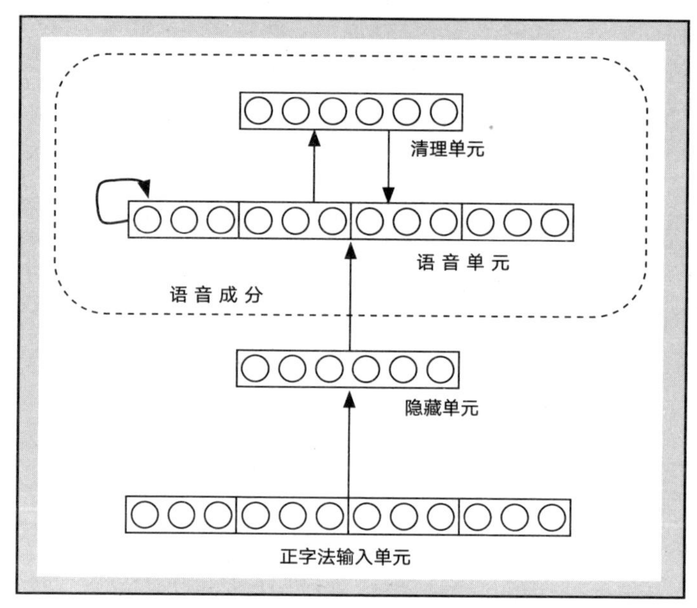

图 8-1 哈姆和塞登伯格关于单词阅读和诵读困难症的模型示意图（1999）

有关图表各部分的说明请参阅前文描述

资料来源：Harm and Seidenberg (1999), Figure 9, p. 13.

该模型首先学习了数千个单词的语音编码，这与即将开始学习阅读的儿童在阅读前就已从会话中掌握了许多词的事实相似。然后该模型接受阅读任务的训练：系统设定一个拼写模式，为数千个拥有该拼写模式的单词生成正确的语音代码。在该模型学习了文字和语音之间的映射关系后，我们观察了单词组和非单词组在隐藏单元（位于正字法和语音单元层之间）内的激活模式。[45] 例如单词 eat（吃）、meat（肉）

和 treat（对待），其中的字母组合 ea 读作 /iː/。图 8-2（左图）展示了在经过训练的正常模型中，这些单词和非单词 geat 在隐藏单元中的激活。在每个单元里，激活水平在 -0.5 和 +0.5 之间变化；激活水平由正方形的大小表示；正值用黑色表示，负值用灰色表示。这些模式非常相似，因为模型采用了 eat-meat-treat 这些单词中的共享结构，-eat 的字母组合发音为“eat”。这样，该模型就可以在单词读音没有被训练过的情况下，将拼写相似的非单词 geat 读出来。

诵读困难症模型以同样的方式接受训练[46]，但是它存在语音缺陷[47]；语音吸引因子的内部单元之间的激活传递方式比正常模型更“嘈杂”，即更加不精确，更加多变。该模型也学习了大部分单词，但也进行了更多的训练实验。该模型为 eat、meat 和 treat 等词生成了正确的语音，却读错了 geat。如图 8-2（右图）所示，很明显，与正常模型相比，诵读困难症模型对隐藏单元的调谐更加不精确。更多的单元需要参与提供正确的发音，也有更多的单元处于极值。

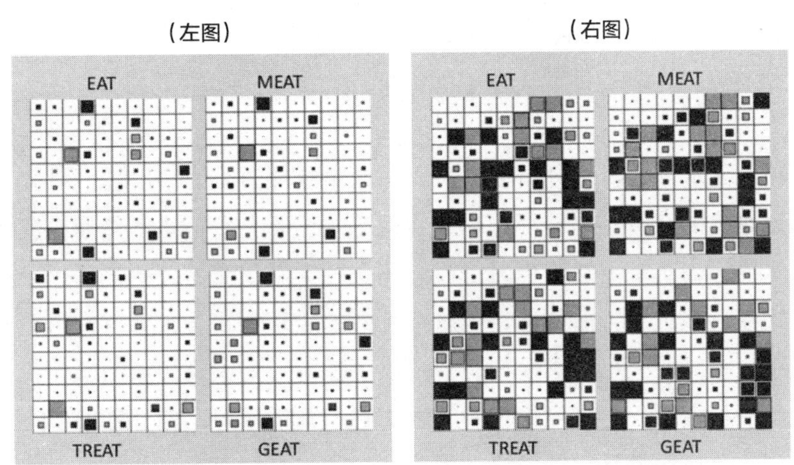

图 8-2　eat、meat、treat 和 geat 的隐藏单元激活水平的快照

左图：正常模型；右图：诵读困难症模型。两种模型都学会了单词的正确发音，但是诵读困难症模型需要进行更多的训练实验。正常模型能够正确推断出 geat 的读音，但诵读困难症模型做不到这一点。该图展示了每个词在“正字法→语音”路径中 100 个隐藏单元的相对激活水平。
资料来源：Harm & Seidenberg (1999), Figure 15, p. 25.

诵读困难症模型的运行方式就像一个儿童的行为，逐一学习单个单词，极少去思考与其相似的其他单词。要做到这一点则需要更多的学习实验。如果未能注意到 -eat 这一拼写模式，模型（以及儿童）便不能“发出”像 geat 这样的生词的读音。

让我们明确一点：这个模型是高度简化的。它无法捕捉到一个儿童实际可能经历的每一步的各种细节。我们不会教模型唱字母歌，然后再逐一讲解单词。这个模型甚至不知道单词是有语义的。然而，它却为一个基本问题提供了答案：为什么一个微小的语音异常能够对学习阅读造成重大的影响？因为这种缺陷会妨碍模型去发现单词的语音构成，导致一些拥有重叠部分的单词被认为是不相似的单词。该模型未能学会拼写原则，它只获得了字母与音素对应的部分知识，但更重要的是，这种缺陷影响了模型去发现其他单元内的统计学规律，例如单词的押韵（比如 -eat 结构的发音）以及许多其他决定了英语发音的因素。该模型的运行方式与诵读困难症患者的两个基本特征一致：学习单词的速度更慢并且更不善于读出生词和编造的非单词。研究结果表明诵读困难症患者的大脑发育方式阻碍了他们去发现正字法和语音之间的共性特征。该模型还表明了语音缺陷虽然对会话感知没有什么影响，却会干扰阅读行为。阅读是一项“非自然”任务，更容易受到语音缺陷的影响。

在我和迈克尔·哈姆（Michael Harm）从事这项研究的 20 世纪 90 年代，能够表明诵读困难症的几个行为特征源自语音缺陷便已是一种进步。然而，我们无法将研究与儿童的行为直接关联。当时也没有相关的大脑研究方面的证据。虽然该模型的运行方式在一些重要方面与诵读困难症患者的表现相符合，但这并不能确保它们的潜在机制是相同的。尽管该模型看似提供了强有力的因果关系测试：我们训练了一个语音受损的模型，它以可识别的方式干扰了单词学习，但计算模型终究不是真实的儿童。每个模型都是一种简化，因此在某些细节层面有可能是错误的，这一事实表明人们对真实生活进行模拟时需要更加谨慎。我们的发现也期待着更有力证据的出现。

既然人们现在已经获得了更多关于大脑结构、功能和发育的信息，噪声的假设也显得十分合理——事实上，这比我们在 1999 年所预期的还要好得多。越来越多的行为研究证据表明，诵读困难症患者会将拥有同样结构的单词模式视为“有很大差异”。让我们来看一下 2012 年麻省理工学院的泰勒·佩拉基奥尼（Tyler Perrachione）为他的博士论文所做的一项行为研究[48]：参与者都是年轻人，他们要么是诵读困难症患者，要么是正常的阅读者。他们在一台核磁共振扫描仪里听一系列单词的录音，当听到的单词与所显示的图片匹配时便做出相应的反应。这项任务只需要他们专心听录音。研究感兴趣的是由口语单词所激发的大脑活动水平的数据，这与功能磁共振成像研究主要测量血氧饱和水平有关。在一些测试中，所有的单词都由同一个受试者朗读，而在另一些测试中，这些词由四个受试者朗读，他们的声音会随着单词变化随机改变。

对于所有的实验参与者来说，听单词会激活他们大脑中负责言语理解的区域。没有诵读困难症的参与者展现出了一种适应效应：当他们听到同一个人连续读出的单词时，大脑这些区域的激活程度会比听到多人朗读单词时的激活程度低。因为参与者识别出了这个朗读者的言语特点，所以激活程度也就随之降低。如果朗读者的声音不断变化，听众就不会形成适应性。这项研究的关键发现是诵读困难症患者所展现的适应效果要小得多。在单人朗读单词和多人朗读单词两种情况下，他们的激活水平都非常相似。因此，与非诵读困难症患者相比，诵读困难症患者会将由同一个朗读者读出的相似单词视为更独特、更不相似的单词。正如在我们的模型中，诵读困难症患者并没有注意到单词之间的重叠（即朗读者的音质）。这一点非常有趣，因为与非诵读困难症患者相比，诵读困难症患者对音质表现出了更大的敏感性，即使是同一个朗读者的语音也是不断变化的。通常情况下，诵读困难症患者比非诵读困难症患者表现差，但在这个实验中，情况却恰恰相反。

佩拉基奥尼随后用其他刺激重复了这个实验。诵读困难症患者比非诵读困难症患者表现出更差的适应效果，无论是在口语单词（听到同一个朗读者重复说出同一个词与听到同一个朗读者说出一系列不同的单词）和书面单词（看到同样的单词与看到一系列不同的单词）方面都有所体现。尽管诵读困难症患者在这些实验中始终表现出更差的适应效果，但是他们的适应程度有所不同。佩拉基奥尼还说明了实验的分析结果，表明在一项识别生词的普通标准化实验中（该实验被称为“单词挑战”），参与者的适应程度与他们的表现呈正相关性。

研究人员在其他实验室用其他语言和刺激材料展开了研究，他们也得到了相似的结果。[49]看来，我们在诵读困难症模型中观察到的效应可能比我们所了解的更普遍，至少对一些个体来说，语言和非语言刺激以及视觉和听觉模式都发生了变化。诵读困难症患者认为 eat、meat 和 treat 这样的单词“太不一样了”，同样的情况也会发生在其他有重复字母组合的口语或书面单词上。我们所研究的效应来自语音体系中的噪声处理过程，但我们很容易想象出与正字法或其他信息更密切相关的大脑区域也会有类似的效应。

对于在实际生活中学习读写的儿童来说，这样的影响会使学习任务变得更加困难。[50]就像口语一样，在阅读的过程中，人们必须学会归纳，并将学到的知识应用到新的实践中。而把每一次实践都当作与已学知识毫无关联的做法是站不住脚的。打个比方，如果我们不去归纳而单独去学习每个名词的复数形式，book 的复数为 books，beer 的复数是 beers，那么这样的学习是无穷尽的。归纳要求人们将某一模式的显著特征进行汇总，并忽略不相关的其他内容（如字体变化）。单词首字母是大写还是小写也与名词复数这一知识点无关，但单词的首字母是不是 b 则是相关的（因为 deer 一词的复数是 deer）。行为学与神经影像学的研究表明，诵读困难症患者在某种（未知的）程度上无法进行归纳，认为许多事例都“很不一样”。这可能是由于我们模型中的“噪声”或其他机制故障（如未能抑制无关信息）造成的。

这种情况造成的最大影响是诵读困难症患者不得不多次重复学习重要的内容。我们设计的模型在没有其他帮助的情况下逐一学习了 eat 和其他包括 -eat 字母组合的单词的拼写 - 语音映射。这种学习的效率很低，并且使得模型对 geat 一词生成了错误的读音。我们可以重新思考一下字母分类的问题。让我们设想最有效、最简单的解决方式是使用单一的吸引因子去识别所有带 K 字母的单词，因为这些单词的差别并不大。然后设想在一些情况下（如“噪声处理”），大脑会通过在次要维度里划分 K 字母来解决这个问题，例如 K 和 K（字体不同）。[51]假设现在有两个 K 字处理器，那么同样包括字母 K 的两个单词（kite 和 kite）的处理方式是不同的。更糟糕的是，字母的发音和字母模式必须学习两次。当然，如果语音方面也发生同样的情况，也会出现多个版本（例如，对于 kite 一词的高音调和低音调发音的不同吸引因子）。这也可能使单词的发音变得复杂，这就要求说话者选择一种语音表达法来发音。由于该系统是交互式的，因此语音层面的多个版本也将反馈在正字法层面上。如果不能识别共同结构并忽略不相关的内容，阅读会变得非常困难。

上述例子是简化的卡通版本。没有人真正知道大脑是如何识别字母 K 的，但是该识别过程很有可能会涉及成千上万的神经元，这些神经元具有非常复杂且不断变化的连接结构。因此，对其的解决办法也不会像只涉及几百个单元和简单连接的人工神经网络中的吸引子因子动态那样运行。但是卡通版本的例子说明了行为学和神经影像学的数据中可以观测到的一些诵读困难症患者的特征：无法识别共同结构甚至精确重复，且对无关信息过度敏感。

噪声假设令人兴奋，因为它使得人们可以在如今科学可以触及的多个层面上进行研究：行为；计算机制；大脑的结构、功能和化学反应；遗传对发育的影响。我们必须强调的是，这些发现虽具有启发性，却远没有得到证实，而且噪声假设也没有排除其他原因。我们不知道有多少诵读困难症患者或者非诵读困难症患者会表现出这种行为，不知道假定的损伤的严重程度，大脑的不同区域是否会受到影响，也不知道无法归纳朗读者声音特征的孩子是否表现出其他非典型行为，更不知道这些缺陷是不是阅读问题的直接原因。我们检查了模型的语音成分中的噪声，但其他证据表明，噪声也可能形成于从正字法到语音的映射或早期视觉处理中。在模型中，噪声是一个参数，可以为其设定一个能产生诵读困难症效应的数值，但若这个参数超过某个数值，模型便几乎无法学习。噪声是有趣的，因为它可以影响人的多种行为，从而解释一些被认为是诵读困难症潜在成因的近因缺陷；然而，这是一个非常笼统的概念，我们需要将它与特定的神经发育机制更紧密地联系起来。我将在下一章讨论这一领域的最新研究结果。

语音伞

诵读困难症的一个显著因素就是语音缺陷，语音缺陷对阅读产生的影响在多种语言和文字系统中都得到了广泛记录。[52] 然而，诵读困难症患者也表现出其他明显不相关的缺陷。目前的观点认为，诵读困难症的病因包括多种风险和保护因素，这些风险和因素的程度不同，没有哪个因素是导致诵读困难症的必要或绝对因素。一个儿童是否处于诵读困难症的光谱之中，取决于他们的强项和弱项。毫无疑问，诵读困难症这一结果是由不同程度的多种因素相互作用形成的。然而，一个重要问题仍然存在：诵读困难症究竟涉及多少缺陷呢？

表 8-1 中显示的行为看起来显然是由几种缺陷造成的，其中包括语音缺陷、速度缺陷、记忆缺陷、拼写缺陷、语言缺陷等，这些都是根据特定行为任务的表现所判定的。然而，这些缺陷是否仍然是一个悬而未决的问题？关键点在于诊断是以何种方式实施的，而不是它们诊断的内容。这些任务在某种程度上都涉及语音知识。听到一个编造出来的非单词然后说出它（记忆缺陷）。看到图片中的物体并给它们命名（速度缺陷，联想学习缺陷）。听到一个单词然后念出它，但遗漏了某个音素（音素意识缺陷）。词汇的建立，也即单词学习也依赖语音，理解句子也是如此。上述问题到底是多种不同的缺陷，还是由一种或多种语音障碍引发的多种不同表现形式？人们目前还不清楚答案，但以下是一条线索。

曾经，一个欧洲的研究小组对母语为意大利语、法语或英语的诵读困难症患者进行了早期的神经成像研究。[53] 意大利语是浅显的语言，英语深奥一些，而法语则更接近英语。在所有这三种语言的文字系统中，诵读困难症患者涉及语音处理的大脑区域都出现了非典型的激活。然而，这种障碍的行为表现却不尽相同。母语为英语的诵读困难症患者朗读文章的速度比非诵读困难症患者慢，准确性也较低；朗读单词和非单词受到同样的影响。针对母语为法语的诵读困难症患者的研究得到了大致相同的结果。针对母语为意大利语的诵读困难症患者开展的研究则获得了不同的结果。首先，因为意大利语的文字系统较为浅显，诵读困难症患者可以非常准确地读出单词和非单词；缺陷仅影响反应速度。其次，诵读困难症患者的单词阅读速度只比非诵读困难症患者慢一点，但是对于非单词，他们的阅读较费力且速度非常缓慢。潜在的缺陷是相同的，但意大利语诵读困难症患者的反应速度比其他语言诵读困难症患者受到更大影响。后来的研究证实，与英语相比，在有着浅显的正字法系统的语言中，诵读困难症体现为反应更缓慢却更准确。

因此，同样的潜在语音缺陷会影响朗读的速度或准确性。在意大利语-法语-英语实验中，诵读困难症的表现形式取决于文字系统。在英语中则取决于要完成的任务：缺陷会影响有时间限制的任务的速度，例如下文将要讨论的快速自动命名任务。但在完成如删除音素或重复非单词这类没有时间限制的任务时，缺陷会影响准确性。单一的速度缺陷是不存在的；语音缺陷的影响取决于读者被要求完成的任务和被诊断的内容。

表 8-1 所示的其他行为缺陷是否也来源于语音缺陷？我们目前还没有对所有问题进行建模，但是将这些点（或单元）连接起来并不困难。一条共同的线索是，阅读者的表现受到影响，是因为语音缺陷使得阅读者将刺激（如字母、音素或单词的实例）视为有差异的因素，而没有注意到刺激的共同之处。这导致学习、理解、读写和归纳的效率低下。

许多共有的缺陷与口语反应紧密相关。例如，诵读困难症患者在快速自动命名任务中表现得更差。该任务要求参与者为图片中的物体命名，这些物体包括椅子、书、玩偶和鞋子等，或者说出一系列圆点的颜色（红、蓝、绿、黑）。诵读困难症儿童可以非常容易地识别物体和颜色并熟悉它们相应的名称，但在命名时则速度较慢或不太准确。如果儿童对一个单词的语音编码产生多种表现形式，就有可能出现这种情况。在任务开始时，参与者如果想做出口头回应，就需要在不同的表现形式中做出选择，这样便会减慢速度，也更容易出错。如果一个儿童很难重复类似 glomper 这样的非单词，那么他可能在形成言语方面存在相关的问题，而不是在记忆方面存在问题。

语音缺陷也许可以被分成几种不同的类型，诵读困难症也许也有其他非语音成因。但是“语音”就像一把大伞，涵盖了从阅读、口语和其他任务中获得发音和声音知识的所有途径。语音缺陷影响了参与者在所有相关任务中的表现。

诵读困难症的另一面

诵读困难症这样的病症是由多种相互作用的因素造成的，这些因素在严重程度和延展性上各不相同，因此引发了一系列广泛的行为方式。我们应该把它称作诵读困难症谱系，它和孤独症谱系一样，其中包括了存在显著差异的个体，他们的优势和缺陷各不相同，所在的家庭、学校和社区条件也十分不同。[54] 因此，个体结果也呈现出很大差异。

关于诵读困难症的讨论大多集中在其负面因素上：使阅读变得困难的潜在障碍或缺陷；对早期的阅读困难的干预不充分；阅读障碍使许多人陷入困境。这些“负面因素”强调了一种积极的动机：更好地理解诵读困难症的情况及其病理将会帮助人们设计更好的干预措施，为更多的诵读困难症患者带来更大的帮助。

同样重要的是，人们应该认识到研究会产生一系列不同的结果，其中自然也包括非常积极的结果。对许多儿童来说，针对他们的相关问题开展及时、精心设计的干预措施是非常有效的。主要挑战在于如何使这类项目得到更加广泛的应用，并明确那些干预之后仍然费力阅读的“无反应者”与其他人的差异。许多诵读困难症患者发现了对自己有效的应对策略，更好的情况是他们能够获得有能力的专家的指导。有时他们采用的策略很简单，比如花费额外的时间来完成作业或考试。例如音频和视频材料或共享课堂笔记等补充资源能够起到很大的作用。认知因素或个性特征也能帮助改善阅读障碍的影响。尽管关于干预结果的差异分布和产生最大差异的因素的可靠数据很少，但我们确信，积极的结果也是有可能出现的。

虽然诵读困难症患者的一些成功并没有获得人们太多的关注，但是他们的故事可能对其他诵读困难症患者、他们的家庭以及他们的教师有所帮助。那些曾经被确认为诵读困难症患者的成功人士包括社会名人、华尔街富翁和风险投资家。这些人传达的信息是诵读困难症并没有阻碍他们获得成功，这比任何研究结果都更具说服力。尽管我们对这些人的生活不太了解，尤其是当某人拥有了一定的社会地位，需要注重他的个人信息和公众形象时，他的个人陈述可能会存在不可靠的成分。但无论如何，诵读困难症患者能够获得成功这一点是毋庸置疑的。

有些十分成功的人士也患有诵读困难症，这一明显事实为人们提出了一个有趣的问题：造成阅读障碍的原因是否能产生一些有益的“副作用”，例如能够让诵读困难症患者拥有某些特殊才能？我可以告诉你们，因为这个问题十分复杂，所以研究人员目前还没有获得太多研究成果。目前还没有人对可能取得较大成就的个体进行大规模的前瞻性的纵向研究。就像阅读一样，一个人的生活轨迹是由多种因素相互作用决定的。影响生活的因素甚至比影响阅读的因素还要多得多，而且许多因素都没有被人们所认识，也无法预测，有些因素甚至还被人们所误解。命运总是充满意外。

抛开这些未知因素不谈，干扰阅读的因素是否能提高人们在其他方面的表现呢？目前的证据表明，这个问题很值得研究。例如，至少有一些诵读困难症患者对某些类型的刺激（声音、面孔、物体等）表现出了更高的敏感性。对字母和声音样本之间的差异高度敏感虽然不利于阅读，但我们很容易想象出这种敏感可能在其他什么样的情境中是更有利的。兔八哥的配音演员梅尔·布兰科（Mel Blanc）和飞天鼠洛奇的配音演员琼·福瑞（June Foray）曾为数十个深受人们喜爱的动画角色配音。他们在工作上非常出色，因为他们能够创造一系列非同寻常、吸引人的独特声音，而他们自己也必须能听出这些声音的差异。他们能够对一个人说出不同单词或者不同的人说出的同一单词表现出更高的敏感度吗？他们的声音技能会对阅读或语言理解产生影响吗？这些影响是积极的还是消极的呢？

字体设计工作需要设计师注意到读者通常情况下不会留意的“偶然的”字母特性变化。字体设计师的这项专业技能是让他们识别不同书写体的句子变得更加容易还是更加困难呢？他们的专业技能与诵读困难症患者的大脑特性无关吗？他们是比其他人更容易还是更不容易患诵读困难症呢？我们不得而知，但这些问题是不容忽视的。

少量的神经影像学研究发现诵读困难症患者在书写任务上的表现不如非诵读困难症患者，但在非书面刺激的视觉空间处理任务上表现得更好。[55]例如，在一项研究中，参与者的任务是确定某条线代表的是有可能的三维物体还是一个不具三维意义的轮廓。参与者还完成了一项词汇决策任务，判断一些字符串代表的是单词还是非单词。在图形任务上，诵读困难症患者比非诵读困难症患者的完成速度更快（并且也不会犯更多的错误），但在词汇决策任务上表现得更差。这些行为差异与大脑活动的差异有关，诵读困难症患者在完成词汇决策任务时，大脑左半球回路的激活程度较低，而大脑右半球在视觉空间任务上的参与性更高。因此，诵读困难症患者的大脑运行常常对一项任务有利而对另一项任务不利。这虽然是一个非常有趣的结果，但我并不能完全确定它的准确性，原因在于：研究的样本数量太少，不能确定这种模式在诵读困难症患者或非诵读困难症患者中出现的频率；诵读困难症患者的优势较少；他们识别不可能图形（impossible figure）① 的能力是否能延续到更重要的任务上也仍有待进一步的研究。

这些都是可以通过更多的实验研究来解答的实际问题。与此同时，如果你认为诵读困难症患者的大脑结构存在差异就必然带来其他益处，那可就大错特错了。这一点并不符合规律。大脑并不是一个得失互抵的零和游戏，一个领域的缺陷并不会带来另一个领域的优势。如今，我们已经知道诵读困难症经常与注意力缺陷多动障碍、数学障碍和几种发育性语言障碍同时发生。事实上，找到诵读困难症患者比非诵读困难症患者表现得更好的领域是很难的。这就是为什么诵读困难症患者对刺激特性更敏感的这一研究发现是如此不同寻常。导致某些人患诵读困难症的情况可能会促进他其他技能的发展，而且这一技能甚至会达到极高的水平，这一领域非常值得进一步探究。然而，这并不是诵读困难症患者群体的显著特征。

知道某位名人也患有诵读困难症可能会激励一个正在阅读上苦苦挣扎的孩子[56]，这并没有什么不好。但当人们问到诵读困难症是否会像马尔科姆·格拉德威尔（Malcolm Gladwell）在2013年出版的《逆转》（*David and Goliath*）一书中所写的那样，

① 知觉上合理但是实际不存在的图形。——编者注

成为一种“值得拥有的困难”时，情况就变得更加糟糕了。诵读困难症是一种严重的疾病，在好的情况下，它是一种挑战，但更多时候它是令人沮丧的。格拉德威尔也承认这一点并且在书中问道：“你不会希望你的孩子有诵读困难症，难道不是吗？”

在我看来，格拉德威尔对诵读困难症的观察十分肤浅，并不值得人们去认真关注。但这位作家的作品有广泛的读者群。这本书如此有名，似乎给诵读困难症患者及其家庭带来了更多的障碍。本来人们对于诵读困难症的普遍反应是“他会赶上来的”以及“再努力些就会好了”。这本书的出现又让人们多了一个误解——“别担心，这也许还是个优势呢”。因此，我们需要对此观点做出修正。

格拉德威尔的《逆转》一书的第四章以对诵读困难症的标准描述开始，他将诵读困难症描述为一种严重的负担，这虽然是真实情况，但并无新意，因为这是众所周知的。随后格拉德威尔提出的观点是，对于某些特殊的事例，情况是否正相反：诵读困难症这一负担使人们获得了巨大成功。他承认这种情况并不会发生在大多数诵读困难症患者身上，但他举了一些例子，表明它的确会发生在某些诵读困难症患者身上，这使一些人开始期待自己的孩子也患有诵读困难症。

诸如“诵读困难症会成为一种值得拥有的困难吗”和“你希望你的孩子也患有诵读困难症吗”这样的问题不能凭经验做出回答。它们是一种价值判断，取决于人们如何衡量已有的证据。因此，衡量格拉德威尔在书中提供的证据水平是很重要的。

然而，他所提供的证据并没有说服力。

1. 格拉德威尔将诵读困难症与加州大学洛杉矶分校心理学家罗伯特·比约克（Robert Bjork）提出的“值得拥有的困难”这一概念联系在一起。在比约克的书中，这种“困难”包括了如何构建学生的学习经验（例如，在转换到另一种问题之前，花费在某一类型问题上的时间）来促使学生更好地掌握知识，尽管这种经验可能会产生更长的学习曲线。格拉德威尔的观点是，诵读困难症也许与“值得拥有的困难”相似：诵读困难症是使得阅读更困难却能带来其他好处的一种情况。他描述了一项针对高中生和大学生的研究，该研究使用60%灰度的Comic Sans小号字体打印文本来增加学生的阅读难度。[57]评估显示，学生却从这种视觉质量更低的文本中学到了更多的知识。这种字体设置创造了一个“值得拥有的困难”，它迫使学生付出了更多的努力，却获得了更好的学习效果。

这和诵读困难症有什么关系？因为诵读困难症患者的阅读能力很差，他们不得不花费更多的精力阅读文本，也许他们在此过程中获得了理想的益处。

但这些条件是不相关的。一方面，因为实验者降低了文本的打印质量，所以高水平的阅读者（普林斯顿大学的本科生）阅读起来都很吃力，但是他们能够利用出色的阅读技巧来适应整个实验过程。这似乎是一个有趣但无关紧要的挑战。

另一方面，诵读困难症患者阅读正常的文本也会感到吃力，因为他们的阅读技能差。在阅读时，他们大脑的运行方式仿佛是在降低文本的打印质量。他们的一生一直进行着这样的实验，无法选择去终止它。

此外，比约克认为“值得拥有的困难”从长远来看会产生更好的学习效果。如果将这一观点应用在诵读困难症上，那么最初学习阅读的困难最终将使诵读困难症患者获得更高技能的阅读表现。但这显然是错误的，诵读困难症使人们更难成为熟练的阅读者。格拉德威尔的观点与比约克不同：他认为阅读这一领域的困难会带来其他领域的益处。但有证据表明，阅读困难会干扰其他类型的学习，这一证据与格拉德威尔的观点相矛盾。

2. 为了支持“诵读困难症可能是值得拥有的困难”这一观点，格拉德威尔指出“有相当大比例的企业家患有诵读困难症”。他参考了2009年英国的一项研究，用它作为证据。[58]这里我将简单地描述一下这项研究。该研究使用了一种非正式调查来确定有患诵读困难症倾向的人。研究人员注意到诵读困难症的判断与性格测试不同，后者可以区分内向者和外向者，但人们并不能通过测试来判断诵读困难症患者与非诵读困难症患者。调查问卷上共有20个问题，涉及阅读、拼写、记忆、组织能力、心算等任务。出于一些不可知的原因，研究人员只报告了其中一部分调查数据，包括拼写困难、记录、传递信息等问题。目前还不清楚研究人员是在检查结果之前还是之后做出这样的数据选择。

调查问卷被发放给 2000 名潜在的参与者，包括了人们认为的“企业家”和企业经理。正常情况下，7% 的问卷低回收率只会产生无效的问卷结果，因为愿意参与的 7% 的人无法代表剩下的拒绝参与的 93% 的人。回收的问卷调查结果来自 102 名企业家和 37 名经理。尽管作者已经注意到采用调查问卷这样的方式存在不妥，但在回收的问卷中，与“诵读困难症影响范围”有关的信息还是成了重要数据。在 37 名企业经理中，只有 3 人表现出了 4 种或 4 种以上的诵读困难症特征，在 102 名企业家中，有 36 名表现出了这些特征。目前没有办法评估参与者的回答是否准确反映了他们的实际情况。问卷上还有其他一些方法上的问题和不太重要的发现，我就不在此赘述了。

这项研究的每一步都是有缺陷的。格拉德威尔对这些结果照单全收，因为它们已经发表了，结论也似乎支持了他的“故事”，如果它们是真的，就会很有趣。他对研究结果的质量并不在意。然后，他进一步分析了这些结果，得出结论说“有相当大比例的企业家患有诵读困难症”。

3. 书里的其余证据来自两个人的经历，这两个人的诵读困难症使他们获得了非凡的成功。一个是戴维·博伊斯（David Boies），他是一位著名的律师，被视为是最成功、最有成就、位于金字塔顶端的名人之一。他曾经手了一系列具有历史意义的案件，如 IBM 和微软的反垄断官司，并推翻了禁止同性婚姻的加州 8 号提案。而另一人是加里·科恩（Gary Cohn），他曾任跨国投资公司高盛集团（Goldman Sachs）的总裁兼首席运营官。

我无法确定这两个人是否曾患有或仍患有诵读困难症。我也不可能知道。不过，我可以在格拉德威尔的书中看到这些人的性格特征。问题是，我能从该书提供的信息中获得什么结论呢？需要说明的是，我将用 DB 和 GC 来指代该书里描写的这两个人物，而不是真实的他们。

DB 事例：书中叙述的一个重要特点是，作者所描述的行为既不是不同寻常的，也不是阅读缺陷的硬性指标。DB 说他不喜欢阅读，这是事实，对于很多孩子都是如此，我们可以用“不情愿的读者”这一术语来形容这样的孩子。他对阅读不感兴趣可能与他直到三年级才学习阅读有关，这属于正常的范围。因为对阅读不感兴趣而起步较晚，这与缺乏学习能力而起步晚不是一回事。

DB 有意回避阅读，这一直持续到他去法学院读书。他阅读案例研究的简短摘要，而不是阅读整个案例内容。他在课堂上专注于听讲，而不是记笔记，他认为这帮助他培养了非凡的听力技能，也让他有更多的时间去思考别人说的话。这些行为同样不引人注目。诵读困难症患者并不是唯一走捷径的人，也有很多人不会完整阅读一本书而是去读摘要总结。大学教授恳请他们的学生在课堂上倾听他们的讲课内容并做出回应，并抑制自己想要专注于记笔记的冲动。从这方面来看，DB 似乎是个理想的学生。和许多优秀的阅读者一样，DB 觉得自己阅读速度比别人慢，也比别人吃力。但是人们对阅读熟练程度的观念是存在偏见的；我们认为有些人的阅读看起来缓慢而吃力，很有可能他们只是在进行常规精读。

这些例子都说明人们通常有一种偏见，即把正常的阅读行为误认为是阅读缺陷。也许最直观的例子便是 DB 说他写的字非常难看，以至于拼写检测软件都无从纠正他的拼写错误。这是拼写软件的一个特点，并不是他有拼写缺陷。我写这本书的过程中无数次地将单词拼错，但我并不是诵读困难症患者！拼写是一项回忆任务，阅读则是识别任务。从本质上讲，回忆比识别更难。人们其实能够很容易读出他们经常拼错的单词。

此外，DB 最大化地利用了他的听力和记忆力优势，这表明 DB 是一个拥有多项才能的人。记忆力和听力特别好的人不会过分依赖文本获取信息，这也导致他们阅读频率的降低。阅读时间少不利于提高阅读技能，因为阅读技能的提高需要大量练习。这些人可能确实不擅长阅读，但这并不因为他们天生具有阅读缺陷。当工作最终需要他们提高阅读能力时，他们获得的其他补偿性能力也能为他们赢得更多时间来提高阅读速度。

GC 事例：GC 也是一个自我评估为诵读困难症患者的人。和 DB 一样，他也描述了自己的一些经历：在学校表现不好、不喜欢阅读和间断性阅读。书里有关他阅读的其他细节都十分粗略，但有两个特点很明显。首先，他将自己描述为非常糟糕的读者，需要花费 6 个小时去阅读一份 22 页的文件，他还表示他不会去阅读格拉德威尔的书，因为这需要时间和精力。其次，他讲述了自己怎样在华尔街找到工作的故事。其中包括哄骗一位高管给他提供了一份工作，因为他对其谎称非常了解期权交易。在开始工作的前一周，他读了一本期权交易圣经《麦克米伦的战略投资选择》（*McMillan's Options as a Strategic Investment*），他详细描述了为了读这本书所付出的巨大努力。GC 在工作上非常成功，最终成了首席执行官。

但是 GC 的讲述是自相矛盾的。如果他在 6 小时内读了 22 页书（平均每小时约 4 页），那么他在一周内是没有足够的时间来阅读完成超过 1000 页的麦克米伦的书的。以这样的速度读完整本书需要他每天连续不停地阅读约 32 个小时。

我们虽然不能从格拉德威尔的书中得出结论，但这些相互矛盾的数据可以通过几个因素加以协调：也许 GC 不需要读完整本书；也许他读了该书的精简版；也许他采用了跳读的方式；也许他只是大致浏览了这本书；也许他是个天才；也许当他想读书的时候，他就能成为一位优秀的阅读者；也许他记错了，其实他花了更长时间阅读这本书。虽然这些因素都不能确定，但他的讲述中存在的差异和前后矛盾削弱了该证据的价值。

我可以非常简单地总结一下我所关注的问题。这些人提供的信息也可能有以下的解释：人们可能会在阅读上落后，因为与其他更容易的事情相比，阅读需要人们付出更多的努力。如果人们拥有了充足的阅读动力，就能迎头赶上，因为阅读能力差并不一定是读者本身有学习障碍。许多事例研究都显示了阅读技能（而非阅读速度）对于在法律和银行等领域取得非凡成就的重要性。

我的猜测是（仅限于我自己的猜测）：这些人是“潜在诵读困难症患者”。[59] 这个术语并没有临床定义，但它逐渐被许多成功人士所接受。这些人认为自己尽管存在隐藏的阅读障碍，但仍然取得了成功。我进一步推测，这些人的阅读技能是正常的，只是其他技能更加超常。他们展示出了布鲁斯·彭宁顿（Bruce Pennington）所描述的高智商和普通阅读能力之间的差异。他们不是诵读困难症患者，但是自我认定为诵读困难症患者。他们在某一段时间里在阅读方面表现落后，因为他们曾经对阅读不感兴趣。也因为他们对其他更容易的活动表现出浓厚兴趣，也更容易从中获得成功。他们并没有真正认为自己的阅读能力很差，克服诵读困难症是他们的又一个令人印象深刻的成就。

诵读困难症是一个值得拥有的困难吗？在你做出回答之前，有必要从另外一个角度看待这个问题。格拉德威尔所感兴趣的是人们是否低估了患诵读困难症的卓越人士群体。该群体包括技术行业的企业家或者打赢最高法院官司的律师。因为这将表明诵读困难症患者被赋予了某种优势。格拉德威尔提出的问题是，如果某人是卓越人士，那么他患诵读困难症的可能性有多大？尽管存在患诵读困难症的卓越人士，但是能够表明与普通成功人士相比，卓越人士更容易患诵读困难症的证据少之又少。

无论这个问题的答案是什么，我们都有必要再问一个问题。假如某人是诵读困难症患者——一个真正的诵读困难症患者，而不是一个“不情愿的读者”，那么他成为卓越人士的可能性有多大呢？这个问题的答案是已知的，因为即便对于非诵读困难症患者，答案也是一样的：成为卓越人士的可能性非常非常小。即使诵读困难症患者在卓越人士中出现的概率是在普通人中的 5 倍，对他成为卓越人士群体中一员的可能性也几乎没有影响。这与持有 5 张和 1 张强力球彩票中奖概率一样是一个道理。

你希望你的孩子患诵读困难症吗？绝不！

第9章

诵读困难症患者的大脑机制

我曾经认为大脑是人类身体上最让人着迷的部分，后来才意识到，瞧，到底是什么让我产生这样的想法。

——埃莫·菲利普斯（Emo phillips）

在寻常的外表下，阅读其实是一种异常复杂的行为。我将阅读描述为一种行为，它是我们看、听、写、说、学、记忆和思考能力的产物。如果这样的描述还不足以让我们对阅读产生清晰的认识，那么我们可以尝试像这样来解释：就像其他行为一样，阅读也具备神经基础，这为人类理解阅读行为增加了另一个维度。阅读是由大脑完成的，而大脑则是与世界互动的人类有机体的一部分。因此，如果不了解实现阅读行为的大脑运行机制，我们就无法完全理解为什么阅读具有特定的特征。

或者，也许我们根本不能理解其中的原因。

我在这一章的开头引用了埃莫·菲利普斯的笑话，因为它不仅仅是关于人类大脑的最佳笑话，还表达了我们许多人对大脑的一种矛盾心理。我们负责分析的左脑告诉我们："大脑是世界上最复杂的事物，是智力、情感、意识、行动和社交活动的大本营。'大脑是如何发挥作用的'是难度最大也最重要的问题之一。"大脑能为人类行为提供最基本的解释，这种由来已久的认知近似一种直觉，正如粒子物理学能为现实世界提供最基本的解释一样。

而我们的右脑却告诉我们："我不太关注技术层面的事。我确实关心阅读的基本特征和其特别之处，但我认为真正重要的是阅读本身的体验。粒子物理学并没有告诉我们很多关于现实世界的体验。作为右脑，我很高兴我的连体双胞胎左脑对机器非常感兴趣，但这是只有左脑才会喜欢的专业知识。对于我来说，在哪里做了什么又有什么区别呢？我是感觉半球，我的感觉是，如果事物不能用隐喻和简单的句法来解释的话，它对我就没有任何用处。类似‘颞上沟’和‘外侧裂周区’这样的术语让我的大脑活动水平直接降低到了基本线标准。不过，那些关于大脑活动的鲜艳图片确实很漂亮。”

我的左右两个大脑半球都认为，理解实现阅读和其他行为的大脑基础是非常重要的，因为这能让我们了解我们到底是谁，以及我们为什么会成为这样的人。可以这么说，除非一个人的大脑接近死亡，不然他不会对为什么大脑能够实现它的所有功能这一问题没有丝毫好奇，尽管实话实说，这个原生质块实在算不上一个好看的器官。事物的复杂性着实令人生畏，但也十分美妙。[1] 而真正令人兴奋的前景是，我们对神经基质的了解将改变我们对行为本身的看法。[2] 随着人们对阅读行为的大脑基础有了更多的了解，我们可以设计出能够调整神经基质特定成分的行为活动，从而帮助更多人成为更好的阅读者。现在市场上已经开始销售能辅助实现这一功能的软件，但软件的卖点是它能训练大脑，而不是展现效果。

尽管人们对大脑的功能和结构非常痴迷，但我们也很容易对它的复杂性感到厌倦。你想知道与大脑有关的真相吗？你也许还没有准备好接受真相。1992 年，著名神经学家戴维·范·埃森（David van Essen）绘制了一幅猕猴视觉系统图。猕猴的视觉系统与人类的视觉系统非常相似。这幅图非常值得一看：它看起来像是一幅那个年代的微处理器的电路图。[3] 它包含了 30 多个不同的大脑区域中心，按 10 级的脑皮层结构排列，还包括与运动控制、其他感官和认知系统的连接。我们可以假设阅读行为的运作系统也是同样复杂的（它首先包含了一大部分的视觉系统）。对于任何试图写作、教学或谈论大脑的人来说，前文所述的左右脑之间的冲突都是一种挑战，通常需要大量的科学研究才能解决。[4] 在这里我只是拙劣地提出一种简化模式，即传统的左脑和右脑思维模式。

如果不把大脑简化到扭曲的程度，就很难很好地去描述它。[5] 许多科普作家都认为这种简化是合理的，因为他们的目的是让读者对一个复杂的主题产生兴趣，而不是教给他们有关这个主题的知识。简化是不可避免的，扭曲程度也可能是严重的，但是人们认为只要结果是好的，采取什么手段并不重要。

但是我并不这么认为。如果读者不能确定一段省略了大量细节的描述是否真实，或者作者自认为读者能够理解真实的版本，问题就出现了。一旦这种关于大脑如何运行的复杂知识被简化并扎根于公众意识之中，这种卡通化的简化描述便很难被取代。即便我对左脑右脑思维模式的讽刺仍然并不明显，但我的观点确实如此。

研究人员对于阅读或其他复杂人类行为的大脑基础的理解还远远不够。较为公正地说，我们了解得比较多的是完成阅读行为的大脑系统的主要组成部分、系统的发展方式以及它在不同个体和不同的文字系统之间的性质变化。我可以讲述很多关于大脑是如何避免神经生物学因素，从而解决阅读问题的，这些神经生物学因素对于很多读者来说是个障碍（尽管很多研究者对神经生物学障碍这个问题十分感兴趣）。我的讲述不是对于我们已掌握的知识的卡通化，也不会过于宽泛或者具体化。哲学家希拉里·普特南（Hilary Putnam）曾就很好地解释复杂现象所需的物质展开了一番著名的分析，我的目标便是达到他所描述的水平。他曾说好的理论能够通过一般的原理来解释某种现象并揭示其本质，而不是把它掩埋在大量无关紧要的细节中。[6]

人们无法仅通过密切观察就发现阅读行为的大脑基础。大脑不会把自己的各个部分和功能整齐地标记出来供人们研究。20 世纪初，德国神经学家科比尼安·布罗德曼（Korbinian Brodmann）从解剖学角度划分出 43 个主要的人脑区域，人们至今仍在使用这一分区系统，这是一项巨大的进步。[7] 2016 年，由范·埃森领导的一个团队使用神经成像方法描绘出了一幅现代布罗德曼分区（Brodmann map），在该分区中，人脑的左右半球各有 180 个区域，其中包括近 100 个以前从未发现的区域。[8] 然而，仅仅观察这些图表，我们是绝不会明白其中的奥妙的，自然也不会知道这些区域是如何完成阅读的。因此，阅读理论是非常必要的，这样我们才能提出关于大脑的问题。但是我们现在已有的阅读理论并不是完美的指导手册，原因在于这些理论并不完整，且它们关注的是人类行为，而不是引发这些行为的神经生物学系统的特性。既然我们在这两个层面上都没有完整的理论，研究工作就在这两个层面之间展开。这是另一个约束满足问题，就像利用字母和单词知识解决验证码安全系统问题一样。在一个层面上学到的知识会限制在另一层面上的正确性。我们的目标是找到一种理论，它既与各个层面的事实相一致，同时能展现它们之间的相互关联。

我所描述的计算模型有一个重要的功能，它揭示了像大脑这样的东西是如何产生阅读单词或句子这样的行为的。最初，人们使用这些模型来研究阅读行为，期待当我们对阅读行为有了更多了解后，能够将其与大脑联系起来。人们朝着这一方向迈出的第一步是利用这些计算模型来阐明阅读和语言功能由于脑损伤或疾病而遭受的不同影响和损害。神经成像技术可以让人们观察到完整的大脑运作。因此，这种技术的问世加速了该领域的发展。计算机建模和成像技术都是在 20 世纪 80 年代发展起来的，最初这两种技术处于并行发展的态势，最终在视觉、记忆、注意力和阅读等领域逐渐结合在一起。事实证明，它们能以大致相同的精密度（即我们所说的“颗粒”）来捕捉某现象，这对于理解认知具有非常重大的价值。大脑和行为可以通过共同的计算概念相互联系起来。因此，尽管我所描述的模型并不代表大脑，但它们对了解大脑非常有帮助。

四种不同类型的获得性诵读困难症

多年以来，有关阅读和其他更高级行为的大脑基础的主要知识来自人们开展的一系列研究，这些研究探索了由于受伤（例如卒中或者没戴头盔从自行车上摔落所造成的闭合性脑损伤）或者疾病（如阿尔茨海默病）造成的大脑损伤是如何影响阅读以及其他更高级行为的。这项开创性研究由 19 世纪神经学家保罗·布罗卡（Paul Broca）和卡尔·韦尼克（Carl Wernicke）等人领导。他们最著名的研究涉及口语功能障碍。弗洛伊德曾在早期参与了这项研究，但他随后对其他器官产生了兴趣。要想找出造成行为缺陷的大脑损伤的部位，就只能通过死后对受损组织进行检查，或者在其后的若干年里通过神经外科手术一查究竟。20 世纪 60 年代，随着计算机断层扫描技术的出现，在患者活着的时候就可以确定其大脑的受损部位。

认知障碍患者的病例研究一直是大众科普作品的主要内容，因为神经病理的异常可能会导致患者的行为举止变得奇异且令人意想不到，比如把自己的妻子当作一件衣服，或者对于新发生事件的记忆仅能持续几分钟。这些患者所处的困境具有一种病态的、悲剧性的吸引力。神经病理学在当今流行文化中的突出地位与结核病在早期文学和教育文化中的突出地位有很多相似之处。结核病是一种痛苦而致命的疾病，但人们在与其保持距离的同时也赋予了这种疾病一种美学上的意义。结核病是 19 世纪英国著名诗人约翰·济慈（John Keats）和 20 世纪德国现实主义作家托马斯·曼（Thomas Mann）等作家的伟大文学作品中众多隐喻的来源。[9] 相较于对奇特状态的关注，更加敏感的现代作家则将神经病理学的病例研究作为反思自我、意识、现实以及其他超出科学探究界限的问题的起点。其中最具影响力的研究，是已故的神经学专家、畅销书作家奥利弗·萨克斯将患有失认症等疾病的患者的感受和状态而不是造成该疾病的病因作为研究重点。[10] 关注患者所呈现的关于人类行为特征的神经生物学基础以及这些损伤如何影响行为的有价值的证据，并不是对患者的歧视。病例研究为我们了解人脑提供了更多知识，也是对他们所遭遇的不幸的小小补偿。

“获得性诵读困难症”这一术语指一个受过教育的个体在经历大脑损伤后产生的阅读障碍，而不是指学习阅读存在的障碍。神经病理方面的原因会导致几种不同形式的获得性诵读困难症，不同形式的诵读困难症反映出患者阅读三角的不同部分受到了损伤。在所有这些病例中，患者都经历了影响阅读和其他行为的脑损伤。研究人员关注的重点依旧在于患者能否朗读，主要因为朗读是便于研究者观察的行为；患者的口头语言和书面语言的理解和形成、短期和长期记忆以及其他能力也会得到评估。

研究过程中，患者的任务就是朗读索引卡上或显示在电脑屏幕上的单词或者非单词。研究结果表明，他们的朗读表现受到了影响，但只是部分受到影响。关键数据涉及三种常见的刺激类型：take、must 和 blimp 等“常规”单词，have、once 和 pint 等“异常”词，以及 nust、flane 和 dorst 等非单词。

获得性诵读困难症的几种类型都反映出这样一个事实：在许多病例中，脑损伤对阅读系统的不同组成部分所造成的影响程度也是各不相同的。研究人员想要了解的是，大脑中负责阅读的系统是如何组织的，为什么神经病理方面的病症会导致患者在阅读某种类型的单词时表现极差而在阅读另外一种类型的单词时却并未受到影响？获得性诵读困难症的类型都是依据患者所犯错误的特征来定义的。每种类型的表现形式也会因为下面几种情况而有所不同：脑损伤的严重程度、受损部位和受损原因的不同；受伤前患者的阅读技能的差异；脑损伤的时长；康复的类型和程度。文献中的病例报告重点关注的是那些大脑受到选择性损伤的患者，因为他们能够比全脑受损的病患提供更多的信息。

我将描述四种不同类型的患者的症状，也会告诉大家这些患者大脑受损的普遍位置，但是你还是无法根据这一信息来预测患者的阅读错误。假设你是认知神经心理学家，请诊断阅读三角的哪一部分或者哪几个部分受到了损伤，而这些可能与神经病理学相关。

表层诵读困难症

主要症状如下：

- 患者能流利、准确地朗读许多单词和非单词。
- 错误主要发生在异常词中，这些异常词通常是“有规则的”。例如，broad 被读成“brode”，pint 被读得与 mint 押韵。最显著的症状是，尽管具体的形式会因为我所提到的多种原因而有所不同，但是与发音规则的单词相比，大脑损伤对朗读发音不规则的单词影响更大，有些患者只是念错了低频异常词；而对于其他患者来说，大脑损伤的影响则延伸到了例如 said 和 give

这样的常见词的发音上。

- 患者对口头和书面语言的理解都很差，即使是单个单词。患者可能会正确地朗读 book 这个单词，但无法将口头或书面单词与其代表的物体的图片匹配起来。患者说出和写出连贯句子的能力也严重受损。
- 大脑受损的部位位于左颞叶，该区域负责编码语义信息，或者将这些信息连接到表征这些信息的区域。

这个典型的表层诵读困难病例是一位代号为 MP 的女士，她的头部因遭到公共汽车的撞击而受到了损伤。MP 女士康复后，尽管她思维敏捷并且能够参加许多活动，但是她的语言理解能力（包括言语和阅读）都严重受损。她的表现类似于一台阅读机器：尽管她并不理解这些单词，但是她能非常准确地朗读它们。她还能正确地读出非单词，朗读的速度也在她所属年龄的正常范围内。她读错的单词几乎都属于一种类型：如 broad 和 yacht 这样的低频异常词，她往往会将这些词进行规范化处理。[11] 著名神经心理学家玛琳·贝尔曼（Marlene Behrmann）和卡拉琳·帕特森（Karalyn Patterson）对 MP 女士进行了大量测试，她们发现，MP 女士把短语 push comes to shove（紧要关头）中的每个单词都进行了规范化处理。另一位表层诵读困难症患者能够正确地读出单词 NASA（美国国家航空航天局），这是一个首字母缩写词，读音类似一个双音节单词。但是他却读错了 IBM（国际商业机器公司），该单词为首字母缩写词，其发音就是每个字母的读音，即“i-b-m”（三个音素），但是这位患者却犯了将其规范化处理的错误。

请你做出诊断。

患者 MP 女士不能理解书面或口头单词的事实意味着她的语义系统受到了严重破坏（见图 9-1，左图）。她能朗读许多单词和非单词的事实表明她的“正字法→语音”的映射能力是完整的。她在语义上的障碍导致了她在读低频不规则单词时产生了错误。

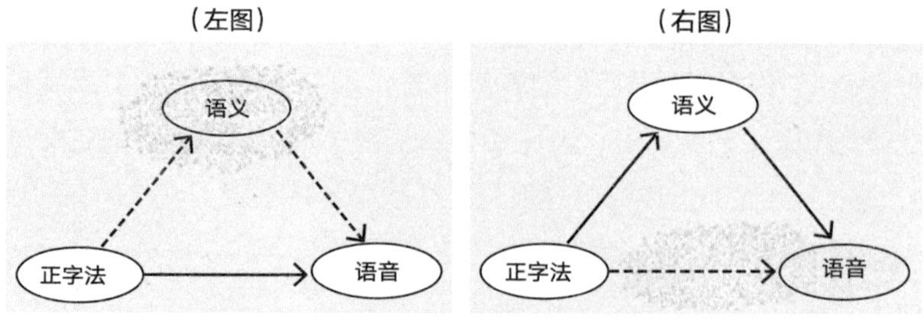

图 9-1　表层诵读困难症和语音诵读困难症

表层诵读困难症（左图）：语义上的损伤会导致患者朗读 mauve 和 sieve 等不规则单词时存在障碍。对于患者 MP 女士来说，完整的“正字法→语音”这样的途径确保她能够准确且流利地读出大多数其他单词和非单词，但是她并没有理解她所朗读的内容。语音诵读困难症（右图）：“正字法→语音”这一途径的受损迫使患者依赖“正字法→语义→语音”这一途径，这就造成了患者言语的不流畅以及对非单词的错误朗读。

为什么一个单词的意思会与将它朗读出来的行为有关联呢？患者 MP 女士可以准确地读出非单词，而它们其实并没有任何意义。在第 7 章里，我解释了“劳动分工”的概念是如何有效地应用于计算单词的含义的。大声读出字母串也运用了同样的原理。在朗读单词的过程中，阅读三角的两个部分被激活，从而建立起语音代码：“正字法→语音”和“正字法→语义→语音”。利用“正字法→语义→语音”这一途径为发音不规则的低频单词承担部分负担，“正字法→语音”途径就能极大地提高效率。这一点是我们必须了解的。这是以前任何理论都无法预测的。第一个提示来自我们最初的模型，实际上，它只包含了“正字法→语音”这一部分。这一模型学习朗读规则单词、异常单词以及简单的非单词。它读错的几个单词是低频的异常词，例如 shove 和 yacht。这与 MP 女士的情况非常相似。也许这些单词需要从“正字法→语义→语音”这一途径进行输入，这正是模型中缺失的部分，可能也正对应着患者大脑严重受损的部位？

随后我们对脑部受损的患者和没有阅读障碍的读者分别进行了研究，研究证实，人们在读到不规则发音的低频词时，语义部分的参与程度相当高。这是一个具体但并非显而易见的预测。然后，我们创造了包含这两种途径的模型[12]，作为学习快速准确地完成朗读任务的副产品，这两种途径都能自然地促进这种分工方式的发展。

虽然这种分工对于熟练的读者来说十分常见，但分工却并不平衡。有些人具有高度顺畅的“正字法→语音”途径，甚至能够准确地读出相对不常见的单词拼写。所以这种情况几乎不需要“正字法→语义→语音”途径的输入。对于其他人来说，他们的“正字法→语音”途径可能没那么顺畅，只呈现了最常规的“拼写－语音”模式，因而需要来自“正字法→语义→语音”途径的更多输入才能准确地朗读许多单词。我们都熟悉这样的人：他们非常擅长朗读他们已知的单词，但往往会将“你好！我的名字是”后面的名字读错。

简而言之，MP 女士让我们知道了一个“正字法→语音”途径完好，而“正字法→语义→语音”部分完全受损的人的阅读表现。

如果这种说法是正确的，那么我们能接着做出两种预测。首先，语义受损的患者将成为表层诵读困难症患者。其次，表层诵读困难症患者的其他依赖语义的行为也会受到阻碍，例如说话和识别物体。在神经病理学狡猾的伪装下，自然界为这两种预测提供了测试。最明显的证据来自语义痴呆患者，这是一种会导致概念知识逐渐丧失的退行性神经性病变。这是由人脑前颞叶的逐渐萎缩造成的。[13] 前颞叶是大脑的一个中枢区域，连接了构成我们概念知识（例如“杯子”或者“金丝雀”）的多种信息类型。

阿尔茨海默病会对人类的认知功能产生广泛的影响，不同的是，语义痴呆在病情相当严重之前只会影响语义类型的知识。随着语义系统的恶化，患者朗读单词的能力也会相应下降。正如计算模型所预测的，错误最初都集中在发音不规范的低频词上。[14] 随着患者病情的恶化，其他词语的朗读也会受到影响。值得注意的是，研究人员已经证明，根据患者对每个单词的语义知识的掌握程度可以预测他们是否能正确读出该单词。也正如预测的那样：这些患者的其他依赖语义的行为也会发生障碍，例如听到单词并将其拼写出来或者说出不规则动词的过去式，比如说出“take”的过去式是“took”。

语音诵读困难症

主要症状如下：

- 可以正确读出许多异常词和规则词，而且准确度大致相同。
- 非单词的发音能力受损程度更严重。患者仍然能够准确地读出他们已知的许多单词，却不善于读出新的单词。这种差异是语音诵读困难症的主要特征。
- 口语理解能力受影响的程度各不相同。即便受到影响，此类患者对口语的理解能力也比他们的口语好得多，他们的口语往往是不流利的。患者通常能够理解他们正确朗读出来的单词。
- 受损部位是颞顶叶回路的一些区域，这些区域负责生成语音编码。

获得性语音诵读困难症的典型病例被称为 WB。在大量的临床评估过程中，WB 被要求朗读 712 个单词，他正确朗读了其中 85% 的单词。WB 是一位经历过严重意外脑血管病变（卒中）并随之产生多种障碍的老人，考虑到这个因素，他朗读单词的正确率已经相当高了。他的回答虽不流利，却很准确。但他朗读非单词却又是另一回事了，在朗读 20 个简单的非单词时，例如 cobe 和 dreed，他没有一个发音是正确的。

在朗读单词和非单词之间存在如此大的区别是十分罕见的。获得性诵读困难症患者通常在读出所有类型的字母串上都存在障碍，但在一种特定类型的字母串上情况更严重。然而，WB 十分擅长朗读单词而不擅长朗读非单词。值得注意的是，WB 能正确读出 must 这样的单词，而对于 nust 这样稍有变化的单词，他却读错了。大多数情况下，他不会尝试读出单词。当他做出尝试时，他通常会将某个单词读成它的形近词。例如，他会将 cobe 读成“comb”，尽管 comb 一词的读音是准确的。他还将 mave 读成了“make”。将非单词读成另一个单词的行为被称作词化错误。[15]

对此你将给出怎样的诊断呢？

患者仍然能够理解口语，这说明他的语义功能基本上是完好的。尽管他的口语并不流利，他也能通过“正字法→语义→语音”途径大声读出熟悉的单词。因为非单词没有实际意义，因此朗读它们需要通过“正字法→语音”途径；非单词的朗读能力严重受损则表明这一途径不再起作用了（见图9-1，右图）。这一途径受损也包括患者本身语音功能的退化，从而导致了患者说话不流利。当患者试图用“正字法→语义→语音”途径，即只对已知单词进行编码，朗读非单词时，就会产生词化错误。在大多数测试中，非单词并不能激起语义上的回应。然而，有时cobe这样的非单词能激活comb这样拼写相似单词的意思和发音，因此可以帮助患者正确地读出该单词。

深层诵读困难症

到目前为止，我所描述的这些类型的患者都患有严重的阅读障碍，但是当脑部没有受损的健全人士朗读单词时，也经常发生将不规则的单词规范化或将拼写错误的单词词化的错误。深层诵读困难症患者有若干种读错单词的方式，有些方式完全不同于典型的阅读错误。为了更好地说明这一点，我将列出提供给患者朗读的单词、有代表性的回答以及错误的类型。这些例子都是患者实际会犯的错误。

单词（提供给患者朗读的单词）	回答（口头）	错误类型
teacher（教师）	student（学生）	语义错误
stable（稳定的）	staple（主要的）	视觉错误
sympathy（同情）	orchestra（管弦乐队）	视觉错误后产生语义错误
shirt（衬衫）	skirt（裙子）	视觉和语义的融合错误

深层诵读困难症患者朗读抽象词汇，例如fate（命运）、destiny（命运），比朗读具体的单词，例如table（桌子）、book（书）有更多的障碍。与朗读名词相比，他们朗读动词也会更吃力。他们朗读功能词（如连词、冠词、助动词）的能力比朗读实义词（如名词、形容词、动词）差，在朗读的过程中还会产生类似将she读成虚词“is”

的替换错误。据报道，一名患者正确地朗读了 chrysanthemum（菊花）一词，却不能读出定冠词 the。[16] 最后，患者在朗读非单词时往往表现极差，产生许多词化错误，例如将 flig 读成“flag”（旗帜）。

此时你的诊断结果又是怎样的呢？

让我们先来看看其中的一些错误是多么明显。患者在卡片上看到一个单词，朗读该单词时却犯了一个明显的错误：这个单词是 teacher（教师），但患者却读成了 student（学生），这两个单词的拼写和发音完全不同。为什么会出现这样的错误呢？此时我们面临两个挑战：确定产生这些错误的可能原因，即阅读系统的受损如何导致这些错误的产生，并且解释为什么这些错误会同时发生。

不善于朗读非单词的事实表明患者的“正字法→语音”途径严重受损。患者被迫依赖“正字法→语义→语音”途径，该途径足够完好，可以帮助人们正确读出许多单词，但是几乎不包括非单词。到目前为止，该患者看起来还很像一位语音诵读困难症患者。然而，这些错误表明患者的语义功能也受到了损害。只有当患者将 teacher 一词读得足够好，能够激活该词的部分意思时，才会出现在卡片上看见 teacher 一词却读成 student 的错误；student 是与 teacher 语义相关，这并不是一个随机的错误。

患者看到 teacher 是怎样读出 student 的呢？神经解剖学关于脑损伤的部位、范围或精细结构的证据目前还不能预测或者解释这种错误。这是计算理论的工作，它阐明了正常阅读行为所涉及的运行机制，如果大脑受损的方式与神经生物学证据一致，这样的错误就会重现。戴维·普劳特（David Plaut）、蒂姆·沙利斯（Tim Shallice）和杰弗里·辛顿利用图 9-2 显示的“正字法→语义”途径模型对深层诵读困难症进行了研究。[17] 正字法途径被省略是因为这些患者的这一能力严重受损。和图 9-2 相似，每个椭圆代表一组单元，箭头表示从一层单元到另一层单元的加权连接。与我们在早期建立的发育性诵读困难症模型一样，这些模型包括一组清理单元，其创建的反馈环可以将该网络的语义部分变成一个随时间变化的动态系统。在该动态系统中，词的意义被表示为吸引因子。拼写模式激活了语义单元，当激活作用传递到清理单元并返回时，语义单元的状态会随着时间发生变化。该网络最终会形成一个稳定的语义模式，而吸引因子则形成其中某个单词的意义。

普劳特、沙利斯和辛顿的研究取得了重大进步，它表明该吸引因子网络的扭曲变形或者“正字法→语义”途径出现的输入失误会造成深层诵读困难症患者的大多数错误，其他错误则是因为“正字法→语音”途径受损造成的。我们可以思考一下患者看见 cat（猫）却读成 dog（狗）这样的语义错误。拼写激活了一部分语义记忆，猫、狗和相关的概念同属于这部分语义记忆。正常情况下，吸引因子系统将激活作用发送到周围，直到进入产生正确意义的模式。然而，如果该系统受损，它有时就会进入一个语义相关的单词的模式里：cat 进入 dog 一词的吸引因子中，因此患者将其读成了 dog。

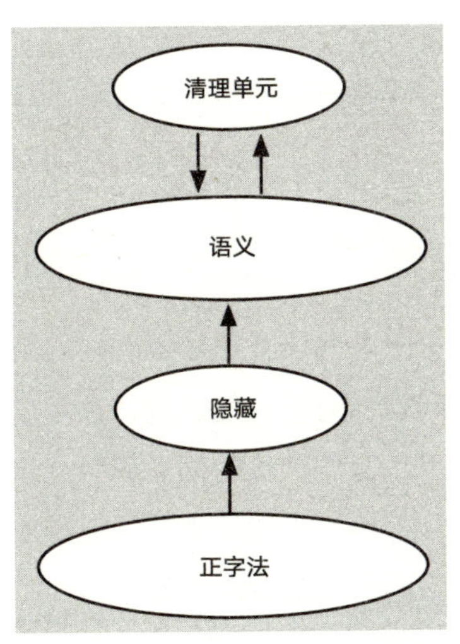

图 9-2 “正字法→语义”途径模型

戴维·普劳特、蒂姆·沙利斯和杰弗里·辛顿的研究表明，研究人员在患者身上观察到的许多令人困惑并且看似无关的错误类型，其实都源于相同的潜在原因。这些模型通过在输出端使用语义吸引因子网络来生成书面文字的意思。大脑受到的损害破坏了语义系统的处理过程，导致一些单词有时落入了邻近单词的吸引因子网络中。

同样的机制也会产生其他类型的错误，甚至能产生将 stable（稳定）读成“staple”

（订书钉）这种源自视觉的错误。以下是对此不可思议的现象的科学解释。单词的意思由一些语义信息（特征）表示。人类的大脑需要存储大量的语义信息，数量多到无法用一种可管理的计算机模型（一个我们可以细致分析的模型）来呈现，但拥有数十亿神经元的大脑是可以做到的。单词的意思是习得的吸引因子——一种稳定的激活模式。每个吸引因子都可以看作由不同数量的语义单元决定的高维度语言空间的一个点。戴维·普劳特、蒂姆·沙利斯在研究中用 68 个语义单元代表 40 个单词。因此，每个词的意思都位于这 68 个语义空间维度里（远远小于实际的语义空间）。在该空间内，点的分布如此扭曲有时会导致模型选择语义相似单词的吸引因子，就像 cat 一词进入了 dog 一词的吸引因子一样。然而在其他时候，模型可能选择视觉上相似单词的吸引因子。例如，在处理 cat 一词时选择了 cot（小床）的吸引因子。虽然模型正确地读出了 cot 一词，但是却产生了"视觉"错误。这种错误是一个突发事件，展现了吸引因子在高维空间分布的异常，但这并不是视觉缺陷。例如将 cat 一词处理为 bed（床）是"先视觉后语义"的错误，错误的产生结合了如下因素：模型在处理 cat 一词时进入了 cot 的吸引因子中，之后被分解成 bed 的语义。其他缺陷，例如模型对抽象词汇的理解比对具体词汇的理解要差，反映了语义表征的特性，而这些特性可能导致模型出现此类错误。

深层诵读困难症是一种更极端的语音诵读困难症。两类患者均为"语义"阅读者，因为"正字法→语音"途径断裂，他们只能通过"正字法→语义→语音"途径朗读单词。然而，深层诵读困难症患者有更严重的语义障碍。这些模型解决了我在上文提出的两个挑战：它们展示了正常系统遭受的损害是如何造成这种不同寻常的缺陷行为的发生的，也展示了为何看似不同的缺陷会同时发生。

诵读困难症

诵读困难症也被称作"字盲"，最早由 19 世纪的神经学研究领域的先驱朱尔斯·德杰林（Jules Dejerine）描述并记录下来。诵读困难症这一缺陷涉及阅读和正字法范畴。德杰林描述了两名出于各种不同的原因，无法从自己的拼写中识别出单词的患者。

一个患者的脑损伤明显损害了他的正字法知识。他不能阅读书面文字，也不能拼写出他能正常理解的口语单词。这种情况称为伴失写症的诵读困难症，因为它影响了正字法代码的阅读和书写。他的大脑受损部位位于左半球顶叶，包括一个叫作角回的结构。德杰林将该结构描述为"拼写库"。

德杰林描述的另一个患者也不能阅读单词，但他的拼写知识却是完整的。他能准确地拼写口语单词。他能在看到一个单词拼写的同时准确地抄写单词。许多这样的患者可以用一种费力的补偿性策略大声读出单词：逐个地辨认字母，像口头拼写一样朗读（"bee""ay""tee"），然后通过发音来辨认单词（bat）。这种策略被称作逐个字母阅读策略，它使得患者绕过了受损的阅读系统而通过听觉系统识别单词。患者被描述为患有"诵读困难症"，但不是伴有失写症的诵读困难症，因为虽然他的阅读能力受到损伤，但是拼写知识得到了保存。这种情况被认为是"纯粹"的，因为缺陷仅限于阅读。正如一位英国神经病学家曾指出："一个纯粹的诵读困难症患者能够以正常的速度书写，却不能读出他刚刚写过的内容，这是临床神经病学最显著的症状之一。"[18]

对此，你将给出怎样的诊断呢？

理解这些模式的关键是神经病理学。第一种类型的患者经历了脑损伤，大脑左半球的拼写表征受到损害。第二种类型的患者有完好的拼写能力，但是识别书面文字的能力受到脑损伤的阻碍（通常患者经历了左后侧大脑动脉梗死），从而产生了两种影响：（1）通常情况下视觉信息在大脑两个半球都能得到处理，但这些患者的视觉信息信号只到达了大脑右半球；（2）大脑左右半球之间的连接（脑胼胝体的压部）也受到了严重的破坏。因此，字母串的处理被限制在右半球，无法与完整的左半球拼写表征建立联系。逐个字母阅读策略允许患者通过未受损伤影响的言语来连接拼写表征。患者可以使用大脑右半球的图像表征来书写单词，但这种行为是随意的、毫无意义的乱写。这些患者的事例说明，脑损伤可以通过两种以上的方法对大脑阅读三角区中第三个重要组成部分——正字法造成损害。

从障碍中学习

对于获得性诵读困难症的不同表现形式的研究已经为阅读行为的神经基础提供了重要证据，同时也阐明了有关大脑和行为相互联系的两个普遍观点。首先，理解正常阅读和有缺陷的阅读需要同时研究行为、计算机制和神经生物学基础。阅读系统的神经组织和阅读障碍的神经基础不能只通过行为证据去反向设计；阅读的特性也不能只通过神经生物学来推断。

以深层诵读困难症中出现的各种奇怪的阅读错误为例，如果仅仅是从行为表现来看，似乎有七八种不同的大脑异常参与其中，但是人们并不能解释它们为什么会同时发生。在开发计算模型之前，人们已经明显地发觉造成“视觉”错误与“语义”错误的原因其实并不相同。吸引因子机制为人们思考这些错误原因的形成提供了新的视角，即这些错误有一个共同的根源。这种机制不是什么随意的电脑黑客行为；它以神经系统学习和运作方式的基本事实为基础。理解两种类型的诵读困难症帮助人们获得了一些与神经生物学相关的知识：阅读过程中大脑两个半球的参与性、视觉系统的特性、大脑受损部位的位置以及它们是如何扰乱正常系统的。

其次，我们无法只靠研究阅读去了解阅读。引起获得性诵读困难症的缺陷也同样会影响人的其他行为。因为阅读行为所涉及的能力和神经结构也会被用于完成其他行为。语义和语音的缺陷也一样会影响完成其他需要这两种能力的任务的表现。同样，“纯诵读困难症”其实并不是纯粹的：支持拼写能力的神经系统如果受损也会影响人们其他类型的行为，例如对人脸和物体的识别。[19] 有时，与完成其他任务相比，某种特定类型的损伤对完成阅读这项非自然任务所造成的影响更大。尽管如此，阅读缺陷并不仅局限于阅读。

尽管对几种特定类型的患者的深入研究在持续进行，研究结果一直以来也都是该领域非常有价值的证据来源，但是我们所了解的大部分有关阅读的神经基础知识还是来自神经成像技术和其他相关技术对神经系统健全的人展开的相关研究。现如今，计算机建模和神经成像技术已经紧密地联系在一起。研究人员利用计算机模型来设计成像实验，用于检验特定的假设并分析神经成像数据；神经成像数据使计算模型发展得更加复杂、精密，更具神经生物学角度的真实性；反过来，模型的发展又能促使我们以新的方式来研究人类行为。将神经成像与阅读等复杂技能的计算理论相结合的方式引领着这类研究，并使其超越了在这一新领域的早期研究——“X 脑区”定向研究。

大脑的阅读回路

针对阅读的大脑基础的研究使人们在大脑初级回路的存在及其一般性质上达成了广泛的共识。这些回路的性质通常由所涉及的大脑主要区域、该区域可能承载的功能和功能之间的相互联系所决定。人们运用功能磁共振成像技术对儿童进行了研究。目前这种方法被视为安全的，研究所面临的主要挑战是防止儿童焦躁不安。这项研究获得了关于正常的神经回路运行方式以及发育性诵读困难症中的异常的大量证据。然而，大脑研究是一个棘手的问题。尽管人们已经掌握了大脑的主要组成部分，但目前我们对这一系统还没有更加详细的了解。现在，我们仍然没有完全理解 19 世纪人们就已确定的大脑主要结构的功能。这一事实提醒人们，大脑的结构非常复杂，并且令人极难理解。

让我们向菲利普·高夫致意，他向我们展现了阅读时大脑的“简单视图”（见图 9-3）。

大脑中负责阅读的系统中枢是枕叶和颞叶交界处的一个区域，有时该区域被称为视觉词形区或者“拼写盒”，是正字法知识汇集的主要场所，是负责阅读行为的独特大脑组成部分。

大脑中的主要阅读回路是通过左枕颞中枢与语言神经系统之间习得的连接形成的，这些神经系统在阅读行为开始前就已经高度发达，之后又通过阅读活动得到了进一步发展。

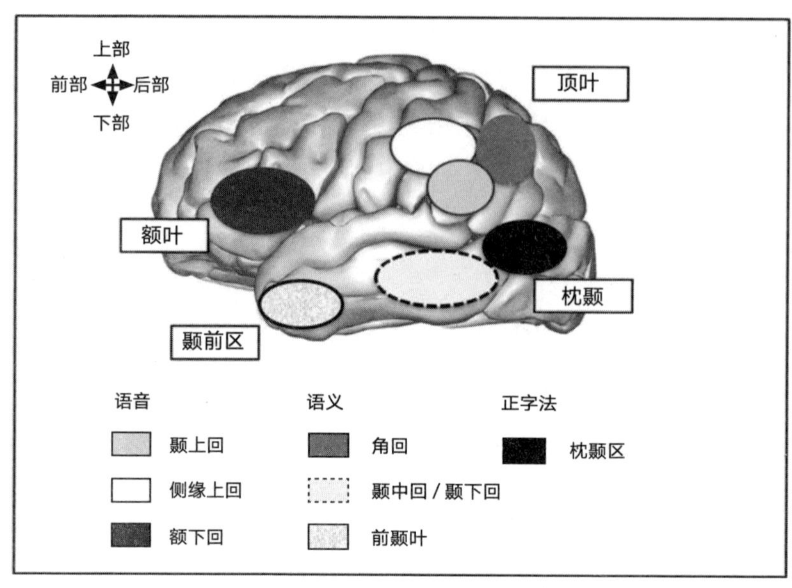

图 9-3 阅读时大脑的“简单视图”

该图展示了负责阅读的神经系统的主要组成部分。枕颞区：拼写中枢，“技能区”。角回：多模态区域，语义、语音和拼写集中区。颞中回 / 颞下回：一些下部“正字法→语义”回路。前颞叶：语义中枢。颞上回 / 侧缘上回：侧面“正字法→语音→言语”回路。额下回：多亚区及功能，与语义中枢相连，参与言语生成。图中定位大体接近，指定区域是较大区域的一部分（例如颞上回 = 颞上回的一部分）。区域之间的连接（该图未显示）塑造了它们的功能，而这些功能的调节范围并不像标签所暗示的那样狭窄。

- 上部神经途径将拼写功能与颞顶叶脑区联系起来，颞顶叶脑区是通过言语—语言的理解和形成相关研究被发现的。这是从文字到朗读文字（正字法→语音）这一计算语音编码形成过程的首要回路。
- 下部神经途径将拼写功能与颞叶的某些区域联系起来，这些区域的功能是确定单词在阅读和言语中的意思。它很可能与阅读三角中“正字法→语义”途径相关。
- 从言语的生成得知，从颞叶区域到语音途径的连接成了“正字法→语义→语音”回路的一部分。[20]

集中于额下回的额叶区在阅读中扮演着重要的角色。这一区域如果发生问题，就会影响正常阅读，造成阅读障碍。该区域包括著名的布罗卡氏区（Broca’s area），它在执行多项任务时会被激活，激活程度越高，任务难度越大。左侧额下回后部作为其中的子部分参与计划和生成言语，也可能是阅读的上部语音途径的一部分。额下回三角部是第二个组成部分，人们认为这一区域具有语义功能，也许能够通过下部的“正字法→语义”阅读途径得到激活。额下回连接了涉及计划和监控目标导向行为的具有“执行功能”的近前额区。在阅读过程中，这些任务包括确立阅读文本目标，根据目标调整阅读文本的深度，确定监控目标是否得以实现，并在必要时做出适当调整。

语音与语义区在大脑中的分布

虽然科学研究为我们提供了充分的神经学证据来描述阅读三角模型的基本途径，但是这些“正字法”“语音”和“语义”标记的具体情况是怎样的呢？我们必须在当前有关大脑运行的相关争议的背景下认真考虑这个问题。其中一种可能性是每种类型的信息都有相对应的大脑区域。19 世纪颅相学家认为人类的各种能力与大脑的不同区域相关联。他们过于自信地对与各种“能力”（如谨慎、直觉、文雅、时间安排）相对应的有关区域进行了划分。（“语言能力”对应的区域位于眼睛下方，这明显是言语和阅读能力的结合。[21]）虽然颅相学家的错误是显而易见的，但关于大脑各个区域也许具有高度专门化功能这一观点却一直保留了下来。如今，研究人员已经提出了几个功能区域：视觉词形区[22]；展现面部特征的梭状回面孔区；与视觉场景相关的海马旁回区；与身体部位相关的外横纹皮质区；以及与观察物体相关的枕外侧复合体。研究人员还发现，辨别食物、动物和工具等类别的相关功能也存在于不同的大脑区域。从进化的角度来看，研究人员认为大脑基于这些信息的生存价值进化出了专门的系统（区分可食用和不可食用的物质，区分食肉动物和非食肉动物，设计武器来抵御食肉动物）。[23]我们可以将大脑比喻成一把瑞士军刀，一种由许多特殊工具组成的装备。[24]

另一种重要观点认为，每种主要类型的信息其实不局限于大脑某一个特定的区域，而是由大脑结构的网络所支撑。在该网络中，大脑的各个区域都对多种类型的信息做出反应并参与信息的处理。专门化也的确存在，那 43 个布罗德曼分区并不提供相同的功能，但是调整方式并不像模块化那样刻板。随着收集和分析大脑数据的方法不断完善，以及探究大脑组织发展方式的计算模型的参与，原有的模块化观点受到了挑战，但到目前为止这场争论还远没有结束。[25] 其中，拼写的地位是人们争论的核心问题。

对诵读困难症患者的研究和早期神经影像学的发展支持了以下观点，即拼写通过神经模块呈现。脑损伤可能会损害模块本身或损害拼写进入模块的途径。德杰林认为这个区域是角回，但现代研究却得出了与此不同的结论。

使用功能磁共振成像的实验集中于研究大脑左半球梭状回的一部分（假定的视觉词形区或“拼写盒”），它对正字法的一些不同特性比较敏感。该部分涉及字母识别问题的解决，负责从各种形式的变化识别字母。与不太像单词的字母串（如 golsp）相比，更具备单词特征的字母串（如 stort）会引发更高的激活度。与随机的字母串、棋盘模式、几何图形或人脸相比，单词在这一区域能引发更强的激活度。单词在该区域引发激活的程度与学习阅读的进展密切相关：年轻的优秀读者的激活程度高于阅读能力低下的读者。这种模式也会随着发展发生逆转：更高的阅读技能与更低的激活水平相关联，阅读水平较低的读者反而会产生更高的激活水平。

有趣的是，大脑右半球与此对应的区域是面部区域。因此，左梭状回和右梭状回似乎有可能分别对应不同类型的视觉技能、拼写和面孔识别。左梭状回受损阻碍了患者的识别拼写能力（诵读困难症），而右梭状回受损则削弱了患者识别面孔的能力（脸盲症）。模块化观点的支持者认为，人类识别人脸的能力是不断进化发展的，这导致右半球一个区域天生会对人脸刺激敏感。作为一项新的技能，拼写占领或“再利用”了神经区域，否则该区域将被其他物体或视觉刺激所占用。因为拼写区域接近语言区域，而语言区域又偏向大脑左侧，而右半球的功能是优先调整处理人脸特征信息，所以拼写被传递到左半球区域。[26]

在这一点上，相关研究和一些理论已经逐步形成，为大脑两个互补模块的起源和功能提供了充分解释。然而，一个看似美好的理论本身其实就已经埋下了自我毁灭的种子：它不但没有使人们停止研究，反倒激发了人们更多的研究，而这些研究结果往往与之前的结论相矛盾。枕颞腹侧区这个概念很快就面临了许多挑战（梭状回面孔区和人们早先提出的其他模块也是如此）。

- 如果枕颞腹侧区是大脑的拼写模块，那么该区域的损伤就有可能会导致诵读困难症。然而，针对患者的研究所获得的数据结果却不免令人惊讶。在一项针对 80 名患者的大型研究中，阿吉·希利斯（Argye Hillis）和他的同事发现枕颞腹侧区的受损程度与理解书面文字的缺陷之间并无关联；患者仍然可以完成一些任务，例如将打印出的单词与描述其意思的图片进行匹配。[27] 拼写还能由大脑的这一区域呈现，呈现的结果与正常读者的影像学研究所示相同。然而，这个区域并不能完成阅读所需的全部功能，因为拼写也表现在大脑区域的网络中，其中包括角回和右半球梭状回。因此，即使没有视觉词形区，视觉词形的处理也可以实现。[28]
- 如果枕颞腹侧区专门用于拼写，那么我们可以推断它应该很少参与对其他类型信息的处理。然而，它却是由物体、面孔、盲文和口语激活的。[29]
- 枕颞腹侧区的激活不仅取决于视觉刺激类型，还取决于读者正在执行的任务。对于正常的读者来说，当他执行的任务是朗读单词而不是侧重于字母视觉属性时（例如确定单词中是否包括字母 l 这样的高于字母 x 的上行字母或者类似字母 j 这样的下行字母），该区域受到的激活程度更大。希利斯和同事们开展的研究发现，这一区域的损伤影响了读者在几种刺激下的口语反应：朗读单词和非单词、命名图片上的物体以及通过触觉而非视觉识别物体。将单词与图片匹配的任务不需要口头回应，所以这一行为功能没有受到损害。一项针对没有患诵读困难症的读者进行的研究也得出了类似的结论，即该区域与使用视觉信息获取语音密切相关，视觉信息主要是指拼写。[30]
- 枕颞腹侧区模块化的观点得到了一些研究结果的支持。在这些研究中，拼写模式比其他刺激类型激发出的激活水平更高。直到最近，分析功能磁共振成像数据时所使用的标准方法会让人产生这样一种印象，即一个区域被严格限定为对应一种信息类型。在其他虚假刺激引起的较弱激活水平被过滤掉后，这种信息能够引发最强的反应。现在，采用更精确的方法能够获取整个区域的刺激反应，而分析也可以在更小范围的子区域上进行，这样的子区域能够进行不同的调整。[31] 此外，大脑的其他区域对拼写的反应也比对其他类型刺激的反应更强烈[32]，正字法激活了诸如梭状回面孔区等区域。因此，拼写处理区域比人们以前所认定的分布区域要更广泛。

- 关于枕颞腹侧区神经元循环的说法出现了有趣的逆转。人们认为，用于拼写的特定区域重新利用了大脑左半球的区域，因为相应的右半球区域进化出了脸部识别的敏感度，而脸部具有显著的视觉特性。最近，贝尔曼和普劳特在讨论的话题似乎是大脑区域的变化顺序正好相反：人脸识别最初是经过大脑左右脑双脑处理的，右半球的专门化是在人们获得了正字法知识后发生的，而正字法知识由于靠近语言相关区域而位于大脑左半球。[33]

总而言之，枕颞腹侧区的功能并不是大脑的正字法椭圆回区，而是支持正字法处理过程并将单词的拼写与其发音和意思联系起来的系统中枢。因此，我们认为“视觉词形区”这一术语的表述并不恰当[34]，因为它包含了关于该区域的一些不切实际的说法。这一术语将该区域的功能描述得过于强大：该区域并不局限于处理视觉信息或文字，而且识别“视觉词形”的任务并不是由单个模块完成的，它实际上是由不同的网络分布共同完成的。根据人们假设的功能为一个大脑区域命名，这种做法很容易造成混淆，因为在人们摒弃了原有假设后，该名称仍旧可能长期存在。“视觉词形区”这一术语之所以存在，是因为它的表述并非完全错误，该区域对拼写功能至关重要，而且该标签比“腹外侧枕颞皮质”或“左半球梭状回前区”读起来更加朗朗上口。

自21世纪初期以来，以枕颞腹侧区为例，关于大脑区域专门化的观点发生了根本性的转变。这并不意味着早期的研究存在严重缺陷，也不是说当时人们所获得的知识的基础所得出的结论不够合理，而是表明了科学的迅猛发展。功能磁共振成像是一种相对较新的技术。同时数据的获取和分析技术也在不断发展。尽管如此，利用现有的最佳方法以创新方式实施的突破性研究所产生的结论可能还是无法经受时间的考验，大多数关于神经认知模块的研究似乎都是这样的命运。但研究的价值并不在于简单地回顾研究结论是否完全正确，而在于这些研究成为帮助人们开展更进一步研究的必要阶梯。当然，当前的理论也是如此，它们也注定会被更新的理论所取代。这些新的理论将会建立在当前的理论基础之上，但是远远超越了当前的理论。

语义研究的情况也十分相似：语义信息分布在大脑的多个不同区域，这些信息通过中枢连接起来。从“阅读时的大脑”这个简单观点来看，我们会发现通过枕颞中枢的整合，腹外侧通路将单词的拼写和颞叶部分的语义连接起来。然而，我们知道单词的意思不仅仅是一个简单的定义（参见第 125 ～ 127 页的讨论）。构成 canary（金丝雀）这一单词的意思需要综合各种信息，这些信息需要调动许多大脑结构进行编码才能构成。例如，颜色、声音和特定的运动等特征被认为是由负责处理这些信息的子系统或子系统附近的区域表现出来的。这些子系统与百科全书信息编码的子系统不同，这些信息包括在哪里能发现金丝雀，或者与金丝雀有关的难忘经历所留下的美好记忆等。

所有这些广泛分布的信息是如何与 canary 一词联系在一起的呢？目前最为人们认可的理论认为，作为中枢的前颞叶将单词的非模态表征与存储相关信息的周边区域连接起来。上侧的“正字法→语义”途径中的“语义”是中枢及其投射。语义并不“在”颞叶里，正如正字法并不“在”视觉词形区域里一样，但是每个区域都在使用这类信息的过程中起到了至关重要的作用。

最后，语音的区域在哪里呢？我们再回忆一下语音表征的两个重要特点。第一，语音是一种抽象的、连接言语理解和言语产生的中间代码。人们对于语音层面的需求来源于这样一个事实：我们识别单词的声波模式与说出这个单词所使用的发音模式不同。第二，语音表征是通过与拼写的接触形成的（参见第 31 ～ 33 页）。我们正在寻找与这些线索相符合的大脑区域或者某些区域。

第一个特点表明，在言语理解和言语产生的回路中应该存在语音表征。我已经提到了一些主要区域。以下是一份简短的列表（并不包含全部内容），其中包括：

初级听觉皮层

颞上回（包括韦尼克区）

颞中回

侧缘上回

额下回（包括布罗卡式区）

与言语产生有关的运动区域

在听觉方面，所有类型的声音都需要经过初级听觉皮层。颞上回这一邻近区域能够对与言语相关的信号特征做出反应。在输出端，说出某个单词的计划和该计划的执行都是通过一个网络来完成的。该网络包括额下回各部分、言语的运动前区和运动区以及其他结构。这就使得侧缘上回成为语音表征（语言的中间编码）的候选区域。

正如福尔摩斯对华生说的那句话："想要找到关于大脑的证据，你来得可正是时候。"[35]

有关口语单词识别的一些研究表明，侧缘上回内部和其周围的大脑区域对单词的语音特征非常敏感。研究人员获得了两个具有代表性的发现。首先，侧缘上回能够区分口语单词和具有相同语音特征却缺乏语音结构的人为刺激。其次，侧缘上回（而不是其他区域）的激活程度受到周围区域大小的影响——其程度可以达到使一个口语单词与其他单词重叠。重叠程度是根据语音特征来测量的：音节、押韵和类音素成分。这些研究结果表明侧缘上回参与口语单词的表征及其语音构成。

侧缘上回也会受到正字法的影响吗？人们进行了一项实验：将 dust（灰尘）等单词和"frab"等非单词作为刺激源；在每次实验中，受试者听到单词的刺激，然后按下按钮来判断该刺激是一个单词还是非单词。这个非常简单的任务是词汇决策任务的听觉版本。该任务的陷阱是有些单词有多种拼写方式。dust 一词唯一的正确拼写是 d-u-s-t，没有其他的替代选择。但是，当受试者听到"seat"（座位）这一发音时，他可以用好几种方式拼写出该发音对应的单词：s-e-a-t（正确的拼写），或者 s-e-e-t 和

s-e-t-e 等。行为研究结果表明，当听到的单词只存在一种拼写方式时，受试者听到该单词时能够更加快速地将其识别出来。他们对 dust 这类单词的反应远比对 seat 这类单词的反应要更快。研究人员利用其他几种不同的语言进行了这项研究，观察到的结果都是相同的。

这是关于正字法对听力造成影响的又一个令人惊讶的例子。在以上研究中，相关因素只能是单词拼写，因为选取的单词在其他许多方面是相似的。正如在前文有关押韵的研究所示（参见第 32 ～ 33 页），拼写影响了人们对于口语单词的识别。

研究人员使用经颅磁刺激的方法重复了该实验。[36] 与以往一样，受试者在实验室听到刺激后，按下按钮来判断他听到的单词是不是已经存在的单词。实验人员使用一种形状类似阿拉伯数字 8 的工具，在受试者头皮的特定部位施加短暂的电磁脉冲刺激。许多研究实验室和临床治疗研究都使用了这项刺激技术。因为这种类型的刺激可能有助于治疗情绪障碍和其他疾病。这种刺激会影响大脑特定区域的活动。例如，刺激与手部运动有关的区域会使人产生无意识的手指轻敲动作。其他区域的经颅磁刺激会暂时干扰日常行为（如说话）。这项技术也许看起来很可怕——是不是一种自发性的短暂的脑损伤？[37] 但是这种影响是短暂且温和的，这种方法也是安全可靠的，并且它使用了一个非常简单的逻辑来测试大脑的各部分功能：干扰大脑相应区域并观察其效果。

研究人员发现，将经颅磁刺激的方法应用于假定的语音区域侧缘上回，消除了拼写对口语单词识别的影响：与 seat 等单词相比，dust 这类单词失去了自身的优势。为什么会产生这样的效果呢？拼写影响口语单词的处理，因为它在侧缘上回区域（可能还有其他领域）重新构建了语音表征。因此，该区域受到的经颅磁刺激消除了正字法的影响。对视觉词形区进行经颅磁刺激虽然干扰了受试者的整体表现，但并没有消除 dust 一词的优势。正字法对语音的这种特殊影响似乎集中在侧缘上回区域。

语音对应的区域不在侧缘上回，就像拼写对应的区域不在视觉词形区一样。大脑在一系列紧密相连的结构中过滤和转换听觉信号，如今我们也已经知道了更多这类结构的存在。语音敏感性似乎是由听觉信号的特性、阅读以及言语的产生和理解等不同任务的要求以及神经解剖学的共同作用产生的，其中侧缘上回是一个关键中枢。

诵读困难症患者的大脑

发育性阅读缺陷的特征存在于大脑的结构、功能和脑部发育过程中。[38] 该领域的前沿研究集中在遗传和神经化学方面的原因上。研究工作主要关注语言和阅读的常见可疑区域，包括与学习有关的颞顶叶区域（听觉、语音）、枕颞区（拼写中枢）、下额叶区域（言语规划和产生、自上而下的处理）和皮层下结构（基础神经中枢、丘脑、小脑）。

功能磁共振成像研究表明，对于语言和阅读，人的左右大脑从双侧参与慢慢转向左半球主导，这种转换与阅读技能的习得密切相关。在这一过程中右半球并未就此退出，而是成了辅助伙伴。而正如 20 世纪早期内科医生塞缪尔·奥顿（Samuel Orton）在对人类学习障碍的开创性研究中所指出的那样，在诵读困难症患者的大脑中，右脑功能向左脑的转移被推迟了，并且这种转移并没有完全实现。其结果是，正字法知识的习得以及正字法与语言的融合受到干扰。[39]

与阅读能力强的同龄人相比，诵读困难症患者在阅读时，他们的大脑中与正字法和语音相对应的关键区域活力不足。这个结果证实了诵读困难症患者确实在学习阅读方面存在落后的现象。其他若干项研究表明，与阅读水平相同但是年龄更小的儿童相比，诵读困难症患者的大脑相关区域也明显活力不足。这一证据表明，大脑激活水平会受到阅读缺陷的影响，而不仅仅是简单地反映了阅读的熟练程度。

有的观点认为人类的语音缺陷同样也会干扰正字法学习（正字法学习又反过来影响语音），这样的观点是有充分的证据支持的。人类强烈的直觉认为，诵读困难症是由视觉处理缺陷引起的，但是多年的研究并没有获得充分的证据来证实这一直觉。一些研究发现，在评估视觉处理的某一方面时（如评估运动检测、视觉图像的持久性等），诵读困难症患者这个群体的表现要比非诵读困难症患者差。然而在其他实验室里，或者选取了新的研究对象、采用新的研究方法时却无法获得同样的结果。有时，这种影响只出现在一部分患诵读困难症的受试者人群中。需要指出的是，其实一些非诵读困难症患者在这类任务上的表现也不尽如人意。不过这也可能是受到具有多重效应的神经噪声等特性的影响。通常来说，假定的视觉处理缺陷（如运动检测）与阅读问题（如单个单词的发音）无关。最后，视觉任务表现不佳可能是阅读能力差的结果，而并不是其原因。[40]

尽管语音缺陷显然是影响阅读的主要因素，但是对某些个体来说，一些视觉处理缺陷虽然程度轻微，却是造成阅读困难的高风险因素。直到近几年，人们才探究出有效的方法开展针对与正字法区域相关的视觉系统途径的研究，这些研究提供了具有启发性价值的证据。[41]视觉缺陷也许与语音缺陷相类似：两者均影响阅读的特殊方面（书面和口头编码的整合），但对视觉或语言并没有产生广泛的影响。[42]

与熟练的阅读者相比，诵读困难症患者大脑的左右半球额下回区域也表现出非典型的高激活水平（也称为过度激活）。造成这种高激活水平的原因有若干个。回想一下，额下回的激活程度与任务的难度有关。对于诵读困难症患者来说，阅读确实是一项极为困难的任务，因此会发生过度激活的情况。右半球的过度激活状况的一部分原因是左半球的神经回路相对发育不足，并导致了一种补偿性神经回路的形成，它可以对发育不足的左半球神经回路做出反应。左半球额下回的激活通常会随着人类单词识别技能（随后的拼写区域的激活）的增加而减少，而诵读困难症患者则不会出现这种情况。最初的左半球额叶的参与有可能反映出诵读困难症患者对效率较低的自上而下的猜测策略的依赖。[43]左半球额叶的参与程度在熟练的阅读者身上有所下降，但在诵读困难症患者身上则没有。

上述的这些研究关注了阅读和言语的融合，同时使这些研究获得了全球性的影响。[44]由肯尼思·皮尤（Kenneth Pugh）带领的一个国际研究小组评估了阅读和口语理解的大脑活动模式的相似度。一些常见的大脑区域存在一定的重叠，在书写方式不同的四种语言中，其重叠程度都与阅读能力密切相关。对于熟练阅读者来说，尽管在形态上存在明显的差异，但语言的两种使用方式在神经生物学上是非常相似的，阅读技能较低的读者显示出重叠较少。因此，阅读和语言在神经层面的融合程度是阅读发展的一个标志。

与其他许多研究一样，功能磁共振成像研究通过测量神经传导过程中产生的副产品来根据区域量化大脑活动，将阅读中典型和非典型的激活模式与相应大脑结构的特性相关联。研究人员采用另一种不同的方式对结果进行分析，就好比把收音机从一个频道调到另一个频道。现如今，科研人员利用磁共振获得的信号就可以提供与神经解剖学相关的详细证据。尽管结构成像技术已经存在了几十年，但最近出现了大量收集和分析此类数据的创新方法，这些创新方法的出现使其成为热门的研究领域。更令人激动的是，这些创新方法提出了遗传学机制与相关研究之间的关联，而遗传学是研究大脑发育的基础。

最新的结构成像研究也产生了很多新的研究成果，这些新成果记录了诵读困难症中存在的多种异常现象。[45] 形态学研究负责检测大脑某一区域神经组织的体积、密度和表面积，主要是针对灰质（神经元和神经元之间的局部连接）的检测。连通度研究测量了大脑白质束的性质，白质束被包含在皮层区域之间，它是传播更长神经信号的轴突，白质束的完整性和功能性依赖于包裹轴突的髓鞘。

与阅读能力正常的人群相比，诵读困难症患者大脑中的主要阅读 / 语言区域的灰质有所减少。研究人员对比了受过教育的成年人和没有受过教育的成年人，观察到这两类人的大脑灰质存在的差异。这些发现极具启发性，但目前研究人员尚无法完全明确地解释这种现象。究竟多大的差异才是重要的呢？这些测量方法在不同个体、年龄、阅读水平和大脑区域之间又存在多大差异呢？有两项研究已经发现，在接受阅读干预后，受试者大脑相关区域的灰质体积有所增大，这是一个给人希望的结果。[46] 虽然研究还不能明确指出灰质体积增大的幅度，但在儿童大脑发育的某些阶段或者在该系统的某些部分中，过多灰质的存在也可能是一种问题。

人们可以通过测量或者窜改大脑白质束的性质来评估大脑各区域间的连通性。研究人员一直致力于提高这些方法的精度和辨析率。到目前为止，扩散磁振造影是一种使用最广泛的方法，能够提供研究结论中涉及的清晰图像。患有诵读困难症的儿童和成人大脑中的白质束会产生异常。受影响的白质束连接了大脑中阅读 / 语言回路的区域。一种重要的白质束（弓状束）连接了左后颞上皮质（部分韦尼克区）和左侧额下回（左侧额下回后部，部分布罗卡氏区）。上述提及的部位都是背侧“正字法→语音”阅读途径的重要组成部分。根据迈尔斯（Myers）和其同事最近的报告，对于处在从学前班到小学三年级阶段的儿童来说，弓状束和附近区域白质体积的增加与他们阅读能力的提高密切相关。[47] 另一个主要的纤维束（左额枕下束）似乎是腹侧“正字法→语义”阅读途径的基础。由于从假设的语义中枢前颞叶获取磁共振扫描信号存在技术困难，所以针对该纤维束的研究较少。但有证据表明，纤维束也受到了影响。现在，研究人员首次识别出大脑中的其他纤维束，这些纤维束是完成阅读任务的大脑系统的一部分。脑部的这些纤维束似乎有助于言语和语言的融合，而且有可能随着阅读技巧的不同而发生变化。我们很快就能通过研究获得这些问题的答案。

这些解剖学特性可能对阅读神经的测定产生若干影响。在这一点上，研究人员能做出的记录是，诵读困难症患者大脑区域间和区域内的信号传播似乎会越来越嘈杂。对于大脑的研究集中于使用模型来模拟神经噪声的实际机制。[48]

在大脑中，“噪声”至少涉及三种现象。第一，神经对刺激的反应更加多变，正如研究中诵读困难症患者对重复刺激所做出的神经反应。第二，沿白质束的神经活动变化更大，更不可靠。这样的变化除了减少了解剖学意义上的连接之外，还减少了区域之间的有效连接（功能性连接）。第三，学习受到了负面的影响。诵读困难症患者从学习经历中的获益较少，因为他们的反应更加多变，也因为噪声会影响神经元反应的改变和保持（巩固）。最终造成的结果是，诵读困难症患者无法发展出能够支持阅读技巧的连贯、可靠的回路。

大脑处理噪声的能力与诵读困难症的易感基因有关，后者以相应的方式调节大脑发育。有些易感基因会影响髓鞘化，降低大脑中负责阅读 / 语言区域内和区域间的信号传输速度和可靠性。有些易感基因则会造成神经元的超兴奋性：在听觉皮层等区域，神经元会随机放电或者超速放电。有些易感基因影响了神经迁移，这是一个影响大脑基本回路的重要过程。在大脑发育早期，神经元迁移至大脑皮层的位置。迁移错误会导致异位，神经元丛会在错误的位置衰退。[49] 所有这些异常都破坏了神经网络的功能性。

还要强调最后一点。大脑神经活动受 γ- 氨基丁酸、谷氨酸、多巴胺和胆碱等神经递质调节。在对多动症和孤独症患者开展的研究中发现，这些患者大脑中胆碱和谷氨酸的浓度异常高。针对动物开展的研究发现大脑高浓度胆碱与白质异常有关。谷氨酸能够调节神经元兴奋度，高浓度谷氨酸会产生高水平的兴奋度。

目前，人们在针对有阅读障碍的儿童和成人开展的少量研究中发现，他们大脑中的谷氨酸和胆碱都处于异常高的水平。这项研究使我们掌握了更多神经噪声的来源。最后，DCDC2 和 KIAA0319 这两个与阅读障碍有关的候选基因通过大脑听觉皮层的自发放电与超兴奋性产生关联。现在，我们只需了解这种超兴奋性是不是由异常水平的谷氨酸或者胆碱引起的。

这项研究的结论是什么？我在介绍时，说过诵读困难症的原因其实非常复杂，因为需要从行为、近因、计算机制、神经系统、对发育的遗传影响等多个层面进行分析和研究。我也曾指出，诵读困难症可能会让一些不知情的旁观者感到困惑，因为随着研究的发展，我们的解释也在不断地变化。很明显，现在人们对正常阅读和阅读障碍的了解已经有了显著增多。这个领域的发展充分说明了一个事实，即多层次、多学科、高技术、国际化的高端科学能够帮助人们实现目标。

令我感到惊讶的是，这个领域正在快速地融合发展出一个统一的理论，一个能够连接各个层次的理论。我没有想到这一天这么快就会到来，正如我没有预料到语音识别电话也能这么快就被发明出来。我们目前尚未形成统一的理论（其实我们需要不断改进语音识别应用程序），但有关诵读困难症问题的答案已经成为人们关注的焦点。在我看来，人们目前急需的是开展大规模的流行病学研究，针对多种不同的语言，采用多种测量手段，以评估大量具有不同阅读水平的读者的多项技能水平，如行为、神经、遗传，以便确定不同缺陷行为发生以及同时出现的频率和阅读障碍人群存在这些问题的根本原因。我们无法判断谁会出现诵读困难症问题，患者发生诵读困难症的频率是多少，伴随着诵读困难症还会出现哪些问题以及问题的严重程度，我们只能在该领域研究不断取得进展的过程中，继续不断地展开下一步合理的研究。

上述提及的科学进步会促使人们更早、更精确地发现并识别出诵读困难症，从而采取更有效的干预措施，让更多的人改善诵读困难症的状况。事实真的会如此吗？答案是肯定的，尽管目前的研究基础仍然有限，但是人们已经开始这样做了。未来是否会出现这样的一天：与接种腮腺炎和麻疹疫苗一样，儿童在入学前需要进行磁共振成像和功能磁共振成像测试来筛查诵读困难症？这样的情况短期内不会发生——或许永远也不会发生。未来，很有可能会出现操作更容易、价格更低廉、结果更可靠的工具取代磁共振成像技术，用以完成收集大脑测量数据的任务，而且这些工具将会更大限度地减少对受试者造成的不便和不适。就算暂时不考虑这个可能性，对每个人进行磁共振成像扫描也是没有必要的。以下便是原因所在。

很明显，为了在该领域展开研究，探索并理解阅读神经系统和造成阅读缺陷的原因，我们需要更好地了解个体之间的差异，但完成这样的任务只需要对几百个而不是几百万个研究对象进行进一步研究。我们的研究需要高科技的设备。有了足够的数据，我们就可以研究这样的问题：哪些行为测量方式或者组合方式会对重要的神经属性敏感？在儿童的发育过程中，这些神经属性会促进或干扰儿童的表现。不同于扫描每个儿童的大脑，行为测量为推断大脑中阅读系统的各组成部分的状态提供了基础，这与神经系统测试类似，指的是一系列简单、无创性的测试，用来评估神经系统的状态。[50] 在条件允许的情况下，参与者可以选择签订成像协议，但并不是所有人都需要。

我在开始时曾经提到过，我们的研究是通过对人类行为的理解来构建关于人类大脑的一些问题。而且随着人们对大脑的深入了解，人们对自身行为的看法也会发生改变。从正确的角度看，行为测量的方法也许可以比神经成像和其他无创性方法提供更多关于大脑结构和功能的直接证据，毕竟在神经成像和其他无创性方法盛行的时代，脑损伤患者对非单词的词化才是这个领域研究的关键。

LANGUAGE

AT THE SPEED OF SIGHT

第 3 部分

重新定义阅读教育

第10章

美国人的阅读水平

1843年，新成立的马萨诸塞州教育委员会委派其秘书霍勒斯·曼（Horace Mann）前往欧洲，考察各国的学校教育。霍勒斯此行有非常明确的目的和强烈的诉求，希望了解这些国家在教育上的优势，找到可以借鉴和参考的样本。霍勒斯对苏格兰和普鲁士的学校印象深刻，发现“许多国内可以效仿的举措”。[1]

教育是一项国际性的事业，需要全世界人民一起为之努力奋斗。对于教育的关注不可避免地引发了一系列国与国之间的相互比较，这一点充分体现出人们对于多样性文化的浓厚兴趣。不同国家之间教育体制的相互比较越来越紧迫，这种紧迫感传递出一种信息：在政治经济全球化的背景下，各国从自身的利益出发，衡量其他国家民众的文化素养。众多的美国人民和他们选举出来的代表认为，美国在儿童阅读、数学和科学教育上的举措存在诸多不完善的地方。情况果真如此吗？霍勒斯曾对苏格兰和普鲁士的教育相当崇拜。现如今，芬兰和中国是否已经成为当代的苏格兰和普鲁士，成为其他国家效仿的对象呢？

国家教育进步评价和国际学生评估项目这两项大规模评估项目[2]数据的公布，进一步激发了美国人对于本国民众阅读情况的关注。每一次最新数据的发布都会引发更多的讨论，这样的情况迫使总统或教育部长持续关注情况的进展。两项评估项目的有效性及其对于教育现状的启发，取决于研究实施和数据分析的进展情况，以及某些不适宜公开的技术问题。我想要说的是，尽管实际情况比媒体公开的信息要复杂得多，但是这个过程中所透露出的基本信息是正确的，那就是：两项评估的结果表明，美国民众存在的读写能力问题将产生直接和长期的不利后果。阅读教育对某些人来说效果很好，对很多人来说尚可接受，但对另外一些人来说情况就完全不同了。这样的情况不仅对美国不利，而且与其他同样关注阅读教育的国家的情况形成对比。然而，这种说法受到教育工作者的质疑，他们认为这些数据歪曲了事实。这些评估结果已经引发了政界持续的争论，从而对学校教学产生了极大影响，因此对这些评估展开进一步分析是很有必要的。

我们必须认识到，这些评估与“高风险测试”无关。“高风险测试”是《不让一个孩子掉队法案》（*No Child Left Behind*）的主要组成部分。[3] 国家教育进步评价和国际学生评估项目的结果，并不会引发诸如关闭表现不佳的学校或重新分配政府资金等后果。对高风险测试的反感已经转移到这些评估上，但这两项评估的目的与高风险测试完全不同。

国际学生评估项目对阅读、数学和科学 3 门学科进行评估，这些都是人们所熟悉的排行榜，参评国家按照得分进行排名。这项评估由经济合作与发展组织开展，目的是促进其成员国的经济发展目标。这些成员国是由 34 个市场经济国家组成的核心集团。① 国际学生评估项目在这些成员国、许多伙伴国家以及中国的上海、澳门和香港等地区展开。国际学生评估项目是若干跨国评估项目中规模最大、执行标准最严格的一个。

自 2000 年以来，国际学生评估项目每 3 年进行一次。这个项目是一项浩大的工程，2012 年总计 51 万名学生参加，这是距离本书写作时间最近的一次测试。接受测试的学生年龄为 15 岁。之所以选择对这个年龄段的学生展开测试，是因为国际学生评估项目的目的是了解和掌握在义务教育即将结束的这个时段里，学生已经掌握的知识和技能水平。在测试内容、测试实施方法、结果分析和呈现方式以及测试规模等大方面，国际学生评估项目给人们留下了深刻的印象。开发一种智能评估阅读技能的工具是一项极大的挑战，但能在不同国家之间以一种有效对比的方式对阅读技能进行评

① 作者写作本书时，该组织的成员国有 34 个，截至 2021 年，成员国数量为 38 个。——编者注

估，则是一件非常了不起的事情。阅读技能评估基于一种深思熟虑的、包容性的读写观念，重点关注与阅读相关的各项技能，以及学生在实践中运用这些技能的能力。

国际学生评估项目是一项开卷测试：项目技术报告中详细描述了这些方法的各个方面。该项目的组织方还提供在线工具，使得每个人都能以简单易懂的方式进行数据分析。尽管项目结果的排行榜引起了人们极大的关注，但项目组织方认为，其重点是解析造成这些结果的因素，而不是过分关注分数的多少。即使是对于那些原本对数据感到极恐惧的人，这些公布出来的结果也足以吸引他们的眼球。例如，在 2012 年的评估中，每个参与国的女孩都比男孩表现好，这一点与之前进行的一轮测试结果相同。男女生之间差距最小的国家是阿尔巴尼亚，差距最大的国家是约旦。与许多其他测试的结果一样，美国的男女生差距接近经济合作与发展组织成员国的平均水平。令人惊讶的是，一向表现出色的芬兰在其中一次项目评估中成为男女生差距最大的国家。

国际学生评估项目是一个极其严格的评估项目，它是由来自世界各地的研究人员组成的“科研梦之队”集体努力的成果。该项目得出了前所未有的大量有价值的数据。如果参与国在政治、环境和经济政策等方面也能开展这样的合作，那么世界将会变得更加美好。然而，国际学生评估项目并不是完美的化身。任何一个评估认知能力，并在全世界范围内多种语言背景下实施的项目都无法达到完美的境地。任何一个理解这个项目本质的人都无法承诺可以得到完美的结果。

自 2000 年以来，国际学生评估项目已经进行了 5 次。对于美国来说，其阅读测试的结果就像给一个成绩不佳的孩子的评价一样：成绩刚刚及格；应该可以做得更好；这个成绩和前几年相比，并没有发生太大的变化。在每一轮评估中，美国的成绩都接近经济合作与发展组织核心成员国的平均水平，但是低于加拿大、韩国、芬兰、日本和德国等国家的成绩。2009 年，中国首次参与该评估项目，评估结果公布后引起了更为广泛的关注。中国学生在阅读、数学和科学方面的得分最高，成为所有参与测评的国家中首个在 3 门学科中都获得冠军的队伍。新加坡、韩国、日本获得高分后，反响更加热烈。他们所受到的关注远远超过美国被芬兰、加拿大和澳大利亚等国超过时的情况。如果我们用英国足球比赛来打个比方，那么美国队就是英超联赛里面临降级风险最大的一支队伍。全球的经济竞争也是如此。如果以棒球作类比，那就是弱队会被降级到更低级别的比赛中。

国家教育进步评价是美国对学生在数学、阅读、科学和其他学科中表现的评估。这是一项美国国会授权教育部实施的项目。[4] 自 1992 年以来，这项测试大约每两年进行一次。国家教育进步评价的数据主要针对四年级和八年级学生的表现，同时也利用不同的方法对十二年级的学生进行了评估。参与这项测试的学生来自美国 50 个州、哥伦比亚特区和国防部隶属的学校，2015 年共有大约 139 100 名四年级学生和 136 500 名八年级学生参加，参与的学校和学生分别代表国家级、州级和区级水平。[5]

与国际学生评估项目一样，国家教育进步评价也是基于复杂的阅读理论，该理论明确了每个年级的学生应该具备的技能。评估得出的数据是关于学生整体，而不是学生个人的情况。评估的结果被定为 1 ～ 500 分的不同分值，同时根据学生的分值划定档次（不合格、合格、良好和优秀）并列出各个档次学生所占的百分比。与国际学生评估项目一样，国家教育进步评价也是一项开卷测试。官方网站提供免费的数据资料下载，从这些数据中人们可以了解到测试的方法、数据和结果。国家教育进步评价官方网站同时还提供了一些用于简单分析的工具，便于了解分数与参评学生的种族、性别、家庭收入、公立学校和私立学校等因素之间的关系。[6]

针对国家教育进步评价的主要发现，各界媒体展开了广泛的讨论，其内容包括：在 20 多年的测试中，总分变化不大，在合格线内略有上升（见图 10-1）。每次测试结果发布时，人们的评论都聚焦在统计数据是否有显著变化，而非这样的变化是否有意义。从统计数据层面分析，1 ～ 2 个点的差异是具有可信度的。如此微小的差异都能够被检测到，这足以证明测试设计者的高超技能。如此微小的差异还表明这期间只发生了非常细微的变化。图 10-2 显示了学生的阅读技能在 4 个档次上得分的百分比。在每轮测试中，得分在最低两个档次的学生约占据了 2/3。

这些关于美国学生阅读状况的统计数据看起来相当糟糕，但这些数据真的准确吗？ 国际学生评估项目和国家教育进步评价都遭到了持续不断的批评，内容主要是质疑这些评估结果的有效性、数据分析和结果的相关性。学者、政治家、教育家和新媒体以及传统媒体都对此表示出了极大关注。

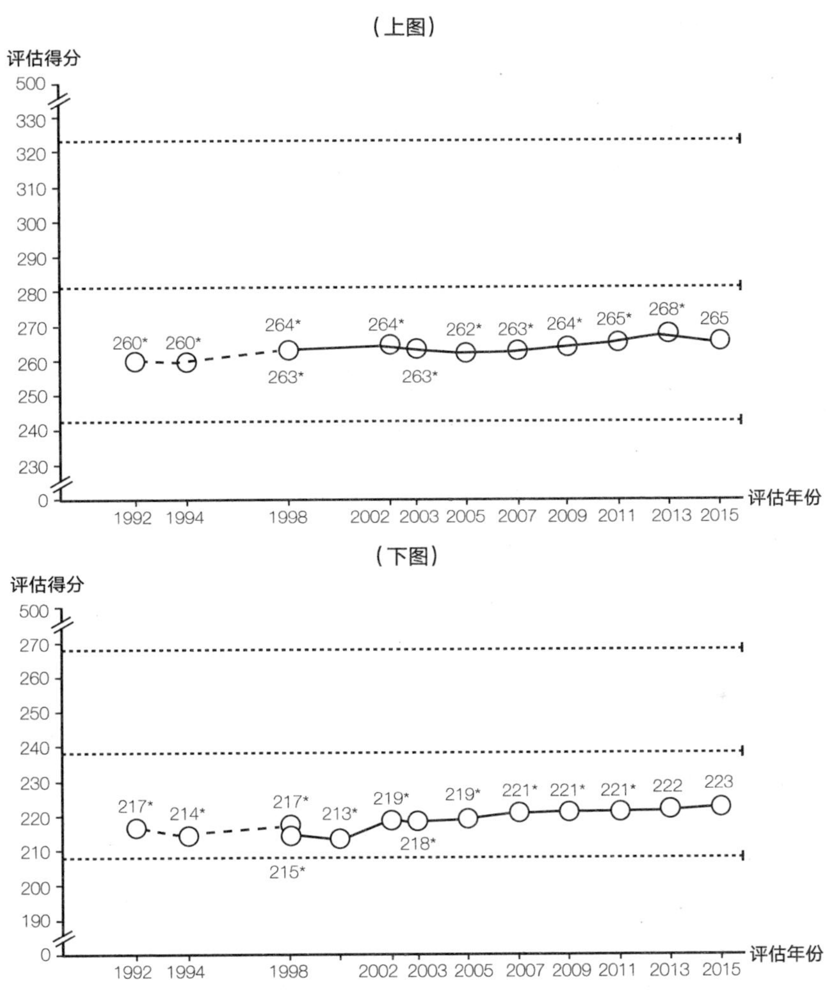

图 10-1　国际学生评估项目的整体分数（趋势线）

上图，八年级；下图，四年级。* 号表示与 2015 年的数据存在差异。

资料来源："National Average Scores," Nation's Report Card.

国家教育进步评价和国际学生评估项目的评估数据是免费提供的，我们可以通过对这些数据的研究来评判这些争议。对这些数据的分析也进一步强化了本书强调的一个目标：帮助读者训练自己的思辨能力，最终能够批判性地分析有争议的话题。当专家们在一个重要问题上存在分歧时，我们能做些什么呢？深入研究文献来剖析相互矛盾的意见，但只有真正从事这项工作的人这么做才是合理的。人们真的能通过这样的方法来提高自己的能力吗？让我们反思一下。[7] 有人对什么才是事实真相做出了明确而令人惊讶的断言。事实果真如此吗？如果在其他情况下，这个论断也会是真的吗？其他方面的证据能够证明它的真实性吗？引用了哪些证据来支撑这一论断？为了证明这个论断的有效性，我们还需采纳哪些证据呢？那些依赖权威机构的认证，而没有证据支撑的论断是正确的吗？[8] 其实，服务于政治、意识形态或商业领域的某些论断未必是错误的，但是其真实性需要进一步核验。

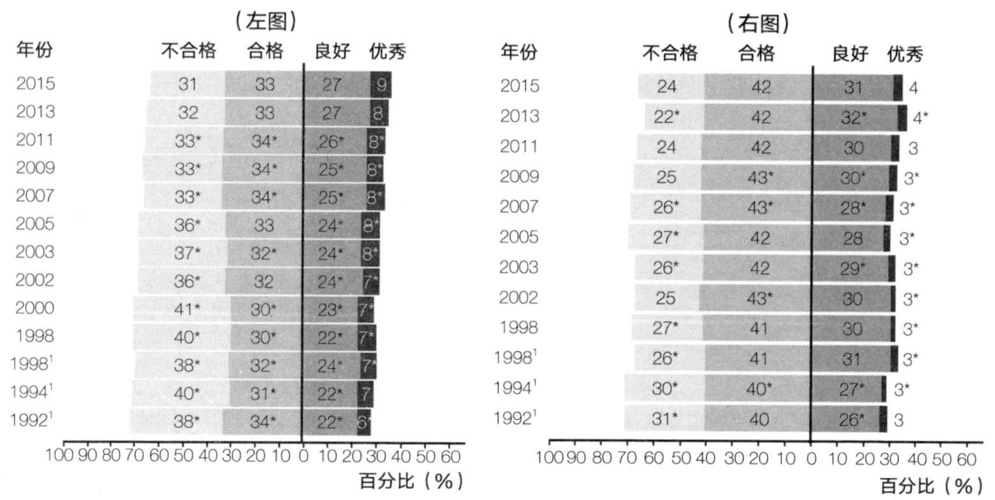

图 10-2　各分数段学生所占的百分比

左图，四年级；右图，八年级。根据教育部的数据，* 号表示与 2015 年的数据存在差异。
资料来源：“Overall Achievement Levels” Nation’s Report Card.

在相关的背景下，对教育改革和公立教育未来前景的持续不断的争论，引发了许多对于测试的负面反馈。我对此持有不同的意见。这些测试项目并不是暴风雨来临时的避雷针。有人认为，使用项目反应理论（Item Response Theory）计算国家教育进步评价的分数，造成了误导性的结果。最有可能的情况是，正如一些人观察到的那样，结果无法忍受是因为它们揭示了一些不便于明示的真理。

最后，我还有一个“理由”，可以引导读者突破有关数据和方法论争论的重围。因为这些争论并不像牛耕式转行书写法那么有趣。其实对于读者们来说，这些数据和方法论并没有那么复杂，只不过是有可能被人故弄玄虚，从而使它们看起来晦涩难懂。请随我一同来了解一下，科学的价值是如何遭到践踏的，又是如何被用来作为障碍，导致数据在企业中无法得到信任的。国家教育进步评价和国际学生评估项目得出的庞大数据非常容易成为造假的对象，被频繁曝光。这样的问题又进一步造成人们的误解，觉得量化研究的数据总是与很多解释完全一致，因而准确无误。虽然科学家无法控制研究结果的运用，但是我们可以明确指出那些公然滥用的情况。

不让一个孩子掉队

国家教育进步评价和国际学生评估项目的结果不具备直接可比性，因为这两项测试本身及其目标测试群体的年龄都不同。但是，许多问题都可以通过这两种评估方法得以解决，从而使得这两项测试的结果可以进行交互验证。这两项测试的结果得出了相同的结论：自测试开始以来，美国学生的阅读成绩总体上是持平或几乎持平的。在国际学生评估项目的测试中，美国学生的表现比很多国家学生的表现差。但是美国学生中有一部分，例如来自马萨诸塞州高收入家庭的学生，他们的成绩与成绩顶尖的国家学生成绩一致。两项测试的数据都显示，学生成绩会受到性别、种族、民族和收入等因素的影响而存在一定的差异。这两项评估结果都表明，有相当一部分学生阅读技能欠缺，但很少有学生阅读技能超强。

然而，学术界对于这些测试的看法也是众说纷纭。其中，美国著名作家和教育改革的积极倡导者戴安娜·拉维奇（Diane Ravitch）对于这些测试的批评最引人注目。她在新近出版的图书、发表的文章和演讲、接受的访谈以及社交媒体发表的简报中，对这些测试进行了深度剖析。在这里我主要就她的一些有影响力的观点进行讨论，这些观点已经受到了许多人的推崇。[9]

有关这些测试的争论，归根结底是关于美国公共教育质量和教育政策的看法。这些争论的大背景是，美国开始在全国范围内实施教育改革，并于 2001 年颁布了《不让一个孩子掉队法案》。这一法案中的某些内容在 2015 年《让每个学生成功法案》（*Every Student Succeeds Act*）颁布后已经被废除。

接下来，我将介绍一下《不让一个孩子掉队法案》诞生的背景。1983 年，美国公布了一份报告，名为《国家处在危机之中：教育改革势在必行》（*A Nation at Risk: The Imperative for Educational Reform*）。这份报告措辞严厉，对当时的教育提出了警告，认为"美国全社会的教育基础盛行着一种平庸之风，这样的风气已经严重影响了美国这个国家和民族的未来"。[10] 为了应对当时席卷而来的对于教育的各种担忧，美国政府出台了《不让一个孩子掉队法案》。人们对于阅读教育现状的担忧在两份报告[11]公布之后进一步加剧。这两份报告分别是：美国国家艺术基金会于 2004 年公布的《阅读危机》（*Reading at Risk*）和 2007 年公布的《读书还是不读书：这是一个关乎国家利益的问题》（*To Read or Not to Read: A Question of National Consequence*）。这两份报告对于美国民众未来的阅读情况和民众的文化素养提出了严重警告。这是在参考了文献中大量的图表数据后得出的结论，这些数据表明，美国民众对于阅读的兴趣和阅读的参与程度都呈现逐渐减弱的趋势。

《不让一个孩子掉队法案》是倡导实施标准化教育改革的先锋。法案规定的年度标准化测试，考核学生在数学和阅读方面的表现，进而依据测试的结果对学校和教师进行评定。同时，该测试将政府对于教育的资金投入与学校成绩的量化结果挂钩。通过实施特许学校和教育券政策来扩大学生对于学校的选择，并且允许商业机构参与公立学校的运营管理。

拉维奇本人的故事一直为人们所熟知：在布什和克林顿总统执政期间，她曾在教育部门中任职，是上述政策的忠实拥护者。她完全无法接受这些政策是无效政策的观点，不承认这些政策对公共教育造成负面影响。她只是表面上赞同要废除这些政策。对于拉维奇来说，这些改革的失误是对美国教育现状的错误认知造成的。[12] 除此之外，还有一个原因就是，这场改革将规模巨大但尚未发育健全的教育市场引入商业化的发展轨道。我们必须承认，她的部分论点是基于无可辩驳的事实，并且内容也至关重要。的确，正如她所指出的那样，因为备受关注的“白皮书”的发布，美国民众和政府对于国内教育质量的担忧进一步加剧，而这些报告本身并不是完全真实可信的。美国国家艺术基金会关于阅读状况的报告就存在很大问题。[13]

拉维奇同时指出，依据《不让一个孩子掉队法案》实施的高风险测试完全是一场灾难。正是因为有了来自拉维奇的一系列不同意见，在后来实施的《让每个学生成功法案》里，一些明显过于苛刻的要求被废除了，但是在一些成绩不佳的学校里，校方还在继续执行这样的要求。

对高风险测试的反感并不能解释对国家教育进步评价和国际学生评估项目的反对，这与《不让一个孩子掉队法案》中的测试政策无关。这两项评估项目类似于信息排名检索，通过调查报告的形式来反映学生在阅读、科学和数学科目中的表现。我们急需这些能够对学生水平进行深度评估的项目，用于纠正那些来自美国国家艺术基金会等权威机构报告的不实信息。然而，这一结果并不符合拉维奇和她的同事们的主要观点。他们认为美国教育体系比以往任何时候都做得更好，因此，类似《不让一个孩子掉队法案》这样的教育改革既欠考虑又完全没有必要。基于这种观点，这些法案旨在解决的缺陷被无限夸大了，目的是服务于政治和企业利益。国家教育进步评价和国际学生评估项目之所以陷入论战之中，主要是因为它们提供了美国教育体系存在缺陷的实质性证据。需要指出的是，这些高风险测试是以政治利益为出发点的，而国家教育进步评价和国际学生评估项目则是完全独立的，与任何具体的政策、政党或总统都无关。[14] 如果拉维奇的观点是正确的，那么国家教育进步评价和国际学生评估项目必然存在问题。因此，许多人试图解释这两个测试项目究竟展示了什么内容。[15] 拉维奇的观点如下：

1. 美国当前的教育体系已经非常成功，因为学生学到的东西比以往任何时候都要多。与四五十年前的同龄人相比，现如今，学生学习和掌握的科学和数学知识都更难。当前民众对教育的期望值也更高，课程也更具挑战性。20 世纪 70 年代在中学数学和科学方面成绩优异的学生，如果走进今天的课堂，那么他们学习起来将会很吃力。

2. 对大多数学生来说，当前的教育体系运行得非常好。高中毕业率提升到了历史最高水平，更多的学生进入了大学。

3. 评估成绩与现实世界没有多大关系。评估成绩无法准确地预测经济增长。美国的测试成绩虽然一直表现平平，但这并不妨碍美国成为全球最大的经济体。

4. 在国家教育进步评价中，四年级和八年级学生的阅读成绩都有了稳步提高。从 1992 年开始，几乎所有学生都有显著的进步。

5. 国家教育进步评价和国际学生评估项目都低估了学生的真实阅读水平，因为这些测试都是低风险测试，不能引发直接的结果。因而，学生、教师和学校都缺乏努力表现的动机，从而导致学生的分数并不像那些重要测试中的分数那么高。

6. 总体趋势线（见图 10-1）看起来几乎是趋于平缓的，但这只是一个假象。小组分数增加而总分并未增加是辛普森悖论（Simpson's paradox）的一个例子，下面会详细解释这个统计学上非常有趣的现象。

7. 国家教育进步评价的成绩数据（见图 10-2）表明，学生的成绩看起来不容乐观。两个低水平档次上的学生数量远比两个较高水平档次上的学生数量要多，但这是因为设定的上限太严格了。拉维奇给出了她自己获取的数据。依据这些数据，大多数孩子的成绩是 B、C 或更高。

国家教育进步评价	拉维奇的评价
优秀	A+
良好	A/B+
合格	B 或 C
不合格	D 或以下

拉维奇据此得出结论："如果有人认为，过去 20 年来学生的阅读水平没有得到提高，请你一定不要相信这样的论断，因为这是毫无根据和道理的。"[16]

我们确实需要对这些论断进行仔细剖析。有些论断是正确的；有些论断在论证方法上是正确的，却无法支撑其结论；有些论断是具有误导性的，因为有意省略了相关信息；有些论断与其他未提及的研究相互矛盾。拉维奇对到底谁的分数才"算数"的分析，令人反感。

第一点中，关于学生比以前获取了更多知识这一点是完全正确的。这反映了著名的弗林效应（Flynn effect）①，即 20 世纪 30 年代以来人们智商的稳步增长。[17] 人们确实需要知道更多，学校也需要教授更多知识。问题是他们如何满足这些需求。如果以实施了 50 年的标准来衡量，学校的表现无疑是卓越的，但是这毫无意义。

第二点中，关于高中毕业率是否正处于上升态势则备受争议，因为它取决于如何计算普通同等文凭持有者的数量。[18] 美国的中学毕业率曾经是经济合作与发展组织国家中最高的，但如今却低于平均水平。[19] 拉维奇对毕业人数和大学入学人数的关注忽略了更重要的问题，那就是为什么这个比例会发生变化。除了教育因素以外，毕业率也会受社会、经济因素的影响。

说到第三点提及的内容，不幸的是，美国确实历年来都无法在国际学生评估项目和类似的评估中拔得头筹。基于 1964 年进行的第一次国际数学研究的结果，拉维奇指出，这些结果与现实世界无关。她写道："在我的新书《错误的统治》（*Reign of Error*）中，我大量引用了基思·贝克（Keith Baker）于 2007 年发表的一篇精彩的文章'Are International Tests Worth Anything'。"[20] 贝克认为，早期跨国评估项目中的数学成绩与 12 个参与国家随后的经济发展并无关联。拉维奇和贝克据此得出结论，来自跨国评估

---

① 1983 年，詹姆斯·R. 弗林（James R. Flynn）声称，他发现了一个重要的趋势：在过去半个世纪中所有发达国家年轻人的 IQ 指数都出现了持续增长，这一发现受到广泛关注，被称为"弗林效应"。——编者注

项目的数据与现实世界的状况并无关联，因而国际学生评估项目的结果也可以被忽略。

我们可以运用以下两个标准来判断一个专家的论断是否值得信赖。首先，专家不采用双重标准评判与自己意见相左的观点。其次，专家会综合考虑所有的证据，而不是有意忽视那些不支持其观点的证据。

贝克的文章是一份包含 4 页内容的文件，描述了一项历时 50 年的研究。公布的研究结果中，用英语描述的细节信息少之又少。这一点，与国际学生评估项目和国家教育进步评价公布的大量翔实的数据形成鲜明的对比。贝克也在文章中对后续进行的跨国研究发表了简短的评价，表现出了对这些研究的不屑一顾。拉维奇不加批判地接受了贝克的研究方法。尽管无法进行单独的评估，但拉维奇对国家教育进步评价和国际学生评估项目两项测试的方法和结果的细节问题提出了异议。

拉维奇也忽略了关于这一问题的其他研究。斯坦福大学胡佛研究所高级研究员埃里克·哈努谢克（Eric A. Hanushek）和慕尼黑大学经济学教授卢德格尔·沃斯曼因（Ludger Woessmann）利用 1964—2003 年国际学生评估项目的 12 轮国际测试的结果，分析了学术成就和经济成果之间的关系[21]，该分析还参考了来自其他评估项目的各项数据。[22] 这些分析表明："对相关规范、时间周期和一定的国家样本进行大范围的敏感性分析，就会发现教育成就与国内生产总值的增长之间存在非常稳定的密切关系。"[23] 哈努谢克等人对这些问题进行了更为深入的研究。[24] 毫无疑问，教育成就与经济增长之间存在正相关。

第四点中提出，与美国国家艺术基金会一样，拉维奇关注的是数值上的变化，而非这些变化是否具有意义。正如我所指出的，自 1992 年以来，阅读上的差异微乎其微。23 年的时间里，在 500 分的基本范围内，5 分或 8 分的变化都是极其微小的。[25] 在讨论 2007 年的报告中显示的增长趋势时，哈努谢克指出，不能将当时的阅读结果看作处于上升态势。"如果在未来的 10 年时间里，我们每年都能实现 2 分的增长，那结果将是不可限量的，"他说道，"如果只是这样的话，那么 2 分的增长本身并没有什么实际的意义。"从 2007 年到 2013 年，四年级学生的分数增加了 1 分，平均每年增加约 0.17 分；八年级学生的分数增加了 5 分，平均每年增加约 0.8 分。

关于这些低风险测试的第五点是否该引起强烈的反应？学生在国家教育进步评价或国际学生评估项目的测试中表现不佳，是因为这些测试都是低风险测试吗？或者他们表现得更好，是因为他们压力更小吗？很显然，学生在这些测试中的表现对很多人来说都尤为重要，例如总统、教育部门的官员，以及拉维奇这样的评论员。这样的影响会逐渐扩散至每一位测试者身上。风险程度关系到他们所在州甚至是整个国家的声誉。其重要性足以引起人们的关注，有些州将表现不佳的学生划分为残疾学生，以此达到将他们排除在测试之外的目的，从而妨碍了国家教育进步评价的实施。[26] 在国际学生评估项目中得分较高的一些国家，也可能发生了同样的情况。有人声称，因为学生没有获得更高成绩的动力，所以这些评估的分数才会很低。

接下来的第六点和第七点主要涉及两个问题。其中，更重要的一点是，这一测试对后续的发酵作用。它涉及各个学生群体的表现及其对成绩的影响。次要的一点是，关于成绩档次划分中的分数设置问题。

国家教育进步评价的评分太苛刻了吗

令人担忧的是，优秀或者良好的评分标准设置得过高。国家教育进步评价的设计者建立了一系列的分数标准，这些分数可以分为及格、良好和优秀。分数设置反映了专家顾问委员会的一致意见。拉维奇曾于 1998—2004 年间在该委员会任职。难道真的只有 3% ～ 4% 的八年级学生达到优秀读者的标准吗？拉维奇不这么认为，所以她采用更宽松的标准重新划分档次。任课教师都懂得，在变化相对缓和的曲线上设置更高的分数并不意味着学生学得更多，但这可能有利于增强学生的自信心。

如何利用图表将测试结果表示出来其实是一个微不足道的问题，因为无论如何它都不会改变学生的阅读能力。尽管如此，成绩档次的划分仍然是一种有用的统计数据。人们不禁会问，怎样的分数设置能够更好地反映学生的技能呢？在这里，国际学生评估项目的数据是很有帮助的。该评估项目将学生的成绩分为 6 级而非 4 级。测试的内容各不相同，考生的年龄、对阅读表现的期望以及分数的设置也各不相同。尽管如此，还存在两个问题。首先，美国与其他使用国际学生评估项目的国家相比，表现如何？美国的调查结果再次接近经济合作与发展组织国家的平均水平。与成绩较高的国家相比，得分在 5 ～ 6 级之间的美国学生比例较小，得分在 2 级以下的美国学生比例较大（见表 10-1）。[27] 因此，与其他使用相同测试和评分标准的国家相比，美国处在高分段的学生人数更少，而处在低分段的学生人数更多。积极推进教育事业的马萨诸塞州、康涅狄格州的成绩与芬兰和加拿大并列。

表 10-1　2012 年国际学生评估项目阅读分数

	2 级以下	5 ～ 6 级
经济合作与发展组织的平均值	18	8
美国	17	8
芬兰	1	13
加拿大	11	13
中国上海	3	25
美国马萨诸塞州	11	16
美国康涅狄格州	13	15
美国佛罗里达州	17	6

其次，我们可以参照国际学生评估项目的评分标准，来判断国家教育进步评价的分数设置是否过于严格。对比结果清晰地表明，国家教育进步评价的分数设置更为严格，但并没有到非常苛刻的程度 [28]：

13 岁学生（国家教育进步评价）	4%	优秀	22%	不合格
15 岁学生（国际学生评估项目）	8%	优秀（5 ～ 6 级）	17%	最低两级（1 ～ 2 级）

这些测试是否有意歪曲学生的阅读能力或者故意丑化学生成绩呢？如果将评分标准稍做改动，情况是否会发生翻天覆地的变化？我认为发生这种情况的可能性很小，但还是将最后解释的话语权交给拉维奇吧。2005 年，在《纽约时报》的一个专栏“落后的各州”中，拉维奇撰文指出：各州为了达到《不让一个孩子掉队法案》的要求，开始使用标准化测试。但是这一测试的结果和国家教育进步评价的结果之间存在很大差异。各州通过降低测试难度和调整评分标准的方式来确保学生取得高分。拉维奇对此表示反对：“如果我们将中等水平的学生成绩认定为优秀，那么就意味着我们将无法完成既定的目标，即无法培养出受过良好教育、踏实肯干、训练有素和富有创造力的社会工作者。”[29]

造成阅读能力不足的原因

与国家教育进步评价所得出的结论相比，为高分段学生设置评分标准实在是一件吹毛求疵的小事。在国家教育进步评价的每一个项目中，大约有 1/3 的四年级学生和 3/4 的八年级学生成绩处于不合格水平；约 2/3 的学生成绩处于刚刚合格甚至不合格水平。盖瑞森·凯勒再次强调，指导学生学习阅读是每个学校应尽的责任和义务。他引用的一个例证就是，明尼苏达州 27% 的四年级学生在 2007 年的测试中成绩处于合格线以下。他认为：“这高达 27% 的重度文盲比例是难以容忍的耻辱。”[30] 我们再也不能沉醉于乌比冈湖效应，自诩自身的水平有多么高。

拉维奇和她的同事们认为贫穷是造成学生成绩低的原因。他们认为，美国的教育体系目前看来没有什么问题，但是来自低收入家庭的学生成为这一体系的绊脚石。

出现这样的情况，我认为主要有以下原因。

国家教育进步评价的每一轮测试，在选取测试样本时都会充分考虑样本的代表性，以便确保测试结果能够充分代表全体学生的水平。例如，假设威斯康星州四年级中非裔美国学生的比例是 n，那么该州参与测试的非裔美国学生的比例也要尽可能与这个数值接近，其他州乃至整个国家亦如此。在每一个测试周期内，样本构成会随着美国人口结构的变化而变化。

随着人口结构的变化，国家教育进步评价参与对象的主要变化体现在这两个方面：（1）西班牙裔学生比例的增加和白人学生比例的下降（见表 10-2）；（2）有资格获得免费午餐的学生比例的增加（见表 10-3）。在美国“国家学校午餐计划”（National School Lunch Program）中，参加人数常被用作衡量社会经济地位的指标。与免费午餐、折扣午餐、不具备免费午餐资格这三个类别相对应的社会经济地位分别是：较低、中等、较高。它只是一个粗略的衡量指标。[31] 和国际学生评估项目采用的方法一样，社会学家评估社会经济地位时，会综合使用多种方法，从而得出更准确的结果。

表 10-2　国家教育进步评价中三大种族学生的比例　（%）

年份	白人学生	非裔学生	西班牙裔学生
2015	51	15	25
2013	52	15	24
2011	54	15	22
2009	56	16	20
2007	58	16	19
2005	59	16	18
2003	61	17	17
2002	61	17	16
2000	63	17	14
1998	66	15	14
1994	72	17	7
1992	73	17	7

表 10-3　国家教育进步评价受试对象中，三组不同类别所占的比例　（%）

年份	不具备免费午餐资格	折扣午餐	免费午餐
2015	42	5	47
2013	44	5	45
2011	46	5	43

续表

年份	不具备免费午餐资格	折扣午餐	免费午餐
2009	50	6	38
2007	52	6	35
2005	51	7	34
2003	51	8	33
2002	49	8	33
2000	49	7	31
1998	51	7	31

1998 年以前的数据不详。

这里有一个关键的因素：白人学生的总体得分要高于西班牙裔和非裔学生。与白人学生相比，非裔和西班牙裔学生在低分段的比例更高。这三类学生在低、中、高三种社会经济地位分组中的得分也存在同样的差异。

拉维奇实事求是地指出，所有这些群体的得分都在以相似的速度递增。如果分数增加了，为什么总体趋势线是平缓的？因为来自低分群体的学生比例也有所上升，这一增长抵消了总体上的增长。因此，净增长效应呈现出一条直线。

对拉维奇来说，分数的递增表明教育体系也在不断进步。事实上，按照她的评分标准，大多数学生的成绩都在 C 或 C 以上，这表明教育工作者知道如何指导学生学习阅读。在大规模、类型多样的国家教育进步评价受试学生样本中，可以找到非常优秀的群体，例如马萨诸塞州 20% 的四年级学生，他们的成绩达到优秀，但从经济上来衡量，他们却没有资格享受免费午餐。这些教育上的成功表明，低分必定是由其他因素造成的。拉维奇关注的是贫困问题，贫困对非裔和西班牙裔学生的影响尤为严重。解决美国文盲问题的方法是消除贫困。因此，阅读、数学或科学成绩低是一个经济和社会公正的问题，而不仅仅是教育问题。[32]

这些观点提出了有关公共教育功能的基本问题。

教育机会的差距是真实存在的。[33]不仅美国存在贫困问题，世界上的其他国家和地区也同样受到这一问题的困扰。消除贫困将产生巨大的积极影响，其中包括提高学生的阅读成绩。这里争论的焦点是造成贫困的原因和消除贫困的办法，而不是贫困的存在或维持一个较低的贫困水平是否有益。虽然针对如何将贫困减至最低限度这一问题，人们并未达成一致意见，但已经有很多人致力于减少贫困或改善贫困的影响，尽管他们在投入的力度上有所不同。拉维奇不遗余力地向大众广泛宣传贫困对教育的毁灭性影响，引起人们对这一问题的持续关注，并努力寻找恰当的解决办法，从而为此做出了贡献。

我必须坚决把这个问题，即真正的经济问题，与贫困引发的有关教育成果、公共教育目标和义务的争论区分开来。

这里有必要指出，贫穷并不能解释美国在跨国评比中的平庸表现。每轮国际学生评估项目都对社会经济地位及其各种组成因素对各国分数的影响进行了广泛分析。[34]这些分析表明，美国并未因为来自低收入家庭的参与者比例非常高，而导致其表现比其他国家差。美国与其他经济合作与发展组织国家的主要区别在于，美国社会经济条件优越的学生所占的比例更高。按照"国家学校午餐计划"中划分的社会经济地位，美国处于 3 种不同社会经济地位的学生在得分上都落后于加拿大和芬兰等国家，而不仅仅是社会经济地位低下的学生得分才低（见表 10-4）。针对 2012 年国际学生评估项目的测试结果，去除社会经济地位的影响后，美国的排名或分数几乎没有改变。最后，社会经济地位对阅读成绩的影响在每个国家都不尽相同。举个邻国的例子，在美国和加拿大，社会经济地位的差异都很大，但在美国，它能更有效地预测教育成果。[35]当时的教育部长阿恩·邓肯（Arne Duncan）提醒人们注意以下这些反差：

> 美国学生成绩落后于其他成绩优异国家的学生，主要原因不是学生群体的多样性，也不是大量的公立学校学生来自贫困家庭。经济合作与发展组织总结认为，出现这一问题的原因在于"与其他许多国家相比，美国的社会经济劣势会更直接地导致教育成果的落后"。换句话说，我们的学校在缩小成绩差距方面没有尽其所能。经济合作与发展组织表示，随着美国学生年龄的

增长，他们“每年取得的进步比成绩优异国家的学生要少”。相比之下，成绩优异的国家不仅显著提高了学生的成绩，同时还缩小了学生之间的成绩差距。在芬兰，无论学生在哪里上学，他们都能获得统一的、强有力的、可预测的教育成果。[36]

有人以贫困为借口，坚持认为美国教育状况整体是良好的，只是受到了极度贫困的拖累。很遗憾，这样的观点没有获得国际学生评估项目数据的支持。然而，正如华盛顿智库经济政策研究所在 2013 年的一份报告中所指出的那样，通过重新定义贫困可以维持生活。[37] 国际学生评估项目对社会经济地位的衡量基于对以下指标的综合评估：“父母的受教育程度和职业、被视为财富代表的家庭财产的数量和类型，以及家庭中可利用的教育资源”。表 10-4 中衡量的是经济、社会、文化地位，华盛顿智库经济政策研究所的研究人员采用一种方法来评估社会经济地位：家中图书的数量。其结果是，美国有更大比例的受试学生被归类为“低社会经济地位”群体。这些研究人员还做了另一项改变：他们将美国与其他 6 个国家进行了比较，这 6 个国家分别是加拿大、芬兰、韩国、法国、德国、英国。由于参与比较的国家数量较少，在可以任意选择的情况下，评估社会经济地位的指数更有利，因此研究人员完全可以据此得出结论，美国的学生成绩受社会经济地位低的影响更大。如果考虑到这一点，那么美国的得分便会提高。

表 10-4　2012 年国际学生评估项目的阅读分数（按经济、社会和文化地位指数的四分位数①计算）

	最低			最高
经济合作与发展组织的平均值	456	486	509	542
澳大利亚	471	501	530	537
加拿大	494	517	534	562
芬兰	494	515	535	559
德国	467	504	535	556
意大利	452	480	504	528

① 将全部数据分成相等的四部分，其中每部分包括 25% 的数据，处在各分位点的数位就是四分位数。——编者注

续表

	最低			最高
日本	505	532	552	575
韩国	506	525	546	568
荷兰	472	503	527	551
新西兰	458	507	527	571
新加坡	494	528	554	596
英国	463	485	514	550
美国	461	480	510	546
中国上海	528	561	583	608
中国香港	521	542	550	571
美国康涅狄格州	467	502	546	579
美国佛罗里达州	459	483	489	543
美国马萨诸塞州	480	503	545	583

这个分析令人信服吗？与之相对应的是，一个国际组织的研究人员和其他研究这些数据的人在多年时间里，对此进行了更为深入的分析。不幸的是，批评人士质疑既定的结果不一定是正确的。如今，互联网上充斥着关于国际学生评估项目有效性的讨论，一个由 100 名教育工作者组成的国际组织呼吁经济合作与发展组织停止这项测试，因为它“在全世界范围内产生了有害的影响”。[38]

《夏洛特观察家报》(*Charlotte Observer*) 的凯·麦克斯帕登 (Kay McSpadden) 报道称，已经找到了一个提高美国学生成绩的更简单的方法[39]：

> 美国国家教育统计中心最近发布的一份报告显示，在贫困率不到 25% 的学校里，美国学生的阅读成绩比世界上任何其他国家的学生都要高。[40]

结论很简单。来自中产阶级和经济实力雄厚的家庭的公立学校的学生正在茁壮成长，而来自贫困家庭的学生却在苦苦挣扎。这并不是因为他们就读的学校每况愈下，而是因为他们上学时背负着贫困带来的各种有形或无形的负担，其中包括产前护理不良、发育迟缓、饥饿、疾病、无家可归、情感和精神疾病，等等。

事实果真如此吗？只有把低收入学校的分数从美国的测试数据中剔除，而其他任何国家的数据中并不做这样的调整，才能确保美国学生的阅读成绩高于世界上其他国家和地区的学生。这样的做法确实奏效了。“贫困率低于 25%”的学校指的是那些只有不到 25% 的学生有资格享受免费或折扣午餐的学校。2012—2013 学年，符合这一标准的美国公立学校占比为 18%。依据此标准，美国有资格与其他国家进行比较的就会是这 18% 的富裕学校，而与其对应的则是其他国家所有的学校。

这里我们找到了问题的症结所在。关注贫困对于美国教育失败的影响，会转移人们的注意力，使人们忽视造成教育失败的其他因素，从而认为贫困似乎是唯一的决定因素。于是就形成了这样一种观点：似乎只有解决贫困问题，才能改善教育的结果。我对这些说法的有效性提出质疑，并反对这种没有经过论证的观点，即教育体系不再对来自低收入家庭中成绩较差的孩子负责。

在针对学生成绩不佳的讨论中，政策讨论方面的焦点是认为较低的成绩是由“贫困”造成的，而不是“教育”出现了问题。这无形中将问题简单化，认为贫困和教育是两种截然不同的因素。社会学家和经济学家试图利用社会经济地位的统计数据来量化经济条件的影响，以解决某些研究问题，例如，20 世纪 90 年代的福利改革对人们的经济条件有什么影响？社会经济地位通过各种相关条件影响人们的生活，这些条件受变化的影响各不相同，其中许多都与教育有关，如进入优质学校的机会，接触公共图书馆、计算机和互联网的机会等。教育实践会放大社会经济地位的差异，因为这些差异是建立在是否有机会接触计算机、互联网，以及获得补充教学资源等条件的基础上的。教育也可以作为一个“保护”因素，防止学生受到不利环境的影响。然而，与其他经济合作与发展组织中的国家相比，美国具有“坚韧不拔”特质的学生比例较低。[41]这样的学生是指那些来自低收入家庭但是最终通过自己的努力在阅读上取得成功的人。简而言之，教育与社会经济地位的差异密切相关，它绝对不是一个中立的旁观者。

对社会经济地位的关注也滋生了一种“等待贫困问题解决”的态度，即认为只有通过超人的努力消除贫困，结果才会发生改变。我并不赞同过度关注教育政策，而忽视对贫困问题的解决。相反，对贫困问题的关注过于狭隘，也会导致人们将目光集中在贫困问题本身，而没能采取有效的措施去解决那些原本应该解决的问题。教育可能不是“伟大的均衡器”，但它可以改善许多人受到的不平等待遇。例如，学生虽出生在贫困的家庭，但他们没有出生在贫困的学校。而实际的情况却是，与那些出生在经济条件良好的家庭的学生相比，出生在贫困家庭的学生就读的学校在人员、设备、安全、教材和资源等方面都要逊色很多。贫困是如此难以消除，我们可以从芬兰人那里得到启示：“芬兰教育的基本原则之一是，所有人都应该平等地接受高质量的教育和培训。所有公民都应享有同样的受教育机会，无论其种族、年龄、财富或居住在何处。”[42]

我真正关心的是，无论拉维奇等人的初衷是什么，也不管他们对消除贫困做出多么真诚的承诺，对贫困的强调也为减轻教育机构对教育失败应负的责任提供了便利，从而为貌似合理的否认提供了说辞。查看成绩档次的数据（见表 10-2），是否可以得出这样的结论：当前的教育体系对大多数人来说都运作良好？而那些人又是谁？全方位的深入分析表明，如果没有越来越多的低分者（这里主要是指来自低收入家庭的少数族裔学生），那么国家教育进步评价的分数看上去会好得多。我们不禁要问，这样的情况说明这种教育体系到底是在为谁服务？是为了“我们的中产阶级和富裕家庭的孩子”吗？考虑到截至 2015 年，超过一半的公立学校学生获得了免费或折扣午餐的资格，这一信息尤其令人不安。[43] 拉维奇和她同事们的观点似乎为重新规划教育提供了一个理论依据[44]：从教育的角度来说，对这一领域进行投资是不明智的，因为人们太穷而无法从中受益。这就好比重新规划抵押贷款一样，使得打破贫困的恶性循环变得更加困难。

不同人群阅读成绩差异的原因

国际学生评估项目的数据显示，与其他参与测评的国家相比，美国学生在成绩上存在差距。与其他国家一样，社会经济地位是影响美国学生成绩的重要因素。除此之外的其他因素也很重要。在某种程度上，表明成绩与社会经济地位的衡量指标有关会导致成果的减少，因为我们需要找出根本原因。美国内部不同种族之间的差距也带来了同样的问题。

如果不考虑成绩差距的问题，就不可能对美国学生的阅读水平进行严肃讨论。成绩差异指的是在阅读、数学和科学等领域，不同群体之间的个人在表现上的差异。与白人群体相对应，这些群体主要是指少数族裔群体，例如非裔美国人、西班牙裔美国人、印第安人等，但是差距其实无处不在。这些差距包括：与收入相关的差距，移民的第一代子女与后一代子女之间的差距，以及地理区域之间的差距。男性得分低于女性，白人得分低于亚裔美国人。我感兴趣的是，我们对阅读的了解是否有助于弄清楚这些差距存在的原因，以及减少这些差距可以采取的方法。

虽然存在许多差距，这次讨论将集中在非裔美国人存在的阅读差距。为什么单单就这一群体进行讨论呢？因为这一差距对一大批美国民众产生了严重的负面影响。因为它是漫长的美国种族不平等历史的一部分。因为它多年来一直是政治家、教育家和经济学家关注的焦点。因为自从相关数据公布以来，这一差距就一直客观存在，尽管在此期间美国公布了一系列法案，其中包括《向贫困宣战》（*War on Poverty*）、《不让一个孩子掉队法案》、《力争上游》（*Race to the Top*）等，但是非裔美国人的成绩差距几乎没有什么改善。研究最关注的一点是，每个群体所拥有的条件和所处环境的不同造成了这种差距。如果力求取得更大的进展，那么就有必要将重点放在非裔美国人这一群体上。然而，更重要的是要认识到，这种差距并不是这个群体所特有的，而是国家教育进步评价、国际学生评估项目和其他研究项目中一个更广泛现象的一部分，即美国教育体系对一部分学生的作用比其他学生要大得多。

非裔美国人和白人在阅读、数学和科学方面的成绩差距可以通过很多指标来衡量，其中包括：年级成绩、标准化测试分数、学生所在学校的类型、高中和大学的完成率以及其他衡量标准。许多研究都详细记录了这种阅读差距。图 10-3 和图 10-4 显示了国家教育进步评价中的这种差距。在每年对这两个年级进行的测试中都能观察到一个显著的差异，非裔美国学生的成绩落后了 10% ～ 20%。令人欣慰的是，自 1992 年以来，这种差距在缓慢缩小。然而，这种差距的严重程度可以通过成绩档次的数据传达出来，数据显示，非裔美国学生在低分段的学生中所占比例过高，而在高分段的学生中所占比例过低。

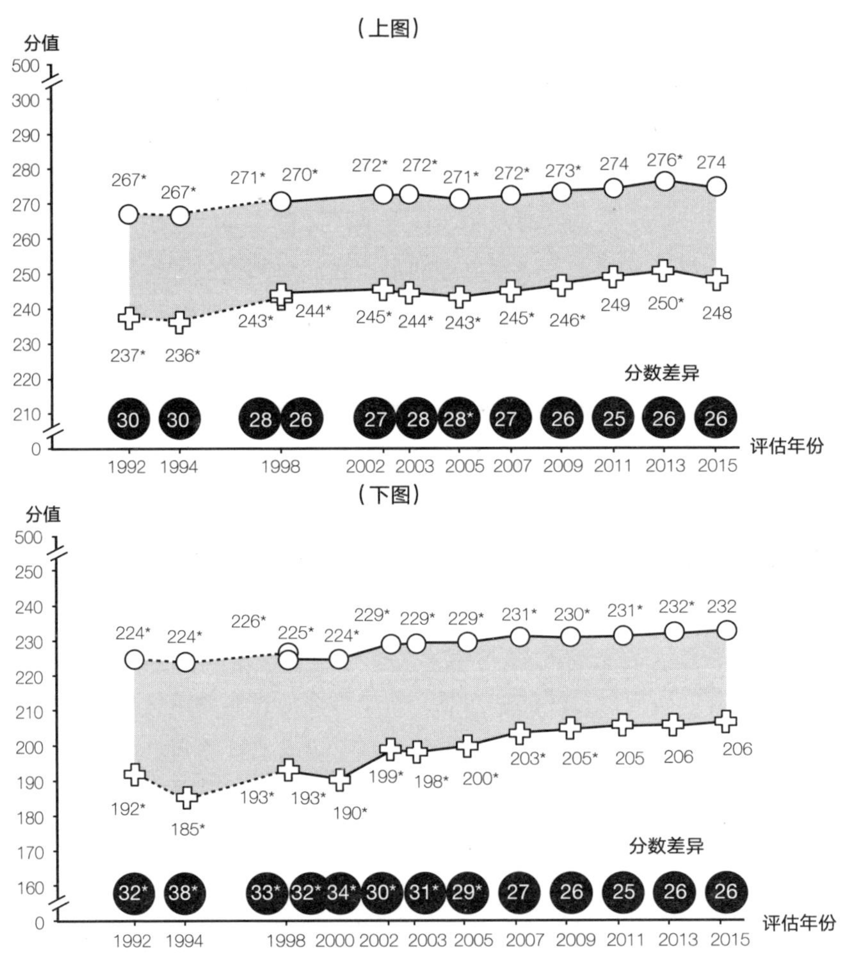

图 10-3　国家教育评价中测出的成绩差距

○号表示白人；＋号表示非裔美国人。上图：八年级学生；下图：四年级学生。* 号表示与 2015 年的数据存在差异。

资料来源："National Score Gaps," Nation's Report Card.

（上图）

年份	不合格	合格	良好	优秀
2015	15	41	39*	5
2013	14*	40	40	6*
2011	15	42	38	5
2009	16	43*	38*	4*
2007	16*	43*	36*	4*
2005	18*	43*	35*	4*
2003	17*	42*	37*	4*
2002	16	43*	37*	4*
1998	19*	42	36*	3*
1998[1]	18*	41	37	3*
1994[1]	23*	42	32*	4*
1992[1]	23*	42	32*	4*

百分比(%)

（下图）

年份	不合格	合格	良好	优秀
2015	42	43	15	1
2013	39*	44	16	1
2011	41	44	14	1
2009	43	43	13*	#
2007	45*	42	12*	#*
2005	48*	40*	12*	#
2003	46*	41	12*	1
2002	45*	42	13*	1
1998	47*	40	12	#
1998[1]	48*	39	12	#
1994[1]	57*	34*	9*	#
1992[1]	55*	36*	9*	#

百分比(%)

图 10-4　八年级学生成绩水平

上图：白人；下图：非裔美国人。* 号表示与 2015 年的数据存在显著差异。上角标 1 表示该年份还未对行动不便的学生和英语学习者提供住宿。# 号表示得分为 0。四年级学生的成绩水平与此相似。

资料来源：“National Achievement Level Results,” Nation’s Report Card.

造成这种成绩差距的因素有很多，在此我无法一一讨论。[45] 我的主要目标是持续讨论阅读科学。由于各种原因，这个话题也很敏感。其中之一就是，“差距”是指不同群体间总体差异的概括。对于阅读这种技能来说，每个群体内的个体差异很大，而各个群体的得分分布重叠（见图 10-4）。因此，不同群体之间的数据差异并不适用于群体内的所有成员，也无法运用到某一特定的个人身上。其他那些引人注目的群体差异也是如此，比如男性和女性之间的差异，或者东西方文化之间的差异。这类群体是重叠的，但记者和科学家有时会把它们写得好像并没有重叠一样，如“东方与西方：一方看到大局，另一方聚焦大局”。[46]

关于这个问题，还有一点我是非常清楚的。那就是，关于这个问题的任何说法，都可能出于研究人员无法控制的政治目的而遭到歪曲，无论内容阐述多么详尽，有多么充足的证据支撑，并且附有多么必要的条件。尽管如此，我认为在这里探讨这个问题还是很必要的，因为成绩差距是真实存在的。群体之间的巨大差异影响着许多个体，并且会造成非常严重的后果。通过适当地抽取不同群体的数据，我们希望能够找出使个体面临失败的巨大风险，或那些能够起到保护作用的因素。如此一来，家长、社区负责人、教育工作者、政治家和慈善家就可以更好地就如何达到预期的效果，做出更加明智的决定。

关于成绩差距的大规模社会经济研究表明，社会经济地位是造成这一差距的一个重要因素，但也只是其中的部分原因。斯坦福大学教育社会学家肖恩·里尔登（Sean Reardon）及其同事在《纽约时报》上发表了一篇文章，文中很好地展示了复杂数据是如何通过可视化图像的形式呈现出来并供人们研究使用的。[47] 研究结果显示，阅读成绩与收入有关，白人的收入一般高于非裔美国人或西班牙裔美国人。因此，即使他们上的是同一所学校，非裔美国学生和西班牙裔美国学生的分数往往低于白人学生。这是不可辩驳的事实，所以说，社会经济地位是造成这一差距的重要因素。

在社会经济地位相同的非裔美国人、白人和西班牙裔美国人之中，也存在这种差距，只是较难发现。英国《泰晤士报》的专栏文章中也强调了这样的情况。此外，与美国和其他国家的比较一样，这种差距并不仅限于低收入群体。如图 10-5 所示，该图按照学生是否有资格获得免费或折扣午餐这一社会经济地位的衡量指标，来呈现国家教育进步评价的阅读测试结果。两个群体均呈现出明显的社会经济地位效应，但在每一测评指标中也存在非裔美国人和白人的差距。对来自高收入家庭和父母受教育程度更高的非裔美国学生的研究表明，他们在学校的表现比那些缺乏这些优势的同龄非裔美国人要好得多，但不如拥有相似背景的白人。[48] 这些数据表明，除了社会经济地位之外，还有其他一些因素造成了群体间的差异。[49]

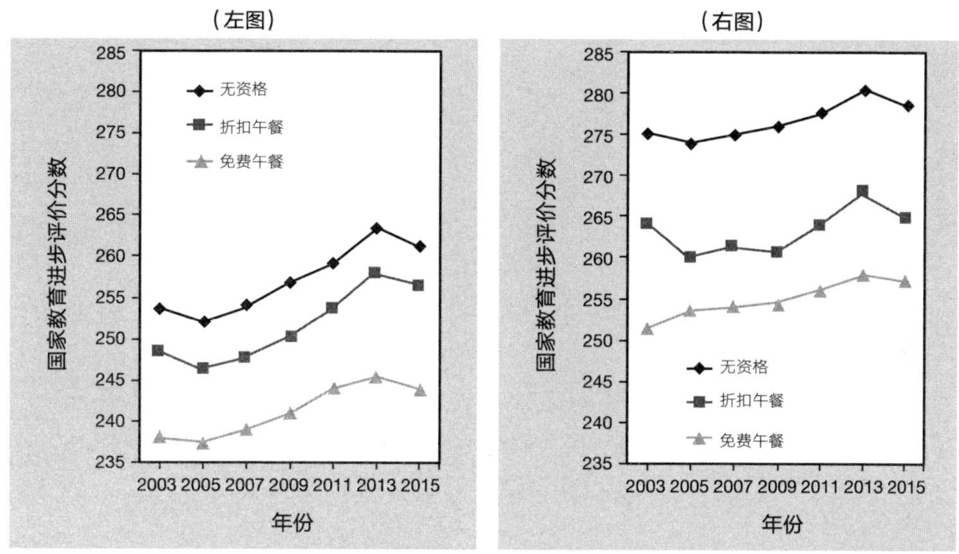

图 10-5　国家教育进步评价中八年级学生的分数

它是按照学生是否有资格获得免费或折扣午餐进行呈现的，这也是社会经济地位的衡量指标之一。左图：非裔美国人；右图：白人。

从本书的其他章节可以明显看出，造成这种差异的一种可能性就是语言。在这一点上，我们能够找到其中的原因：

- 阅读与言语紧密相连。儿童的口语知识是早期阅读能否成功的决定因素。
- 儿童之间的语言技能差异很大，包括掌握的词汇量和词汇的难度。
- 儿童在最初几年的学习中不断进步，而语言扮演着越来越重要的角色。随着课程要求的提高，语言技能的差异及其对阅读的影响变得更加明显。
- 语言并不是宏观社会经济研究的主要关注点，这些研究很少涉及儿童对口头语言的了解，也很少涉及他们在家庭、托儿所或学前班中接触的口语的特质。

我们知道，儿童的词汇量和掌握程度与早期阅读成绩密切相关。贝蒂·哈特（Betty Hart）和托德·里斯利（Todd Risley）进行了一项开创性的研究，记录了成人对儿童言语输出的数量和种类的巨大差异，以及二者之间与社会经济地位有关的言语互动的不同类型。他们发现，与来自高收入家庭的儿童相比，来自低收入家庭的儿童接触的话语更少，获得的词汇量也更少，从而导致他们后来在学习阅读方面的进步也更缓慢。[50] 与社会经济地位相关的口语习得的差异早在儿童 18 个月大时就已经显现出来。[51]

与贫困一样，儿童早期口语的发展无疑是一个需要密切关注的重要因素。认识到儿童口语环境的重要性，从而引入语言强化项目，就可能会产生有益效果。[52] 然而，这一因素在多大程度上导致了非裔美国人和白人之间的差距尚不明晰。自哈特和里斯利的研究后，不断涌现出来的事实是，在所有社会经济地位层级和种族 / 民族的群体中，口语环境的变化都很大。例如，一项针对 53 位来自不同背景的低收入家庭的母亲所进行的研究发现，她们在对孩子说话的数量、词汇量和语言互动等方面存在很大差异。[53] 在对低收入白人家庭、拉丁裔家庭以及中高社会地位家庭所进行的研究中也发现了类似的差异。[54] 正如安妮·弗尔纳德（Anne Fernald）和阿德里安娜·韦斯勒德（Adriana Weisleder）所指出的："父母与婴儿的语言接触，往往比家庭的社会经济地位更能预测孩子的语言能力发展。"[55] 此外，成年人对孩子所说的话的差异并不局限于家庭环境。一项针对 85 名来自低收入家庭的儿童所进行的纵向研究发现，教师与学龄前儿童的语言接触也是预测儿童阅读能力发展的一个重要因素。

这些研究发现表明，儿童的口语环境存在很大差异，并且对阅读有着直接的影响。然而，这种差异是一种普遍现象，不仅仅局限于社会经济地位较低的少数族裔群体。非裔美国人和白人之间的成绩差距似乎涉及一个或多个其他因素，这些因素在这些群体中明显不同。此处，口语环境的另一个方面，即方言，也可能是与阅读相关的一个因素。

大多数非裔美国儿童和他们的家庭通常会说一些非裔美式英语。[56] 这是一种少数族裔方言，与主流美式英语或"标准"美式英语（主流方言）有交叉重叠之处，但在许多方面不相同。在家里和社区说非裔美式英语的儿童，还必须适应学校使用的语言。白人儿童的情况则不同，他们很可能在家里和学校都使用主流美式英语。

接下来的问题是，这些语言经验的差异是否造成了在阅读方面的成绩差距，以及儿童从学校教育中受到有效指导的能力差距。这个问题不是关于非裔美式英语的语言有效性，因为毫无疑问，非裔美式英语已经形成了。[57]它也不是关于非裔美式英语使用者的特点或他们的文化。相反，这个问题的产生是基于一种特殊的社会环境：儿童的家乡方言可能与学校语言相同，也可能不同。抛开其他因素暂且不谈，与讲主流语言的儿童相比，在家里讲非裔美式英语方言的儿童，在测试中成绩更差的风险会更大。少数族裔方言使用者面临的任务是，在学校学习阅读、写作和算术技能的同时，还要更好地掌握主流语言。但是，主流语言使用者并不会面对这些额外的语言学习的要求。虽然面对的任务要求从本质上来说，一个群体可能比另一个群体要困难，但两个群体所拥有的时间和评估标准是一样的。因此，我们可以得出结论，有一部分的"成绩差距"是由这些环境因素造成的。[58]

很容易看出，如果一个儿童说的不是英语，那么他在课堂上就会遇到更大的困难，因为英语既是教学语言，也是他们正在学习阅读的书籍的语言。讲少数族裔方言的人也会遇到同样的困难。作为一名阅读研究人员，我关注的是所说方言的差异是如何改变儿童学习阅读的过程的，从而使得说两种方言的儿童比只说主流美式英语的儿童学习阅读的过程更加复杂。举个例子，掌握文字与言语之间的关系是比较困难的，因为许多单词的发音在不同的方言中是不同的。出现这种情况有几个原因，其中一个是，在某些情况下，非裔美式英语使用者会选择性地省略最后的辅音，比如 gold（与非裔美式英语中的 bowl 押韵）、end（与 pen 押韵）和 drift（与 cliff 押韵）。[59]

假设，一位教师对学生解释说，单词 gold 的拼写是"gee" - "oh" - "el" - "dee"，请拼写出字母。对于一个说主流美式英语的儿童来说，这只是一节关于字母原则的课程，以及组成单词的 4 个字母的字素与音素之间的对应关系。但是对于一个说非裔美式英语的儿童来说，学会 gold 这个词的信息转换过程就相对复杂了。在主流美式英语中，从一个单词中删除一个音素后，留下的通常会是一个完全不同的单词（如 bust → bus）或一个非单词（如 dust → dus）。对于说非裔美式英语的人来说，语言所起的作用是不同的，因为删除最后一个音素通常会产生同一个单词的另一种发音。[60] 儿童还必须了解到，gold 这类单词的最后一个字母要么映射到音素上，要么是不发音的，这取决于他们所说的方言。这种发音差异造成的影响是，它采用了一种已经不明晰的拼写系统，使其对于非裔美国读者来说更加困难。[61]

就像儿童在家里说不同的语言一样，说少数族裔方言的人必须学习一种可替代他们已经掌握的词汇和表达方式的语言。例如，说主流美式英语和非裔美式英语的 5 岁儿童都使用屈折形态学来标记时态和动名词一致问题，但他们所使用的系统有所不同。非裔美式英语使用者需要学习主流美式英语的版本，因为他们会遇到这样的句子：There is no lake at Camp Green lake（绿湖营地并没有湖）；Grace was a girl who loved stories（格蕾丝是一个喜欢故事的女孩）。这些句子使用的是主流美式英语中正常的语法结构，但通常非裔美式英语中却有其他的表达方式。说两种语言和说两种方言的人还必须学习何时、何地以及和谁，应分别使用哪一种代码来交流，并学会在它们之间自由切换。

获得这种额外的语言专长虽然有好处，但也需要付出一定的成本。[62] 与只说一种语言的儿童相比，在词汇和阅读等方面，说两种语言的儿童在语言发育的早期阶段通常会表现得更差，因为他们的语言经验常常被一分为二。当一名英语学习者落后时，原因在于他们仍在学习学校里使用的英语。说非裔美式英语等少数族裔方言的人可能会落后，因为他们同样也在学习学校里使用的英语，但这种情况却很少有人关注。[63]

与社会经济地位低的群体一样，说少数族裔方言也是一种风险因素，会对其他情况产生影响，从而产生一系列后果。非裔美国儿童在学习阅读方面的进展情况与他们对主流美式英语知识的掌握程度密切相关，因为书本上的内容完全是使用主流美式英语编写的。经常使用非裔美式英语会对阅读的进展产生负面影响，因为这些儿童对主流美式英语知识的掌握更少。然而，情况并非总是如此。对于语言熟练的儿童来说，说非裔美式英语并不是什么问题，因为他们也精通主流美式英语。[64] 此外，在有利的条件下，儿童可以迅速掌握第二种方言。当其他方面的条件处于不利情况时，如学习机会有限等，与使用两种方言相关的额外要求会产生更大的影响。社会经济地位低是一个非常明显的风险因素，也是很多人关注的焦点。这一点对于英语学习者也一样。方言是一个容易被误解的微妙概念，少数裔族方言一直是政治和文化争议的焦点。方言差异对于儿童从学校学习中获益的机会的影响没有得到人们充分认识，并且有关改善或消除这种影响的讨论也很少。[65]

在过去的十年里，研究人员积累了更多的证据，证据显示少数族裔方言是造成儿童阅读成绩低的因素之一。[66] 由于长期以来，人们对方言存在严重的偏见和分裂性的对立观点，这些发现值得格外关注。[67] 我必须再次强调，这个问题与方言语言的有效性、其他文化差异或儿童的能力无关。它与环境有关。我使用了单词阅读的计算模型来证明这一点。[68] 这一模型可以用来研究独立于社会经济地位和词汇等因素之外的语言背景是如何影响阅读学习的。我之前描述的模型与主流美式英语的使用者非常相似，他们在说话和朗读单词时使用相同的语音编码。后来，我和同事们探讨了一种假设的情况，即在说话和阅读中都使用非裔美式英语的语音体系。得到的结果是，人们的表现就像主流美式英语模型一样，完全没有问题，这表明非裔美式英语的特性并不是一个障碍。然后，我们研究了说两种方言的情况：在该模型中，非裔美式英语作为家庭方言，其语音用于言语，但必须生成主流美式英语作为学校方言，其语音用于阅读。大约一半的单词在两种方言中有不同的发音。拥有两种发音，使得学习这些单词的拼写 - 发音映射变得更加困难。当主流美式英语被当作家庭方言，而非裔美式英语被当作学校语言的时候，同样的情况也会发生。不过这种情况在现实世界中是不会发生的，如果发生的话，这表明使用主流美式英语的人也会继承这种“差距”。简而言之，当家庭方言和学校语言的发音不同时，学习单词的拼写 - 发音映射就会更加困难。我们还发现，通过提供可靠的上下文线索来提示需要使用的是非裔美式英语还是主流美式英语，便可以大大减少这些影响。

方言差异使阅读学习变得更加复杂，但是这种影响可以通过社会经济地位、父母受教育程度、课堂经验、个人性格特征等因素来调节。语言背景十分重要，但结果是由多种因素决定的。

如果说熟悉学校语言很重要，那么教育和社会文化会有什么影响呢？有一种观点认为，对主流美式英语知识的掌握与早期阅读成绩密切相关。如果有机会，在家里说非裔美式英语的儿童，在上学前也能够熟悉主流语言。幼儿是出色的语言学习者，他们有足够的经验去理解两种方言。正如在学前班环境下，引导他们的教职员工都是以不同语言为母语的。儿童如果想要进一步熟悉主流美式英语，并不需要消除他们的非裔美式英语。儿童能够变成掌握方言的人。我们也可以看看其他国家是如何处理类似问题的。澳大利亚和加拿大都有第二套方言习得项目，旨在提高少数族裔中社会经济地位低的人士对主流英语语言的了解。[69] 最后，最重要的是要让教师意识到，主流语言不流利是妨碍阅读提升的一个重要因素。教师职前教育很少涵盖方言和其他基本语言概念的教学。[70] 其实，这种“知识鸿沟”是可以填平的，这也可以纠正人们对非裔美式英语及其使用者的负面看法，从而降低对他们的预期。[71]

另一种观点认为，家庭方言和学校方言的差异使非裔美式英语使用者处于一种固有的劣势，这种劣势被人们忽略了，并且也没有得到解决。为了在学校取得成功，他们必须努力学习两种方言。[72] 这又是一个生动的实例，说明要想取得成功，他们必须付出双倍的努力。然而，语言学理论表明，有些做法实际上是将非裔美式英语定性为“糟糕的”英语，认为其在本质上逊色于主流美式英语。这些做法包括：强迫儿童学习主流美式英语，甚至指出非裔美式英语和主流美式英语之间的差异会影响学习效果等。[73] 考虑到历史上对非裔美式英语的偏见，这种担忧自然是有道理的。

正如戴维·斯坦纳（David Steiner）和苏珊·罗森（Susan Rozen）在教师教育研究中发现的那样，实施教师教育的学校已经强调了认识、理解和适应文化多样性的重要性。他们列举了一些课程中使用的书籍，例如格洛丽亚·雷得森－比林斯（Gloria Ladson-Billings）的《追梦者》（*Dream Keepers*）和薇薇安·佩利（Vivian Paley）的《白人教师》（*White Teacher*）。通过认真的分析和阅读，他们发现：“这些文字通常是有力的、充满挑衅的、令人不安的，它们在很大程度上促进了一个特定教育论点的形成：教师应该支持受压迫的少数族裔群体发出他们自己的声音，分享他们独特的经验，并将这些内容融入雷得森－比林斯所称的与文化相关的教学中。还有另外一种观点认为，教师应该专注于确保所有学生都能够掌握具有普遍价值的知识。但是这种观点并没有得到充分的表述。我们在一个项目中只找到了课程大纲，这份大纲提供了呈现这种对立观点的阅读材料。”[74]

我们迫切需要深入了解语言的变化，其中包括清楚地认识到，是社会、历史和经济等因素，而不是语言本身的优势，对确定方言是否作为“标准”具有决定性作用，一旦像非裔美式英语这样的少数族裔方言的语言完整性和文化重要性得到人们的重新认识，那么问题就出现了——我们到底应该教什么？非裔美式英语是一种口语化的方言，而我们在学校里学习的课文却是使用主流美式英语编写的。

前面提及的第一种观点基于一种发现，即阅读能力对身心健康和经济发展都至关重要。对于在现有条件下使用非裔美式英语的人来说，要想能够熟练阅读，他们需要有习得主流美式英语的便利。从这个角度来看，我们的目标应该是使所有儿童获得这些技能。我认为应该采取一系列有效措施，包括改变教师培训、在学前班阶段关注语言接触、修改课程和评估实践以反映不同语言背景的差异等，尤其要注意消除不经意但有害的偏见和不公平的比较。[75]最近，人们的注意力多集中在个人品质的诸多方面，如自我激励、坚韧、毅力和取得成就的“勇气”等。我想补充的是，对学习阅读等任务的投入程度，取决于是否能够获得成功。而失败是一种强烈的抑制因素，尤其是当它在一定程度上是作为内在因素存在的时候。

另一种观点认为，与使用非裔美式英语相关的缺点是由社会和文化习俗导致的，可以说，这是一种不公平的方言特权。作为自我认同的社会正义和文化变革的推动者[76]，教育者的目标应该是创造一个新的体系来取代现有的带有偏见的体系，而不是使之延续下去。数字技术的出现使得以不同的方式获取信息成为可能，这些替代方案可能就建立在这些方式的基础上。观看视频或收听录音可以减少对阅读的依赖。正如教育理论家道尼·哈西特（Dawnene Hassett）所写的：“运用一种理论方法，将有关权力和知识的后结构理论与有关文化素养的社会文化理论相结合，（我的）分析挑战了一种有关字母识读的传统论调，即认为字母素养是一个时代政治和历史的标识。同时，从新技术、不断变化的文本、读写能力的社会文化形式等方面，我重新定义了教育推理中有关‘恰当的’早期阅读指导。”[77]换句话说，如果传统的阅读是一种障碍，那就考虑以其他形式体现“读写能力”，包括那些不涉及书面文字的形式。与其努力缩小学习成绩的差距，不如正视它。

有证据表明，这种差距在某种程度上是“内在的”，这一点与某些观察结果是一致的。然而，提倡以其他形式体现读写能力似乎并不是一个值得采纳的建议，因为印刷的文字仍然是一种基本的媒介，而传统意义上的阅读技能仍然是我们与社会主体进行交流的前提条件，这些社会主体对我们的生活质量有着重大的影响。其他形式所体现的读写能力是赋予少数族裔群体权利的一种手段，还是剥夺他们公民权的一种手段？对于我这样一个从传统读写概念中获益，并且社会地位较高的白人来说，设置多余的读写障碍或鼓励退出的前沿理论看起来并不像是什么进步。这些选择也许会遭到家长们的评判，因为对他们来说，这其实就是一个障碍。更有可能的是，他们并不会对这件事做任何评判，因为他们并未意识到他们的孩子正在成为这种教育理论的实验品。

教育与收入水平

虽然教育对所有人来说都很重要，对那些处于不利因素影响下的儿童，包括来自较低社会经济地位家庭的儿童以及使用少数族裔方言的儿童来说，教育就显得尤为重要了。对于那些真正处于较高社会经济地位的人，如果使用之前提到的“国家学校午餐计划”来衡量，这些人绝不仅仅是指处于享受免费午餐这个标准以上的那些人，他们拥有众多在生活上和学校里获得成功的条件。教育质量至关重要，但是在不利的环境中，教育质量还不是最重要的影响因素。我认为这一点已经很明显，如今它获得了新证据的支持。

我之前提到过，从基因对于阅读的影响这一角度来分析，高智商儿童受到的影响要高于低智商儿童。这一结果来自针对双胞胎的遗传能力研究所获得的统计数据。社会经济地位因素也具有类似的影响效果。对于社会经济地位更高的个体来说，阅读等相关技能的遗传性很高，而其受环境因素的影响很低。当个体持续处于积极的环境时，在观察到的儿童的阅读变化中，遗传因素的影响很大。对于社会经济地位较低的个人来说，这种影响是相反的，环境的变化对其阅读和学业成绩的影响要比遗传因素大得多。[78]

这一证据使拉维奇和她的同事关于美国教育发展状况的争论处于更加令人担忧的境地。据报道，美国的教育体系运行良好，但是对于那些来自社会经济地位较低家庭的儿童来说却并非如此。对于那些来自中高等社会经济地位家庭的儿童来说，他们在美国目前的教育体系中得到的是较高的分数。在这一群体中，亲子关系比教育体系发挥的作用更大。而对于来自低收入家庭的儿童来说，环境是重要的影响因素，其中教育发挥着重大的作用，这些儿童在教育体系中得到的却是较低的分数。拉维奇和她的同事的理论只会对那些受教育质量影响较小的儿童发挥作用。对于那些受教育质量影响较大的儿童来说，拉维奇等人的理论则完全放弃了教育对这些儿童应负的责任。与其狭隘地关注贫困对于学生成绩低的巨大影响，不如集中精力努力提升教育质量，因为教育质量对于提高教育成果发挥着巨大的作用。

我用拉维奇的告诫来结束本章："如果有人声称，在过去 20 年里，阅读没有发生丝毫改善，那你千万不要相信他。这绝对不是真的。"阅读确实有所改善，只是受益的人还不够多。

第 11 章

教育与科学，两种文化的交织

美国的教育工作者从来没有就如何教孩子阅读提出一个确切的解决方案。早在 19 世纪 40 年代，霍勒斯和他的同事们就对此持不同意见。霍勒斯认为，将重点放在字母的识读上是错误的。他认为这些字母缺乏内在的意义，因此将其描述为“骸骨般的、冷血的、幽灵般的东西”。[1] 他一直提倡教会学生“一次性读出完整的单词”。与他的老师们所青睐的语音教学法相比，霍勒斯认为他的方法就像“去美丽的地方远足”一样。从那时起，针对这一问题的讨论就如同钟摆一样，来回摇摆不定。霍勒斯的论调既是权威的断言，又包含了他对其他观点的蔑视，两者错综复杂地交织在一起，成为近 150 年以来所有争论的鲜明特点。

与人类的其他行为一样，阅读能力的形成受到若干因素的影响，这些因素包括文化因素（例如与其他活动相比，阅读具有的价值）、经济因素（社会经济地位对个体的影响，例如获得书籍、接触图书馆和互联网的机会等）、个人和家庭因素（孩子的能力和性格，父母的受教育水平）以及教育因素（学校获得的资金、学校教学质量）。虽然我知道还有许多其他因素的影响，但我仍坚持提出另一个问题：阅读的教学方式对阅读成绩到底会产生多大程度的影响？如果说教育很重要，那么我们就有义务去考核目前实施的教学实践是否需要改善，以及可以改善的程度有多少。很多已经对学生们产生了良好教学效果的成功的教学实践，也可以对其他影响因素起到一定的调节作用。

长期以来，人们对于如何教授阅读一直存在分歧，这充分表明我们应该对此予以密切关注。大多数人都知道，过去 30 年以来发生的阅读争端是一场以语音教学法和全语言教学法为中心的有关教学方法的争论。[2] 21 世纪前 10 年出现了一种名为“均衡读写教学法”的折中方案，据说该方案对两种方法中最优秀的部分实施了优化组合。均衡读写教学法使教育工作者在尚未解决根本问题的情况下就可以对外宣称，日益棘手的这场“论战”已经结束，解决办法就是鼓励教师将对他们自身和对学生个体最有效的方法结合起来。在实践中，这通常意味着使用全语言教学法（对于那些在鼎盛时期进入该领域的人来说）或贴上了其他标签的相同的原则与方法。[3]

阅读教育中尚未解决的问题至关重要，因为这些问题会对教学实践产生影响，不仅影响儿童的阅读能力，还会影响他们是否能够参与到阅读活动中，是否享受阅读，是否重视阅读。[4] 有关阅读的这场论战及其后果也揭示了教育本身更广泛的问题：教育理论和实践的哲学与实验基础；教育与心理学、神经科学等相关学科的关系；基础教育的功能及其实施情况；需要改进的方面，应该采取的改进措施，改进措施的决策者；有资格进入这个行业的人以及他们会接受怎样的训练。人们在这些问题上产生的分歧，正是关于阅读的争论还在持续升温的原因，尽管这个话题已经使人精疲力竭且承受了巨大的压力。

在这一章，我认为造成我国民众阅读成绩不佳的主要因素是教育文化。我所说的这种教育文化包括：对儿童的学习所持有的态度和原则、教师的角色和教育的使命。教育的使命主导着教育学院和与教育密切相关的组织。教育学院是培养教师的主阵地。这些与教育密切相关的组织包括全国英语教师协会等。这种文化是阻碍教育成果提升的障碍。阅读教学领域中发生的事情，只不过是普遍存在的现象中一个典型的事例。

我想进一步明确我所关注的事情的范畴。教育领域处于学术界中的许多体制结构之下。为了简单起见，我主要探讨的是教育学院，许多大学里都设有这一学院。教育学院包含了各种各样的学科，如教育政策分析、教育心理学、康复心理学、特殊教育等。我尤其关注的是学术界过去被称为教育学的这一分支：K–12 教师的职前培训，在职教师的继续教育培训，以及课程开发、教学方法的改善、教学教具的优化和教学实践水平的提高等。我所指的“教育文化”是“与教师这一职业及其实践有关的教育文化”的简称。K–12 教育工作者有各种各样的角色和头衔，包括负责普通课程教学的教师、特殊教育教师、提供资源的教师、学习协调员等。他们的工作各不相同，但为了简单起见，在接下来的内容中，我将使用“教师”或“教育从业者”来代表这一群体。最后，在本文中，“教育者”一词是指那些为教师行业培养未来教育者的教师教育者（teacher educator），他们负责提供课程设计、教学资料和教学方法的指导。

对于不熟悉教育文化领域的读者来说，我对教育文化的评论可能听起来有些刺耳。我意识到，对于我所论述的情况，在数千个提供教师资格认证课程的项目中，可能会存在例外的情况。我也意识到，代表教育文化的教育工作者和专业组织也公开表达了许多同样的担忧，而且这样的情况已经持续了几十年。[5]然而，就阅读而言，主流观点和实践一直以来都无法满足儿童的需求。在我看来，这一问题始终没有引起人们的充分重视。我也必须强调，我关注的重点不是教师的正直、守信、努力、真诚或智慧等各方面的品质，而是他们所学到的有关儿童发展方面的综合知识和有关阅读方面的专业知识，以及教师所担任的角色。责任在于教师教育者。教师教育者的责任是塑造这些未来的教师对这个职业的期望，设计规划他们所接触的思想和方法。然而，执行教师教育的政府部门并没有对这些未来的教师给予足够的重视。

对此我进行了一定的分析。因为我非常清楚一点，那就是，教育成果的影响因素其实并非完全来自教育，也并不在教育的控制范围之内。然而，这也正是为什么我们需要密切关注这一点，即改善教师培训和课堂实践是否能够产生有意义的改变。虽然贫困无法得到迅速消除，但原则上教育文化的改变更容易发生。这种改变之所以尚未发生，是因为教育学是学术界的一座孤岛，与其他学科相互隔绝，并且很好地抵御了其他学科的“入侵”。教育培训项目与心理学、神经科学、认知科学等相关科学之间的障碍尤其根深蒂固。这些障碍其实是可以克服的，而且，正如我将指出的那样，跨越这些障碍会带来巨大的收益。我们需要做的，是结束教育对自身的支配权。

美国的教师教育

在孩子入学第一天这个重要的日子里，家长把孩子交给教师后，自豪地认为从此引导孩子走上了受教育的康庄大道。但其实家长犯了一个大错：他们以为孩子的教师已经学会了如何教授阅读这门课。实际上，这些教师根本没有掌握这些知识。但谢天谢地，还是有很多优秀的教师，他们专注于自己的事业，总是努力学习有效的教学方法并探究其背后的根源。在美国，将来从事教师职业的人并没有受过专业教学培训，他们作为教师的角色是通过社会化形成的。强调读写能力的发展已经取代了儿童阅读教学，这其中包括文本，同时也包括声音、图片、视频等其他媒介形式。从这个意义上来说，阅读并不算是读写能力的一部分，它的作用可与拼写或打字相媲美。然而，阅读教育并不容易，其中包括帮助学生成为熟练阅读者，激发他们的阅读动机，并能够出于各种需求理解和阐释文本内容。教师至少需要尽可能了解阅读的原理，以及儿童是如何学习阅读的，正如你从本书中所了解到的那样。但遗憾的是，教师在职前教育阶段却很少能够接触这类信息。[6]

走上教师岗位所经历的路程与其他职业的成长之路并不相同。正如哈佛教育学院教授杰尔·梅塔（Jal Mehta）所观察到的：

> 教学需要一种专业模式，正如医学、法律、工程、会计、建筑等许多其他领域一样。在这些行业中，要想保证质量始终如一，就不能仅仅依靠从业者个人的责任，相反，要更多地依靠建立一套完备的专业知识体系，使得从业者可以接受专业知识的训练，并要求他们在获得职业资格证之前就已经具备专业素养，从而可以利用职业标准来指导自身的工作。
>
> 以这些标准来衡量，美国的教育就是一个失败的行业。在美国的教育行业里，没有广泛认可的知识基础，培训内容简短或根本不存在，职业资格考试的标准比其他领域要低得多，而且也缺乏持续的专业指导。因此，研究人员发现教师的教学技能存在巨大差异，也就不足为奇了。由于缺乏专业长期

发展的支持体系，美国的教师在职业生涯中需要不断自我求索，因此产生了不均衡的结果。[7]

教育文化不仅缺乏一种专业模式，它还促成了一种意识形态的形成，即认为采用专业模式是不合适的。理由是，教育的行业规范不能像法律或药学领域那样可以编纂成典。因为教育是一个受到文化决定性影响的领域，而不像税法一样总是处在不断变化中。儿童需要掌握的东西也处在不断变化中，以适应弗林效应下与日常生活息息相关的信息和技能的复杂性不断提高的情况。各种教育项目和教学实践逐渐过时。职业学校曾经为那些已不复存在的行业培养人才。曾经，学生学会使用计算尺和写支票，就完全可以满足就业市场的需求。他们的计算机运行的是磁盘操作系统，屏幕既不是触摸屏，也无法进行语音识别。在信息技术和多媒体技术包围下长大的儿童，他们获得信息的方式也发生了很大变化，包括电视、电子游戏、计算机、录像机、互联网、笔记本电脑和智能手机等。如果教师培训只专注于当前需要的内容，那么，当下一次改变不可避免地发生时，这些教师就会立刻束手无策。正如今天的学生无法理解 30 年前的东西一样，教师也不能僵化地照搬前辈们的教学模式。这就是我想要说明的一点。

出于对美国的教师教育标准过低的担忧，美国教育研究协会成立了专门小组，针对教师教育方面的研究文献进行了回顾。美国教育研究协会是一个大型组织，它聚集了来自不同学科、代表不同观点的教育工作者和研究人员。针对教学方法相关课程的现状，专门小组在 2005 年的报告中指出：

> 显而易见，纵观这些研究，“教学方法课程”这一术语是从教师培训的环境中演化而来的，在这样的培训中，未来的教师会学到特定的策略，并从事教学实践的练习。该术语也可能是从一种基于教材或讲座的环境中演化而来的。研究人员认为教与学二者之间具有很强的互动，有时甚至是相互协作的关系。方法课程被视为是复杂而独特的，在授课的过程中，导师同时参与未来教师的信仰塑造、教学实践的辅导和身份的建立。方法课程很少被定义为只是传授特定方法、通常会随着一场考试的结束而终止的一门课程。[8]

如果教师没有接受过教学培训，他们如何才能为这份职业做好充分的准备呢？教育学院的主要功能便是使未来的教师社会化，从而形成一种意识形态，即对儿童、教育本质和教师角色的信念和态度。未来的教师在这里所接受的都是经过精挑细选的理论家的思想，这些思想为他们将来走向各自的工作岗位提供了知识基础。

这一意识形态是由建构主义理论、社会文化理论、现实社会建构理论等理论框架衍生而来的。我无法详细介绍这些理论框架，读者可以自行在互联网上查询相关内容。[9] 在我这个外行看来，它是一些曾经非常知名，但如今已经过时的心理学研究和后现代文学批评的翻版，曾遭到弗雷德里克·克鲁斯（Frederick Crews）的讽刺和艾伦·索卡尔（Alan Sokal）的恶搞。[10] 教育文化的许多方面，包括师资培养、课程设置和课堂教学实践等，都遵循了这个框架的核心规则：个体或群体在信念、经历和文化实践的影响下，完成相关知识的学习和构建。这些知识包括对物理世界的认知、对科学理论以及文本的解读。正如一位评论家所说："如果我们接纳建构主义理论……我们必须认识到，没有独立于知者之外的知识，只有我们在学习过程中为自己构建的知识。学习并不是理解事物的本质，也不是如柏拉图所言，记住隐约感知到的完美的想法，而是一种对意义的个人建构和社会建构。除了我们为之编造的解释之外（这些解释是多种多样的），这种建构是从一系列令人困惑的感觉中产生的。这些感觉没有任何秩序或结构。"[11]

这是对世界的一种深深的怀疑主义和相对主义的立场，也是超级流行的一种立场。对乌鸦的观察存在 13 种方式，这一点在某种程度上被视为对乌鸦品种探寻的简化，乌鸦品种探寻即探究乌鸦究竟是欧亚品种还是北美新大陆品种，以及它的进化史、领地范围、饮食或繁殖习惯等方面。人们解读视觉错觉的过程（参见本书第 2 章中的讨论）并不是那么有趣，与之相比更有趣的是，他们的解读是基于一定文化背景的，这些文化背景之间存在差异。

现代语言协会的理论影响早已悄无声息，但它在教育领域仍然占有一席之地，因为它补充了现有的关于学习的信念。认为儿童是由教师教会学习的这一观点从根本上就是错误的，因为学习是构建知识的过程。认知建构主义理论强调个体在这一过程中的作用，而社会文化理论则强调群体的作用。

对个体的强调源于心理学研究中对我们现在所说的自上而下和自下而上过程中的相互作用的研究。20 世纪 40 年代末期，杰罗姆·布鲁纳（Jerome Bruner）的一些经典研究表明，受试者的期望（自上而下的部分）影响了他们对简单刺激的感知（自下而上的部分）。[12] 在早期一个非常有影响力的实验中，10 岁的孩子被要求通过调整一个发光的圆圈，来判断硬币和纸板盘的大小。纸板盘的大小得到了准确的判断，硬币的大小却被高估了。硬币的币值越大，对其价值的高估程度也越大。来自贫困家庭的儿童出现高估的比例大于来自中产家庭的儿童。这项研究为教育理论家所用，作为基于文化背景和个人经历的知识建构的例证。因为每个人的经历都与其他人不同，所以他们所构建的意义也不同。由于学习是建构意义的过程，因此个体学习的方式也不同，也就没有一种单一的教学方法可以适用于所有的学习者。[13]

社会文化方法起源于列夫·维果茨基，这位苏联心理学家 20 世纪 20 年代的研究在大约 50 年后重新焕发光彩。他的认知发展理论认为，较高的心理功能起源于社会。在教育方面：

> 社会文化理论将学习描述为不仅是个体的大脑运转过程，而且与社会环境、与和他人的多种互动形式密切相关。这一理论对教师教育产生了影响，因为它有助于教育工作者在面对来自多样化文化和语言背景的学生时，更好地理解教学的各种可能性。这种观点有助于未来的教师了解自己和他人的文化实践、文化经验对教与学的影响，以及针对不同文化背景实施的阅读教学的价值。[14]

前面提及的理论对教师教育产生了巨大的影响。学者戴维·斯坦纳分析了 16 所教育学院的教学大纲和项目简介，以确定未来的教师曾经接受的教学内容。斯坦纳后来担任纽约州教育专员，现在任职于约翰斯·霍普金斯大学。关于“教育基础”这一主题，斯坦纳和他的合作者苏珊·罗森发现，这些学校开设了有关多元文化主义或文化多样性的课程，但几乎没有课程关注到当代教育中出现的主要议题，例如高风险测试、成绩差距、特许学校和教育券等。培养教师对文化差异的认识以及了解其对课堂教学的影响是教师教育活动的中心主题。凯特·沃尔什（Kate Walsh）在撰写美国教育研究协会的报告时，这样写道：

> 如今，教师教育者把他们的工作看作帮助教师形成职业身份。他们的目标是正视和消除准教师遭受的偏见，特别是那些与种族、阶级、语言和文化有关的偏见。就像童话《木偶奇遇记》中的匹诺曹从一个木偶一下子变成了一个真实的男孩一样，教师教育者们正在尝试一项不太可能的壮举，即帮助这些准教师通过丰富的课堂对话和定期的日记写作来表达他们的情感和态度，以此展现他们在消除偏见中的努力。一旦从错误的假设中解脱出来，教师就可以开启终身学习之旅，这一点与“掌握知识”截然不同，因为教师教育者认为，实际知识流动性太大，无法实现，甚至可能固化为一种偏见。[15]

我对这些活动没有直接的经验，但正如沃尔什所描述的那样，它们令人不安地回忆起那些重构人们的信仰，使其与主流的政治意识形态保持一致的方法。[16]认为个人信念不够先进的假设，参与广泛的自我批评，公开承认和批判思维中的错误：目标可能更远大，方法也可能更友好，但它们却和其他形式的教育具有共同的特点。更确切地说，是与 20 世纪 70 年代的敏感性训练和意识培养相类似。

未来的教师需要扩大他们对进入公立学校学习的学生之间存在的文化差异的认识，以及他们可能工作的社区之间的差异的认识。对此我并不反对，因为教师（更有可能是白人和中产阶级）和学生（更有可能并非白人和来自不那么富裕的阶级）的背景往往不同。未来的教师对这一点要尤其重视。社会文化问题很重要，但有两点值得我们考虑：一是需要更深入地研究这些差异如何影响学生从学校获益的能力，以及如何系统地解决这些差异问题，而不仅仅是承认这些差异的存在；二是对社会文化问题的关注并不能免除教授阅读的必要性，但实际上人们往往就是这样认为的。

为培养学生的读写能力做准备，这些未来的教师会接触各种各样折中的方法，因为实际上没有对每个孩子或每个教师都是有效的万能的方法。教师教育的目标应该是培养未来的教师，使其具备综合个人教育理念的能力。[17] 在这些教师的个人教育理念中，包含存在于多种不同文化形式中的读写能力。

为了说明这一点，下面是一段阅读教育课程的教学大纲的介绍，该阅读教育课程是不久前在一所重点大学开设的：

> 我们的阅读课程从多种不同的角度开展语言教学，促进学生读写能力的发展。许多阅读课程之间是相互矛盾的，我们的工作是找出这些不同角度能够最大化地满足学生不同需求的地方。

课程的结课论文要求如下：

> 文献综述：分析当前关于读写习得、语言发展、认知和文字学习的相关理论、观点和研究。综合分析认知、社会和文化因素对文字学习的影响。以教育工作者和学者的角度，运用有关语言和读写能力发展的主要理论，写一篇简短的（3～8页）关于读写能力教育的陈述报告。这篇报告代表你对于文字学习所持有的个人立场，你可以在任何场合下使用。[18]

根据这一观点，成为一名教师本身就是一个建构的过程。现代教师教育是建构主义哲学在教学中的应用。学生的学习并不完全依赖教师的指导，同样，未来的教师也不是。学生通过自身的努力挖掘出解决问题的技巧，教师也是。[19]

基于这些假设，教师的角色到底是什么？由于学生的知识是主动建构的，而不是被动接受的，教师不再被视为给学生传授知识的专家。教育实践经历了从“舞台上的圣人”到“一旁的向导”，再到“耳后的同伴”这样的发展过程。[20] 学习是通过交流而产生的，而不是简单的知识传播。因此，原型学习活动指的是从活动中学习。最经典的例子便是哲学家约翰·杜威（John Dewey），他于1896年创办了芝加哥大学实验学校。“经验教育构成了实验学校课程的基础。学生们学习了从编织到木工，再到雕刻的实用技能。除了在教室里，学生在花园里也能够掌握科学知识。花园里的沙箱为学生做地形和侵蚀的有关实验提供了机会。”[21] 在这个情境中，教师成了参与者，引导学生发掘或构建知识。在这样的环境中，学生通过积极参与有意义的活动来激发其天生的好奇心和学习欲望。

现实的伤痛

这就是背后的理论。从教育学院的学生到成为学生的教师，这个过程中到底有哪些理论最终幸存下来了呢？现实的情况是，教师们需要自己去挖掘有效的课堂实践，因为他们从没有学过相应的内容。最早的发现之一就是，教师在学校里所学的大部分有关教学的理论都是与教学实践毫不相关的。有些概念是不切实际或完全行不通的，又或不如其他事物那样行得通，例如实际的指导。有些概念又过于抽象了，以至于教师无法在一个 30 名 6 岁儿童的班级里将其阐述清楚。[22]

以“发现学习”为例。这是一个极具吸引力的想法：在探索中学习，把知识作为探索的最后疆域，开启一段历时多年的航行去发现陌生的新世界和新文明。有什么证据能够证明它的有效性？它在何种条件下才会发挥作用或不发挥作用？与其他方法相比，它的优势或不足有哪些？是否与其他方法结合使用效果更好？是否更适用于某些主题？ 2004 年，认知心理学家理查德 · E. 迈耶（Richard E. Mayer）发表了一篇文章“Should There Be a Three-Strikes Rule Against Pure Discovery Learning? The Case for Guided Methods of Instruction”。在这篇文章中，迈耶指出有足够的实证研究证据反对将发现学习作为首选的教学方法。研究表明，发现学习必须与教师的明确引导和教学指导紧密结合，才能行得通。然而，这些发现在教育领域并未引起足够的重视。如果与个人经验相冲突，这些发现则很容易被忽视。

发现学习的可行性也是一个问题。创造一个可以让发现学习发生的情景是一个艰难的任务。在有利的条件下，它可能对某些类型的主题非常有效（相关研究文献也包括了这样的论证）。但是，举例来说，涵盖三年级数学或阅读的《共同核心州立标准》中包含一长串主题，发现学习的这种方法并不能完成这些主题的学习任务。[23] 一部讽刺哲学家及其著作的词典，收录了一个词条“杜威的”（deweyite），其释义为：“形容词。意思是充满了模糊和不切实际的想法，但是出发点是好的。”[24]这种方法可能对杜威的学生更有效，他们在实践中学习编织、木工、园艺和厨艺等技能。[25]在如今的实验学校中，依然闪现着杜威理想中的教学模式的火花。学生仍然会通过完成一些了不起的任务来学习，但并不排除其他类型的教学方式。这就是一所富裕的、面向少数精英学生的现代私立学校所能做到的。我很荣幸能够作为实验学校的校友说出这些话。我在花园里为埃里克森先生和我的“联合艺术”课程拍了一些照片。忽然有一年夏天，我惊讶地发现另一个班级在这里种了一些美味的生菜。这是一所伟大的学校，但就像创始人杜威本人一样，它绝对不是一个容易复制的模式。[26]

新手教师需要自己去挖掘有效的教学手段的这个事实，也意味着他们的学生会成为教师个人学习旅程中的参与者。[27]在教师也是学习者的课堂里，学生能学到多少关于阅读或算术的知识呢？这就要看情况了。也许教师是一个提供高质量在职培训的学校里的优秀学员；也许不管学校里发生了什么，学生们都能学会阅读，因为他们也在家里学习阅读；也许学生们会从更多的专家指导中受益。对于将在职学习作为核心的教师教育课程，我一直都质疑其伦理准则。这是一项重要的工作。这是学生成长的重要时期。正如国家教育进步评估和其他评估项目所显示的那样，四年级学生中有相当一部分已经明显落后了，这一事实可能与许多 K-3 教师在工作中去完成自身的职业发展培训学习有关。这将是美国和芬兰之间一项值得注意的差别。[28]在芬兰，由经验丰富的教师带领的新手教师的长期实习和持续的辅导是一种常态。这也可能与工作后的前 5 年离开该领域的教师比例过高有关。[29]

我们知道教师准备不足，因为他们自己也是这么认为的。正如加州大学伯克利分校教育学院前院长杰拉尔丁·克利福德（Geraldine Clifford）和詹姆斯·格思里（James Guthrie）所指出的那样：“对于持怀疑态度的人来说，教育课程一直是公平的，实践教师是其中最激烈的批评者之一。这一领域总有一些奇闻逸事，描述一些英勇无畏的教师在完全没有接受过正规培训或教学实践的情况下，就被扔进了混乱的教学工作中，他们‘要么沉下去，要么游过去’，但他们最终活了下来，并以此自吹自擂。社会对这种‘在患者身上实践’的宽容，也许证明了他们实际上对孩子，至少对别人的孩子，是多么不重视。”[30]

美国的教师教学方法很容易导致教师的失败，因为他们并没有获得有利的工具，来辅助他们获得教学上的成功。很多关于提高教师质量的讨论都聚焦在有必要吸引“有才能”的人加入这个行业。如果教师行业能吸引一些目前在华尔街就职的常春藤联盟毕业生，那么肯定会有更多有智慧、有抱负、受过良好教育的人投身到这个行业。但是已经在教育领域工作的人士早在职前阶段就接受了完备的职业培训，情况会不会更好一些呢？那些想当教师而不想当对冲基金经理的人，是不是有什么不足之处？或者说，他们是否受制于某种体系，在没有做好充分准备的情况下，就被迫匆忙走上教学岗位？重要的是如何教好学生，这取决于教师的才能，也取决于他们的教学能力。教学能力是一种专业技能，需要经过完备的培训才能获得。

关于教师培训这一点，拉维奇表示了不赞同。对拉维奇来说，消除贫困尤其重要，因为她认为对学生的教学不能依赖教师的素质。

> 拉维奇认为，贫困是导致学生学业成绩低下的最重要因素。有一种说法是：提高教师素质，教育效果也会得到提高。拉维奇对此表示怀疑。一项被多次引用的研究似乎表明，优秀的教师一年就能够帮助学生在 18 个月的考试中取得进步，而糟糕的教师只能保证学生在 6 个月的考试中取得好成绩。拉维奇对此表示十分惊讶。“也许这样‘伟大的’教师确实存在，”她写道，“但没有证据表明，这样的教师群体数量足够庞大；也没有证据表明，他们能够年复一年地为每个学生创造同样的成就。”[31]

这是处于美国意识形态下的美国学校教师发出的声音。对拉维奇来说，目前的教育体系对教师的期望值设定了上限。另一种假设是，教师受教育的方式限制了他们的工作效率，而如果教师教育能够完成得更好，他们所能取得的成就将是不可限量的。

科学与教育之间的鸿沟

教育文化解释了为什么教师不能学到有关教学方法的知识，也解释了为什么我所描述的这类科学不具备很高的价值。作为一门学科，教育非常重视观察和辛苦得来的课堂教学实践经验，这一点与科学重点强调的理解形成了冲突，科学所强调的理解取代了个人经验。然而，对教育工作者来说，问题的关键在于，阅读科学认为，通过研究复杂现象的各个部分，就能理解这个复杂现象。维果茨基认为，尽管非常复杂，但诸如阅读这种“高级心理功能”需要从整体上进行研究。[32] 尽管研究一个系统的各个组成部分（例如人们如何阅读单词）是成熟科学的标准做法，但这种做法被视为人为的，而且过于简化了。

因此，教师教育领域从来没有将基本的科学素养和对相关领域的现代研究，如阅读科学、儿童发展、认知、语言和学习等，作为教师教育、课程设计或技术创新应用的首要任务。科学对教育实践的影响微乎其微。二者之间的脱节给教育带来了极大的危害。教师关于阅读和学习的个人理念与我们所认可的科学理论之间产生了分歧。这种分歧导致阅读学习变得更加困难。将科研成果转化到教育实践中，需要切实加强教育与科学领域之间的密切合作，但是二者之间的巨大鸿沟阻碍了这一过程的顺利进行。

美国学生的读写能力问题并不仅仅是不重视相关科学的结果，而且科学也不能解决所有的问题。充分利用好科学是一个有益的原则，但它在多大程度上会对结果产生影响则取决于其他条件。相比韩国而言，这种情况在美国更是如此。学校教育受到外部因素的影响微乎其微。在韩国，教育要面对来自方方面面的挑战。韩国实施的教育改革大幅度提高了学生的学习成绩，但同时，从 2012 年的国际学生评估项目中可见，该措施的实施也催生了一大批因为学习而失去快乐的学生。这一点在美国可能显得更为重要，因为在美国，思想体系之争对阅读教育的影响比其他国家要更大。我并不是在这里提倡盲目的科学主义，武断地认为科学可以为所有问题提供最佳解决方案。然而在阅读教学中，大量相关证据表明，科学对于阅读的价值是不可限量的，但是这些证据并没有得到充分利用。

在思想界，科学和教育各自占据着不同的领域。这一点在许多大学确实如此。这样造成的结果是，学习同样知识的人，例如同样学习儿童是如何阅读的人，很少有相互接触和交流的机会。教育和科学的文化截然不同：它们有不同的目标和价值观、对新任教师有不同的教育方式以及评估标准。与会者参加由各自专业领域组织主办的学术会议，并且在不同的期刊上发表学术论文，他们基本不会产生交集。有些商业出版社只专注服务于其中一个专业领域的读者。像其他许多文化差异一样，这种跨文化差异也很难弥合。

这些差异绝不仅仅是一场小小的学术领域的地盘之争。这种差异影响了学校、地区、州和国家等各级教育政策的制定，进而影响了学生所接受的教育质量。从阅读的现状中可以明显地体验到这种文化冲突，以及这种冲突对学生学习的影响。这段历史清晰地表明，这种跨文化的鸿沟实在是太深了。仅仅依靠具有和解意愿的人士的简单会见是无法消除这种冲突的。在我看来，这种根深蒂固的分歧需要在更大范围内得到人们的认可，才能够开辟变革的新道路。

教育文化受到良好的保护而免受外部影响，因此对该问题的研究更是刻不容缓。正如我们所看到的这样，教育领域的知名人士并不承认该领域存在任何问题。而这些问题是无法通过以下途径解决的：消除贫困；排除政府对于课堂教学的干扰；减少私营企业的影响；实施教师教育。与此同时，他们还不愿承认教育机构不能够认识到或解决其内部问题，其实与立法干预之间存在关联，包括倒退的《不让一个孩子掉队法案》。[33] 更好地利用现有的科学可以改进教学实践，但要做到这一点需要变革教育和科学的文化。但目前的情况是，二者都处于最糟糕的境地：先进科学的潜在优势被搁置一旁，无人问津；与此同时，滥用科学为当前的教育实践做挡箭牌。

科学的创新与对经典知识的依赖

阅读教学历来是一个教育机构，包括教育学院的正常教学范围。教育学院为各级各类学校和管理学校的政府机构培养教师和教育管理人员。这些人员与出售各类教材和学习材料的公司、教学考核评价公司等有着密切的关联。近期，这种关联又扩大到为学校和课堂提供管理的公司。毫无疑问，我们必须与这些教育市场中的不同机构一同携手，才能实现最终目标，提高学生的学习成绩。人们不禁要问这个策略的效果如何。我们不断深入各种机构中，解决他们最初遗留下来的问题。

虽然对学生的阅读教学是教育的范畴，但我们已经对人类阅读的原理有了更多的了解，学生也可以从我在本书中描述的科学研究中有所收获，这些研究包括认知、发展、语言和学习的研究，这些都是现代心理学和认知科学的核心主题。在认知神经科学、行为和分子遗传学以及发育神经生物学等较新的交叉学科领域，对行为的神经生物学和遗传学基础的研究正在蓬勃发展。将这种新兴的交叉学科视为教学实践的研究视角之一，并不需要具备多么高深的科学素养，所以教师教育项目对此并不关注。相反，教师教育领域反复围绕着几个主要历史人物的经典著作展开，如约翰·杜威、列夫·维果茨基、杰罗姆·布鲁纳、让·皮亚杰（Jean Piaget）和玛利亚·蒙台梭利等。围绕着这些伟大理论家的经典论著展开研究，就可以避免开展创新研究的负担。这些理论家都是现代心理学研究领域的重要代表人物。但是，经过 50 ～ 100 年的研究，我们已经逐渐领会他们的主要思想和主张。我们的研究需要不断创新和开拓。然而，在教育领域，这些理论家的著作仍旧被视为一切真理的源泉。

鉴于科学是对立的，理论是相互抗衡的，在教育方面，需要付出更大努力的是维持一个共同认可的信仰体系。教育领域已经形成了一个框架，这一框架具有相当大的吸引力，相关知识的阐述相对容易，因此可以很容易传授给知识储备不足的学生。又因为该框架中主要观点都来源于一些学界泰斗，所以很容易获得科学上的认可。研究的重点是扩大这些概念的应用，例如，基于维果茨基原理的计算机教育游戏，以及假定这些概念基本正确的研究和实践。[34] 如果这个框架能够取得更大的成功，那么这些担忧就没有意义了。但学校所做的工作还不尽如人意，尤其是在阅读等领域，这些担忧与理解其中的原因有关。

这种框架 / 意识形态 / 世界观是如此狭隘，甚至排除了源自教育领域的许多重要的现代著作。约翰·布兰斯福德（John Bransford）在职业生涯的大部分时间里都在研究人们如何学习。[35]他接受了认知心理学方面的培训，并就人类认知的基本特征开展了几项经典的实验研究。他很快就把注意力转向最广义的学习问题：什么是知识？它是如何获得的？专业知识是什么？它又是如何获得的？布兰斯福德是一个非常敏锐的观察者和具有创造性的思想家。他是一位科学家，在提出、验证和完善自己的想法时使用了各种工具：实验研究、校本研究和基于计算机的学习环境。通过这些研究，布兰斯福德提炼出了三种学习形式：内隐学习（对此我重点讨论过）；在非正式的环境中学习，例如在一个陌生的城市寻找路线或者和医生交谈；在正式的环境中学习，例如在学校学习。在学术界，他是一位受人尊敬的人士。毫无恶意地说，他对教育的影响远远小于我前文提到的那些已经逝去的专家学者。为什么？和我讨论过的大多数有关阅读的研究一样，理解布兰斯福德的著作需要大量的认知科学背景，这使得他的理念更难融入教师教育项目。他的观点不能被简单归结为一句名言，例如“边做边学”或维果茨基的“最近发展区”。[36]

如果依赖四五十年前的教学方法是错误的，为什么同样的道理却不适用于相关的科学呢？

这种对学者经典著作的依赖，与随时准备运用新研究成果的尝试并存。这些新的研究成果与现有信念和实践相一致。科学的特殊作用就是让我们尽最大的努力去发现什么是真实的，然后顺其自然地发展。如果科学是为了挖掘出有价值的东西，那么科学的特殊作用就会被颠覆，使研究结果变成另一种形式的传闻。教育工作者也会将我们所做的科学研究作为新发现的来源，这些新发现会满足对教育创新的不断需求。然而，教育工作者真是无可救药，他们总是最先利用研究成果的人。这样的做法意味着对一项十分有趣但尚未得到充分证实或理解，甚至有可能是错误的发现过早地下了定论。作为认知神经科学的一个分支，神经教育涉及阅读、数学、专注力、学习、推理和其他与教育相关的话题。因为其新颖性和大脑证据的诱人吸引力，来自神经教育领域的发现极其容易被误用。

从现代认知研究的角度来看，教育工作者对课堂观察和经验的可靠性所持有的信心非常令人困惑。一个好的教师必须是一个好的观察者，这是毫无疑问的。利用在一个学年的时间里对学生的了解，教师可以对学校的教学活动进行规划、评估和调整。密切的观察对于成为一名合格的教师至关重要，但是这样的观察却无法回答有关阅读原理和学生学习的基本问题。人们所观察到的东西取决于其内心已经认可或了解的东西。基于观察的推论会受制于根深蒂固的偏见。想要揭露这种偏见，恐怕只有由丹尼尔·卡尼曼（Daniel Kahneman）① 和已故的阿莫斯·特沃斯基（Amos Tversky）共同完成的可获诺贝尔奖级别的研究才能够实现。[37] 如果利用科学方法都无法捕捉课堂上发生的复杂事件，那么处于课堂活动中心的个人如何才能掌握这些信息呢？需要多少学生的参与，又要历经多少年的观察、尝试和错误，一位教师才能达到高级教师的水平？

教育世界观把主体性作为一种存在条件，这种主体性延伸到科学本身。但是，主体性的局限是我们开展这种另类科学研究的原因之一：理解阅读的要素和许多可能隐藏在视野之外的东西，并以能够独立验证研究结果的方式进行。科学不是绝对正确的，也不是没有偏见的，这使得它的应用和研究变得更加困难，而且科学并不等同于个人观察。把基于直觉和观察的大众阅读心理提升到教育理念的地位，并不能使其成为指导阅读的科学。

三个滥用科学的阅读教育案例

教育文化的这些特点有助于解释阅读中发生的事情。我所讨论的大部分研究都被视为无关紧要的。最清晰的例证是来自美国国家阅读小组的报告的命运，这是各机构委托撰写的几份报告中最具有代表性的一份。[38] 报告旨在回顾与阅读学习和有效教学实践相关的科学文献。国家阅读小组首先建立了研究文献的入选标准。该入选标准排

① 诺贝尔经济学奖得主，“行为经济学之父”。其著作《噪声》介绍了影响人类决策和判断的因素，该书中文简体字版已由湛庐策划，浙江教育出版社 2021 年出版。——编者注

除了许多教育工作者非常重视的研究：对学校、教师、教室和学生进行的不符合实验设计或数据分析的基本原则的观察性研究。因此，除了作为与核心价值观相左的科学偏见的证据外，这份报告并未引起阅读教育工作者的兴趣。因而，我们有理由忽视这份报告所得出的结论。[39] 同其他报告一样，这份报告也对某些做法提出了反对意见。

完成数据收集、分析、报告，复制、扩展、元分析，并将结果写进总结报告中，如国家阅读小组的报告，并且以通俗易懂的语言将其传达给更广泛的受众，至此，阅读科学家认为他们的工作已经全部完成。然而，在研究的每个步骤中，教育专家实际上都在为他们的观众、教师和其他人员重新解读他们的工作，以减少可能产生的任何影响。这些专家的目标群体是教师、行政人员、政治家和出版商等，他们能够决定课堂状况。[40]

阅读教育工作者所依赖的权威人士并不像杜威或蒙台梭利那样广为人知，但他们扮演着相似的角色。这些阅读领域的专家对阅读的原理形成了一种强有力的、自信的观点，这种观点最后变成了全语言教学法，并继续渗透到阅读教育中。这一教学法不需要专业知识，很容易向职前阶段的准教师解释它的各项要求。这种教学法没有随着实践的不断进步而更新。它与我所描述的教育思潮相契合，并为这种思潮的崛起做出了贡献。这种教学法的关键人物强调，可以通过讲座、研讨会、教育学术会议上的演讲、书籍和直接向教师推销的材料等，与教师进行直接交流。在当代社会，社交媒体提供了一个强大的平台。随着他们的想法得到广泛接受，他们的个人地位不断提高，当国家阅读小组的报告挑战了教育工作者的核心理念时，这些关键人物便扮演了专家的角色，为教育工作者答疑解惑。

我将介绍三个在阅读教育中滥用科学的案例研究，之所以选择这几个案例，是因为它们涉及一些落后的信念，这些信念对课堂实践产生了巨大的影响：过去关于熟练阅读者的正确观点，现在看来其实更适用于阅读有困难的阅读者；过去认为容易学会的内容，现在却变成非常难学会的内容，而过去认为难度很大的内容，现在看来却很简单。关键在于，我们不能以现在的研究成果作为参照，去证明 30 ～ 40 年前的研究多么浅薄。人们不能因为犯过错而受到指责。事实上，这些错误的说法反而有利于阅读科学的发展，因为正是这些错误的说法刺激了相关研究的开展，从而极大地扩展了已知的知识。然而，人们确实应该受到指责，因为他们在证据不足的基础上做出了论断，因为他们在这些说法受到合理质疑后仍然固执己见，因为他们持续不断地向那些对他们充分信任的科研新兵推销自己的理论。如今，这些思想已经深深扎根于教育文化之中，人们很难轻易将它们从中剔除。

现代阅读研究始于 20 世纪 60 年代末出现的一个新领域，即心理语言学。心理语言学充分借鉴了认知心理学、语言学和人工智能领域的发展成果，专注于研究语言习得和使用。这些领域的发展导致了行为主义研究的转向，即现在人们熟知的认知革命。从 1960 年到 1972 年，这场认知革命的发源地是哈佛大学的认知研究中心。多年来，该中心的许多分支机构囊括了该领域几乎所有科学家。这些科学家开创了现代认知研究，并在之后的几十年中一直是该领域的领军人物。

弗兰克·史密斯（Frank Smith）是哈佛大学首批在该领域获得博士学位的学生之一，他和韦恩州立大学教育学院教授肯尼斯·古德曼（Kenneth Goodman）对这一新领域的教育意义进行了研究。他们和来自新西兰的教育家玛丽·克莱（Marie Clay）都是这一领域的顶尖人物。

语音

一直以来，对语音的反对都是史密斯和古德曼的工作中心。表 11-1 提供了他们相关论点的示例。主要论点如下：

- 语音无关紧要，因为人们阅读的目的是理解其中意思，而语音则强调文字与读音之间的关联。
- 语音是不可行的，因为英语书面语的特性：英语书面语中有太多的不规则形式。
- 即使是语音和文字一致的模式，也会因为太复杂而无法教授。

- 使用语音学习阅读的儿童，其阅读能力往往较差。
- 语音教学中的反复练习法就是一种耗神的训练模式，它扼杀了儿童对于阅读的兴趣，而且教起来也很乏味。

如果这本书你已经读到了这儿，你就会发现其实史密斯和古德曼的观点是错误的。

- 毫无疑问，人们阅读的目的是理解其中的意思，问题是人们是如何做到这一点的。他们是否依赖语音是一个事实问题，需要用实证研究的结果来回答。答案是，事实确实如此。原因在于，鉴于正字法和语音在文字系统、行为和大脑中的深度融合，人们在阅读的时候不得不这么做。表 11-2 列出了许多主要结论。
- 英语书面语言的特性并不排除基于语音的阅读。早期的理论强调，儿童学习大多数单词的发音规则，并记住特例情况。后面的模型显示，一旦将这个问题视为统计学习的一个例子，问题就会变得更加简单。
- 统计学习理论说明了如何通过内隐学习和及时指导相结合的方式，来学习拼写和发音之间的对应关系。
- 这是他们落后的地方。熟练阅读者在掌握拼写和发音之间的映射方面取得了更快的进步。掌握这一信息的儿童能够流利、自动地识别单词，这使他们能够专注于理解内容。尚未掌握这一映射关系的儿童不得不继续在单词层面上努力，而不是培养阅读理解技能和从文本中学习。
- 现在是时候击破“反复练习”（或称之为“练习与技巧”）这种使语音教学随之消失的训练模式的神奇力量了。经验主义的问题是，好的读者知道什么，做什么？教学上的问题是，帮助儿童获得这项技能的有效方法是什么？作为和我一样的教师没有选择的权利，我们并不能因为教学中的一个主题非常难讲授，就跳过不讲。此外，在不引起儿童对阅读材料反感的情况下可以进行语音教学。[41] 除非儿童有发育障碍，需要集中精力进行干预，否则完成语音教学并不会耗费过多的时间和精力。

表 11-1　史密斯和古德曼谈语音

显然，无论哪台计算机都会告诉你，通过“语音”来完成阅读是不可能的
对于熟练阅读者来说，字母原则完全无关紧要。他把每一个单词（如果他能辨认出单词的话）都当作一个表意符号
语音教学法是指教授一套拼写与发音相对应的规则，从而使得书面语言能够被解码为言语，但这种方法行不通
语音教学法是一种狭隘的看法，它没有看到事件的多样性。因为它拒绝接受现代科学中关于阅读和写作，以及它们是如何发展的有关论点
阅读表现不佳的人总是试图根据语音规则读出并不熟悉的单词
我已经非常清楚地认识到，儿童在已经学会阅读之后，再学习语音效果最好，而我花了大约 10 年的时间才认识到这一点。我相信，优秀的阅读者之所以擅长语音，是因为他们在阅读的过程中能够凭直觉理解语音
有关阅读发展的研究正围绕着一个狭隘而枯燥的音素意识的概念展开。所有学习口语的儿童都必须意识到音素（语言中重要的语音单位），否则他们就不能理解言语

表 11-2　语音和阅读方面的证据

书面语言对言语的依赖
文字系统逐步发展到可以表示语言和语义
语音和音素意识在阅读初期的作用，对阅读技能的影响
外显式语音教学对阅读成绩的积极影响
与阅读表现差、阅读障碍有关的语音表征受损，显示它们之间因果关系的行为研究和计算模型
与阅读技能提升有关的语音障碍的修复
儿童因非典型性语言发展，如语音障碍，而导致的诵读困难症
正字法和语音代码的神经集成
熟练默读时语音的自动激活
语音在跳读时整合信息中的应用
语音信息在不同类型的文字系统中的相似应用
语音在处理句子中的词汇、句法和语义歧义等问题中的应用
语音在句子继续时维持信息中的应用，在解决各部分之间远程依赖关系时的作用
语音缺陷对脑损伤患者阅读能力的影响

仍有一些问题尚待解决。

还有人依然认为语音是导致阅读表现不佳的一个因素吗？当然有。一代又一代的教师都是这样认为的。科学受到排斥，甚至被排除在课程之外。或者，更有可能的是，未来从事教育工作的准教师们可以自主选择科学的优势和不足。如果真的去研究这种冲突，在具有相关专业背景的导师的指导下，深入探究对立的观点，那么这项研究将会是一次伟大的学习经历。我们可以提供备选方案，把它作为有效性相同但在多种现实情况下的不同选择，这就像在有线电视新闻网上为支持和反对接种疫苗的两方提供同等的时间一样。

均衡读写教学法难道不是一个显而易见的解决方案吗？如果它不仅仅是一个口号，那么它就有可能是解决方案。到 20 世纪末，有关语音和阅读方面的研究的数量和多样性不断增加，再加上对成绩档次划分的不满，还有大众传媒对于阅读论战的连篇累牍的报道，使得“语音等于阅读死亡”这一论断的地位无法再维持下去。教学机构通过承认语音，但并未具体说明应该如何改变教学实践，化解了争议，当然这都要归功于均衡读写教学法。

以严肃认真的方式引入语音需要解决一系列棘手的问题：如何教授语音，教授多少是足够的，教授多少又太多了，如何将语音与阅读和读写活动结合起来，需要实施多大程度上的个性化教学，等等。有些教师认为语音是阅读表现不佳的原因之一，还有一些教师不知道如何实施阅读教学。对于这些人来说，均衡读写教学法几乎提供不了多少指导作用。[42] 实际上，诸如国家阅读小组撰写的报告等文件并没有提供多大帮助。国家阅读小组在确定早期阅读的主要组成部分时，却发挥了很好的作用。这些主要组成部分包括音素意识、语音、流利度、词汇量和理解能力。构成的各个部分之间可能会有少许的差异，但它们涵盖了主要的技能和潜在的障碍。然而，该小组却并不负责提出具体的课程建议。将国家阅读小组的调查结果转化为有效的做法，还需要懂得更多的专门知识、不断付出努力和评价实施。而这些正是现实中真正缺乏的，因此就导致了错误的出现。

对于反对语音教学的教育工作者来说，只有转向这个方向，才能使课程和实践作为符合美国国家阅读小组建议的“平衡”项目而畅销。对于寻求课程指导的教育工作者来说，国家阅读小组的报告可以被看作描述了一组相对独立的建构模块。当然这些组成部分并不是各自独立的，它们之间相得益彰。语音确实是必要的，但并不是在儿童接触其他东西之前就必须掌握的技能。词汇量不仅影响理解，而且影响单词中各个组成部分的发现，而单词组成部分的发现又依赖于语音教学的支持，从而促进语言的流畅性。这是一个由相互作用的不同部分组成的系统。更糟糕的是，由于受到国家阅读小组报告的错误引导，掌握各个组成部分这项技能可能会优先于阅读技能，而阅读技能才是终极目标。教师需要具备相当多的专业知识才能够将指导学生掌握各个组成部分与阅读本身结合起来，但教师们如何获得这些知识呢？[43]

那么史密斯和古德曼自己支持其观点的证据呢？事实上，它并不存在。史密斯具有影响力的著作都是关于阅读和学习阅读的特点的延伸性论证，他认为依据他的分析，这些论证一定是正确的。[44] 实在没有必要将大量的相关研究结果考虑进去，因为正如史密斯在最新版《理解阅读》(*Understanding Reading*)一书的序言中向读者言之凿凿的那样，人们的意见将一如既往地存在分歧，当然这就是生活。史密斯在一本写给教师的书《不做无意义的阅读》(*Reading Without Nonsense*)中重复了同样的观点。其实这本书应该称为“没有证据的阅读”(Reading Without Evidence)。以下是他就如何帮助一位阅读困难的读者提出的建议：“第一种最为倾向的选择是跳过那些令人困惑的单词。第二种选择是猜测未知单词可能的意思。最后一种选择才是大声念出这个词。换句话说，语音排在最后。”读者应该会相信他的建议，因为他并没有提到相关的研究。

肯尼斯·古德曼采取了同样的方法。人们从《肯·古德曼谈阅读》(*Ken Goodman on Reading*)一书中学到的关于阅读的知识，是让人们所信赖的权威专家肯尼斯·古德曼的观点。古德曼以专家的视角告诉教师们他们需要掌握的知识。他谈到，有些研究与他的观点相矛盾，并心平气和地对它们嗤之以鼻。

随着证据的不断积累，学者们是否改变了他们的观点呢？詹姆斯·J. 金(James J.

Kim）曾发表了一篇有关阅读论战的历史的研究论文。詹姆斯在文中写道："到了 20 世纪 70 年代末，史密斯的著作反映了一位政策决策者的行动，他试图说服教师拒绝语音教学，并鼓励学生利用上下文的线索推测出单词的含义。"

古德曼还直接向教师发出呼吁，将全语言教学法与教师赋权结合起来。詹姆斯写道："古德曼确定，教师们不再依赖大师和专家的指导来完成教学。古德曼表示，全语言教学法运动旨在通过教师之间的个人接触、教师互助小组和本地学术会议等途径的传递形成一个知识库。古德曼并没有遵循发表在学术期刊上的实验研究结果，而是敦促学者们开展对教师有益的研究，他还大胆预测，无论有没有这种支持，教育行业的从业者都将继续大步前进。"

古德曼的预测是正确的，无论研究结果如何，教师行业的从业者都会采用全语言教学法。他是鼓励教师采用这种教学方法的大师之一。这种教学方法的影响是巨大的，并将一直持续下去。

心理语言学的猜谜游戏

古德曼还促使了一种概念的提出，即阅读是一种"心理语言学的猜谜游戏"，这是阅读研究中最著名的概念之一。[45] 猜谜游戏是对自上而下和自下而上的阅读过程的一种极致再现。古德曼指出，人们可以在字母缺失的情况下识别出诸如 r_bbit（兔子）这类的单词。从这个事例中，他得出结论，达到熟练阅读的程度并不要求读者密切注意这些字母。相反，读者能通过对语言和主题的掌握来猜测即将看到的单词。只要他们读到的字母足以证实或否定自己的猜测就可以了。阅读能力较差的读者也会缺乏猜测能力，因此他们只能通过自下而上的方式识别出字母和单词，而这种方式速度会很慢，并且容易出错。全语言教学法将这种猜谜游戏作为其指导原则之一（见表 11-3）。对于教师来说，心理语言学的猜谜游戏意味着他们不需要培养阅读初学者的单词识别技能，从而使他们能够专注于"读写能力"。

古德曼的猜谜游戏理论实际上大错特错。

阅读初学者通常能够预测出配有图片的文本中的单词。在多次阅读一本书后，他们也能够预测出其中的单词，这实际上是他们记忆的结果。这种情况经常发生在全语言教学课堂中。在全语言教学课堂中，学生通过不同的形式多次阅读一本书，这些形式包括：教师为全体学生朗读这本书，小组朗读、抄写这本书，运用创造性的拼写法描写这本书的内容，讨论这本书的内容，利用这本书讲授对立或颜色等概念。然而，这只会造成阅读的错觉，因为通过背诵一本书学到的东西并不会转移到下一本书。

表 11-3　心理语言学的猜谜游戏

读者阅读时遇到的困难越大，就越需要依赖视觉信息。这句话既适用于熟练阅读者，也适用于阅读初学者。在每一种情况下，造成这种困难的原因都是无法充分利用句法和语义冗余信息，以及非视觉信息
准确，即按照顺序正确地命名或识别每一个单词或单词的组成部分，这些对于有效阅读来说都是不必要的，原因在于读者不需要准确地识别单词就能够理解意思。此外，力求准确的读者很可能导致其阅读效率低下
成为一个熟练阅读者的方法在于学会减少对眼睛获取到的信息的依赖
阅读技能并不是指阅读时更高的准确度，而是指基于更好的抽样技巧首次猜测出单词的准确率、对于语言结构的更好的掌控能力、广泛的阅读量和更强的概念延展能力
正如我所描述的那样，猜测不仅是阅读初学者和熟练阅读者的首选策略，同时也是阅读和学习阅读最有效的方式
在早期的误差研究中，我们得出结论：读一篇故事比读一页纸的内容更容易，读一页纸的内容比读一段话更容易，读一段话比读一句话更容易，读一句话比读一个单词更容易，读一个单词比读一个字母更容易。我们的研究继续支持这一结论，我们相信这是真的
在有效且快速的词汇认知过程中，读者主要依靠句子及其意义，以及一些词形的若干特征来认知词汇
阅读初学者需要运用他们对世界运作的原理，文本的可能意义，句子结构，思想、单词或字母顺序的重要性，单词或字母的大小，声音、形状、布局的特点以及从过去的文字经历中获得的特殊知识的了解，才能从左到右读出大块或大群字母，或者至少读出单个字母

古德曼的理论侧重于单词的可预测性，这种可预测性是通过一种被称作完形填空的技巧来进行评估的。[46] 在一种形式中，受试者被要求猜测一个句子中的最后一个单词，例如“He mailed the letter without a ________ ”（他没有 ________就把信寄出去了）和“Jill looked back through the open ________”（吉尔从打开的________回头看去）。在另一种形式中，受试者被要求猜测文本中的第 n 个单词，例如第 5 个或第 6

个单词。以这种方式来评估，成人水平的文本的可预测性很低。菲利普·高夫的基本观点是，阅读《读者文摘》（*Reader's Digest*）中要求不高的文章时，成年的熟练阅读者能够正确预测大约 40% 的虚词，但能预测的实词却只有 10%。[47] 他还报告了一项非正式实验的结果，参与该实验的是一位非常大度的同事。高夫要求这位受试者一个单词一个单词地猜测每篇文章的前 100 个单词，共计完成了 9 篇不同文体的文章。实验过程中，受试者猜一个词，然后被告知正确答案，再继续猜测下一个词。受试者猜词的准确率在 20% 到 39% 之间，这与其他研究结果一致。高夫在与人合编的一本教科书中，成功地预测了其中 74% 的单词。1995 年的一篇综述文章总结道："人们常常错误地认为，预测句子中即将出现的单词是一项相对容易且高度准确的活动。事实上，许多不同的实证研究表明，写实的文本并不是那么可预测的。"[48]

然而，一个简单的发现就对这一命题造成了致命的一击：只有不熟练的阅读者才会更多地依赖上下文语境来预测文本中的单词，熟练阅读者并不会采用这样的做法。在这一点上，教育理论家的主张又落后了。如果读者已经很擅长每秒识别 4 ～ 5 个单词，猜测就没有任何益处。[49] 只有单词识别能力差的读者才会被迫去猜测词义。

对表 11-3 中史密斯的观点进行重新表述就可以总结这一研究主体所得出的结论："读者阅读时遇到的困难越大，就越需要依赖上下文语境。这句话既适用于熟练阅读者，也适用于阅读初学者。在每一种情况下，造成这种困难的原因都是无法准确、快速和自动地阅读单词。"

一些教师加入全语言教学法的行列，他们选择相信猜谜游戏，而且对此没有丝毫的怀疑。这些教师开始加强读写活动，实际上无意中鼓励了学生像阅读表现不佳的读者一样去阅读。教师教导学生在阅读中采用猜测和取样的策略，而不是解码和整合的策略。这样做的结果正是我们所熟悉的略读。采用这样的阅读策略可能会满足学生在 K–3 阶段的读写要求，但是到了四年级，学生需要开始阅读内容更复杂、主题更广泛的文本时，他们就会遇到障碍。[50]

简而言之，古德曼的心理语言学猜谜游戏是一个关于阅读表现不佳的好理论。有些问题仍然存在。

还有人依然相信这些吗？对于阅读科学家来说，30 年来答案一直都是否定的。在教育方面，答案当然也是如此。在教师互助小组或实践团队中，这样的知识在教师之间相互传递。这样的观点依旧出现在相关的教科书中，是教师们总结个人的阅读理念时援引的观点之一。[51] 在全国英语教师协会关于阅读的立场陈述中，人们就引用了古德曼和史密斯在科学上而非在教育上不被认可的观点。[52]

那么古德曼自己支持这一理论的证据呢？没有。最早关于猜测游戏的一篇文章提出了一个理论，据说是基于诺姆·乔姆斯基的建议。[53] 古德曼后来提出了学生朗读错误的证据（他称之为误差分析）。古德曼认为，假如下一个词是 down（下面），当一个熟练阅读者做出错误的预测时，这个错误的词通常非常接近正确答案的意思，例如 below（下面），而且这很容易纠正或忽略。据说，阅读表现不佳的读者给出的答案往往读起来与正确的单词相似，但在语义上却并不相关，例如将正确答案 down 猜成 dog（狗）。这就会干扰对内容的理解。这两种观点都站不住脚。到 1980 年，大量研究表明，即使是熟练的阅读者，其预测后续单词的准确性也很低，而熟练或不熟练的阅读者都会犯类似的错误。[54]

随着证据的积累，人们的观点是否发生了变化呢？这一理论是全新的全语言教学法的基础之一，并迅速得到了广泛的应用。[55] 随着与这一观点相矛盾的证据日益增多，古德曼和他的追随者们做出了更极端的解释。1981 年的报告（见表 11-3）就更显夸张，读一篇故事会比读一个字母更简单？当然他的追随者们对此深信不疑。

我所描述的这两种情况都不是什么新观点。我主要是对 20 世纪 80 年代和 90 年代的观察进行了更新。在这一点上，最令人瞩目的是，尽管涌现出了大量反对这些观点的证据，但是这些观点依然能够存续下来。在自然科学中，一旦一个理论中的假设和预测不断遭到相关数据的驳斥，那么这个理论就会被抛弃。这就是阅读科学领域中，史密斯和古德曼的理论所遭遇的情况。但在教育领域，这些理论犹如行尸走肉，诸如经验实证这类常规武器，已经无法阻止它们的肆虐，只能任其在教育领域继续逍遥。

基本技能与理解

阅读的目的是实现对内容的理解，这一点所有人都认同。从广义上讲，阅读就是出于各种目的理解和阐释书面语言。虽然阅读也能实现对不同文本进行理论总结，以及对意义进行社会建构，但阅读的主要目的是使人们能够理解他们所接触的各种文本，例如在学校、大学入学考试、大学水平的阅读任务、工作或生活中遇到的各种文本。在阅读论战爆发时期，争论的焦点是基本技能与理解之间的平衡。这一点生动地反映了全语言教学法的推崇者将“技能”和“理解”作为相互对抗的两个方面。我们忽略这些极端的描述，就会发现基本技能显然是理解文本的一个重要因素。除此之外，还有两种相互矛盾的观点。

阅读教育者认为，基本技能相对来说更容易掌握，而理解则很难。教授基本技能主要是为学生提供一个丰富的文本环境，引导学生参与并激发他们的活动热情。学习阅读就像学习口语，二者都不依赖于明确的指导，除非学习过程中遇到了什么问题。在一个高度激励的环境中，充满了真实的文本和各种读写活动，其重点是鼓励学生广泛、多感官地参与阅读一本书，从而使学生发现这种阅读的机制。我认为，学生主动发现阅读的奥秘远比被动接受阅读教育更有价值。教师的作用是促进学生读写能力的发展，而不是教会学生阅读。如果过多地讲授基本技能，实际上对于学生来说是有害的，学生接触的基本技能应该越少越好。

相反，理解文章的内容则是非常困难的。想象一下，给自己设定一个任务，找出理解文本所涉及的所有类型的知识和心理活动——例如，一篇短篇小说，或者一本适合小学二、三年级学生阅读的书《弗朗西斯的好朋友》(*Best Friends for Frances*)。几位阅读研究者接受了这一挑战，提出了错综复杂的详细理论。[56] 表 11-4 列出的是其中比较有代表性的主要组成部分。这张表格很容易拓展下去。接下来的关于理解的理论将展示，在阅读文本的过程中，这些列出的元素是如何在每时每刻发挥作用的。由于这个过程的复杂性，只对其中一小部分内容进行了说明。阅读是最能体现人类智力的表现形式之一，有关这种高级技能的理论也极其复杂。

表 11-4　文本理解的组成部分

有关文本理解的理论试图详细说明所涉及的所有知识类型和认知过程。这些理论对相关因素的划分可能存在不同，但通常都包含以下内容：
词汇解码：单词的组成部分（字素、音素、音节、词素）；书面文字和言语之间的关系
单词：词汇、语法范畴（名词、动词、副词等）；与特定单词相关的句法模式
句法：构成成分（名词、动词和介词短语；从句）；单词和组成顺序
基于文本：命题结构；指代词，如回指；连接显式命题的衔接推理
情景模型：文本中所传达的情景；主体、客体、地点、工具等；情景的时间、空间、因果、意向维度；阐述文本并将其与读者的背景知识联系起来的推理；事件的图像和心理模拟
体裁、修辞结构：体裁类型（如叙事性、说明性、描述性）；言语行为类别（如论述、提问、命令、请求）；论述的可靠性和准确性；文章 / 论述的主题、伦理或要点
语用学：作者和读者的目标；态度和信仰（幽默、讽刺、反讽等）

资料来源：Lesgold & Welch-Ross (2012).

这些理论滋生了一种观念，即理解是一个极其复杂的过程，而相比之下，单词识别看起来就很简单。它们还表明了新的教学可能性：也许学习者可以从针对这些组成部分的教学中受益，例如，教学生“推断法”或构建“故事语法”。阅读理解教学成为学术研究、教学创新和课堂活动的焦点。

在科学方面，情况正好相反。基本技能很难掌握，主要是因为文字系统表征口语的方式具有片面性和抽象性。因此基本技能是教学的重点。对于阅读初学者来说，理解并不需要专门的指导，因为他们已经理解了言语。而将阅读理解能力提升到与理解言语同等的水平，就需要掌握阅读文本这项基本技能。

儿童的口头语言能力如果与其年龄和学校的标准相符，就可以通过相应的指导和支持迅速掌握基本技能。如果一个儿童能听懂故事，但阅读故事却有困难，那么他的基本技能的掌握很可能存在问题，原因可能是受到的指导不足或学习存在障碍。这些儿童可能确实不擅长分析句子、理解所描述的现象或绘制线索进行推理，因为他们阅读单词的能力还不足以使他们完成这些任务，并非因为他们缺乏合理的“文本理解模型”。

对于具备良好基础技能的儿童来说，理解取决于两个主要因素：语言知识（尤其是“学术”语言知识）和内容知识。[57] 这两种类型的专业知识都是通过阅读玛丽莲·亚当斯所说的具有挑战性的文本而获得的，这些文本包括与主题相关的词汇和语法结构，但这些词汇和语法结构在非正式的言语或阅读中很少出现。例如，在阅读有关恐龙的文本时，儿童不仅了解了这个主题的内容，还会遇到一些不常见的词，如 paleontologist（古生物学家）和 extinction（灭绝），以及与之相关的一些概念和表达。阅读技能取决于以往获得的阅读经验，包括阅读文本的数量和种类，因为这是获得这两类知识的真正途径。[58]

在教师的指导下，学生的理解技能在出于不同目的阅读各类文本的过程中逐渐得到发展。这些教师开展的教学活动、布置的作业和提供的反馈是学生学习的主要来源。小组活动过程中，学生之间的相互反馈是这一过程中更为复杂的情况。写作在这一过程中发挥着重要的补充作用。通过积极参与和反馈来促进理解的提升是传统的教学活动，与给学生讲授文本、理解理论并不同。哲学家们将“知道如何去做”（如骑自行车）和“知道”（如知道自行车运动和平衡动力学理论）区分开来。理解属于前者，是一个知道如何去做的问题，而非仅仅知道就可以的问题。

简而言之，教育理论家也需要通过教学获得基本技能和理解能力。一代又一代的教师接受的理念是，技能都是自然而然获得的，理解能力的提升必须得到更多额外的教学指导。这种理念倒置使许多学生学习阅读的道路更加坎坷。

阅读教育缺陷的四个影响

以上就是我的一些见解，但读者如何才能确定它是否准确呢？嗯，当然，你可以查阅资料，就像亚马孙大都会的经理凯西·斯坦格尔（Casey Stengel）过去常说的那样。本章的大量注释就是为了方便读者进行查阅。这里还准备了另外一项测试。如果阅读教育真的如我所说的那样存在缺陷，那就一定会有其他方面的影响，以下就有 4

个方面，让我们一起来了解一下。

语音方面

语音教学从未消失，只是不再作为课堂的教学内容，而是被排除在了课堂之外。如果学校没能提供足够的基本技能指导，关心孩子学习的家长就会尝试用其他的方法来弥补这样的不足。如果是在家里接受指导，家长会为孩子提供语音练习册，或通过互联网下载的各种练习表。伴随网络技术的不断发展，用于阅读技能学习、词汇学习和语音练习的软件和手机应用程序出现了迅猛增长。除此之外，为了提高阅读技能，家长还会为孩子聘请专门指导阅读的家庭教师，或者带领孩子参加课后辅导班。辅导班类教育机构采用的是边学边练的教学方法，而美国的教育工作者对此持否定态度。

与有效的课堂教学相比，将语音教学设置成课堂教学以外的内容实际上是一个并不明智的选择。即使并不具备和教师一样的教学能力，家长也能够合法抚养自己的孩子。尽管有些家长能够成功地教育好自己的孩子，但这实在是一项艰巨的任务，况且许多家长并不能做到这一点。尽管全语言教学法孕育了庞大的语音教学市场，但是语音教学软件的质量堪忧，这些软件只涵盖了最简单的内容，而且其内容形式无法满足儿童的需求，对儿童没有持久的吸引力。电视上也会出现一些并不具备多少教育价值的语音教学节目。[59] 家长为孩子购买能够自动发声的语音玩具，孩子从玩具里学会英语发音。还有一些家长从互联网上搜集语音学习的相关资料，但是这需要家长具备相关的专业知识才可以胜任。面对这些令人束手无策的情况，很多家长会选择将辅导孩子的任务交给专业的学习中心或辅导教师。

对于每一个家庭来说，所有这些选择都需要各种资源：能够教孩子的父母或其他成年人，他会说这门语言并且理解需要教的内容，同时家长还要有充足的资金保证，用以支付在家学习所需各种资料的费用，以及购买计算机、互联网服务、各种学习软件的费用，聘请家庭教师的费用或支付给学习中心的学费。将语音教学的责任从学校转移到家庭，会放大社会经济差异对学习的影响。

教育工作者强调学校和家庭之间的伙伴关系的重要性。虽然这种伙伴关系并非对所有家长来说都是显而易见的，但现在这种伙伴关系包括了家长对于课堂教学的补充。学校选择放弃自己的教学责任，逐步将一些教学任务转移给家长。背诵乘法表和书法练习的责任已经交给家长来完成了，下一个就是语音教学了。[60]

为什么有效教学策略能够成功

我说过，《不让一个孩子掉队法案》是对现实问题的一种非常错误的回应。让我们来了解一下人们知之甚少的一项举措：有效教学策略资料中心（What Works Clearinghouse）的建立。教育部的任务是确定阅读、数学和其他领域的教育项目和教学实践。这些教育项目和教学实践的有效性已在设计合理的现场测试中得到证明。这样的举措大致借鉴了医学领域循证医学的做法。《不让一个孩子掉队法案》的这一举措也回应了一个现实问题：在有效性还没有得到验证的情况下，教育计划和教学实践就可以被大规模地采用。全语言教学法就是一个典型的例子。

虽然教育理论的变化幅度非常小，但教育文化却高度重视教育实践中的创新。人们通常会有这样一种感觉：通过发展更符合儿童兴趣和能力的新型学习活动、学习环境和技术，便可以取得巨大的进步，而不仅仅是渐进式的变化。因此，推出一种新的教育方法与推出一款新药完全不同。药品在推出之前，往往都要经过几个阶段的临床实验，以确定其有效性和安全性。药品的上市不是以理论为先，不能依据理论或药品研发人员的担保来证明其安全性和有效性[61]，而必须经过严格的实验检测。

相反，全语言教学法的推出则是另一番景象。推出这一理论的学者们认为，基于他们的理论，这一教学法完全可信且有效。与药品的上市相同，这一教学法在推出前，学校也采用了所谓的“临床试验”。不同的是，教学法的试验是在学校里实施的一项不受监督的试验，受试者是数百万对此毫不知情的学生。我们不禁感慨，一项针对 40 名 6 ～ 7 岁儿童的阅读情况开展的小规模行为研究都会受到制度上的监督，而且其监督力度要远远大于这项针对数百万儿童推出的新型教学法所受到的监督。由此可见，在当前的环境下，学校教学系统的完善面临多么巨大的压力，以至于一些没有经过验证的新方法被迅速推出，并被寄予厚望，希望这些方法在教育教学上能够有所作为。

有效教学策略资料中心本应该纠正这一错误，但它并没有发挥应有的作用。[62] 与全国阅读小组的报告一样，问题的关键在于证据的有效性。有效教学策略资料中心只关注随机对照试验（randomized control trial，简称 RCT）这种医学研究中使用的“黄金标准”方法。这不仅排除了全国阅读小组反对的定性研究，也排除了几乎所有关于阅读的研究，因为能够实施的随机对照试验实在是少之又少。在制药行业，随机对照试验受到美国国家卫生研究院和制药企业的资助。但是在教育行业，相关研究却并没有得到同等范围的经济资助。此外，在制药行业进行的随机对照试验并不一定是完全令人信服的，因为在教育行业开展类似的试验，其过程要复杂得多。教学实践的效果取决于学生的特点，但又会受到教室、学校、社区和家庭因素的影响。[63] 按照随机对照试验的要求，对这些因素进行大规模的测量或控制几乎是一个不可能完成的任务。这类研究往往倾向于方法论的严谨性，而牺牲了研究问题的重要性。有效教学策略资料中心也遇到了一个在医学试验中经常出现的问题：研究人员在进行随机对照试验时，与他们正在评估的产品，例如商业阅读课程或软件（即医学试验中的药品或医疗设备），没有保持一定的距离。[64]

阅读恢复项目

如果全语言教学法 / 均衡读写教学法正如我所描述的那样存在一定的缺陷，那么许多儿童学习起来一定会更加吃力。他们到底怎么样了？在美国和其他英语国家的数千所学校里，这些儿童参加了由新西兰教育家玛丽·克莱发起的阅读恢复项目。这是一项针对进步缓慢的一年级学生开展的短期项目。作为一名全语言教学法的普及者和倡导者，克莱专注于通过猜测和利用多种信息，如语义、语法、背景知识等，来识别单词和理解文本。没有掌握这些技巧的儿童在阅读上就会落后。阅读恢复项目为儿童使用这些策略提供了指导。[65]

阅读恢复和全语言教学法一样备受争议，因为它们本质上是同一件事。而倡导者则指出，大量研究表明阅读恢复不仅有益，而且能达到事半功倍的效果。有效教学策略资料中心也收入了该项目，作为教授许多技能的一种有效的方式。尽管如此，有关它的假设、有效性、与其他类型干预措施的差别，以及它的高成本依然引起了人们极大的担忧，因为它是由受过专门培训的教师通过一对一授课的方式实现的。当这些担忧出现时，阅读恢复机构会做出强有力的回应。[66]

我的观点是，在普及了一种由于核心假设存在错误而阻碍了许多儿童取得进步的阅读理论之后，这种方法的倡导者又会发起一种基于同样原则的高成本项目。如果儿童一开始就接受了合理的指导，那么需要参加阅读恢复项目的儿童就会更少。对于这些儿童来说，在相对容易的案例中，实施的干预都获得了成功。阅读恢复对一些相对困难的案例也无计可施。即使对儿童实施了干预，他们的阅读困难仍然会持续到一年级以后。对这些儿童实施的有效干预主要集中在他们的核心问题、基本技能和口语，以及注意缺陷多动障碍等伴随症状上。

能探讨一些令人愉快的话题吗

阅读论战的争论焦点在于阅读教学应该强调“技能”还是“读写能力”。这是一种错误的二分法，因为读写能力的发展需要基本技能，但教育工作者把“技能”等同于一种苦差事。均衡读写教学法通过鼓励教师使用对一群特定的儿童和其自身均最有效的组合方法，扩大了这场争论的影响。教师认为他们已经做出了努力，但是这样的做法对于提升儿童的阅读能力几乎没有产生多少影响。[67]

均衡读写教学法也强化了对“读写能力”而不是对“阅读”的关注。二者之间的变换似乎无关紧要，因为“读写能力”这个词自19世纪80年代问世以来就意味着“阅读和写作的能力”，但它实际上却非常重要。对阅读教学方式的批评突然变得毫无意义，因为其目标是培养读写能力，而培养读写能力是一项完全不同的事业。面对大量的与阅读教学基本理论相矛盾的研究，教育工作者并没有改变他们的做法，而是改变了研究的主题。

在区分了读写能力与阅读之后，教育理论家进一步推动了读写能力与书面语言的分离。读写能力已经成为交流的总称，包括通过书面文字和其他类型的信息（图像、音频、视频，以及它们的组合）进行的交流。正如国际读写协会所言："具备读写能力的人，通过利用各种学科和背景下的视觉、听觉和数字资料，能够识别、理解、阐释、创造、计算和沟通。"[68]

因此，读写能力可定义为通过语言和非语言手段交换信息的能力。人们认为，如今教育面临的挑战是，让儿童熟悉不同技术手段衍生出的"多种读写能力"。各国关于多种读写能力所涵盖的内容可能会有不同观点，但美国学校图书管理员协会提供的列表具有一定的代表性：视觉层面（"利用图像思考、学习和表达自己的能力"），数据层面（"理解、评估、创造和整合多种数字信息的能力"），技术层面（运用现代和未来技术的能力），还有读写层面（阅读和写作），如今称为文本读写能力。[69]

"多种读写能力"的概念在教育领域的兴起，与全语言教学法在20世纪90年代的兴起有着异曲同工之妙。有些解读是比较温和的，而另一些解读似乎倾向于继续维持甚至合理化读者与非读者之间的区别。20世纪40年代以来，"读写能力"用来代表"跨文化读写能力""金融文本读写能力"和"科学文本读写能力"等方面的专业知识时，就已经出现了不同形式的"读写能力"。50年代，电子屏幕的新技术的发展衍生出了"电视文本读写能力"。[70]这些表达都是"读写能力"这一词汇意义的延伸，就像蜜蜂语言和肢体语言都代表语言一样。然而，专攻阅读的教育工作者将这些修辞性的表述理解得过于表面了。

技术的发展，无疑改变了我们获取和交换信息的方式。文本不再是用于交流的唯一选择，这一点其实非常棒。比较一下在《纽约时报》的官方网站浏览新闻和一个世纪前阅读《纽约时报》头版时的不同体验。[71]该网站将其他媒体形式与文本整合在一起，从而使阅读变得更加容易，内容和形式也更吸引人。这样的做法其实是双赢的。当你阅读这本书时，你也可以上网查到与本书相关的视频、图片和各种活动等。现在，我们只需要使用简单的方法就可以将这些元素整合成一种便捷的格式，或许还需要一种新的商业营销模式来推广这种新的产品。

教师需要教会学生使用互联网获取相关信息，例如，使用谷歌搜索时，如何提出有效的问题，以及如何评估网上提供的答案。除了访问社交媒体网站，许多大学生似乎主要利用互联网查找事实，比如：谁是苏斯博士？“互信息”的定义是什么？正如戴维·凯尔纳（David Kellner）所观察到的：“除了阅读、写作和传统的文字读写能力之外，有人可能会说，在信息技术变革的时代，我们需要发展强大的媒体文本读写能力、计算机文本读写能力和多媒体文本读写能力，从而在教育改革中培养‘多种读写能力’。计算机和多媒体技术的发展呼唤全新的技能，要想使教育应对当代生活中的问题和挑战，就必须扩大读写能力的概念，并创造新的课程体系和教学方法。”[72]

事实的确如此，人们能够有效地使用这些技术非常重要，但人们仍然必须具备阅读能力。书面语言具有独特的表达能力。我们可以用表情符号来撰写《白鲸》（*Moby Dick*），只是效果不太理想。[73] 综观《华尔街日报》（*Wall Street Journal*）、人民网（People. com）等多媒体网站，书面文字仍旧占据主导地位，用于引导用户观看视频、互动图形和幻灯片。不妨想象一下，用相反的方法来完成这个任务，效果会如何呢？人们可以在几秒钟内浏览几百张橙子的图片，观看几十个诸如《烦人的橙子》（*Annoying Orange*）这类视频。“烦人的橙子”是一个拥有 500 万粉丝的网络角色，但这并不意味着你就不需要阅读“橙子”这个词。数量如此巨大的信息以如此众多的形式出现在读者面前，对于那些能够接触这些信息的人来说，简直就是一种令人惊叹的资源。但是与象形文字甚至是动画相比，书面文字仍然具有它的优势。

过度强调多种读写能力也存在一定的隐患，因为它贬低了阅读和阅读教学的重要性。但是恰恰在这个时代，人们需要更多地关注阅读，而不是忽略它的重要性。未来，其他的交流方式有可能取代传统的书面文字，作为多种读写能力这一概念的早期拥护者，教育工作者似乎对此有些过分期待。对于这种论点，我们并不陌生。教师教育不需要把重点放在教学方法上，因为它们最终会过时，而在课堂上教授传统的阅读和写作也同样如此。我期待有人站出来，大胆宣称：儿童只需要了解文本中的部分字母和单词就可以，因为他们可以从图片和视频中猜出单词的含义。瞧，这不正是多媒体文本略读吗？多媒体软件可能对阅读有困难的读者或诵读困难症患者有很大的帮助。[74]“多种读写能力”是对阅读困难者有益的一种标准，可以将这样的标准运用到熟练阅读者身上吗？这会不会又是一个将适用于阅读困难者的标准运用到熟练阅读者身上的事例？

信息技术的变革将一如既往地继续进行下去，也将继续改变人们的生活，但人们并不能很好地预测出变革发生的形式。与此同时，没有将传统的阅读作为基础的读写能力教学方法，会使得获取读写能力变得更加困难。对原本已经面临阅读失败风险的群体来说，这样的教学方法带来的不利影响就更大了。既然在传统意义上，阅读能力强的人的优势将继续增长，那么教育工作者培养孩子的阅读和写作技能就显得至关重要了，甚至是一项道德意义上极其必要的任务。

架起科学与教育之间的桥梁

在本章的开头部分，我就已严肃表明，我对阅读教育的评估可能显得有些严厉和苛刻。沉浸在这段历史中，让人很难摆脱受到责骂的感觉，或者产生类似文学评论家戴安娜·特里林（Diana Trilling）那样的感觉。据说，当她认为某篇书评中所提出的负面评价不够深刻时，会致信《纽约时报》反馈此事。[75] 认识到基础教育的不足并不是什么开创性的成果，而切实解决这些基础教育的问题才是开天辟地的大事。我们都能看到教育和医疗领域之间的相似性。规模庞大的医疗体系对大多数人来说是极其完备的保障，但是对少数人来说，情况则正好相反。而且在教育和医疗领域，人们对于该持有的行为准则和方法都存在强烈的分歧。如果教育家对于儿童阅读教学的假设本身就存在明显的缺陷，对这些批评的老生常谈又有什么意义呢？

我不可能在一章里把我们认同的教育所遇到的困境，甚至是阅读部分的每一个方面都讲得非常透彻明晰。这确实是我要负的责任。然而，我确实正在筹划一件大事：让更多的人参与到这场讨论中来，而不是让教育理论家们始终占据主导地位。“增值评估”是一种定量评估方法，运用这种方法来衡量教师对学生学习进步的负责程度，我对这种做法始终存疑，因为公式本身很可能就是非常不精确的。我确实认为，学校的校长、主任，大学里的教授应该对课堂情况做出说明，对人们关注的问题做出答复，并采取实际行动弥补教师培训中存在的差距。我曾经提出，教育和医疗一样，家长需要为了维护自身的利益积极投入其中，而不是作为被动的消费者。我希望我已经阐明了其中的原因，并提供了一些基本的“背景知识”。

我的另一个目标是，防止有关阅读教育的分歧被斥为最糟糕的学术分歧：这些令人毛骨悚然、毫无结果的争论之所以会继续下去，正是因为它就像学术象牙塔里的氧气，维持着在象牙塔中的生存。这些问题产生了明显的后果。实际上，我们都知道从对立的观点中形成一套具有连续性的教学方法，比这种“二者兼顾”的命令更具挑战性。

在很长一段时间里，我一直认为，拥有良好意愿的个体为了共同的目标而奋斗，可以消除彼此之间的差异。只有在我们允许的情况下，教育和科学之间的障碍才会存在。对于交流我们所做的工作和所学到的东西，我们都能做得更好。桥梁是基于对不同个体和不同观点的尊重而建立起来的。每个人都在尽力而为，虽然双方对这一切都毫不知情。我完全支持架设一座创造性的桥梁，并亲自参与其中。但我开始怀疑，与过去相比，良好的意愿和更大的努力能否更有效地将事情向前推进。因为我注意到，当事实没有站在你这边时，一个有效的防御措施就是激起足够的尘埃来制造不确定性，例如，阐述一些关于诵读困难症的毫无意义的事情，或者编造一个攻击教育的阴谋论。有关的外界人士最终会因为不知道该相信谁或者相信什么而离开。就像最高法院做出支持下级法院的裁决一样，如果平局能够维持现状，那么平局也就等同于胜利。这就是我对这些历史中的争论的看法，以及我认真看待这些争论的原因。

人们认为蜂蜜比醋能吸引更多的苍蝇。在阅读方面，这种方法几十年来都没有发挥很好的作用，也许是因为事实并非如此吧。[76]

第 12 章

阅读的未来

在本书第 1 章，我对阅读这门科学能够帮助提高美国或其他国家民众的读写能力依然心存疑虑。一开始，我试图从实际出发，意识到这门科学的局限性以及它没有涵盖的许多因素也会影响最终的结果。为了解决这个问题，我深入研究了阅读科学的基本原理、教师教授儿童阅读的方式，以及教育体系的运作情况。在此之后，我发现阅读的科学理论对提高儿童读写能力的积极影响是毋庸置疑的，对这门科学所持有的不正确的态度使我们陷入了困境，但只要改变态度，我们就能够走出困境。科学理论虽然不是解决问题的唯一途径，但它却比只关注到摆在我们眼前的一些事实更加重要。我们并没有遵循阅读的基本科学理论，将其作为教育文化领域重要的理论来源，这对阅读教育的发展产生了不利影响。我认为，基本科学理论的缺乏对整个教育领域都造成了不利的影响。

回顾教育这门学科的历史，我们就会明白为什么人们没有严格遵循科学理论的传统。[1] 在美国，培养教师的教育学院并未得到人们的重视。自 20 世纪早期教育学院作为致力于教师培训和探究教学法的师范学院的继承者出现以来，就没有得到过人们的重视。它们的出现只是为了缓解大学人才培养的压力，以便为公立学校培养更多的教师。商业、医学和法律都有各自专业的学院，教育管理者们也因此预见，在未来，教育也会有专门的学院。但是，无论是教育学院还是教育部门，它们生存的基础都受到了挑战。1923 年，美国教育专员就曾表示：它们是在面临学术界的极度不信任和反对的情况下建立起来的。[2] 这些不信任和反对意见对美国教育产生了深远的影响。

第一个问题就是，人们对教育以外学科的努力漠不关心。虽然一些理想主义者认为，学校有责任培养教师，但是实际情况却并非如此。一位优秀的化学教授，平日里忙于做实验和培养下一代科学家，如此一来，就完全没有时间或兴趣帮助教育工作者探究如何教授高中化学。教授们也缺乏研究教学方法的动力。在美国，基础教育教师是一个地位不高的职业。学术界认为，教学是教授已知的内容，而研究是扩大已知的内容，与后者相比，前者的价值显然要低得多，而教师教育的价值最低，这样做其实是十分不明智的。大学的组织机构设置也使得教育学院不能像其他专业学院一样健康有序地发展。[3]

第二个问题是，人们总认为好教师不用教。正如俗语说的那样："好教师是天生的，不是教出来的。"教师除了需要掌握如数学、英语等学科的专业知识外，还需要具备什么知识呢？了解教育机构的组织和运作方式（虽然他们在学生时代就已了解了大部分的相关内容）？教学天赋或愿为教育献身的精神？丰富的教学经验？美国教育部前部长威廉·班内特（William Bennett）认为："教师不仅需要掌握自己所教学科的专业知识，性格好，还需具备和年轻人交流的兴趣和能力。"[4]

学术界关于教师教育的可行性和必要性的讨论从来没有停止过。哈佛大学前校长 A. 劳伦斯·洛厄尔（A. Lawrence Lowell）曾负责监督教育研究生院的创立，但他在 1933 年退休时告知哈佛大学监察委员会："教育研究生院就像一只应该被淹死的小猫。"[5] 洛厄尔的继任者詹姆斯·布莱恩特·康耐特（James Bryant Conant）曾在回忆录中写道："我和大多数科学、艺术领域的同事一样，认为根本没有必要教教师如何教学生。"虽然哈佛大学一直开设着教育研究生院，但以上观点却导致耶鲁大学、杜克大学等高校不定期地放弃对教育从业者的培养。有些大学虽然保留了培养教师的课程，却将其与高级研究院所分割开来。

现代教育学院的一些做法更是进一步强化了上述观点。这些学院的负责人认为，教师不是教出来的，因为他们坚信能否成为一名好教师是由一个人的性格好坏和所接受的文化多少决定的。教育类的学位项目关注的是教育的社会文化背景，以及教师在促进社会公平方面发挥的作用。[6] 所有必需的科学理论都能够通过借鉴该领域中的经典著作编纂出来，对科学实践和现代研究的掌握并不重要。

第三个问题是，人们总认为，与社会经济因素所产生的巨大影响相比，教学并不会对儿童产生多大的影响。1966 年的《柯尔曼报告》（*Coleman Report*）是一个转折点。该报告强调，与教育相比，社会经济地位、家庭、同龄人特征对儿童生活产生的影响更大。如果真如报告里说的那样，“学校无关紧要”，那么对教育工作者的培养也就不重要了。虽然该报告把问题看得过于简单，后来的研究也指出学校和教师质量具有重大的影响，但之前的观点依旧有影响力。[7] 戴安娜·拉维奇认为，除了贫困这一因素的影响外，学校的表现还是值得称道的。她这一观点的本意是对教师这一职业的维护，但这也许又印证了另一个观点，那就是在影响教学的众多因素中，教师所具备的专业知识只是冰山一角，并不是最重要的。

以上种种观点不仅破坏了教师培养项目，也深深地伤害了教师这份职业。如果未来的教师没有学习过有效的教学方法和教育的相关知识，也没有很强的号召力，教师教育的学位又有什么价值呢？学生们也许会质疑，自己的学费是否花得值得。学校可能也会拒绝为获得这一证书的人支付额外费用。而在职学习的教师也只能拿到“在职学习”的薪水。“为美国而教”（Teach for America）项目用反证法证明了这样的推理。该项目给美国教师规定了标准：具有大学文凭，保证两年教学时间，参加过教育领域的新人训练营。我认为教师并不是一份简单的工作，需要很多专业知识才能胜任。但是这一点恰恰是人们所忽视的。

教师这个职业所面临的困境众所周知，学术界也对此争论了几十年。这种困境也一直是政府机构和教育基金会间断性发起的提高教师培养质量相关计划所考虑的重点问题。达娜·戈德斯坦（Dana Goldstein）2014 年出版的著作《好老师，坏老师》（*The Teacher Wars*）中就大致展示了这个过程。教师培养再一次成为人们讨论的热点话题。

坦白地说，美国对教师的态度并不一致。我们希望优秀的人可以成为教师，却没有提供足够的激励措施鼓励这些人加入这个行业。我们希望教师能够向所有儿童讲授知识，其中包括由于外部因素的阻碍而没能够接受学校教育的儿童。我们希望这些教师即使没有接受过足够的培训，也能够自发地意识到这一点，并付诸实践。但从教育学院到学校体系，从各州和联邦政府机构到政策制定者，都未能创造有利的条件让教师发挥应有的作用。

作为研究阅读的科学家，我专攻这门科学在阅读教育中的作用，以及如何利用这些科学理论帮助教师和学生。但是有关阅读的详细案例研究也说明了人们对美国基础教育的更广泛的关注。阅读问题一直以来都是教育学院的发展、教师职业和教育改革行动中讨论的热点话题。但是教育实践和科学理论间的脱节却一直没有成为讨论的重点，这本身就是一个问题。阅读问题只是说明了二者之间的脱节所造成的严重影响。

阅读是一个包含了大量与教学相关的现代研究的领域，在 1910 年的芝加哥、1925 年的莫斯科、1960 年的剑桥和马萨诸塞州，这些发现尚不为人所知。其中包括综合了广泛研究结果的理论，排除其他解释以及比较教学方法有效性的实验。研究表明，有关阅读和学习的理论有好有坏，不同的教学方法也会对学生学习进步产生正面或负面的影响。教师抱怨教育学院强调过于抽象的理论知识，这些理论知识脱离实际课堂教学，使得他们还没准备好就匆忙走上教学岗位。[8] 有些教育理论研究则只关注了心理学。

科学理论在教育实践中被扭曲，这表明在学术界内，各学科联系密切，并组成了研究团体，但是他们却和教育工作者划清了界限。所以，这些教育工作者缺乏评估教学质量的工具，例如他们无从知晓学生的阅读学习情况。由于缺乏评估工具，教师们就只能依靠个人经验或权威理念进行教学。但权威理念的可靠程度难以评估。还有一些教师选择在信息来源并不可靠的互联网上寻找教学方法，互联网专家打着剑桥的旗号，把虚假理论说得像真的一样。教师受到误导，与那些能够科学指导教学的理论研究失之交臂，而他们的学生则不得不承担这种行为带来的恶果。[9]

除了影响阅读，缺乏科学观念将祸及教育的很多方面。人们已经提出了许多提议，用以解决一个又一个教育问题。这些提议来源于教育和其他学科。[10] 无论是政界人士、商界人士、学术型企业家还是家长，每个人都在教育问题上有自己的一套方案。然而现在教师们不具备评估教学质量的工具，[11]因此无法对这些提议的有效性进行验证，这使得教育长期陷入困境，极易受到鼓吹的各种论调的影响。

正确的科学观念会帮助我们抵制伪科学观念的侵袭。现在，人们厌恶阅读科学以及其他与教育相关的科学，就是因为早期相信了错误的伪科学理论。20 世纪 60 年代，一些激进的行为主义者的作品主要出现在《纽约客》的卡通主题版块，这群训练老鼠跑步的人，认为自己已经知晓了生物的学习方式。他们认为，无论是老鼠走迷宫，还是儿童学习一门语言，所有生物的行为都由奖惩手段决定。复杂行为往往是由多个简单行为构成的，适当时机发生的意外事件会增加发生复杂行为的概率。老鼠和鸽子的行为验证了这种学习法则。通过训练，老鼠和鸽子可以完成一些令人惊叹的任务，比如学会字母表中的字母。

教育工作者认为，如果将学习过程分解成一系列简单的学习步骤，并适当地强化学习行为，学生们就可以学到一部分内容。彼时，这种理念贯穿于整个课程设计。教学中使用教学工具，主要作用是刺激和强化学生学习。这样的教学方法在其有效性得到验证之前就已经得到应用。实际上，人们不能像控制老鼠一样，控制学生的行为，因为并非所有学生都适应这种教学方法。诺姆·乔姆斯基早在 1959 年就对行为主义进行了强烈批判，在之后的十几年里这些批判对教育产生了巨大的影响。行为主义严重偏离科学，并导致了后教条主义综合征，它的主要症状就是，极度不信任的是心理学研究，而非之前专家学者的说辞。

如果社会形成了浓厚的科学文化氛围，人们就可以从内部评判现在的主流教育思想，其影响远远大于来自外部的挑战。20 世纪 70 年代，行为主义逐渐走向衰落，跨学科的认知科学随之兴起，并逐渐走向科学前沿。弗兰克·史密斯和肯尼斯·古德曼在认知科学的基础上，建立了有影响力的阅读学说。但他们不是唯一对阅读产生兴趣的认知科学家。早期，查尔斯·佩尔费蒂、玛丽莲·亚当斯和基思·斯坦诺维奇就经常反驳他们的理论。但是在教育领域，很少有人能用工具来衡量上述做法的证据和动机。

以上观念导致人们现在不愿意接受有关阅读的现代科学研究。但我所讨论的阅读科学与前者有很大的不同，相关研究已经持续了 30 多年，许多实验室都对其进行了研究。由此产生的共识理论并非人们大肆宣传的观点，而是一些未经证实的观点，这些观点得到了一些学术大牛的大力支持。

浓厚的科学文化氛围将帮助我们更好地评估特定教学方法的有效性，为这些方法的实施奠定基础。这样一来，教育文化就会变得不那么狭隘，并能够和其他学科相互融合。充分利用科学和社会文化方法中的最佳要素，教育就会变得更加均衡。

教育和科学文化之间的脱节会带来危害吗？针对这个问题，我就说到这里。很显然，我们急需消除教育文化和科学文化之间的障碍。但我们能否做到这一点并不确定。现在，对教育从业者的培训急需深刻的变革，为此我们需要参考和借鉴以往的经验。

弗莱克斯纳报告是否为我们提供了变革模式

医学教育的现代教学方法最早可以追溯到 20 世纪早期。在那之前，医生都是在小型的私立医学院接受教育的，这些医学院由学校的指导教师独立经营。这类学校的入学门槛很低，对学生的教育也十分简单。弗莱克斯纳报告改变了医学教育的状况。[12] 这份报告主要由亚伯拉罕·弗莱克斯纳（Abraham Flexner）撰写，作为一名教育家，他对美国的大学教育提出了批评。弗莱克斯纳在报告中记录了私立医学院糟糕透顶的教学方法，并提出了被人们所接受的医学教育改革方案。弗莱克斯纳报告使医学院对医生的培训发生了质的改变。试问，教育也能发生同样深刻的变革吗？

医学教育的许多改变都和教育直接相关。弗莱克斯纳报告为医护人才的培养提供了专业的教学模式。医学专业的学生不仅需要学习学校的课程，还需要在专业培训师的指导下进行医学实践，这样才能确保他们掌握核心的医学知识。这种教学模式肯定了医疗科学理论的基础，以及科学方法作为特别证据来源的有效性。医学生入学标准得到了提高，同时医学生也需要掌握一定的科学知识。医学生的课程量随之增加。除此之外，他们还需要学习临床医疗操作方法。

如果教师教育项目也能遵循医学教育变革的模式，教师质量就会大大提高。人们可以想见一种专业的教育模式，这种模式强调掌握与教育相关的核心科学知识，这些科学知识包括认知发展心理学、语言学和神经科学。同时，课程应该强调为什么要遵循以及如何运用科学知识、这些科学知识能够解决哪些问题、需要用到的科学方法、重要的科学发现和理论，以及存在争议、有待解决的问题。[13] 如果教师拥有基本的背景知识，他们就可以有效评估教学方法、课程设置、教学技术、研究发现和所谓的“专家”论断。

未来的教师应该通晓教育和科学两方面的知识，就像双语使用者能够在两种语言之间自如地切换一样。如果设置科学家可以和教师一起授课的课程，就可以实现科学和教育更好地融合。同样，通过这种方式，教育的社会、文化和动机方面也能够更好地融合在一起。课程学习应该与更多的实践和教师指导相结合，而不是像目前的情况这样。教师培养需要体现出这份职业的重要性，而不是贬低它的价值。

建立这样的教学模式面临着实践操作上的挑战，但是并非无法克服。现在许多大学已经为学生提供了很多的相关课程。只要稍加调整，这些课程就可以用于教师培养。要实现这个目标，我们就要打破教育学院内部的障碍，在教育学院从事教学和科研的教师都被安排在教育心理学部门。而如今，互联网可以实现一切信息的记录、储存和分享。

但是，思想和制度上的阻碍还是极其难以克服的。1916 年的弗莱克斯纳报告也说明了这一点。[14] 私立医学院遵循商业运行模式，学校间的指导思想也并不统一。一旦在大学和慈善基金会的大力支持下，一个优秀的培训项目得以制定和实施，那么原来的模式就难免走向崩塌。但目前教师教育的处境与之并不相同。现代教育学院根基牢固、资金充足，并且得到多方面的信任和支持，其中包括教育出版公司和科技公司等企业以及慈善组织和政府机构等。此外，将科学态度和科学主题融入一种并不重视它们的教育文化中，就好比请一位通晓全部语言的教师去完成语音教学任务。

人们曾经也尝试过进行教育改革，也受到了一些阻挠。教育改革家们总是怀有强烈的愿望，希望吸引更多的高素质人才从事教师这份工作，我所描述的教育项目就完全可以服务于这个目的。但问题是，即使有人建立起了这些项目，高素质人才是否愿意从事教师这份工作？与那些更具挑战性或更耗时的途径相比，传统的或其他的获取证书的途径可能更受欢迎。在面临严峻的就业压力时，那些接受了严格的课程学习的毕业生，也许并不会更具竞争力。

最后，教师的工作已经发生了改变，以前的模式可能也不再有效。高风险测试的要求压缩了教师的创造空间，也限制了他们的专业知识。基于学生的学习成绩来对教师的教学成效进行量化考核，这一点也让更多人不愿意涉足或继续从事教师这份工作。在美国的几个州，教师被妖魔化为从事“兼职”工作、纳税人需要为其支付养老金和福利的公职人员，并且教师的集体谈判权也被取消。[15]

我无法预知未来会发生什么。提供一些可能的发展方向也许有助于激发研究和讨论，还有可能激发一些新的想法。接下来，我将叙述这些可能的发展方向。

内部改革

教育学院可以参照弗莱克斯纳报告中提及的医学教育改革来实施内部改革。这就需要从本质上改变教育文化，而这似乎是不可能实现的。主流类型的学院发展得越来越好，其文化已经根深蒂固，而激励机制更倾向于渐进式的改变。这些转变可能会在那些不太知名的学院实现，因为它们面临着日益激烈的生源竞争，无须面对保持排名的压力。

新型教师培养学校——师范学校

新的跨学科项目可以取代教育学院，肩负起培养专业教师的责任，这些项目包含教育、科学、人文和计算机科学等专业，它们组成了现代的师范学校。教师职业培训学校和地区公立学校联系紧密。这样职业培训学校的教师就可以在指导学生实践的同时，持续提供在职教师培训；将科学理论与实践紧密结合；动员教师和其他教职人员，并为他们提供回报。

作为一个自信的乐观主义者，我认为这类项目在为数不多的“实验学校”还是行得通的。与过去相比，如今可以相对容易地吸引足够多对教育事业有浓厚兴趣的来自其他专业的人才。我十分欣慰地看到，有众多来自心理学、语言学、认知科学和认知神经科学等领域的专业人才投身到教育事业中。教育认知科学与神经科学融合形成了新的领域。[16]阅读是发展最为先进的领域，但是数学和写作是沿着相同的道路发展前进的，而学习、注意力和动机的发展也是如此。这些问题在理论上很有趣（例如，数学知识的起源和种类是什么？），但同时也与在课堂环境中学习的传统学科知识紧密相关。例如，为什么人们觉得分数知识特别难掌握？数学概念的教学与解决问题的步骤之间是否存在一个最佳的平衡点？阅读和语言技能是否会影响数学学习、应用题解答和对数学能力的评估？有关人类记忆的相关研究是通过以下这些方面来实现的，包括学生如何获取、记忆和遗忘新信息，以及如何通过课程设置来促进学习、记忆和“融会贯通”，即如何将所学知识应用于新问题和新情况。动机是心理学领域一个古老的话题[17]，但现在有一些令人印象深刻的关于在学校环境中学习动机的研究，这些研究发现了一些能够提高某些方面表现的简单技巧。与过去相比，这门科学与课堂之间只有一到两个学位的差距，而不是五六个学位。

经验丰富的教育工作者会发现这个提议既不可行又具有缺陷的原因，所以我不打算把它们都列出来。说到这里，我想，在众多因素中，有三个至关重要的原因是我不得不提一下的：第一，在过去的改革中曾经尝试过一些非常重要的内容，但因为没有取得成功所以放弃了；第二，这样的项目只能惠及数百万教师中的一小部分；第三，在高风险测试盛行的时代，尽管有一些学校可能会放宽对此类项目的限制，但是大多数学校不会冒险安排教师占用课堂时间开展此类活动。

现实中，没有哪个大学的管理机构或慈善组织能创造出一个新的教育项目，使之不受传统教育学院的束缚。这个成功的教育项目会吸引原本无意进入这一行业的优秀人才，会提供智力上具有挑战性的课程。[18] 这类课程会采用有效的教学方法，其中包括在教师指导和监督下的学生实践。该项目将促进教师更加专注于教学，因为他们的准备更加充足、需要接受的职业培训更少了。同时，学生的负担也减轻了，也许这会引发新一轮的多米诺效应。

改变课程设置

教师教育改革是一项遥不可及的工程。我们也许无力改变教师培养模式，却能改变教师所接受的有关阅读教学的知识。化学教师肯定要了解化学知识，数学教师也需要掌握数学知识，那么讲授阅读的教师需要掌握哪些核心知识呢？是理解和分析具有挑战性的文本的基本技巧吗？现代社会强调学术文本阅读能力，而忽视了基础阅读技能的培养。文本阅读能力是初学者的文学课程学习的基础，他们到了高中或大学才开始文学课程的学习。但阅读教学的主题不是培养学生的文学或文本分析能力，而是我在本书中所讨论的科学。我每年都会把本书的内容教给来自不同背景的大学生。只要在儿童发展、心理学和语言生物学的课程中增加这些相应的内容，未来的教师就能牢固地掌握这方面的知识。[19]

改变教师上岗的要求

教师资格证和教师资格考试可以确保持证的教师掌握基础的知识和概念。如果考试要求中规定了这些内容，教师就必须要掌握音素、音节、字母原则、口语在阅读学习中的作用、发展性阅读、语言和学习障碍以及双语现象等知识。无论是教育学院、营利性学校、互联网公司还是软件开发商，市场一定会对这些需求做出反应。

人们正在不断优化这些考试。许多州的教师资格考试都对教师的阅读和语言能力提出了更加严格的要求。马萨诸塞州的教师资格考试就是一个最好的例证。[20] 下面是基础阅读考试中的一个题目：

1. 小学高年级学生对成对的单词进行学习讨论，并接受测试，例如 compete（竞争）和 competition（比赛）、inflame（发炎）和 inflammation（炎症）、magic（魔术）和 magician（魔术师）。这类单词能够帮助学生提高阅读水平，因为它们能提高学生以下哪个方面的意识：

A. 字母除常规读音外，还有其他读音。

B. 音节可以帮助学生推测陌生单词的意思。

C. 单词的拼写暗示着它的读音和含义。

D. 有些音素由多个字母组合而成。

大家是否觉得这个问题很难？至少我是这么认为的。我再给大家列举一个阅读资格证书的考试题目：

2. 一名三年级的学生已经可以熟练阅读。在学生进入高年级，并开始阅读内容更加复杂的文本之后，他最可能发生以下哪种变化？

A. 阅读不同类型文本的速度将趋向一致。

B. 阅读词汇量超过口语词汇量。

C. 个人阅读偏好将从小说类转为非小说类文本。

D. 兴趣从口语活动转向书面语活动。

第一题的答案是 C，第二题的答案是 B。马萨诸塞州的教师资格考试还有其他样题。这些题都不简单，但我相信大家都能给出正确答案。

市面上已经出现了教师资格证考试的辅导资料，大学和营利性培训机构开办了专门的辅导班。马萨诸塞州的教师资格考试已经做得非常不错，但即使是这样的考试，也不能保证大家都知道为什么这些概念十分重要。如果参加考试的考生在受教育的阶段没有学习过这些内容，那么考试仅仅是成为教师前必须迈过的一道坎而已，考试辅导班也只是为了帮助学员通过考试，而不是让他们真正掌握一些东西。

严格的资格证考试确实可以避免未来的教师在基础知识方面出现漏洞，但它并不是一个足以使教师教育发生根本性改变的有效机制。首先，通过考试是成为教师的硬性指标。人们学习这些知识只是为了通过考试。其次，过去的历史表明，提高教师资格考试的标准，会导致人们选择其他途径来取得证书，从而出现不用通过考试也能成为教师的情况。这样做除了规避考试，也许仅仅是因为各州为了保证足够的教师数量而无视考试结果。[21] 最后，为了应对各方利益集团的压力，教师资格考试的要求也发生了改变。我十分支持数学和阅读测试遵循马萨诸塞州的教师资格考试模式，采取智能化的资格考试方法，但自上而下的管理方式并不是实现系统性变革的可行途径。

关于阅读教育，我们现在能做些什么

政策、实践和资源分配方面的变革可能会更快地得以实施。下面我列举了一些变革，有些与我所讨论的研究相关，有些出于一些不相关的原因正在进行。有些很容易得到认可，但是有些在引起人们注意的同时，也引发了人们的担忧。

阅读依旧至关重要

在撰写本书的过程中，我始终坚信阅读传统的文本，无论是纸质的还是电子的，都是十分重要的。相关研究表明，熟练阅读者能够获得诸多益处，例如在医疗、教育、政界或商界中成为佼佼者。因此，我的批评主要集中在对阅读技能的获得带来不必要干扰的条件和做法上。

但是，正如我曾指出的，教育家们更加相信读写能力存在很多种形式。人们认为传统阅读十分重要，但它的重要性却并不一定会高于其他交流方式。与其推测阅读会在未来变得不重要，或从事相关研究，以证明阅读差距存在的合理性或将阅读的衰退视为自我应验的预言，阅读教育工作者更应该专注于教授学生学习阅读上。

职业必备条件：语言学 101[22]

语言学导论课程应该成为教育学的一项长期要求。教育工作者需要知道语言的基本原理。基础的语言学导论课程包括我反复提到的一些概念：形态学、语音、句法和语义；口语、手语和书面语之间的关系；语言是如何习得的以及语言障碍的本质；语言是否会塑造我们的思维方式；等等。这些概念还解决了有关语言、文化和个人差异的问题，这些是教育学院最感兴趣的问题，也是教学的根本内容。

辅助软件

在未来的几十年中，计算机技术会使教育发生根本性的变革。当下的教育似乎也发生了一些变化。这些变化的出现，一是由于教育软件产业的蓬勃发展，二是由于当代文化已经融入了学生可以通过屏幕学习的理念。这真是一个激动人心的时刻。例如，在阅读领域，卡罗尔·康纳（Carol Connor）和他的同事基于我在书中讨论的阅读科学，开发了适应性学习软件。[23] 课程的内容取决于学生目前的水平。这类软件似乎有可能迅速得到改进，因为它结合了统计学习法，可以优化每个时间段学习的内容。大量的风险投资和人力资本正涌入教育游戏的制作中，这些游戏包含了许多人所关注的《使命召唤》（*Call of Duty*）或《动物之森》（*Animal Grossing*）等游戏的特点。一些教育理论家认为，未来这些游戏将走入课程中。[24] 这些游戏进入市场后，我们就要检验其有效性，这一点至关重要。“大脑训练”软件曾被炒得很热，但经过系统的评估后，我们发现它其实并没有什么效果，所以检验与评估十分重要。[25]

如果教育软件能让教师专注于重要的内容，那这种软件对于学生和教师来说都将是一个福音。假设教师因为某些原因没有教给学生必要的技能或知识，假设教师没有时间回答学生们提出的不同问题，假设只有一部分学生需要额外的辅导，假设直接的指导和实践的结合是学习某项技能的最佳方法，在适当的条件下，该软件可以作为教学活动的有效补充，提升学习环境的丰富性。教师可以专注于他们力所能及的事，例如，运用一种创新的教学方式，教会学生难懂的概念；看着学生的眼睛并说道：“真是个好主意！快和我说说这个点子。”教师的一些举动可以改变学生的生活，但这并不包括纠正他们的拼写错误。它取决于所讨论的技能或内容、课堂上讲授的知识和教育类软件的质量。但如果教师可以被免除一些能通过其他方式处理的责任，这才是一种真正意义上的创新和突破。

然而，我们也可以从不同的角度看待教育类软件，例如，这项突破性的科技削弱了教师的作用。霍顿・米夫林哈考特（Houghton Mifflin Harcourt）和培生教育（Pearson Education）等大型教育出版和数字科技公司推出了多种教育类软件，它们的产品主要指导学生阅读、语言学习以及其他学科的内容。这类软件的出现在某种程度上改变了教育的理念，把教育哲学变成软件设计研究，把教师培训变得可有可无。教育技术隐藏着巨大的商机。2015 年，霍顿・米夫林哈考特出版公司斥资 5.75 亿美元，从学乐教育集团（Scholastic）收购了 Read 180 软件。[26] 学乐教育集团开发的这款教育类软件关注从四年级到十二年级的阅读困难学生。霍顿・米夫林哈考特出版公司表示："Read 180 这款软件为教师提供了综合性的配套项目，包括课程设置、教学指导、教师职业发展规划等。同时，这款软件还为学生提供了个性化且严格的有关考大学、求职和其他方面的指导。"这款软件的研发可以追溯到 20 世纪 80 年代，其研发严格遵循相关科学的基本原理。该软件使用范围广泛，并已被收录于有效教学策略资料中心。2015 年，这款软件发布了面向学前班到小学二年级学生的系统 IRead，同时具有 iPad 版本。这一系统提供了一系列相应的程序来辅助学生学习。

霍顿・米夫林哈考特出版公司和相关研究都表明，Read 180 软件降低了对教师教学专业知识的要求。在教师教学的过程中，无论是实施大组阅读活动，还是实施人数较少的小组活动，Read 180 都可以作为教师的教学材料。这款软件可以处理许多复杂的教学任务。它最初是为阅读困难的学生设计的，但其他学生也可以使用。有关 Read 180 软件有效性的评估数据正在不断累积。它的效果可能无法与一位优秀教师相媲美，却比那些缺乏专业训练、没有教学经验和技巧的教师好很多。它将提升教师职前培养的效果。如果软件能够解决教学方面的挑战，那么无论最后的结果如何，教师教育都可以继续关注社会公平和文化多样性问题，以及儿童的社会和情感发展。

撇开对该系统有效性的公开质疑不谈，成本是一个主要问题。与其他类似的系统一样，Read 180 并不是一个廉价的系统。费用包括许可证、硬件、支撑材料、技术支持人员、教师和员工培训以及其他费用。在教学成果较差的小学里，为每个学生都提供一个 Read 180 许可证，再加上配备的硬件和人员，可能会是一件非常有益的事情，但是，它的花费却十分高昂。因此，只有负担得起这笔费用的学校才能使用这款软件。无形之中，社会经济地位的影响又被放大了。这一事实与强调教育是社会变革的工具和教育机会平等的重要性背道而驰。这确实是一个问题。开发替代方案可能是缓解这种情况的一种方法。

“包括课程设置、教学指导、教师职业发展规划等在内的综合性配套项目”的构想，与提高教师的社会地位和吸引优秀人才进入该行业的目标相悖。如果该产品提供了大部分解决方案，教师就变成了可替代的非专业人员。现在已经有公司提供有偿的 Read 180 软件使用培训。

虽然教师短期内不会走上专业人员的道路，但对于有些年级和学科来说，将教师视为高技能专业人员的想法是合理的。

对补充辅助教育系统依赖性增强

只有家境殷实的学生才可以选择在具有商业性质的学习中心、阅读专家和辅导教师那里补课。在学生成绩优异的韩国、新加坡等国家，补充辅助教育已经发展成为教育的内在组成部分，尽管这是为了满足额外教育的需求，而不是为了弥补学校数量的不足。如果补充辅助教育可以填补学校教育的缺失，那么学校就不需要改变。而反对这种形式的人主要有以下两种观点：（1）公立学校应该承担基础教育义务；（2）这种补充辅助教育本质上就是不公平的，因为公共教育要在资源分配不均的基础上取得成功。

为了解决资源分配不均的问题，教育应该像可汗学院（Khan Academy）一样，提供免费、高质量的在线学习资源，虽然前提是人们能够使用硬件设备和互联网。这种解决方案也排除了师生间和学生间不可替代的互动。

外包教师教育

教师可以通过非传统方式学习职业知识。现在教师教育改革的提案主要强调培养在职教师的职业能力。[27] 如果资金充足，学区（school districts）① 就可以和资助者签订合同，接管教师培训任务。这就是教师恢复计划。这项计划耗资巨大。对于已经掌握专业知识的教师来说，这项计划并不必要。但这项计划确实有效，它为非教育专业的学生进入教育行业提供了一条道路。在这项计划中，教师培训无须再由学生买单，而是转由纳税人负责。

也许未来会有这种可能，运营特许学校网络的公司和越来越多的公立学校将独自承担起培训教师的责任。例如，KIPP 公司 ② 运营着大型特许学校网络，并依据自身的教学模式培训教师。当然，这种教师培训方式的效果仍有待考察，但是它可以减少对传统教育学院的依赖。教育公司和其他类型的公司会根据学员需求，为他们提供量身定做的培训项目，学员不用出门，在家里就能接受培训。KIPP 公司提出的“没有借口”的教育模式存在争议，在这种模式下，教师离职率持续走高。[28] 私立学校的教师受教育水平更高，监管更完善，也会获得更多的支持，是不是这样的教师教学效果会更好？激烈的岗位竞争也许能让传统教育项目不再洋洋得意。

充实语言、提高语言质量并提供低成本、高收益的辅导

很多儿童在开始上学时，语言水平不够，也没有准备好阅读。这两点给儿童带来的影响很快产生滚雪球效应。社会经济地位较低的儿童、说非主流方言的儿童和学习英语的儿童会面临更大的风险。学龄前儿童强化语言项目致力于拓展儿童的英语知识，这个项目可以有效提升学龄前儿童的语言水平，从而缩小差距。学前班教师各自的文化背景和所说的语言均不同。他们的对话语言成为儿童语言学习的大数据，影响着儿童的语码切换、互动方式和互动习惯。

① 一个学区通常包括一到若干所公立学校，为方便学童就近入学。——编者注

② KIPP 公司是美国一个自由开放招生的全国统一网络，是一种大学预科公立学校，对生活在社区不完善地区的学生的生活进行跟踪记录。——编者注

学区的当务之急就是为阅读困难的学生提供高质量的教学指导。明尼苏达阅读团（Minnesota Reading Corps）便是这方面的楷模。[29] 正如它的网站上所写的：“（明尼苏达阅读团）为阅读困难的学生提供个性化、数据驱动的指导，一对一的关注，训练有素的教师，以及长期、持续、高质量的教学指导，促进学生学习进步。”美国志愿队（AmeriCorps）是一个半政府性质的项目，它动员美国民众参与到社区服务当中，明尼苏达阅读团便是该项目中的一部分。[30] 这个项目富有成效，十分成功。

我们现在面临的主要障碍就是，学校和辅助项目能否招聘到训练有素、具备职业技能的教师。我有一个特别的提案：赋予“为美国而教”项目新的含义。

“为美国而教”的招聘和培训模式并不足以完成既定的使命，将教师送往低收入地区的学校。这个项目的新教师训练营所提供的培训远远不能满足需求。所以在知道它的本质和学习体验后，申请加入这个项目的人越来越少。[31] 然而，如果该项目的目标是为学前教育项目和 K-1 的班级培养教师，或者培养负责阅读、数学或语言教学方面的指导教师，那么它所提供的教学模式可能会非常有效。“为美国而教”项目的新成员可以与更有经验的人员一起工作，更好地满足这类项目的需求。他们可以拓展儿童接触的语言、认知和文化经验的范围，同时提高儿童与工作人员的比例。他们可能会组成美国阅读和语言团。

对“为美国而教”项目的重新定义将保留它原来的优点，吸引更多的大学毕业生投身到教育事业，特别是那些低收入地区的教育事业中。“为美国而教”项目的参与者将继续致力于缩小公立学校学生间成绩和学习机会的差距。加入该项目的新成员只需要经过短期、高强度的培训就可以胜任自己的工作。他们需要完成的是那些急需的、有回报的、特定的工作。这些工作不需要丰富的管理课堂的技能和经验。这将消除人们对当前“为美国而教”项目准备不足的担忧。“为美国而教”项目将不再作为投身教育行业的一种选择，这是该项目的一个方面，该项目成功与否尚不清楚。如果这个项目能为学员带来良好的体验，将会有更多人受到激励，选择成为教师。

为什么会有关于阅读的科学理论

回顾这段历史，我想到了一个问题，那就是决定如何教学生阅读真的那么困难吗？我想你可能也想到了这个问题。就好像是说，想清楚了再继续吧，伙计们。教育工作者和科学家的专业知识看起来具有互补性。他们对学生有着相同的目标，他们都希望学生能学会阅读，但大家应该关注事实，保持理性的头脑，从而做出最好的决定。至今，不同群体的人们对应该采取什么办法仍看法不一。我在本书中详细讲述了科学理论，分析冲突并提出了解决问题的一些方法。我一直在想教育体系具有多大的可塑性，即有多大的改变空间。

这有助于审视教育领域所发生的事情。以阅读为例，这种群体两极分化在枪支管制、气候变化和生育权等问题上也出现过，事实上，在美国政治中也是如此。对这一过程的研究显示了有共同利益的群体成员之间的互动是如何加强共同的信念，巩固群体认同感和一致性的。即使有证据表明，群体的信念与基本信念相悖，群体成员也不会打破对彼此的信任，与持有不同观点的群体达成共识。相反，他们会强化现有的观点，或将其转向更极端的立场，例如减税能促进经济增长的观点。[32] 正如记者詹姆斯 · 索罗维基（James Surowiecki）所指出的："目前的证据表明，在美国现有的税率水平下，这是行不通的。降低税率只会导致税收下降……这个观点（较低的税率能产生较高的税收）已被反复核实和驳斥，但一旦某件事成为政治信条，就很难被推翻。"[33] 接着，索罗维基提到了布伦丹·尼汉（Brendan Nyhan）和杰森·赖夫勒（Jason Reifler）的研究。[34] 他们的研究表明，尝试对错误的观点进行纠正反而让人们更加相信它。

这就是阅读。

阅读就陷入了这样的困境。人们曾经想纠正关于阅读的错误观点，但结果却适得其反。其中一个关键因素就是，群组成员能够大规模共享信息并提供反馈。20 世纪 80 年代末，人们关于阅读的观点开始出现两极分化。当时，和现在一样，教师之间还是通过传统的方式交换信息：参加工作坊和会议、加入地区教育协会和全国阅读协会、订购简报和其他专业期刊等。有些教育工作者在互联网刚问世时就加入了使用者的行列。虽然网络浏览器还未出现，但我们已经可以使用现有社交媒体的前身，也就是兴趣小组和电子公告板。[35] 与兴趣相投的人分享经历不是一件难事，但能够轻易地与相隔很远的人进行互动，已经非常令人兴奋了。

与此同时，古德曼等先驱者开始鼓励教师掌控课堂，因为他们和学生的接触最多，也最了解课堂教学。教育理论家可能正在探究未来的教育模式，实验室科学家可能正在收集反应时间，但教师们正在教学。通过在“实践社区”分享信息，他们能够共同制定解决方案。他们还能根据实际情况的需要，利用互联网对像 2001 年通过的《不让一个孩子掉队法案》这样的方案进行更新。

阅读的教学方式就贯彻着建构主义哲学。发现学习和卓越知识的社会建构，再加上一些推动作用，使得信息可以在人群中广泛且迅速地传播。通过这种方式，基于相同的信念和经历，具有强烈的认同感的人们就能紧密地团结在一起。

我很钦佩这种美好初衷和自力更生的精神，但我能肯定，作为一种弄清楚阅读原理和教学内容的方法，这个过程是行不通的。许多人分享自己的观察和见解，但这并不足以使他们就阅读的真谛达成一致的观点。分享的过程通常会存在偏见和扭曲事实的现象，因为各种数据是纷繁复杂的。在这种情况下，团队形成的观点漏洞百出、不合逻辑，而且难以改正。

科学理论应该作为一种约束，在人们有关阅读的思考出现偏差的时候能够及时纠正。下面是几个有关事实的基本问题：阅读是用眼睛看的，还是用嘴说的？谁会依靠推测来完成阅读，是熟练阅读者，还是阅读困难者？答案留下了许多关于实践的开放问题，从业人员群体可以有效地解决这些问题。但人们却并未使科学理论发挥这种框架功能。知识的社会建构实验表明，这些想法都是不成熟的，而且往往都是错误的。

我详细讲述一下这个实验。从学前班到五年级的每一位教师都听说过“3 个提示系统”。网站、宣讲、工作坊和各种会议上都宣传过这个系统。该理论的起源有些模糊，但它在 20 世纪 80 年代就开始流传开来。[36] 信息交流的方式如图 12-1 所示。这是一张典型的维恩图（Venn diagram）[①]，它由三个重叠的部分组成，分别是书面文字知识（字形与字音提示）、句法和语义。有些读者在阅读时会被一个词卡住。为了帮助他们解决这个问题，新西兰教育家玛丽·克莱想出了一个办法，那就是读者可以通过不同的提示，判断词语的含义。这种方法被称为“在大声说出来之后”或者“除了大声说出来以外”，该对儿童说些什么。例如，儿童不知道“The kids played hopscotch in the park”（这些小孩在公园里玩跳房子游戏）这句话中 hopscotch 一词的含义。他们就会得到一些提示：“什么样的词会出现在这里？”句法提示告诉他们这是一个名词。或者，儿童可能会得到语义提示让他们思考“在公园里能玩什么游戏”。这时，在字形与字音提示（有一些字母，或者它们的发音）的共同帮助下，儿童就有可能推测出该词的含义。图 12-1 中重合的部分就是三者都能提示的内容。熟练阅读者会不由自主地使用这种方式推测单词的含义。

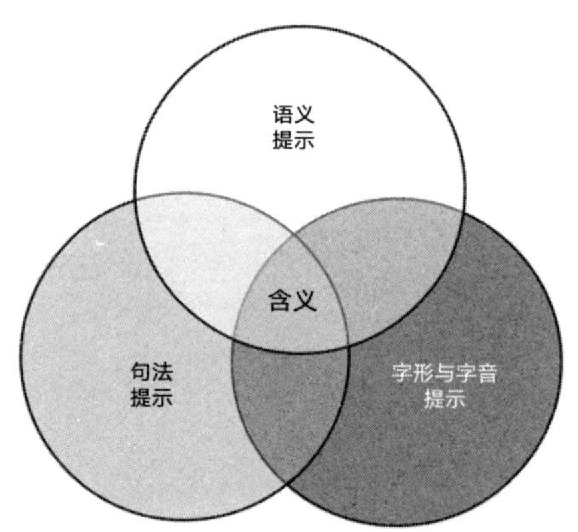

图 12-1 “3 个提示系统”的一般模式

这张图传达了一些基本的信息。人们利用多种类型的知识理解文本，其中包括书面文字（正字法）、语法（句法）和含义（语义）。它们是语言和文字的内在特性。没有这三种知识，人们就无法理解文本。想要理解含义就需要明白句法和语义。这张

① 约翰·维恩（John Venn）是 19 世纪英国的哲学家和数学家，他在 1881 年发明了维恩图。——译者注

图也表明，人们可以通过多种提示识别出单词。熟练阅读者会下意识地这么做。

问题就是剩下的部分怎么处理。图 12-1 没有表明圆圈里的内容是什么（例如，什么是句法提示？什么是字音字形？），以及人们如何获取这几类知识。这张图没有说明三者间的分工，也没有说明阅读技能、文本难度、背景知识和文字系统对三者的影响。因此，这张图存在多种解释。其实，每一种阅读理论都可以解释它。我们可以通过图中自上而下的方式判断单词的含义，也可以强调字形与字音的重要性，将其作为理解的基础。这是一项罗夏墨迹测验，它能投射出人们对阅读的感受。它正是墨迹产生时人们所做出的反应。

图 12-2 展示了“3 个提示系统”在口语和文本中的几种不同模式。[37] 1998 年，玛丽莲·亚当斯讨论了 A 模式，并对比了当时几种其他的模式。B 模式中的成分更加清晰，但不再是维恩图，交叉的部分只标记为阅读。C 模式将句法与“听起来对”等同起来，但并没有说明，“听起来不对”，即读起来不符合语法，是如何帮助儿童确定问题单词的含义的。而表示字形与字音提示的圆圈被标记为“视觉因素（看起来对吗？）”。该模式没有考虑语音，除了初步判断儿童之前是否认识这个单词，几乎没有什么作用。D 模式认为四种信息的地位存在区别，但没说明这四类信息的使用方式，是同时、按顺序还是按其他方式。

这些模式也用实例证明了概念的存在。我们利用前文提到的例句“The children are playing ________ the park”，可以说明语义提示的作用。儿童在读到空白处时会遇到困难。通过句法提示，儿童确定横线上是一个介词，然后就会思考这里填什么词才能说得通。最后字形与字音提示帮助儿童找到正确的单词。这就是心理语言学中的猜字游戏，它仍将阅读看作一种猜测空缺单词的活动，需要额外给儿童提供明确的策略。但如果一句话里几乎都是不认识的单词，这个游戏就无法进行下去。在例句中，儿童如果纠结于空白处是 in 还是 at、around、near 或 on，那就意味着他的解码能力已经出现严重问题，所以他需要的是解决这个问题，而不是猜测单词含义的对策。在阅读普通文本时，最特殊的语义提示就是单词本身。图 12-3 所示的漫画节选就生动地体现了读者对阅读截然不同的观点。

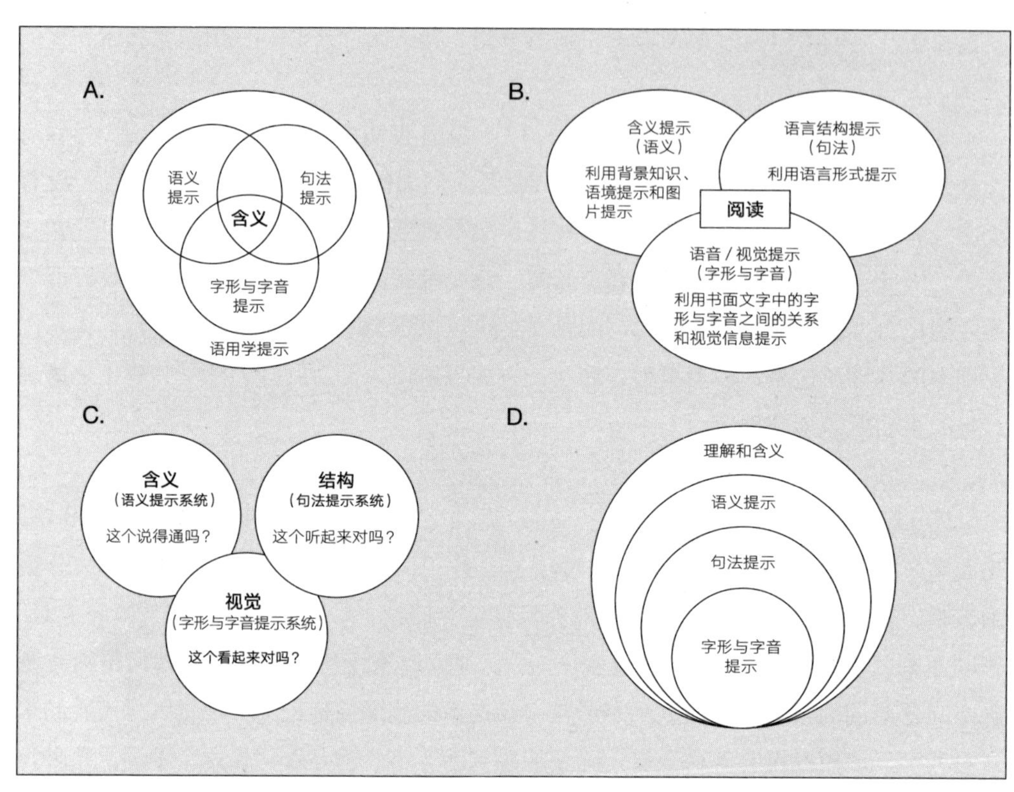

图 12-2 “3 个提示系统”的其他模式

“3 个提示系统”方法能否像克莱所预料的那样，对阅读困难的人有效？如果儿童在阅读时遇到了障碍，我们就给他一个提示。[38] 要是这个提示行不通，我们就换另一个。儿童一直都不会缺少策略。这种“选择越多越好”的理念也是“多感官”学习方法的基础。例如，儿童在理解一个有关穴居人故事的时候，如果事先知道该故事背景的现实模型，理解这类故事就会变得容易得多，如图 12-3 所示，该儿童在不知道穴居人现实模型时，理解 caveman 这个单词就会比较困难。[39] 早期教育十分重视多感官教学。但对于阅读困难的儿童来说，是不是方法越多越好？这一点值得我们去思考。

有关发展性障碍的神经生物学研究表明，发展性障碍与认知控制、计划和注意力方面的障碍有关，并与角回和视觉词形区域等多个信息源的整合有关。[40] 因此，依赖于阅读策略之间的快速转换或强调信息的多感官整合的教学和补救方法会对已经紧张的系统提出额外的要求。对于这类儿童来说，相比于提供多种提示，只提供一种有效的提示反而更好。

图 12-3　教儿童理解单词 caveman

玛丽莲 · 亚当斯发现了“3 个提示系统”中最令人担忧的问题。[41] 通过和教师讨论，她发现，许多教师预先假定学生已经知道了句法、语义、字形和字音，但是他们需要“3 个提示系统”的过程。当然，儿童阅读困难是因为他们在这三个方面的知识储备不足。然而，这个系统并不关注如何拓展这方面的知识，而是教授儿童补偿性策略。

“3 个提示系统”囊括了我提出的有关阅读教育的基本顾虑。人们对阅读的理解水平低得令人无法接受，这也就导致了许多错误的做法。这一理论是对研究文献中一些观点的一种升华，这些观点通过网络广泛流传，最终已经偏离了最初的含义。该理论是一些对科学知之甚少的教师在少数权威人士的影响下，与大量志同道合的人合作，对阅读的原理和儿童识字的过程进行描述的产物。该理论缺乏严格的论证过程，但符合人们对知识的社会建构、引导式发现、全语言教学法和均衡读写教学法的认识。这就是教师喜欢这个理论的原因所在。这个理论虽然浅显，却激起了教师群体的强烈认同感。即使像亚当斯那样委婉地指出“3 个提示系统”理论的优缺点，人们也并不能接受，反而导致人们对阅读的看法也更加两极化。

“3 个提示系统”是教育文化的缩影。教师对这个方法缺乏信任，没有动力坚持执行它，甚至自己都没有理解这个方法。这些原因导致它没有得到进一步完善。这个方法能够得到发展，正是因为教师所接受的培训和建议都非常不完善。他们缺乏相关的科学知识，或者认为这些科学知识无关紧要。缺乏这些科学知识作为基础的教学团体就不可能发现阅读的原理，以及儿童是如何学习的。人类下意识地学习阅读，我们能读懂文本的内容，感受到文本的趣味，理解它传达的事实、观点和感受，但我们不知道大脑神经系统究竟是如何运作才产生了这些结果的。直觉不能解释这个问题，但阅读的科学理论却可以帮助我们了解这项复杂的技能。这就是阅读科学存在的原因。

致　谢

在此，我由衷地感谢在本书的撰写和出版过程中提供帮助的各界人士，谢谢你们。

我最应该表达诚挚谢意的是我在威斯康星大学的同事玛丽埃伦·麦克唐纳（Maryellen MacDonald）。她主要致力于语言口语表达和理解，以及语言特征方面的研究。无数次，当我深陷问题的泥潭，苦于无法将支离破碎的想法组织在一起，或者烦恼于无法寻找到合适的语言来进行描述时，是麦克唐纳用她独到的见解引领我走出思维泥潭。对于那些我直接引用的原文，出处我已经添加在尾注中。但我想说的是，她的思想贯穿于本书的始终。麦克唐纳的聪明才智和宽广胸怀让我受益无穷。

马克·利伯曼是一位乐于助人的记者，但更重要的是，他在语言博客上发表的文章为本书的写作提供了非常有价值的资源。利伯曼博学多才，对于那些我只初步涉猎的问题，他却能够运用自己的专业学识对其进行充分的讨论。我很感激他所做的工作，他的工作也帮助我完成了这本书的写作。

杰伊·麦克利兰（Jay McClelland）在神经网络发展的萌芽阶段就向我介绍了神经网络。在这个领域与他共同工作的经历改变了我对很多事情的看法。我也很感激他的安排，使我得以在斯坦福大学度过了一年公休假[①]，进行学术研究和写作。从我认

① 公休假包括“公休假日和公共假日”，是指国家法律明文规定的带薪休假制度。——编者注

识他开始，他就持续不断地提出一些具有挑战性的问题，事实证明这些问题都是非常有价值的。

我非常感谢朱莉・华盛顿（Julie Washington），她是我在威斯康星大学时的同事，目前就职于佐治亚州立大学。她给我带来的最大收获是方言差异和非裔美式英语这两方面的研究，这使我得以展开对非裔美国儿童阅读的研究。如果想要缩小不同群体之间的成绩差距，有一个很好的办法：安排朱莉负责制定相关的政策。然后在每个大学校园里都安排一个类似朱莉这样的人，那么随后一定会有更多的人展开研究，去攻克那些迫切需要解决的难题。当然，美国国家卫生研究院、美国国家科学基金会及大型教育出版和科技公司里也要有朱莉这样的人的加入。但朱莉对我和对本书的影响远不止这些。她对语言、言语、社会行为、儿童、学校、教育工业综合体等都有着敏锐的洞察力。她拥有深厚的专业知识，并且见多识广。她通过分享来完成教学，我们之间的互动无比珍贵。谢谢你，朱莉，认识你是我的荣幸。

诵读困难症是一个很难的课题。我从几年前就开始研究它，但直到近年，我的研究才得以迅速展开，原因是研究方法得到了极大的改进。我本人对这项研究的理解，得益于我与好几个朋友之间的讨论和他们所从事的工作。在行为研究方面，我和曾经的同事玛吉・布鲁克、格洛丽亚・沃特斯（Gloria Waters）和弗兰克・马尼斯（Frank Manis）一同开启了研究的道路。最近，我从玛吉・斯诺林、查尔斯・休姆、多萝西・毕晓普（Dorothy Bishop）、杰克・弗莱彻（Jack Fletcher）和莫林・洛维特（Maureen Lovett）那里学到了许多知识，他们每个人都在阅读习得和诵读困难症方面进行了大量重要的研究。

在大脑研究方面，给予我帮助的人是肯尼思・皮尤，他是耶鲁大学哈斯金斯实验室（Haskins Laboratories）的主任和精神引领者。现代有关言语和阅读之间关系的研究就起源于这间实验室。在我与肯尼思相识的这段日子里，我对阅读障碍的神经基础以及神经化学和遗传基础的理解有了质的飞跃。肯尼思对这些进步做出了巨大的贡献。他和来自世界各地的许多合作者都从事这方面的研究。同时，出于对知识的追求，他还孜孜不倦地把研究者们召集在一起。我很感谢他给予我的教导，给我提供和他一起工作的机会，以及对我的全力支持。哈斯金斯实验室的创始人之一唐·尚柯韦勒（Don Shankweiler）是一位英雄人物，我非常珍视我们之间所进行的所有谈话。布鲁斯·彭宁顿慷慨地与我分享了他关于基因对阅读等复杂行为的影响，以及阅读障碍的基础等方面的专业知识。彭宁顿的工作已经远远超出了我所探讨的基础问题，但我希望我是走在了正确的方向上。

本书第 6 章和第 7 章中所描述的计算建模研究是号称“梦之队”的研究团队协作完成的，团队成员包括杰伊·麦克利兰、戴维·普劳特、卡拉琳·帕特森、迈克尔·哈姆、马克·乔安妮斯（Marc Joanisse）和杰森·泽文（Jason Zevin）。

瑞贝卡·特雷曼（Rebecca Treiman）是世界级的拼写研究专家，目前有关英语拼写的分析研究在很大程度上借鉴和吸收了她的研究成果。本书中关于阅读时眼动的讨论主要是描述了已故的基思·雷纳（Keith Rayner）以及他所培养的众多科学家所取得的研究成果。雷纳创建了一个庞大且具有恒久价值的基础研究体系。他是一个直言不讳的人，待人真诚体贴。他真的是一个很好的人，我非常怀念他。

在本书的写作过程中，我还结合了一些研究人员的研究成果，他们在研究初期就已经对一些重要的问题有了很深刻的理解。其中，基思·斯坦诺维奇、查尔斯·佩尔费蒂和菲利普·高夫在学习阅读方面的研究至今仍然具有一定的影响力，事实证明，他们的发现是正确的，并且仍然与教育面临的挑战息息相关。路易莎·莫茨（Louisa Moats）长期以来一直从事教师所掌握的语言和阅读知识的研究。霍利斯·斯卡伯勒开展的家庭风险研究是一项具有开创性的研究。他提醒我们关注一个事实，那就是，与诵读困难症相关的行为会随着时间的推移而发生变化。我在马萨诸塞州剑桥市的科研机构 BBN（Bolt Beranek and Newman）做博士后研究时，有幸认识了玛丽莲·亚当斯。当时，这家科研机构正在认知科学领域中从事有关阅读及其他课题的一些基础研究。我发现自己参考了不少她的学术文章中的观点，她的这些文章以深刻的洞察力和生动的阐释对一些关键问题的解决提供了有力的支持。本书中一些章节的论述便体现了她的学术思想。亚当斯后来成为教育界非常具有争议性的人物，如果要为在思想体系领域奋战的斗士们颁发一枚英勇勋章，那么亚当斯一定是当之无愧的。

在本书的写作中，许多威斯康星大学的同事给予了我极大的帮助：戴维·卡普兰（David Kaplan）在国际学生评估项目和国家教育进步评价的设计方面给予了我建议；凯瑟琳·马格努森（Katherine Magnuson）向我阐述了有关社会经济地位和发展的研究；蒂姆·罗杰斯（Tim Rogers）所具有的有关大脑和计算模型方面的专业知识远远超过了我自己；加里·卢普扬（Gary Lupyan）是现代认知科学家的典范。埃德·哈伯德（Ed Hubbard）在校园演讲中讨论了弗莱克斯纳报告及其与教师培训改革的可能关联；约翰·鲁道夫（John Rudolph）拓宽了我对约翰·杜威的看法。在威斯康星医学院与杰夫·宾德（Jeff Binder）一起共事期间，我对神经成像有了更确切的了解。宾德投入了极大的精力对语言的大脑基础进行了非常深入的研究。

我曾经指导的研究生同样给予了我极大的支持和帮助。现在他们已经成为资深研究员，正在从事进一步的研究。这其中包括：杰森·泽文、马克·乔安妮斯、乔·德夫林（Joe Devlin）、耶琳娜·米尔科维奇（Jelena Mirković）、肯·麦克雷（Ken McRae）、黛布拉·贾里德（Debra Jared）和乔恩·威利兹（Jon Willits）。另外还有两位和我一起工作过的学生，他们分别是凯米·麦克布莱德（Cammie McBride）和劳拉·冈纳曼（Laura Gonnerman）。我在写作本书的时候，两位我正在指导的研究生王天林和马特·博肯哈根（Matt Borkenhagen）也给予我很多帮助。麦克·哈姆实施并分析了哈姆和塞登贝格模型，其他研究人员同样可以利用他设计的软件进行建模。所以，哈姆如今在谷歌公司任职也就不足为奇了。

西蒙·阿格（Simon Ager）开发了一个非常出色的网站。该网站提供了从线性文字B[①]到克林贡语[②]的文字系统清单，并且提供了一些易于理解的简短的说明材料，以及一些可靠的参考资料。当我在冥思苦想文字系统和它们所代表的语言之间的关系

---

① 早期希腊语的文字表现形式。——译者注

② 构造较为完善的一种人造语言，使用这种语言的克林贡人是科幻作品《星际迷航》（*Star Trek*）里一个掌握着高科技却野蛮好战的外星种族。——译者注

时，这个网站提供了有益的帮助。宾夕法尼亚大学的吉恩·巴克利（Gene Buckley）慷慨地向我提供了有关“埃及”象形文字的相关知识。

我还要向下面提到的这些专家表示衷心的感谢。他们是：丹·威林厄姆（Dan Willingham）、玛琳·贝尔曼、安妮·坎宁安（Anne Cunningham）、埃琳娜·格里戈连科（Elena Grigorenko）、玛丽安娜·沃尔夫（Maryanne Wolf）、福美子·霍夫特（Fumiko Hoeft）、妮可·巴顿·特里（Nicole Patton Terry）、埃里克·雷尼（Eric Raimy）、丹尼丝·施曼特－贝瑟拉、理查德·史伯乐（Richard Sproat）、戴维·普劳特、杰伊·鲁克尔（Jay Rueckl）、罗宾·莫里斯（Robin Morris）、尼古拉·兰迪（Nicole Landi）、南希·卡申·怀特（Nancy Cushen White）、梅维恒（Victor Mair）、海蒂·费尔德曼（Heidi Feldman）、安妮·弗尔纳德、约翰·里克福特（John Rickford）、肖恩·里尔登、乌莎·戈斯瓦米（Usha Goswami）、凯瑟琳·斯诺（Catherine Snow）、史蒂夫·加内维尔（Steve Carnevale）。他们的研究成果和理论观点为本书的写作提供了极大的帮助。对于书中出现的任何错误，则完全由我本人来承担。埃里克·卡迪纳（Eric Cardinal）、伊莱恩·洛林（Elaine Loring）、格雷格·科尔登（Greg Kolden）和黛博拉·布卢姆（Deborah Blum）不仅乐于助人，而且心地善良。感谢我的代理人埃里克·卢普伐（Eric Lupfer）在交稿日期过后仍旧能够保持平和的心态，TJ·凯莱赫（TJ Kelleher）一直在指导着这本书的写作。克里斯特尔·汉森（Crystal Hanson）和特雷莎·特科（Teresa Turco）在本书的撰写过程中提供了非常宝贵的帮助，在此对他们二位表示诚挚的感谢。

我还要向来自威斯康星大学的朋友表示感谢，他们包括史蒂夫·戴克斯特拉（Steve Dykstra）、约翰·汉弗利斯（John Humphris）、谢丽尔·沃德（Cheryl Ward）、丹·古斯塔夫森（Dan Gustafson）、玛丽·牛顿（Mary Newton）、潘·海德（Pam Heyde）、玛西娅和伯克·亨利（Burke Henry）、吉姆·泽尔默（Jim Zellmer）、尼拉·舒尔茨－布希（Nira Scherz-Busch）、唐娜·希特曼尼克（Donna Hejtmanek）、朱莉·戈西（Julie Gocey）。还有来自威斯康星州阅读联盟的每一位成员、戴恩县学习差异网络和国际诵读困难症协会威斯康星州分会的所有人，谢谢你们。想知道这些人来自哪些群体吗？有普通的任课教师；有从事特殊教育事业的教师；有与最具有挑战性的学生打交道的人；有诵读困难症儿童患者的家长——他们组织起来成立请愿团，为寻求各种可利用的资源而不断努力；有阅读专家和临床医生；有阅读倡导者；有在美国公立学校里辛勤工作了几十年的普通人——他们不时还要和各种令人窒息的官僚做派做斗争。还要感谢本书的读者，是您和各地从事教育事业的无数个体，与我一起成就了这本书的写作和出版。感谢您参与其中。

最后，真诚感谢我的家人。曾记得，我母亲格蕾丝经常让年幼的我在克罗奇（Kroch）和布伦塔诺（Brentano）书店挑选图书的情形。迄今为止，我依旧保存着《少年科学家》（*The boy Scientist*）这本小书。克劳迪娅和伊桑都是爱父母的好孩子，你们的爱与支持使这本书的写作和出版成为可能，我也感激你们所做的一切。我的妻子玛丽埃伦，任何言语都无法表达我的爱和感激。感恩身边的一切，我是如此幸运，收获如此之多。谢谢，幸福伴我左右。

注 释

本书主要引用第一手资料，其中包括只有少部分读者群体才会感兴趣的一些科技专业文献。本书的注释部分提供了文中所涉及的网站、视频，以及引用文献的出处和来源。本书的参考文献部分用星号特别标注了很多大众读者可以理解的专业文献。

本书采用谷歌提供的网址缩短工具将网址进行了缩略简化，但是即便这样，输入网址的工作仍旧令人十分痛苦。网址链接会随时更新。因此我将所有目前可以查询到的链接都归纳整理到了本书的网站上，网站地址是 www.seidenbergreading.net。在这个网站上，读者还可以检索到实验的演示，以及更多的数据、图表和相关文献。

第 1 章　揭开阅读科学的神秘面纱，解决刻不容缓的阅读问题

1. 美国在教育、创新、全球竞争、基础设施建设等领域都面临着挑战，因此 2010 年 12 月 6 日，奥巴马总统宣布："我们这代人的斯普特尼克时刻已经到来。"随后，教育活动家切斯特·芬恩（Chester Finn）在《华尔街日报》上发表了一篇文章，认为国际学生评估项目的结果导致"斯普特尼克时刻"的到来。2011 年 1 月，奥巴马总统在国情咨文中也以斯普特尼克作为主题。
2. 数据来源参见美国有线电视新闻网在这一时间段的所有节目，这些数据由乔恩·威利兹（Jon Willits）收集。
3. National Assessment of Adult Literacy (2003).
4. Council on Foreign Relations (2012).

5. David Remnick, "Into the Clear," *New Yorker*, May 8, 2000.
6. General Accounting Office (2007).
7. 此前，据说棒球运动员彼得·罗斯（Pete Rose）只读过一本书，那就是他的自传。"Gronkowski Talks 'Mockingbird' and Dancing on Kimmel," *Boston Globe*. Ira Berkow, "Pain and Joy of Life as Athlete' s Wife," *New York Times*, May 24, 1981.
8. 我的个人网站 seidenbergreading.net 可以为读者带来更多便利，通过查询链接，读者可以查找示例、图片等相关资料。
9. Hayes, Wolfer, & Wolfe (1996).
10. National Endowment for the Arts (2004).
11. 可上网观看视频《鹦鹉艾利克斯》(*Alex the Parrot*)。
12. Garrison Keillor, "Where's St. Michael When You Really Need Him?," *A Prairie Home Companion*, January 29, 2008.

第 2 章　文字与口语的结合，让阅读变得可行

1. Goldin-Meadow & Mayberry (2001).
2. 大学生能够在听到后的 250 毫秒内准确记下口语内容，只有一两个音节的时间差。但他们能做的不止于此，他们还能有意识地改正实验材料中的错误。这表明，学生在听的过程中可以理解内容。Marslen-Wilson (1975).
3. Gernsbacher, Varner, & Faust (1990).
4. Montag, Jones, & Smith (2015).
5. 语言学家的观点见 Crystal（2008），每个人都喜欢自动纠正的错误，因为这类错误能带来喜剧效果。但既然现在这类错误已经变成了一种新的幽默风格，我们就很难看到谁真正犯这样的错了。早期流行的词语处理项目就使用计算机 cupertino 代替了合作，例如："您能告诉我们，在欧元区中，这项政策能走多远吗？您能具体和我们说说计算机 cupertino 的限制吗？"运动员泰森·盖伊（Tyson Gay）的姓名就是一个自动纠正的例子。
6. 更多说明请查看我的个人网站：www. seidenbergreading.net。
7. Rosanna Greenstreet, "Q&A: John Cleese," *Guardian*, October 19, 2012.
8. 填补信息是著名的卡尼萨三角错觉 (Kanizsa triangle illusion) 的基础。"不完整的形状"以缺失为设计特点，在公司标志中广为应用。

9. 1948年，克劳德·香农在交际理论中正式提出这一概念，参见Gleick (2011)中的介绍。
10. 添加元音会减缓希伯来语熟练阅读者的速度，参见Bentin & Frost (1987)。但即使是成年熟练阅读者，在阅读诗歌等凝练的文本时也需要元音。
11. Seidenberg & McClelland (1989).
12. 法语和英语的音节重音读法不同，所以这两种语言的母语使用者在说另一种语言时，就会经常读错重音。在书本上标注重音符号也许对第二语言学习者有所帮助，但更大的障碍是他们能够直接听懂和说出第二语言。如果学习者的母语是没有声调的语言，他们在学习汉语等有声调的语言时就会出现相似的现象，也就是对声调敏感度不高。
13. Clive James, "Clive James on Brad Pitt's Chanel No5 Commercial," *Telegraph*, November 1, 2012.
14. 禁止使用斜体形式的并不是报纸的写作指南。
15. 将口语内容整理后直接引用，就是“传送引用”。Alex S. Jones, "Ideas & Trends; Just How Sacrosanct Are the Words Inside Quotation Marks?," *New York Times*, January 20, 1991.
16. 关于1984年苏联回击美国前总统里根这一玩笑话的视频，可以从网上查询。"We Begin Bombing in Five Minutes," Wikipedia.
17. Liberman, Shankweiler, & Liberman (1989).
18. 视频《芝麻街——这就是阅读》(*Sesame Street—That's What Reading Is All About*)可以从网上查询。
19. Morais et al. (1979).
20. Seidenberg & Tanenhaus (1979).
21. 视频《语言是一种病毒》(*Language Is a Virus*)可以从网上查询。

第3章　文字的属性影响人们的阅读方式

1. 该调查可以从网上查询。
2. 互联网上的信息良莠不齐，现在的挑战就是从大量网站中区分出少数高质量的网站。
3. 中文汉字文身的权威讲解可以从网上查询，这是一种跨文化交流的现象。
4. Schmandt-Besserat (1992).
5. 关于文字是忽然问世还是逐渐出现的，参见Daniels (1996) 和Powell (2009)的不同观点。

6. Walker (1990); Daniels & Bright (1996).
7. Michalowski (2003).
8. Walker (1990).
9. 据学者们推测，恩美巴拉格西国王在位时，在管理方面进行了许多创新。而 1982 年出现的古巴比伦故事表明，恩美巴拉格西其实是一位女王。Michalowski (2003) 表示，无论恩美巴拉格西的性别是什么，都是一个虚构的人物。
10. 本福德定律来源于小说家格雷格 · 本福德（Gregory Benford）。我获得这一信息的来源：“The Long Tail of Religious Studies?,” Language Log, August 5, 2010。
11. 马尔科姆引自 Zoë Heller, “Cool, yet Warm,” *New York Review of Books*, June 20, 2013。
12. 著名的法国岩画距今大约已有 3 万年历史，但其他岩画的历史可能更长。John Noble Wilford, “Cave Paintings in Indonesia May Be Among Oldest Known,” *New York Times*, October 8, 2014.
13. 对该图进行的讨论参见：DeFrancis (1989), 84–85。
14. 换种说法，人们的文字水平受到以下因素的影响：书写工具的精确度、书写的媒介、书写的数量和速度，以及能读懂所书写的内容的人。象形字很难达到标准化而且很难描绘；使用楔形笔写字能让象形字更趋于标准化，但对于描绘现实生活中的图像却帮助不大。
15. 详细的大事年表参见：Geoffrey Nunberg, “Timeline of the History of Information,” Berkeley School of Information。
16. 高夫是现代阅读科学的杰出人物之一，他批评传统信仰，并对重要事情持正确看法。Gough & Hillinger (1980).
17. Frith & Frith (2005).
18. 一种没有被破译的编码，楔形文字的前身，详见 Daniels & Bright (1996)。
19. Schmandt-Besserat (1986).
20. 有关符号图片的更多理论，详见丹尼丝 · 施曼特 - 贝瑟拉的 “The Evolution of Writing” 一文。
21. Schmandt-Besserat (1978).
22. “What Is Writing?,” University of Pennsylvania Department of Linguistics.
23. “草书体” 象形文字参见 “Ancient Egyptian Scripts,” Omniglot。Walker (1990).
24. 在图 3-4 中，马字在驹字的左侧，是它的形旁。但马字在妈字的右侧，是它的声旁。前者的马字比后者小。这种转变体现了发音在汉字识别中的重要性。大多数词汇由两个字组成，代表着两个音节。“mā”（妈）等单音节词不是典型个例。这个词通常以双音节的形式“妈妈”出现。“Mà”（骂）表示咒骂，是普通话里的第四声，这个声调改变了音节“ma”的含义（王天林研究员的发现）：

mà curse: 妈妈骂马吗？ māma mà mǎ ma?
Does mama curse the horse?

25. 关于不同文字结合的例子参见：“Japanese Writing System,” Wikipedia; “List of Gairaigo and Wasei-Eigo Terms,” Wikipedia。
26. 有关振假名的例子，参见：“Japanese Hiragana,” Omniglot。
27. 希伯来语和阿拉伯语中所有的 k-t-b 词语，参见“K-T-B,” Wikipedia。
28. 实际上，字形和含义之间的关系并非完全任意的。除了我们所熟悉的，例如 glisten-gleam-glint 和 snort-snot-snivel，字形和含义之间的关系远不止这些。大量词语分析出来的数据表明，语音和语义之间有许多其他自然的关联。比如，英语中男性和女性的名称就有不同的语音属性，属性不同，品牌名称的翻译也不同。概述参见 Dingemanse et al. (2015)；Cassidy, Kelly, & Sharoni (1999)。
29. DeFrancis (1989).
30. 参见 Taylor & Taylor (2014)，它是一本讲解日语、汉语和朝鲜语文字的专著。
31. Rousseau (1754)，来源于 Barton (1995)。
32. 西方学者一直坚信他们偶然采用的字母表这种文字系统十分优秀，Olson (1996) 对西方学者的这种观点进行了详细分析。
33. 引自 Barton (1995)。
34. 闪族语言的字母表由辅音组成，但在某些语境下，某些辅音也会起到元音的作用，这和英语中 y 的用法相似，y 在单词 yet（然而）中是一个辅音，但在单词 lady（女士）中起元音作用。
35. 这几年以来，我一直巧妙地提及这个观点：“语言拥有了它们专属的文字系统。”更多例子详见 Seidenberg (2011)。2016 年 6 月 20 日，在一封来自《纽约客》的信件中，我发现，知名语言学家韩礼德（M. A. K. Halliday）研究了很多有趣的话题，并且得出了本质上与我的观点相同的结论。他曾写道：“在文字漫长的进化过程中，语言通常会形成它们专属的文字系统。”其他人也许也提出了同样的观点。详见 Halliday (1983, 28)。
36. Victor Mair, “Character Amnesia,” Language Log, July 22, 2010.
37. 常见的反对理由就是，阅读拼音的难度在于它省略了汉字能提供的重要视觉提示。汉语口语中有很多同音异义词，说话者只能通过字形判断含义，并消除歧义。这个问题

在《施氏食狮史》的故事中显而易见。这个故事由音节“shi”的不同声调组成，第一
shí shì shī shì shī shì　shì shī　shì shí shí shī
行是：石室诗士施氏，嗜狮，誓食十狮。理查德·斯普罗特（Richard Sproat）是研究闪族语言、文字系统和计算语言学的一名学者，他认为拼音和其他合适的字母表都具备使用价值。在快速阅读等其他情况下，能够在瞬间的短期内传递信息的符号，在较长文字中就不会奏效。维克多·迈尔提倡给汉字加上拼音注释，这种文字系统和用振假名注释日语汉字的日语十分相似。

第 4 章　眼睛限制了阅读，我们该如何提高阅读速度

1. 文字让我们调动了一种潜在的能力。
2. 将有声书读物应用程序速度调到正常速度的 1.5 倍，播放总时长就会减少到 5.5 小时左右，这虽然接近预计的阅读时间，但听众却很难忍受这么长的播放时长。将播放总时长缩短到 4.5 小时需要 1.8 倍的速度，在这种情况下，听众只能理解其中某些特定的片段。一项研究使用了压缩时间的教学材料，可以通过调整播放时长来改变朗读速度的快慢。这项研究发现与收听时间没有压缩的材料相比，听众能够容忍每分钟 275 个单词的朗读速度，但是听众对内容的理解会更差。如果朗读速度调整到更快的程度，听众的理解力则会急剧下降。详见 Pastore (2012)。在一个著名的商业广告中，专业的快嘴约翰·莫斯奇塔（John Moschitta）每分钟能说 360 个单词，这是一个不寻常的例子，其演讲的速度已超过大多数听众能够准确理解的程度。视频“约翰·莫斯奇塔代言的联邦快递商业广告”（FedEx Commercial with John Moschitta）可以从网上查询。
3. 视频《为什么美国不再是世界上最伟大的国家了？》（*Why America Isn't the Greatest Country in the World Anymore？*）可以从网上查询。
4. 关于《蒙娜丽莎》的视频《人们对蒙娜丽莎的眼球追踪——人们欣赏达·芬奇名画时究竟在看哪里》（*EyeTracking on Mona Lisa—Where Did the People Look at Da Vinci's Famous Painting*）可以从网上查询。婴儿戴眼球跟踪器的视频《纽约大学婴儿行为实验室——婴儿戴着眼球跟踪器在游戏室里玩耍》（*NYU Infant Action Lab—Infant Walking Around Our Playroom with an Eye Tracker*）可以从网上查询。
5. 我将要描述的大多数研究都是由心理学家基思·雷纳和他的学生开展的。雷纳是研究阅读时人类的眼动的世界级权威专家。他参与撰写的文章发表在了《学者百科》（*Scholarpedia*）上，该文章是一个很好的资源：Keith Rayner and Monica Castelhano, “Eye Movements,” *Scholarpedia* 2, no. 10 (2007): 3649。

6. 我强烈推荐大家观看一段眼动的记录视频。其中一个优秀的记录视频是《眼球追踪阅读范例》(*Eye-Tracking Reading Example*)。圆点的大小代表人们看每一个注视点的时长，可观看视频《眼球追踪器记录的阅读方式》(*How We Read Shown Through Eyetracking*)。想要了解人们看许多东西时的眼动方式，可观看视频《DIEM 项目视频》(*The DIEM Project's Videos*)。1931 年的电影《斯文加利》(*Svengali*)将观察和控制眼动的荒诞说法戏剧化，但该电影中提到的方法如今已经被纳入神经语言学规划等新时代疗法中。
7. 视频《水平平滑追踪注视点》(*Horizontal Smooth Pursuit Sitting*)可以从网上查询。
8. 这些经典的例子改编自 McConkie & Rayner (1975)。
9. 这种不对称展示了一个重要的认知现象。注视的信息取决于读者期待自己接下来要看哪里。因此，我们偷偷地分配视线（向右或向左）而眼球没有移动。这种现象是我们所熟悉的，比如当你看着一起用餐的同伴时，也会看到某位在邻桌用餐的人。
10. 想要获得一些简短的解释和示范，可上网观看视频《阅读过程中的眼动揭示了眼球的处理速度》(*What Eye Movements During Reading Reveal About Processing Speed*)。
11. Miellet, O'Donnell, & Sereno (2009).
12. 有关肯尼迪速读的描述详见 Paston (2013)。
13. 伊夫林・伍德在 1967 年发表于《哈佛校报》(*Harvard Crimson*)中的一篇文章中的引用，并引发了随后的争论。Jeffrey C. Alexander, "Evelyn Wood: Most Just Waste the Money," *Harvard Crimson*, May 3, 1967.
14. 视频《伊夫林・伍德的"阅读动力学"计划》(*Evelyn Wood Reading Dynamics*)可以从网上查询。
15. 马歇尔・麦克卢汉在电影《安妮・霍尔》中的一场戏："伍迪・艾伦遇到了马歇尔・麦克卢汉"(Woody Allen Meets Marshall McLuhan)。他的阅读习惯很不寻常：他只阅读右侧的书页，他的理由是文字太过冗余，即便只读右侧的书页他也不会错过太多内容。详见 Marchand (1998)。
16. 可上网观看视频《卡夫托拥有世界上阅读速度最快的读者，他可以快速读完 1500 页的医疗保健法案》(*Cavuto Has World's Fastest Speed Reader Take Crack at 1500-Page Health Care Bill*)。
17. "Talk: Woody Allen," Wikiquote.
18. Wood & Barrows (1958).
19. 分步阅读器定期在 eBay 上出售。关于每月读书会提供的有关提升阅读方面的书籍，详见 Wilkinson (1980)。

20. 在《新闻编辑室》第二季的片头字幕中，观众看到了简单的 Z 字形文字布局，这种方法大概是为了表示有线电视新闻的快节奏。与标准文本不同，许多类型的网页都进行了格式化处理，以便将特定类型的内容放在人们可预测的位置。在浏览《华尔街日报》的主页时，人们会觉得这是一种很好的设计。但对于阅读本书来说，这种设计就不太合适。
21. Bélanger et al. (2012).
22. Green & Bavelier (2003).
23. 默读和心理语音之间的区别是显而易见的。判断下列成对的单词是否押韵。一些单词押韵（如 pear—dare）而一些单词不押韵（如 late—lake）。因为这项任务太简单，所以试着嘴里咬着铅笔或读单词的同时说“可乐可乐可乐可乐可乐可乐可乐可乐”。成对的单词是：cloak joke，must mist，jack stack，stone blown，pint mint，paid fade，dear wear，brain lane。即使你不能默读（咬住铅笔的情况）或者你的嘴忙着读别的内容（读“可乐”的情况），你依然可以判断哪些单词是押韵的。
24. 想了解专业的且更广泛的综述，参见 Rayner et al. (2001) 或 Rayner et al. (2002)。
25. Dennis, Besner, & Davelaar (1985).
26. 可上网观看视频《阅读过程中眼球跟踪研究》(*Eye Tracking Reading Study*)。
27. “Berg, Howard S., in the Matter of,” Federal Trade Commission, last updated June 19, 1998.
28. “速读：霍华德·斯蒂芬·伯格宣称自己的阅读速度是每分钟 80 页（25 000 个词），这好比超音速的‘阅读’速度。他成功说服了许多电视主持人，使其相信他理解并记住了所浏览的内容，也许他没有记住具体的细节，但记住了一些概念。关于阅读的细节内容可以留到以后慢慢阅读。他教人们快速阅读的方法，并在北美各地做巡回演讲，讲授人们如何开发利用大脑未被使用的区域去阅读”。我们了解到吉尼斯纪录的收录标准是“惊人的、经过验证的事实”，其中包括电视名人的判断，以及伯格先生引述的事实，即他的阅读目的主要是为了理解阅读材料的主旨，而不是注重细节，也就是说，他的阅读是略读。人们对于安妮·琼斯（Anne Jones）也有类似的争议，她曾六次获得世界速读锦标赛冠军。最新的科学综述详见 Rayner et al. (2016)。
29. Yakubovich (2010).
30. 可上网观看视频《乌鸦》(*The Raven*)。
31. Spreeder (http://www.spreeder.com).
32. Potter (1984).

33. Spritz (http://spritzinc.com).

第 5 章 提高阅读能力，同样需要大数据和统计学

1. 根据脸书 2013 年的一份声明，脸书上有 2500 亿张照片，人们每天上传到脸书上的照片多达 3.5 亿张。
2. 想全面了解这一问题，可以上网观看视频《我们生活里的编码》(*The Code That Runs Our Lives*)；想了解研究生研讨会，可以上网观看视频《杰弗里·辛顿：深度学习与深度信念网简介》(*Geoffrey Hinton: Introduction to Deep Learning & Deep Belief Nets*)；想了解更多的评论，参见：Raffi Khatchadourian, "The Doomsday Invention," *New Yorker*, November 23, 2015。
3. "Stylometry Methods and Practices: Home," Temple University.
4. 对著作进行统计概述是对著作中一些容易统计的语言属性进行编译（例如，最常用的 100 个单词，最常见的两个单词的组合）。然后，研究人员将这些数据与"哈利·波特系列"作品和其他一些英国女性推理作家的作品进行了比较。名为加尔布雷斯的作者的作品和"哈利·波特系列"作品之间的匹配度比其他书都要接近。这表明两本书的作者是同一人。此后不久，J. K. 罗琳就宣告加尔布雷斯是她的笔名。侦探帕特里克·佐拉（Patrick Juola）讲述了这个故事，参见 Ben Zimmer, "The Science That Uncovered J. K. Rowling' s Literary Hocus-Pocus," *Wall Street Journal*, July 16, 2013。
5. Markowitz & Hancock (2014).
6. 想了解默多克，参见 Dwight Garner, "Review: 'Living on Paper,' Seven Decades of Letters from Iris Murdoch," *New York Times*, January 5, 2016。拜厄特的话引自 Garrard et al. (2005)。
7. *The David Susskind Show*, January 18, 1959. Battaglio (2011).
8. 一篇发表在报纸上的文章记录了人们用电脑编辑了一本早期的《圣经》，人们正是用字母索引的方法进行编辑的。参见 E. C. Keissling, "Faith and Univac," *Milwaukee Journal*, July 14, 1957, Google News。
9. Jusczyk (2000).
10. Romberg & Saffran (2010).
11. 人们在互联网上创造了许多与这段文字类似的版本。我选择的版本来自网站 Snopes.com。该文字的原始版本以及剑桥大学一位阅读研究者写的版本，均可从网上查询。

12. 想了解类似的例子，参见 Lidor Wyssocky, “The Magic Button,” *Creativity Post*, June 29, 2016。
13. 该部分内容主要引自 Adams (1980)。
14. 参见 Gleick (2011) 或“Intro to Information Theory: Claude Shannon, Entropy, Redundancy, Data Compression, and Bits,” *Cracking the Nutshell*。“冗余”是一组相关概念之一，这些概念包括信息、共有信息、不确定性等。
15. 验证码越来越难，部分原因是 bot 自动化程序越来越好。更为重要的是，廉价的人力就能将其击败，人们花少量的钱就可以雇人将它们解码，参见 Motoyama et al. (2010)。
16. 有一次，美国苹果商店就用该方法审查了吉尔伯特和沙利文的歌曲 *T*t Willow*。我在 2010 年 3 月 9 日截取了一张图片，这张图片可以在我的个人网站上找到。这首歌曲并没有受到英国苹果商店的审查。
17. “English Letter Frequency Counts: Mayzner Revisited or ETAOIN SRHLDCU,” Norvig.com.
18. 正如生物体只是传递自身基因的载体一样，书籍也只是传递正字法数据的载体。
19. Blough (1982).
20. Grainger et al. (2012).
21. Goldberg (2012).
22. Fatsis (2001).
23. Tuffiash, Roring, & Ericsson (2007); Hargreaves et al. (2012).
24. 针对那些出租车司机所做的著名的研究，参见 Maguire et al. (2000)。
25. Maguire (2006).
26. “Scramble a Word,” 4umi.
27. 识别某个特定单词所需的信息量不是固定的；与清晰的环境相比，在复杂的环境里（字母模糊或难以看清的情况）识别某个特定的单词需要更多的信息。
28. Ashok, Feng, & Choi (2013) 做了尝试。
29. 奥巴马的批评者们反复抨击他使用第一人称代词的频率过高。他们实际上并没有计算奥巴马使用第一人称代词的频率，但是马克·利伯曼却对此进行过计算，相关资料可以从网上查询。
30. Seidenberg & MacDonald (1999). 我简单描述的机制已经用更为严格的计算与定量的术语来表示。参见 Piantadosi, Tily, & Gibson (2012), Chater, Tenenbaum, & Yuille (2006), 和 Flusberg & McClelland (2014)。
31. 戴维·鲁梅尔哈特（David Rumelhart）在 1977 年发表的一篇经典文章中将阅读描述

成一个互动的过程。McClelland & Rumelhart (1981) 中开展了进一步的研究，他们成功设计了单词和字母识别交互过程中的计算模型。我又简单地重新阐述了这部有着巨大影响力的作品中的一些观点。

32. 在文字系统中，通过语义和语音线索的结合来呈现单词就是基于这一原则。
33. 可上网观看视频《幸运之轮：令人惊叹的一个字母答案！》(*Wheel of Fortune: Amazing One-Letter Solve!*)。

第 6 章　儿童是如何学习阅读的

1. NAEP (2011), 58.
2. 参见 English Language Arts Standards » Reading: Literature » Grade 11–12, Common Core State Standards Initiative。
3. Beck & Juel (1995).
4. Browman & Goldstein (1990).
5. Werker & Tees (1999). 语音学也是语言学的一个分支，它所涉及的语言学的现象远不止于单词的发音和语音。
6. 婴儿很快就获得了很强的语言特异敏感性，能够区分诸如 bin 和 din 等音节的初始音之间的差异。尽管如此，他们在单词学习实验中处理音节的方式是一样的，Stager & Werker (1997)。这些声音可以从语音上进行区分（以更小的特征为基础），但并没有被视为分散的音素片段。
7. Metsala & Walley (1998).
8. 音素（以及代表音素的字母）包含了更深的抽象因素，因为它们忽略了发音方式的系统性变化。"pin" 和 "spin" 都含有音素 /p/，书写时是同一个字母，但是这个音在 "pin" 里是送气音，而在 "spin" 中不是送气音。这些音素的变体（称为音位变体）在这种书写系统中没有体现出来。在其他语言中，音位变体是字母存在的独特的音位。
9. Fowler (1991).
10. McCardle, Scarborough, & Catts (2001).
11. 霍勒斯・曼也发现字母的名称让人困惑："我觉得我们教孩子阅读时最大的错误始于字母表——给它们起了'字母名称'，a，b，c 等。"之后他继续补充道："尽管在之前的报告和出版物里，我曾经表达了我的困惑，我们将教授字母表视为教授阅读的开始，然而重新提起这个话题却让我觉得不自在——人们劝说我，他们说即使是彻底的改革也不会影响学校的这种教法，除非学校彻底废除这种教法。”详见 Horace Mann (1844, 91, 92)。

12. 一些教育家现在更喜欢将字母与发音联系起来，而不是将字母和字母名称联系起来。因为他们认为 b 这个字母的发音比 bee 这个名称与阅读更具相关性。bat 的第一个音并不读成“bee”，但它也不是我们传统地按照字母发音所读出的“buh”。辅音不能单独发音；它们需要一个元音，当我们读 b 时，元音会被缩短。将单独产生的“b”音拼接到“at”的音上，不会形成“bat”而是形成了一个奇怪的音节。
13. 图 6-1 中的左侧字体是由鲁梅尔哈特创造的，他是现代认知科学领域一位杰出且有开创性精神的人。详见 Rumelhart & Siple (1974)。
14. 有关深度学习网络如何处理 50 种字体的字母分类问题，参见 Erik Bernhardsson, “Analyzing 50k Fonts Using Deep Neural Networks,” erikbern.com, January 20, 2016。学习识别手写数字的模型可以从网上查询。Lake, Salakhutdinov, & Tenenbaum (2015). “Explanation of the Digit Movies,” University of Toronto Computer Science.
15. Lupyan, Rakison, & McClelland (2007).
16. 皮博迪图片词汇测验（Peabody Picture Vocabulary Test）是一种广泛使用的这类评估方法。详见：Dunn & Dunn (2015)。
17. Perfetti (2007).
18. MacDonald, Pearlmutter, & Seidenberg (1994).
19. Seidenberg (1997).
20. Beck & McKeown (1991).
21. Hoff (2003).
22. Beck, McKeown, & Kucan (2013).
23. Firth (1957).
24. 乔姆斯基的名句“无色的绿色的念头狂怒地沉睡”（Colorless green ideas sleep furiously）说明了语言统计的有限关联。据说，单词序列的统计特性如此低，以至于前面提到的那句话与“狂怒地沉睡的念头绿色无色”（Furiously sleep ideas green colorless）区分不清。后者就是单词沙拉。然而，乔姆斯基错了。参见计算语言学家费尔南多・佩雷拉（Fernando Perreira）的文章：“Colorless Green Probability Estimates,” Language Log, October 4, 2003。我们还成功设计了一个简单的计算模型，通过跟踪预期的语义特性而非特定的单词来区分这两者：Allen & Seidenberg (1999)。
25. Landauer & Dumais (1997).
26. “步步为营法”概念是由莱拉・葛莱门提出的，出现在一本关于儿童如何学习与单词相关的句法结构的书中，该书极具影响力。“步步为营法”这一概念可以运用到学习许多事物的过程中。详见 Lila Gleitman (1990)。

27. Carey (1978).
28. 先天概念理论出自Fodor (1975)。统计学习报告中并没有排除一种可能性，即人类生物学在婴幼儿对特定概念的学习方面存在偏见。
29. 考虑到儿童当前掌握的词汇状况，可以使用统计的方法来确定选择哪些单词进行明确的教学，从而实现最好的效果。单词可以在多维的语义空间中表达出来，不同单词语义空间的距离表示单词的相似程度。该空间可以映射单词的样本（例如，三年级学生应该知道的单词）。将此设为目标，学习某个单词也会影响与之重叠的其他单词。参考三年级学生目前的单词表，就可以确定哪些单词对他们的知识构成影响最大，从而帮助他们积累知识并向目标前进。这是一件好事，因为词汇教学不仅耗时，而且教学时间也是有限的。详见 Zhu (2005)。
30. Douglas Martin, “Martin Gardner, Puzzler and Polymath, Dies at 95,” *New York Times*, May 23, 2010.
31. Savage-Rumbaugh et al. (1986).
32. Seidenberg & Petitto (1987).
33. Justice & Ezell (2002).
34. 有大量的证据表明，儿童从阅读教学中受益，并且当儿童缺少阅读教学或者完全没有阅读教学时，儿童的阅读水平就会受到阻碍。有些人虽然没有专业知识却在大众网络平台上宣称：“孩子们能够自学阅读。”这使我大为震惊。详见 Gray (2010)。
35. 这种敏锐的观察应归功于几年前与我观点相同的玛丽埃伦・麦克唐纳，还要归功于小鸭和饥饿的毛毛虫的例子。Montag & MacDonald (2015), Montag et al. (2015) 和 Cameron-Faulkner & Noble (2013) 的研究表明，与父母和儿童之间的对话相比，儿童读物中存在的复杂句式种类（被动句、关系从句、并列句）比例更高，词汇也更加多样化。Montag & MacDonald (2015) 发现儿童的阅读体验会影响他们在说话时使用某些复杂句子结构的频率。
36. 儿童的言语和家长对儿童说的话，参见 Snow (1977); Huttenlocher et al. (1991)。
37. 参见漫画集《卡尔文和霍布斯》（*Calvin and Hobbes*）。
38. Neuman & Celano (2001).
39. http://www.reachoutandread.org.
40. Bassok & Rorem (2014) 报告数据资料表明学前班教师对阅读的重视程度有所增加。儿童是否能从中有所收益目前还未确定。

41. 这些发现与“尽早开始阅读指导是有益的”这一直觉背道而驰。从 2008 年到 2012 年，受这种观点欺骗的家长可能会购买人体运动学家罗伯特·蒂策尔（Robert Titzer）设计的产品“你的宝宝能阅读”（Your Baby Can Read）。这是儿童的“超级阅读材料”，经常出现在深夜的电视广告上。最终，美国联邦贸易委员会对其进行了处罚，认为它并不具备教育价值，并禁止蒂策尔和他的公司销售此类宣称能教会婴儿阅读的产品。蒂策尔被处罚了 1.85 亿美元，这相当于“你的宝宝能阅读”这一产品的销售总额！在蒂策尔和他的公司支付了 30 万美元的罚款后，该禁令被暂停。有关美国联邦贸易委员会的判决，参见“Your Baby Can LLC, et al.,” FTC。在“超级阅读材料”事件中，原告继续从事他的行业，销售的产品包括“你的孩子能学习！”（Your Baby Can Learn!）、“你的孩子能阅读！（Your Child Can Read!）”和“你的宝宝 / 孩子能发现！”（Your Baby/Child Can Discover!）。购者自慎。Snow et al. (1998); Cunningham & Zibulsky (2013).
42. Morrison, Alberts, & Griffith (1997).
43. Ehri (1995).
44. 高夫理论的主要缺陷是它没有为各组成部分相互影响的方式留出足够的空间。例如，词汇是由口语和阅读共同决定的。词汇也可以被认为是基本技能和理解的组成部分。Hoover & Gough (1990); Gough, Hoover, & Peterson (1996).
45. Hulme et al. (2007).
46. Munakata & McClelland (2003).
47. Escoffier & Di Giacomo *Take Away the A* (2014) 是一本让人们获得音素意识的字母书。书中写道“没有字母 s 的 snow（雪）现在（now）落了下来”，但是没有 s 的 snow 一词读音却是“no”。

第 7 章　我们是如何理解文字的意思，并完成阅读的

1. Frost, Katz, & Bentin (1987).
2. 英语拼写协会尝试修改单词拼写的相关信息可以从网上查询。有关拼写幽默的视频《校对的无能》（*The Impotence of Proofreading*）可以从网上观看。
3. Van Orden (1987).
4. 该图显示了范·奥登等人所报告的一系列实验的具体情况。这些情况并没有发生在某个单独的实验中，并且一些控制条件也被省略了。参见 Van Orden (1987) and Van

Orden, Johnston, & Hale (1988)。

5. 关于该版本的信息可从我的个人网站查询。

6. Van Orden, Johnston, & Hale (1988).

7. 关于心理学领域所做的类似实验，参见 *Perspectives on Psychological Science*(7[6], 2012)。

8. 一些有代表性的研究参见 Pollatsek et al. (1992) 和 Lee et al. (1999)。

9. Ellis (1979); Jared, Levy, & Rayner (1999).

10. Goswami et al. (2001).

11. Perfetti & Hogaboam (1975).

12. Spurious correlation fun!“Spurious Correlations”，相关信息可从网上查询。

13. Perfetti & Roth (1981).

14. 佩尔费蒂和他的同事们在此阶段开展了许多类似的研究，包括让儿童通过耳机听材料或者让儿童自己朗读；目标词陆续地出现在故事里；这些单词出现在一些不相关的单词后或者被单独读出来。研究人员还参考了单词长度和频率等因素。结论建立在这组研究和受这组研究启发而开展的其他研究之上。

15. 1980 年，基思・斯坦诺维奇将这些观点联系在一起，参见 Stanovich（1980）。

16. 该视频是玛丽埃伦・麦克唐纳推荐给我的，可从网上观看。

17. 有关韩语拼写改革，参见“Korean,” Omniglot。

18. 乔西等人对英语拼写进行了细致、易于理解的讨论，参见 Joshi et al.（2008）。

19. Chomsky & Halle (1968).

20. 关于该主题的经典著作是 J. 温特（J. Winter）于 1994 年 7 月 25 日发表在《纽约客》上的文章“How I Met My Wife”。该文章的开头如下：“这是艰难的一天，所以当我走进派对时，我感到非常放松，尽管我努力表现出高兴的状态并且努力维护自己的形象。”漫画家马克・斯特弗斯（Mark Stivers）对这一形而上学的不一致性进行了诙谐的描述。

21. Spencer and Hanley (2003); Hanley et al. (2004).

22. Hoxhallari, van Daal, & Ellis (2004).

23. Hanley et al. (2004).

24. Seidenberg (2011).

25. Thomas & McClelland (2008); Rogers (2009).

26. Seidenberg (2005); Plaut (2005).

27. 深度学习模型正在解决语音识别和场景分析等难题，人们应该考虑的更为重要的因素是这些模型的工作效果，而不是它们能否像人类一样工作。我们的目标是试图理解人类行为的一些基本特性和大脑基础。从这一目标来考虑，人们证明了更为简单的模型是有用的。

28. Flusberg & McClelland (2014).
29. 每张卡片都是一个二进制的“单元”，要么是“开”，要么是“关”（“亮”或者“暗”）。每个字母都由一个独特的开关单元表示。每一张卡片都展示了多个字母。单词可以用代表连续字母的卡片来呈现。
30. 格卢什科开展了该领域突破性的研究，他的研究促进了许多其他研究的开展，参见 Gluhshko（1979）。
31. Seidenberg（2012）.
32. 我们的第一个模型可以正确地发出像“nust”这样简单的非单词，但是像“jinje”这样发音困难的单词却会被读错。这些错误源自这样一个事实：第一个模型不能充分地表现语音特征。一旦人们对该模型进行改善，它的归纳能力就会提高。
33. 针对这些模型在语言中的应用是存在争议的，参见 Seidenberg & Plaut (2014)。
34. Pugh et al. (2010).
35. Baron & Strawson (1976) 将他们称为“汉语”与“腓尼基语”读者。在当时，人们认为汉字只能通过视觉来阅读，但是现在我们知道，汉语读者利用汉字偏旁 + 语音线索进行阅读。
36. 经验主义的判断标准仍然不能帮助人们确定熟练阅读者之间的差异。行为研究倾向于关注一小部分人（主要是由白人和中产阶级优秀读者组成的“便利样本”）。这一群体并不能代表所有背景和经历的读者。这些模型也只关注了影响结果的几个因素。人们刚开始研究与熟练阅读相关的神经解剖学变异问题，该领域的研究立刻使人们获得了令人振奋的结果。在一项研究中［Graves et al.（2014）］，我们发现高度熟练的读者在朗读过程中使用“正字法→语义→语音”途径方面存在个体差异。研究人员发现人们对于这一途径的依赖程度与大脑负责语音语义两个区域连接（白质束的密度）的神经解剖学变异相关。对这类问题开展进一步的研究将帮助人们解决一个问题：熟练阅读者的大脑分工有多大差异。解决该问题后我们才能解决大脑分工为何存在差异这一问题。
37. Yang et al. (2009).
38. Thomas & McClelland (2008).

第 8 章　诵读困难症及其影响

1. 关于诵读困难症基本信息的一本非常好的参考书是国际诵读困难症协会出版的《诵读困难症概览》(*Dyslexia at a Glance*)。
2. 参见研究人员多萝西·毕晓普于 2011 年 12 月 4 日发表的文章 “Pioneering Treatment or Quackery? How to Decide,” BishopBlog, December 4, 2011，她的博客内容十分丰富并受到了人们的广泛推荐，是关于发育障碍和许多其他话题的重要的信息来源。
3. Pennington & Bishop (2009).
4. 想探究诵读困难症概念的历史发展，参见 Fletcher (2009)。
5. 美国儿科学会发表的声明清楚地阐明了视力问题为何极少成为阅读障碍。参见 “Learning Disabilities, Dyslexia, and Vision,” *Pediatrics* 124, no. 2 (August 2009)。
6. 关于残疾人教育法案的内容，参见 “Topic: Identification of Specific Learning Disabilities”。
7. 有关 DSM-5 分类方案的说明，参见 Rosemary Tannock, “DSM-5 Changes in Diagnostic Criteria for Specific Learning Disabilities (SLD)1: What Are the Implications?”, International Dyslexia Association。
8. 美国国家心理健康学院前院长托马斯・因塞尔（Thomas Insel）发起了一项倡议，号召人们用基于行为、神经和遗传数据的新分类系统取代《精神障碍诊断与统计手册》。然而，到目前为止，还没有足够的证据表明人们按照特定的基本要素对这些条件进行分类。
9. 诵读困难症比理解障碍更为普遍。具备基本技能的儿童很少有阅读能力差的。当儿童有诵读困难症时，第一个问题应该考虑他们能否理解别人给他们读出来的内容。暂时不考虑教学和动机问题，理解缺陷并不仅限于阅读。其中一个极端的例子是阅读早慧，这是一种罕见的情况，一些孤独症儿童也许会出现这种状况。朗读单词是他们的特长，但是他们理解同一单词的能力较差。一些具有发育性语言障碍的儿童也会出现解码能力强而理解力差的情况。
10. Critchley (1970).
11. 想了解美国教育部提出的各种诵读困难症定义的历史记录，参见 Hammill et al. (1988)。
12. 关于智商差异标准的记录，参见 Fletcher (2009)。
13. 基思・斯坦诺维奇对 IQ 差异标准的缺点进行了批判性研究。参见 Stanovich (2005)。
14. 这里涉及的逻辑与神经心理学领域的一种做法类似：对于具有高度选择性损伤的脑损伤患者来说，人们总是更为关注相对罕见的案例。

15. 关于身高的讨论对人们很有帮助，参见 Lai (2006)。
16. Stanovich (2005); Fletcher (2009).
17. Peterson & Pennington (2012).
18. Tanaka et al. (2011).
19. 该智商差异标准是存在缺陷的，因为它将智商较低的儿童排除在外，而这些孩子的阅读能力与智商更高的患有诵读困难症的儿童其实并没有区别。人们现在更多地利用儿童的实际阅读水平以及根据他们年龄或学校所在年级预期的阅读水平之间的差异来定义诵读困难症。该领域的杰出人物布鲁斯·彭宁顿指出该智商差异标准会忽略一些高智商儿童，这些儿童的阅读能力虽在正常范围内，但考虑到他们智商较高，他们的阅读能力就低于预期水平了。存在这种差异的儿童也许应该在学校得到教师的额外关注，而这一点很容易被忽略。然而，考虑到儿童的阅读水平，将他们归类为“诵读困难症患者”可能会造成进一步的混乱，因为该类别将不再局限于阅读能力差的孩子。
20. 如果将这些孩子包括在内，那么曲线分布底端就会出现一个凸起。参见 Pennington & Lefly (2001)。
21. 朱迪丝·莱文（Judith Levine）尖锐地向我提出了这一点。
22. 与诵读困难症相似的是，鉴别一个人是否患有高血压的标准也发生了改变，并且这些改变引发了争议。James et al. (2014); Candy Sagon, “New Blood Pressure Guidelines Draw Fire,” AARP Bulletin, March 2014.
23. 理查德·阿林顿在文章中提到：“我不相信诵读困难症或学习障碍的存在，吞咽困难是存在的，但诵读困难是虚构的。”
24. 对于英国的情况，参见文章“Dyslexia Is NOT a Disease. It Is an Excuse for Bad Teachers,” *Mail Online*, March 2, 2014。Lindsay Fiori, “Getting Children to Read Books Must Supersede Disinterest, Limited Funding, Learning Disorders,” *Journal Times*, February 7, 2012; Allington (2012).
25. Gabrieli (2009); Elliott & Gibbs (2008); Elliott & Grigorenko (2014).
26. Stanovich (1994).
27. 想了解一些不同的观点，参见 Dorothy Bishop, “My Thoughts on the Dyslexia Debate,” BishopBlog, March 20, 2014；Elliott & Grigorenko (2014)。
28. 教育界的一位同事表示，阿林顿的争论实际上是为了实现一个建设性的目的：劝阻教师不要因为学生有残疾就放弃了对表现最差的儿童应该担负的责任。然而，掩饰这种情况的存在并不能证明他的目的是正当的。
29. 正如威尔卡特·E. G.（Willcutt E. G.）等人在对阅读障碍（诵读困难症）、数学障碍和多动症的病因学综述中所述：“目前没有针对这些病症的有效基因测试，而且在不久的将来也不太可能开发出一种确定的诊断测试。因为大多数发育障碍都有多基因、多因素的病因，其中每个危险因素只会增加一小部分易感性，所以不太可能有特定的危险因素展现出足够的预测能力从而使人们将其视作诊断措施。”参见 Willcutt（2010）。

30. Fletcher & Vaughn (2009).
31. Peterson & Pennington (2012).
32. Goswami (2015).
33. Frith & Happé (1998).
34. Peterson & Pennington (2012).
35. Bishop (2009).
36. Willcutt et al. (2010a), for example.
37. Scarborough (1990).
38. Muter & Snowling (2009).
39. Bruck (1990, 1992).
40. Hulme et al. (2015).
41. Linda Geddes, “The Big Baby Experiment,” November 4, 2015.
42. Richardson et al. (2003).
43. Key et al. (2007).
44. Espy et al. (2004).
45. 图 8-2 展示了每个隐藏单元对激活如单词 eat 中“ee”元音的这种语音特征起到的作用。
46. 我们还使用多维尺度分析了含有 -eat 字母组合的单词，分析这些单词隐藏单元表示法的相似性。在正常模型中，押韵的含 -eat 字母组合的单词表达形式聚集在一起，非单词 geat 也在其中。在诵读困难症的模型中，单词的表达形式更为分散，这表明该模型并没有明白押韵的模式。
47. 语音缺陷是通过几种方式实现的，这几种方式对模型的行为有相似的影响。其中一种方法用具体例证说明了诵读困难症患者从每次学习经历中有较少收获这一观点。在每次训练实验中，网络中的权重都会以正常的方式发生变化，但这些变化并没有完全保留下来。人们最近开始确认了可能具有这种效应的神经生物学机制。
48. Perrachione et al. (2011).
49. Pugh et al. (2014).
50. 在一系列的研究中，我和安妮·斯珀林（Anne Sperling）、弗兰克·马尼丝（Frank Manis）、陆忠林（Zhong-lin Lu）发现了诵读困难症中存在嘈杂视觉处理过程的证据。

例如，在一项研究中［Sperling et al.（2006）］，我们为一项运动检测任务设计了相应的视觉刺激，该任务呈现出高或者低的视觉噪声等级。在低噪声水平下，诵读困难症患者和非诵读困难症患者表现同样出色。但是在高噪声水平下，两者表现相差则较大。这意味着诵读困难症患者更难忽视或抑制无关的视觉噪声。我们开展的其他研究表明，噪声处理可能是视觉系统的内在能力［Sperling et al.（2005）］。然而，这项研究并没有说明这些缺陷发生在诵读困难症患者和非诵读困难症患者身上的频率，也没有说明这些缺陷的发展方式以及它们是否与其他缺陷同时发生。

51. 如果字母名称对字母类别的形成至关重要，那么例如“bee”和“eff”等音节的多重表示法也会导致解决方案效率低下，尽管这种观点完全是人们的猜测。
52. Ziegler & Goswami (2005).
53. Paulesu et al. (2001).
54. Snowling (2006).
55. Diehl et al. (2014).
56. Gladwell (2013).
57. Diemand-Yauman et al. (2011).
58. Logan (2009).
59. 想要了解更具启发性和信息量更大的案例研究，我向大家推荐著名艺术家查克・克洛斯（Chuck Close），参见“Oral History Interview with Chuck Close, 1987 May 14–September 30,” Archives of American Art。查克・克洛斯是诵读困难症患者和人面失认症患者，他强烈宣称他的残疾塑造了他的生活和艺术。这种近距离采访提供了丰富的细节。例如，他对自己诵读困难症的描述与许多其他诵读困难症患者的描述相吻合。他描述了自己发现的针对诵读困难症的一些应对策略，例如用更多的时间去完成作业，避免计时考试，让别人帮忙检查他的拼写。他后来成了一名优秀的学生。采访中他提到他的女儿也是诵读困难症患者。他的人面失认症似乎与他的艺术密切相关；然而，他的生活轨迹和其他人一样复杂。他描述自己从小就对绘画有着浓厚的兴趣，那时还没有证实他有阅读缺陷。艺术对他来说易如反掌，但阅读却不是。对于他来说，艺术是一种奖励，而阅读是尴尬和羞辱的来源。克洛斯对自己的诵读困难症状况及其对工作和生活轨迹的影响有着深刻的见解，或许这是一个更为清晰的例子，说明了缺陷如何能让一个不同寻常的、有天赋的人获得非凡的成功。

第 9 章　诵读困难症患者的大脑机制

1. 更多细致的大脑造影图片可从网上查询。
2. 正如我们对另一种常见现象——胃溃疡的看法一样，人们逐渐发现大多数胃溃疡的病症是由细菌感染引起的，随着人们不断的探索和发现，人们对于这一疾病的看法发生了根本性的改变。参见 PubMed Health, “Helicobacter Pylori”。
3. 戴维·范·埃森绘制的视觉系统线路图可从网上查询。
4. 应对这种挑战的另一种方式可以从网上查询。
5. 许多高品质的网站上转载的数据能够说明人们有这样的担忧。它将基本的解剖学事实（例如大脑主叶的位置）和过于简单化的大脑特定区域功能分配（例如韦尼克的研究）混淆在一起。一个纯粹的捏造是：大脑里没有负责“阅读理解的区域”。
6. Putnam (1972).
7. Quick introduction, McGill University, The Brain.
8. 想了解这项研究，可以从网上查询视频《终极的大脑地图》（*The Ultimate Brain Map*）。Glasser et al. (2016).
9. Sontag (1978).
10. “我是一名临床存在论者，我面临的诊断问题是：你好吗？你觉得怎么样？”劳伦斯·韦施勒（Lawrence Weschler）曾经引用了这句话。参见“A Rare, Personal Look at Oliver Sacks's Early Career,” *Vanity Fair*, April 28, 2015, 在同一篇文章里，韦施勒写道：“（奥利弗·萨克斯）尊重事实，他经常跟我说他尊重事实，并且他对精确性有着科学家的激情。但他坚持认为事实必须融入故事中。故事——各种人的故事——才是真正让他着迷的。”
11. Marlene Behrmann (personal communication).
12. 第一代模型参见 Seidenberg & McClelland (1989); 第二代分工模型参见 Plaut et al. (1996)。
13. 损害的原因通常是皮克氏病，这是一种额颞叶痴呆病。Hodges et al. (1992).
14. Patterson et al. (2006).
15. Funnell (1983).
16. Saffran & Marin (1977).
17. 普劳特、沙利斯和辛顿的研究成果是易于理解且有趣的概述，参见 Hinton, Plaut, & Shallice (1993)。
18. Leff (2004).
19. 这种类型的损伤也会影响文盲在这类任务中的表现。Behrmann, Nelson, & Sekuler (1998).

20. 用这种方式呈现出各组成部分忽略了导致图表绘制困难的一些关键事实：除了前馈连接之外还存在反馈连接，前馈连接产生了更为复杂的神经动力学，因为各个组成部分是相互关联的，因此他们的功能也相互依赖、相互改变。
21. 我的同事蒂姆·罗杰斯指出，语言能力区域之所以出现在眼睛下方，是因为一位有语言障碍的患者同时也表现出眼球突出的症状，这是格雷夫斯病 (Graves's disease) 的一种眼球凸出症状。
22. Behrmann & Plaut (2013).
23. Caramazza & Mahon (2003).
24. Pinker (2003).
25. Behrmann & Plaut (2013).
26. 关于斯坦尼斯拉斯·迪昂（Stanislaus Dehaene）的神经元再生假说，参见 Dehaene (2010)。
27. Hillis et al. (2005).
28. 有关一位患者在经历了枕颞腹侧区手术切除后仍然能够阅读的病例研究，参见 Seghier et al. (2012)。
29. Price & Devlin (2003).
30. Mano et al. (2012).
31. Cox, Seidenberg, & Rogers (2015).
32. McCandliss, Cohen, & Dehaene (2003).
33. Behrmann & Plaut (2013).
34. 桑德克等人将其称为“技能区”，但是这个术语的表述可能过于笼统了。参见 Sandak et al. (2004)。
35. “The Red-Headed League,” East of the Web.
36. Stoeckel et al. (2009).
37. 一位英国记者体验了经颅磁刺激，发现一些刺激方法可以改善表现而不是干扰表现。
38. Peterson & Pennington (2012); Pennington & Bishop (2009); Goswami (2015).
39. Turkeltaub et al. (2003).
40. 我在此处转述的一些观点均讨论了视觉缺陷假说。
41. Yeatman et al. (2012).
42. 该证据根本无法证明验光师和其他人销售的“视力训练”项目是治疗阅读困难的有效方法。这些白质束中的异常可能是斯珀林等人实验中嘈杂视觉处理过程的来源。Sperling et al. (2005, 2006).

43. Hoeft et al. (2011).
44. Rueckl et al. (2015).
45. Ashkenazi et al. (2013) 总结了与阅读和数学障碍相关的大脑结构异常。
46. 几项研究已经报告了在短期干预后诵读困难症患者的白质变化。这些发现具有启发性，想了解详细的评估参见 Bishop (2013)。
47. Myers et al. (2014).
48. Pugh et al. (2014).
49. Peterson & Pennington (2012). 有关神经运动解释的视频可从网上查询。20 世纪 80 年代，神经学家阿尔伯特·加拉布尔达（Albert Galaburda）发现了诵读困难症患者的迁移错误，他当时对近期去世的诵读困难症患者的大脑进行了尸检研究。几十年后的今天，我们可以利用结构神经成像技术对活着的诵读困难症患者进行研究，通过研究可以观察到这些异常现象。想了解更多实验信息，参见 Galaburda et al. (2006)。
50. 佐治亚州立大学的罗宾·莫里斯在一次科学家会议上描述了这种行为和成像数据的使用方式。2016 年 6 月 24 日，这些科学家参与了莫里斯领导的一个关于阅读障碍和共病情况的大型项目。

第 10 章 美国人的阅读水平

1. 原文参见：Mann (1844)，The Online Books Page.
2. 经济合作与发展组织开展的国际学生评估项目：http://www.oecd.org/pisa/aboutpisa；美国国家教育统计中心开展的国家教育进步评价：https://nces.ed.gov/nationsreportcard。
3. 《不让一个孩子掉队法案》规定全美各州三至八年级学生接受阅读和数学测试，十至十二年级学生至少参加一次测试。"Introduction: No Child Left Behind," US Department of Education.
4. 1969 年，美国国家教育进步评价首次进行了试点。该评估项目历经了多次的修改，在 1992 年形成最终版本。早期的评估数据很少得到引用，因为这些早期数据与 1992 年后的测试结果没有直接可比性。"Grading the Nation's Report Card: Evaluating NAEP and Transforming the Assessment of Educational Progress," National Academies Press.
5. 抽样方法："About the 2015 Reading Assessment," Nation's Report Card。
6. 此处引用的所有数据来自以下两个美国教育部网站。基本结果的简单回顾来自美国国家成绩报告单网站：http://www.nationsreportcard.gov。美国国家教育统计中心网站提供数据处理工具，以及总结报告和技术报告：http://nces.ed.gov/

nationsreportcard/naepdata。

7. Seth Meyers and Amy Poehler, "Weekend Update: Really!?! Congress' Birth Control Hearing," NBC.com, February 18, 2012.
8. 这些论断值得信赖，但是需要进一步的验证，正如里根时代所发生的那样。相关信息可以从网上查询。
9. 博客参见网站 www.dianeravitch.net。该博客也是志趣相投的评论家的论坛。书参考拉维奇2013年出版的《错误的统治》一书。视频《对话：戴安娜·拉维奇》(*Conversation: Diane Ravitch*）可从网上查询。
10. National Commission on Excellence in Education (1983).
11. National Endowment for the Arts (NEA) (2004, 2007).
12. 拉维奇："冒险的风险投资家和相关公司对于价值 7887 亿美元的 K-12 儿童教育市场垂涎欲滴"（Venture capitalists and for-profit firms are salivating over the exploding $788.7 billion market in K–12 education）。Lee Fang, "Venture Capitalists Are Poised to 'Disrupt' Everything About the Education Market," *Nation*, September 25, 2014.
13. 美国教育协会并没有对阅读的发展趋势展开有力的分析。作者无法理解基础的数据处理和分析。数据来源于有关阅读习惯的调查；出现下降的是"休闲"和"文学作品"类文本的阅读，忽略了数字平台上的阅读、求学或工作所需要的大量阅读以及其他方面的阅读。尽管前两份报告指出了阅读量的惊人下降，但第三份报告《阅读在上升》（*Reading on the Rise*）记录了一个突然的转变，"美国近代文化史上的一个重要转折点"，调查数据中文学阅读量出现了小幅上升。这些结论不能从表面意义上进行衡量。National Endowment for the Arts (2009).
14. 美国国家教育进步评价是由国家授权并受国家资助但独立运行的项目。《不让一个孩子掉队法案》规定，接受I类型资助的学校，如果被遴选为国家教育进步评价的评估学校，则必须参加该评估。其目的是为了利用这一项目的评估结果来衡量各州的测试。参见 Hombo (2003)。
15. 例子如下：Martin Carnoy and Richard Rothstein, "What Do International Tests Really Show About U.S. Student Performance?," Economic Policy Institute, January 28, 2013。Nick Pearce, "PISA Panic: Being Honest About What PISA Really Shows," Left Foot Forward, December 3, 2013; Diane Ravitch, "David Berliner on PISA and Poverty," Diane Ravitch's Blog, April 12, 2014.
16. Ravitch (2013), 50.

17. Flynn (1987).

18. Heckman & LaFontaine (2008)指出，每年普通同等文凭持有者占高中毕业文凭获得者的 15% ～ 20%。而在美国的劳动力市场上，这些同等文凭持有者的水平和表现与辍学者水平相当。通过提高毕业率，“普通同等文凭项目掩盖了美国社会的一些主要问题”。参见 Heckman & LaFontaine (2010)。

19. 美国的中学毕业率：参见 Murnane (2013)。作者提供了2000和2010年间美国真实的中学毕业率，期间出现了小幅增长，但是作者没有对此进行解释。这一毕业率未统计普通同等文凭毕业生。

20. Diane Ravitch, “Four Lessons on New PISA Scores—Ravitch,” *Washington Post*, December 3, 2013. Ravitch (2013), 70–72.

21. Hanushek & Woessmann (2012).

22. FISS, FIRS, SIMS, SISS, SIRS, TIMSS, and PIRLS: 其他评估项目的数据可以从网上查询。哈努谢克和沃斯曼因的书中以及我的个人网站上都有对这些数据的分析。

23. Hanushek & Woessmann (2012), 267.

24. Murnane et al. (2000); Hanushek & Woessmann (2008); Ramirez et al. (2006).

25. Sean Cavanagh & Kathleen Kennedy Manzo, “NAEP Gains: Experts Mull Significance,” *Education Week*, October 3, 2007.

26. Buckley (2011).

27. 水平最低的 1 级又可以进一步划分为 3 个次级。小于 2 级指的是所有 1 级的数据。OECD（2013b）.

28. 令人惊异的是，一大批学生在 13 岁的时候参加了美国国家教育进步评价，当他们 15 岁的时候又参加了国际学生评估项目。这样就使得彼得森等人能够将测试结果进行详细对比。结果表明，前者的评价标准对于阅读的要求更高，而后者的评价标准对于数学的要求更高。

29. Diane Ravitch, “Every State Left Behind,” *New York Times*, November 7, 2005.

30. Garrison Keillor, “Where’s St. Michael When You Really Need Him?” *Prairie Home Companion*, January 29, 2008.

31. “国家学校午餐计划”是美国杜鲁门总统在 1946 年提出的。这项计划由联邦政府资助，为美国公立学校、非营利性私立学校和寄宿制儿童保育中心提供餐食。家庭收入达到或低于联邦贫困指导标准 130% 的学生有资格享受免费午餐。如果家庭收入在这一指标的 130% ～ 185% 之间，他们就有资格享受折扣午餐。参见 Peterson et al. (2011)。2013年至2014年，四口之家年收入低于30 515美元的儿童有资格享受免费午餐；折扣午餐的最低限额是家庭年收入 43 568 美元。超过这个限额的儿童属于社会经济地位最高的人群，包括许多中等收入家庭的儿童。

32. 新闻稿提供了一个很好的总结。"Closing the Opportunity Gap: What America Must Do to Give Every Student a Chance," Stanford Center for Opportunity Policy in Education.

33. Jaclyn Zubrzycki, "Detroit Studies Illuminate Problem of Lead Exposure," *Education Week*, September 26, 2012. 该文深刻揭露了贫困对教育的影响。

34. 为了更加充分地了解家长受教育水平、家庭教育支出以及来自低收入家庭的参与者比例等因素对于国家在测试中的分数造成的影响，我推荐大家从我的个人网站中查询相关信息。

35. 参见 Correction for SES and US versus Canada data: OECD (2011, 34–35)。根据这份文件，17% 的学生成绩差异是由美国学生的社会经济背景造成的，而加拿大（也包括日本）的这一比例为 9%。报告还指出："在美国，社会经济背景与学习成绩之间的关系远非决定性的。例如，一些社会经济条件最差的学校的表现与芬兰的学校不相上下。此外，在 15 岁的美国学生中，有四分之一的人进入了社会经济条件较差的学校，他们的平均成绩却达到了芬兰的水平。芬兰是成绩最好的国家之一。"

36. 邓肯对 2009 年学生测试结果的评价，参见 "Secretary Arne Duncan's Remarks at OECD's Release of the Program for International Student Assessment (PISA) 2009 Results," US Department of Education, December 7, 2010。美国许多教育工作者对他在 2009 年和 2012 年发表的评论持有不同意见。Cameron Brenchley, "Duncan Calls for Higher Standards and Expectations Following PISA Results," Homeroom, December 3, 2013; Christopher H. Tienken, "Problems with PISA," Chris Tienken, February 11, 2014; Diane Ravich, "David Berliner on PISA and Poverty," Diane Ravitch's blog, April 12, 2014.

37. Carnoy & Rothstein (2013).

38. 教育家的来信，参见 "OECD and PISA tests Are Damaging Education Worldwide—Academics," *Guardian*, May 6, 2014。经济合作与发展组织的回复，参见 Peter DeWitt, "What is PISA?," *Education Week*, September 25, 2015。

39. Kay McSpadden, "Public Schools Aren't Failing," *Charlotte Observer*, January 30, 2015.

40. Kena et al. (2015).

41. OECD (2011), 37.

42. 芬兰教育政策，参见 "Educational Policy in Finland," Finnish Ministry of Education

and Culture。

43. 免费午餐或午餐减免的资格，参见“Percent Low Income Students: 2013–2014,” ED.gov。

44. “红线是指武断地拒绝或限制特定社区的金融服务，通常是因为该社区的居民是有色人种或穷人”：D. Bradford Hunt, “Redlining,” Encyclopedia of Chicago。我对这个概念比较熟悉，主要是由于我从小在芝加哥南部长大，那时，这一做法十分盛行。教育家琳达·达琳-哈蒙德（Linda Darling-Hammond）将《让每个学生成功法案》中为表现最差的学校保留高风险测试，视为教育红线的一种形式，这些学校通常都分布在低收入社区。参见“Why Is Washington Redlining Our Schools?,” *Nation*, January 30, 2012。

45. 针对教育差距存在的不同观点：Hoff (2013); Richardson (2003); Magnuson & Duncan (2006); Barton & Coley (2009); Washington, Terry, & Seidenberg (2013); Seidenberg (2013)。

46. Sharon Begley, “East Versus West: One Sees Big Picture, Other Is Focused,” *Wall Street Journal*, March 28, 2003.

47. Motoko Rich, Amanda Cox, and Matthew Bloch, “Money, Race and Success: How Your School District Compares,” *New York Times*, April 29, 2016.

48. Gosa & Alexander (2007).

49. 研究过程中使用了大型追踪调查，Fryer & Levitt (2006) 指出，与社会经济地位相关的个别因素可以解释学前班学生存在的成绩差距。然而，这一差距在儿童入学后的几年时间里也有所扩大，但他们却无法确定发生这种变化背后的原因。也许标准的社会经济地位评价标准对非裔美国人的有效性不如白人，参见 Rothstein & Wozny (2013)，或者是由于随着学校需求的增加，社会经济地位的影响出现了成倍的增长。也可能是其他因素，如语言背景开始发挥更重要的作用。

50. Hart & Risley（1995）. 他们使用的术语包括：“职业”“工人阶级”和“福利”，我将这些统一纳入社会经济地位指标。有关阅读成绩的后续研究，参见 Walker et al. (1994)。

51. Fernald, Marchman, & Weisleder (2013).

52. Duncan & Sojourner (2013).

53. Weizman & Snow (2001).

54. Kena et al. (2015); Horton-Ikard & Miller (2004); Gosa & Alexander (2007).

55. 有关教师所说口语对儿童的影响的研究，参见 Dickinson & Sprague（2003）。Fernald

& Weisleder（2015）.

56. Wolfram (2004).

57. 非裔美式英语在语言学上没有任何研究价值，只是语言应用过程中发展出来的一种方言。William Labov（1972）开展了确立这一事实的突破性研究，许多科学家在此基础上继续发展相关的研究。

58. 朱莉・华盛顿首次向我指出了这些条件。

59. 事实上，掌控最终删除音素的条件是十分复杂的，删除总是可选的。由于这些问题没有得到充分的研究，因此，关于音素在特定单词或特定说话者中被省略的频率这样的基本事实并不为人所知。

60. 其中的一些现象也发生在南方白人的英语方言中，对阅读的影响预计也会波及这些人。参见 Wolfram（1974）；Oetting & Kent（2004）。

61. Brown et al. (2015).

62. Bialystok et al. (2009).

63. 此外，识别患有发展性口语障碍的非裔美式英语使用者也更加困难，因为显示主流美式英语受损的特征在非裔美式英语中可能符合语法。Oetting & McDonald（2001）.

64. Terry et al. (2010).

65. 20 世纪 70 年代和 80 年代曾经开展过这一问题的研究，但没有得出确切的结论，采用的方法也难以令人信服。近年来，研究人员基于研究方法的突破和阅读、语言方面最新的发现，又开始重新探究这一问题。

66. 有代表性的研究包括：Terry et al. (2010); Charity, Scarborough, & Griffin (2004); Terry et al. (2012)。

67. 非裔美式英语种族特征的历史：Baratz & Baratz（1970）。

68. Brown et al. (2015).

69. 类似的阿拉伯语项目参见 Levin et al. (2008)，芬兰语项目参见 Latomaa & Nuolijärvi (2002)；Siegel (2010)。

70. Moats (1999, 2009).

71. Blake & Cutler (2003).

72. 美国前国务卿康多莉扎・赖斯（Condoleezza Rice）的一本传记中写道：“以前和现在一样，许多非裔美国人的父母告诉他们的孩子：‘你必须加倍努力。’这意味着，他们必须比白人更优秀，才能获得同等程度的尊重、机会或地位。‘有人告诉你，你已经足够优秀了，但如果你是黑人，你就必须要比别人更优秀。’赖斯回忆道。”来自美国国家经济研究局的最新数据表明，在找工作和保住现有职位上，赖斯所说的这些完全是事实，参见 Mabry (2008), 13。Gillian B. White, "Black Workers Really Do Need to Be Twice as Good," *Atlantic*, October 7, 2015.

73. Dudley-Marling & Lucas (2009).
74. Steiner & Rozen (2004).
75. 关于不经意的偏见，参见 Jennifer Holladay, "The Character of Our Content: A Parent Confronts Bias in Early Elementary Literature," *Rethinking Schools* 27, no. 2 (winter 2012–2013)。关于坚韧、耐力和持久，参见Duckworth et al. (2007)。关于贫困和种族偏见的影响，参见 Wilson (2011)。
76. Sleeter (1996), 152 中将多元文化下的教育看作是"一个合作进程，其中包括跨越种族和族裔的边界进行对话和建立联系，以实现更大的平等和社会正义"。Stinson et al. (2012) 探讨了将数学教学与社会公正问题联系起来的教学实践。
77. Hassett (2006).
78. 阅读的遗传性取决于社会经济地位：Hart et al. (2013)。家长的受教育程度和教育质量同样会影响儿童的阅读水平：Friend, DeFries, & Olson (2008); Taylor et al. (2010)。弗兰德、德弗里斯和奥尔森指出，虽然遗传是一种衡量基因对行为影响的指标，这些遗传性的差异却并非来自基因组，而是来自环境对基因表达、大脑和行为的影响。

第 11 章　教育与科学，两种文化的交织

1. 霍勒斯·曼的话引自 1844 年的一份报告。在这份报告中，他倡导后世所说的"看说"方法，其中包括依据词形记忆单词，而不考虑字母的作用。波士顿的教育家支持语音教学法。他们彻底瓦解了霍勒斯的方法，但还是没有解决任何问题。参见 Mann (1844)。
2. "The Reading Wars," *Atlantic*, November, 1997.
3. Moats(2000); 另一位均衡读写教学法的批评者：Ravitch (2011)。
4. Wilson (2009).
5. Mehta & Doctor (2013); American Federation of Teachers (2012); Darling-Hammond (2014).
6. Walsh (2013); Steiner & Rozen (2004); Walsh, Glaser, & Wilcox (2006).
7. Mehta (2013).
8. Cochran-Smith & Zeichner (2005).
9. 建构主义、社会建构主义和教育的后现代主义理论可以从网上查询。这三种理论之间

的差异在本文语境中并不重要。

10. Crews (2006); Sokal (1996).

11. 博物馆教育工作者乔治·E. 海音（George E. Hein）曾对此展开深刻的讨论，参见 George E. Hein, "Constructivist Learning Theory," Exploratorium。同样，"批判读写将读者看作阅读过程中的积极参与者，并呼吁读者摆脱被动地接受文本，而是要质疑、审视读者和作者之间的权力关系"。McLaughlin & DeVoogd (2004), 14.

12. Bruner & Goodman (1947).

13. 关于学习方式和策略的介绍，参见 Schmeck（1988）；评论综述，参见 Stanovich & Stanovich(2003)。

14. 我省略了引文中引用的参考文献。Risko et al. (2008), 254.

15. Walsh (2013).

16. Lifton (1961).

17. "Writing a Philosophy of Teaching Statement," Ohio State University. "Teaching Statements," Vanderbilt University.

18. 引用的部分在原文基础上稍做改动，以突出内容本身，反映广泛接受的观点，而不是聚焦于个别观点。

19. Cochran-Smith & Lytle（2006），688，将传统教学描述为"技能传递活动"，也就是把专家的知识传递给学习者。20 世纪 80 年代，人们普遍不认同将教学视为技能传递和教师需要接受培训的观点，至少部分是因为这些观点过分简化了教学活动，忽略了教师的认知，也忽略了教学中的动态、社会、道德和政治特征。教师的发展一般从教师培训向教师学习转变，这意味着考核从教师的知识、态度和信念转变为教师的岗前准备、职业发展机会，并引导教师能够学会应对变化；教师如何获取和传递知识、技能以及在教学过程中需要的个性特征；如何在课堂内外做出专业的决定；如何了解学生和他们的文化背景；如何将自己在课程学习、工作坊和学习小组中获得的经验运用到课堂教学中。参见 Woolfolk (2007)，这是一本关于教师发展的教科书。

20. 这个广为流传的说法出处不详。

21. 有关杜威学校的生活，参见 Mayhew & Edwards (1936)；有关早期的历史，参见 Harms & DePencie（1996）。

22. American Federation of Teachers report (2012), 7："少于半数的新教师认为他们接受的培训很好。更多的人表示，在工作中学到的东西和来自其他教师的帮助比他们接受的正规培训更有帮助。每三位新教师中就有一人表示，刚上岗的时候，他们并没有准备好。教师在培训中遇到的最大的问题就是，培训不能让他们应对'现实世界'中教学面临的挑战。”

23. 《共同核心州立标准》本身也可能存在一定的问题，但同样的担忧也出现在其他现代数学和阅读课程中。

24. 正如我以前的教授悉尼·摩根贝瑟（Sidney Morganbesser）对杜威实用主义哲学的评价：“理论上无懈可击，但实践上根本行不通。”摩根贝瑟的智慧堪称传奇，多年来他一直在哥伦比亚大学工作，是杜威的哲学教授。他对于杜威哲学的评述，参见 Morganbesser (1977)。“The Lexicon,” Philosophical Lexicon.

25. “Elementary Geography Class. Laboratory School,” University of Chicago Centennial Catalogues.

26. 杜威的观点在他所处的时代具有革命性，他的观点反映了他所在的学校和 20 公里外的公立学校的课堂的差别。这两种课堂不仅仅是教育理念存在差异。其中一个差异就是：公立学校学生多，资源少；而私立学校学生少，但资源多，可以开展很多活动，还有很多私人慈善家的捐助。参见 Mayhew & Edwards (1936), 12。公立学校永远达不到这样的水平。杜威的这种课堂模式不符合学校或教育标准，它更像一个“哲学实验室，人们在这里制定出具体的知识体系理论，而不仅仅是在头脑中或在纸上”，参见 Menand (2001), 320。

27. 杜威倡导的学校模式虽然失败了，但他的基本原则却得到了保留和改进。其中第一项原则是：“教室是一个探索、确认有效内容的地方”，参见 Mayhew & Edwards(1966), vi。第二项原则是：“教师应该关注学生而不是课程，每个学生都有自己的优点，他们的优点应该得到进一步提升和发展”，参见 Harms & DePencier (1996), chap. 1。第三项原则是：“学生在参加真正有意义的活动时，就会自主学习，这种自主学习比课堂教学中学到的知识更深刻、更有价值”。这就是现代“发现学习”的基础。杜威对学习的态度可比“杜威的”这个形容词要明确得多。例如，他十分反对通过让学生参与模拟的科学实践来进行科学教学的做法，并且将化学和物理实验看成是浅显的活动。他提倡教授学生科学方法，以及关于真理的有力论断，而不是科学中的事实或标准方法，参见 Rudolph (2005)。

28. 芬兰教育好在哪？芬兰人眼中的芬兰教育优势，参见 Kupiainen, Hautamäki, & Karjalainen (2009) 和 Sahlberg (2011)。经济合作与发展组织 2011 年的报告《美国国际学生评估项目的启示》（*Lessons from PISA for the United States*）着重讨论了芬兰教育，并发布了名为《芬兰——既是教育强国，又是成功的教育改革者》（*Finland—Strong Performers and Successful Reformers in Education*）的视频。我们能从这些资源，尤其是芬兰教育政策大纲中窥见很多有用的事实，以及一些难以求证的结论。

一个国家取得成功的因素，是否对其他国家也有效或者产生相同的影响？这是一个开放性的问题。芬兰国际学生评估项目的阅读分数呈现下降趋势：2000, 546; 2003, 543; 2006, 547; 2009, 536; 2012, 519。下降原因尚不清楚。在国际学生评估项目的调查中，芬兰学生的幸福指数也相对较低。

29. Gray & Taie (2015). 在教师培训和学生成绩的一项研究中，Harris & Sass (2011) 发现，非正规的在岗培训提高了教师的工作效率，教师在工作后的前 5 年收获最多。但是教师入职前的职业发展和学生成绩并没有关系。

30. Clifford & Guthrie (1988)，25. 2007 年的一项调查显示，2237 名教师发现他们在刚开始工作时还没有准备好，美国国家阅读小组制定了开始阅读的 5 个组成部分，但小测试结果显示，教师并没有很好地掌握这些概念。Salinger et al. (2010).

31. John Buntin, “A Battle over School Reform: Michelle Rhee vs. Diane Ravitch,” Governing, January 2014.

32. Au (1998), 300; Coles (2000).

33. 正如有关阅读论战的简明历史中所说的，基思・斯坦诺维奇是首屈一指的研究员、理论家，他在科学和教育领域都享有盛誉，参见 Kim (2008)。斯坦诺维奇认为，掌控教育实践的全语言教学法理论家“并没有遵循科学证据，他们制定的教学方法也不符合科学研究规范。简而言之，全语言教学法理论家和倡导者由于未能实行自我监督，使得教师这份职业容易遭受法律的强制要求的影响”(99–100)。

34. Granic, Lobel, & Engels (2014).

35. Bransford, Brown, & Cocking (2000).

36. 最近发展区是学习中的最佳区域，这个区域中的某些内容超过了现有的知识范围，但不代表人们学不会这些知识。

37. Kahneman (2011).

38. National Institute of Child Health and Human Development (2000). 美国国家阅读小组还就主要发现为父母和教师提供了一份名为《把阅读放在第一位》(*Putting Reading First*) 的通俗易懂的总结。

39. 美国国家阅读小组错误地强调实验性研究而不是观察性研究，因此忽略了重要发现，这份报告回应了民众对此的抱怨。“比如，皮亚杰和维果茨基都为了解儿童的学习方式做出了重要贡献，但他们都没有进行实验性研究”。这种说法完全是在传递错误信息，众所周知，他们对儿童进行了创新并极具影响力的实验。“Report of the NEA Task Force on Reading 2000,” NEA.

40. 阿林顿和伍德赛德 – 基伦（Woodside-Jiron）表示，许多研究结果和自己的观点相矛盾。这些研究结果是由美国国家儿童健康和人类发展研究所的官员里德・里昂（Reid Lyon）资助的，他所在的这个机构是反教育政治议程的一部分。作者认为这次政治活动的指导文件是一份不为人熟知的文件。这份文件记录了美国国家儿童健康和人类发展研究所在 30 年间资助的阅读研究，目录就有 22 页，参见 Grossen (1997)。阿林顿和伍德赛德 - 基伦过度关注美国国家儿童健康和人类发展研究所，因此忽视了其他国家的研究也得出了大量相同的结论。如果阿林顿不是阅读教育领域的领军人物、国际阅读协会前主席、美国阅读大会前主席、"阅读名人堂"成员之一，那么他发起的反对阅读科学的运动就更容易被人们所忽视了。Allington & Woodside-Jiron(1999).

41. Anderson, Reder & Simon (1999) 是学习和认知研究的专家，赫伯特・西蒙（Herbert Simon）是诺贝尔奖得主，他们支持直接指导和练习。直接指导会导致知识僵化，对学生的理解并没有实际的帮助。这个观点后来延伸为过度的练习也会不利于学生的理解。对练习（叫作"反复练习"，好像这个词组构成了实证评价）的批评在建构主义写作中十分重要。过去 20 年的研究中，认为练习会对学生造成损害是最为盛行的一种观点。但实验和大量的教师研究证据都表明，大量练习会增加真正的竞争力。否定练习的重要性就是抹杀学生的竞争力。教师的任务不是通过布置困难的作业消磨学生的动力，而是在让学生练习的同时，保持他们的兴趣。

42. 大量证据证明了语音在阅读中起到的重要作用，但这并不表明阅读教学中只涉及语音教学。任何人学习阅读都伴随着拼读。所以拼读很重要，但只关注它是远远不够的。

43. 我听过这样一个故事，故事中的父母都受过良好的职业教育。但他们的孩子刚刚上学时就在阅读上碰到了麻烦，他开始回避并不再阅读。这对父母带孩子看了专攻语音教学法等基础技能的阅读专家。他们的孩子很快便对阅读充满热情和兴趣。当一学年结束时，父母问教师，学校为什么不进行语音教学。教师回答："学这项内容的时候你们的孩子不在。"［当然，故事不是证据，只是少量人工数据（Sara Pikelet）。］

44. 参见 Adams (2004)，了解史密斯著作的背景知识。

45. Goodman (1976).

46. 你可以在我的个人网站上完成完形填空。一个新闻故事里有每 5 个词就有一个被删除，任务就是，在阅读的过程中猜出缺失的单词。做题过程中发生的事情让人深感意外。

47. Gough (1983).

48. 认知科学和神经科学的现代理论以预测为中心，但这里的预测比古德曼预想的统计学机制更加广泛。今天，许多研究人员认为大脑持续评估自下而上的传感信息而非自上而下的预期。参见 Clark (2013)。预期以概率分布的形式呈现。比如，发生概率和即将出现的词汇、语法种类（名词、动词和其他种类词汇）或语义属性（比如，有生命的，无生命的）等因素有关。预测对理解语言十分重要，但是它不能使单个单词具有高度的可预测性，也不支持古德曼所提倡的文本采样（如眼动数据显示）。儿童通过对大量文本和口语的统计学习来掌握这些概率分布，而不是通过教师的教学来猜测单词。Stanovich & Stanovich (2003).

49. 古德曼的观点让我们知道，如何把一个阅读能手变成一个不擅长阅读的人。方法就是通过降低刺激的视觉特质，让单个单词变得更难理解。比如，用验证码的形式或降低单词的差别程度，只简短呈现该单词。弱化目标让熟练阅读者更加依赖语境。对于不擅长阅读的读者来说，由于他们的基础技能有限，所以目标单词弱化以后，仿佛整个文本的单词都被弱化了。
50. 习惯预测单词或对文本进行采样的儿童，在参加标准化评估时会处在劣势，因为这些标准化评估需要仔细阅读文章、理解问题和数学故事题。但据我所知，现在还没有相关研究。
51. Wray (2004).
52. Commission on Reading of the National Council of Teachers of English (NCTE), "On Reading, Learning to Read, and Effective Reading Instruction: An Overview of What We Know and How We Know It," NCTE.
53. 古德曼的文章可以从网上查询。它包括了乔姆斯基关于阅读理解的观点数据。但这其中一定有什么误会。文章里的理论并非由乔姆斯基提出，同时，我还没看到他在任何地方发表支持该观点的文章。不幸运的是，现在已经找不到乔姆斯基很久以前的访谈资料。古德曼可能是从"复杂推测"时期，参考了感知方面的理论。
54. Leu (1982).
55. 教育家戴维·皮尔森（David Pearson）引自 Kim (2008), 97："我从没见过什么东西能像全语言教学法运动传播这么迅速的。全语言教学法席卷北美，读写课程和相关研究都在使用全语言教学法。它的传播速度就像传染病、野火那么快。"
56. Britton & Graesser (2014) 中有大量描述。
57. 学术词汇资源见"The Academic Word List," Victoria University of Wellington School of Linguistics and Applied Language Studies。背景知识的深度讨论，参见 Willingham (2006)。
58. Adams (2011).
59. 美国联邦贸易委员会对出版自然拼读教材的公司（Hooked on Phonics）的处理方案可以从网上查询。
60. 那些在校外成功学习语音的儿童，可能会无意中让人产生错觉，认为课堂练习是有效的。教师可能不会意识到儿童的阅读能力取得了很大的提升，是因为他们获得了更多的外部指导。

61. 生物医学的临床实验能否达到高标准，这是另一个问题，虽然这也是个令人担忧的问题。

62. it has not worked well: McArthur (2008).

63. 他们还受到一些在医学随机对照试验中没有出现的人为因素的影响。在某些情况下，不像医学随机对照试验那么严格的方法也可以产生类似的结果。Cook & Steiner (2009).Dorothy Bishop, "Three Ways to Improve Cognitive Test Scores Without Intervention," BishopBlog, August 14, 2010.

64. Eric Westervelt, "There Is No FDA for Education. Maybe There Should Be," NPR.org, March 7, 2016.

65. 北美阅读恢复协会：http://readingrecovery.org。

66. 威廉・图梅尔（William Tunmer）是一名出色的阅读研究者，他恰好居住在新西兰，这里正是阅读恢复治疗项目的发源地，该项目为新西兰民众读写能力的提高做出了贡献。参见 Tunmer et al. (2013)。阅读恢复治疗项目获得的支持，参见 Shanahan & Barr (1995)。有效教学策略资料中心的阅读恢复治疗项目，可以从网上查询。短期的成果，参见Center et al. (1995)。这个项目密切关注的是同一个年龄组的儿童，在这个年龄组中，儿童的表现参差不齐，很多儿童都能赶上。另外这个项目还提供额外的课堂活动，所以与只享有课堂教学的儿童相比，参与该项目的儿童，表现会更好。有效教学策略资料中心收集了 202 项对阅读恢复治疗项目效果进行调查的研究。其中 3 项符合他们对有效实验设计设立的标准。这些研究是由与阅读恢复治疗项目联系密切的研究人员展开的。

67. Baumann et al. (2000).

68. 接下来谈到的是阅读、写作和交谈。"Why Literacy," International Literacy Association.

69. American Association of School Librarians (2009).

70. 《牛津英语词典》已收录词条"电视文本读写能力"。

71. *New York Times* 1914: "New York Times Front Page," July 29, 1914. Wikipedia.

72. Kellner (2006).

73. Fred Beneson, "Emoji Dick," Kickstarter.

74. Karemaker, Pitchford, & O'Malley (2010).

75. 特里林的信件，参见 Lehman (1998), 192。

76. 兰道尔・门罗的阐释可以从网上查询。

第 12 章　阅读的未来

1. 这部分的历史和一些引用主要出自 Clifford & Guthrie（1988）。
2. Clifford & Guthrie (1988), 136.
3. 参见 Goldstein（2014）。与其他职业相比，教师是一种社会地位较低的职业。
   这一职业的从业者通常都是地位较低的个体（妇女），工资水平也较低。一个学院、大学或一个项目的地位主要取决于其“投入”，即参与个体的特征，而不是“产出”，即毕业生随后的表现（成为能够决定《美国新闻与世界报道》（*U. S. News & World Report*）中的大学排名的高素质人才）。在美国，教师教育学院的投入质量较低，但是芬兰的情况则不是这样。
4. 引自 Clifford & Guthrie (1988), 16。
5. 引自 Clifford & Guthrie（1988），137。这段古老的历史并不能反映哈佛大学教育研究生院的现状。
6. Adams, Bell, & Griffin (2007); Tyson & Park (2006).
7. Coleman（1996）. 该报告记录了在不同种族和社会经济地位的群体之间，教育机会（师资、学校资源等）存在的巨大差异。报告指出：“众所周知，社会经济因素与学业成绩有着密切的关系。”在“学业成绩与学校特征的关系”一项中，报告的第一个发现是，“当社会经济因素量化统计时，学校之间的差异只是导致学生成绩差异的一小部分因素”(21)。这一结果并不表明“学校不重要”，但许多人却做出了这样的解释。相反的分析也能提供同样多的信息：在学校质量和其他教育资源的差异实施量化统计之后，考察社会经济地位对学生的表现产生了多大程度的影响。参见 Clifford & Guthrie（1988），137。
8. 抱怨源于这样一个事实：教育理论是由教授讲授的，他们的研究重点是学习和学习环境的概念，而这些概念可能会给教育带来革命性的变化。这些方法的目的是要从根本上采用不同于目前的做法，因此对于未来的教师来说，这些都是次要的。
9. 能力非凡、看似权威的人物，他们的观点可能是连篇废话、一派胡言。这些人可能会对社会造成严重的不利影响。如果他们这些人的个人经历可以和系统的调查研究一样被看作是有效的证据，那么情况就会更糟糕。古德曼以教师自我赋能为名传达了这一信息。这样的做法激发了一种民粹主义认识论，这种认识论大大削弱了科学的作用。
   在迈克尔・斯佩克特 (Michael Specter) 所著的有关反科学信仰体系发展的著作《否认主义》(*Denialism*）一书中，他用类似的术语分析了著名健康和整体医学大师安德鲁・韦尔（Andrew Weil）博士的影响。韦尔具有争议的观点也强调个人经验的重要性。斯佩克特指出："因为有成千上万的怪人可供选择，所以解雇一个十足的怪人要比解雇一位受人尊敬的医生容易得多。医生那些有关生命力量和能量场的晦涩难懂的长篇大论，偶尔也可能会存在一些有价值的东西。" 引自 Janet Maslin, "Firing Bullets of Data at Cozy Anti-science," *New York Times*, November 6, 2009。

10. 我赞赏"每个人都是专家"这一说法。该说法出自 Richard Feynman (2014, 116)。费曼是现代最知名和最受人尊敬的科学家之一。你可能总是反复遇到这样的问题："为什么约翰不会阅读呢？" 答案是，因为拼写。几千年前的腓尼基人可以从自己的语言中找出一种用符号表示声音的办法。他们的方法非常简单，声音和符号一一对应。因此，当你看到符号所表示的声音时，你就能够推断出这个单词的读音。这是一项伟大的发明。随着时间的推移，发生了很多事情。在英语这样的语言中发生了一些声音和符号不一致的情况。为什么我们不能改变英文中某些单词的拼写？如果英语教授们不能担起此项重任，那又该由谁来完成呢？要是这些英语教授们向我抱怨，他们的大学生，虽然学习了那么多年但还是不能正确拼写出 friend（朋友）这个单词，我就只能告诉他们，那是因为他们拼写这个单词的方式有问题。这些评论表达了强烈的信念，但是对于拼写和阅读，或许英语教授们却知之甚少。如果用腓尼基语的文字系统来书写英语的话，那么我们就无法识别出英语，因为腓尼基语中没有元音。friend 这一单词的拼写并不是非常难，因为它是一个孤立词。作为一个高频词汇，friend 这个词只有一个容易和它混淆的低频词——fiend（魔鬼）。这类单词很容易区分，而且便于记忆。那英语教授们就是罪人吗？当然了，费曼教授只是开玩笑的。

11. 参加在职教师培训的教师们通过参加讲座和工作坊获取各种方法。那些所谓的"专家"在各个州之间游走，忙碌地奔走在各种教育培训会上，不断宣传各种理念和高深的见解。他们所宣讲的内容没有任何质量上的监控。新奇理论、有关视觉治疗专家和威斯康星高级中学教师道格·布尔（Doug Buehl）的详细信息可从网上查询。

12. Flexner, Pritchet, & Henry (1910). 医学教学计划整理并归纳了已在各个主要医学院实施过的实践。Clifford & Guthrie (1988) 讨论了这份报告。

13. 阅读材料包括 Stanovich & Stanovich (2003)，这是一本非常易懂的指南，倡导在教育中使用"研究和推理"。

14. Flexner & Bachman (1916). 教育据说是由"简单的实践问题组成，这些实践问题很快会让位于经验、阅读、常识以及良好的通识教育" (Flexner, 1930, 118)。

15. "把教师的形象妖魔化已经成为某些文化中非常普遍的现象，甚至已经被广为接受。" Rebecca Mead, "Chicago's Teacher Problem, and Ours," *New Yorker*,

September 11, 2012.

16. 英国皇家学会有关神经科学和教育学的论述，可以从网上查询。

17. Carol Dweck, "The Power of Believing You Can Improve," TED talk, November 2014; Hulleman & Harackiewicz (2009).

18. 一个新型的教师教育项目：Goldie Blumenstyk, "After Years Lambasting Teacher-Ed Programs, Art Levine Creates One," *Chronicle of Higher Education*, June 16, 2015。

19. 在条件允许的情况下，如果在职教师想要弥补从教之前在教师教育学习中缺失的内容，有很多丰富的资源可供选择。美国教师协会创办的期刊《美国教育家》(*American Educator*）便是最好的选择。期刊刊载了很多教育家和研究人员对当前重要教育问题的论述文章。期刊常设的栏目《认知科学家答疑》(*Ask the Cognitive Scientist*）的主笔是丹尼尔·威林厄姆，他对基础科学的见解被视作这一领域的范本，而且他对现实情况的评估非常贴切合理。他还出版了一些著作，例如 Willingham (2015)。Cunningham & Zibulsky (2014) 的内容也同样出色。他们二人的论述以研究为基础，但是完全服务于儿童阅读发展的实际需求。Stanovich & Stanovich (2003) 就如何评价科研成果以及在课程设计中如何应用这些科研成果提供了入门介绍。美国国家阅读小组发布了一本指导手册，用简单易懂的术语解释了科学研究的基本调查结果和建议措施，手册的 PDF 版可以从网上下载。Wolf (2007) 和 Dehaene (2010) 都是在本书之前出版的非常优秀的著作。

20. 有关马萨诸塞州教师资格考试中的“基础阅读”题目，参见“Field 90: Foundations of Reading Sample Multiple-Choice Questions," MTEL Test Information Guide,；有关“阅读资格证书”题目，参见“Field 08: Reading Specialist Sample Multiple-Choice Questions," MTEL Test Information Guide。

21. Clifford & Guthrie (1988).

22. 与此类似的课程，可以从网上查询。

23. Connor et al. (2007).

24. Gee (2003).

25. Owen et al. (2010); Melby-Lervåg & Hulme (2013).

26. 霍顿·米夫林哈考特出版公司的 Read 180 软件，参见“About Read 180 Universal," HMH。

27. Darling-Hammond & Richardson (2009); 新教师项目可以从网上查询。

28. Rachel Monahan, "Charter Schools Try to Retain Teachers with Mom-Friendly Policies," *Atlantic*, November 11, 2014.

29. “About Minnesota Reading Corps,” Minnesota Reading Corps.
30. 有关美国志愿队，参见“AmeriCorps,” Corporation for National and Community Service。
31. 要了解“为美国而教”项目面临的挑战，参见 Stephen Sawchuk, “At 25, Teach for America Enters Period of Change,” *Education Week*, January 15, 2016; Olivia Blanchard, “I Quit Teach for America,” *Atlantic*, September 23, 2013; Michael Zuckerman, “Is Teach for America Good for America?,” *Harvard Magazine*, December 18, 2013; Kerry Kretchmar and Beth Sondel, “Organizing Resistance to Teach for America,” *Rethinking Schools* 28 (spring 2014)。“为美国而教”项目是 KIPP 公司的学校主要的师资来源。
32. 有关极端化，参见 Sunstein (1999)。有关这方面的概述，参见 Hastie & Sunstein (2015)。
33. James Surowiecki, “The Campaign of Magical Thinking,” *New Yorker*, March 21, 2016.
34. Nyhan & Reifler (2010).
35. 教师倡导全语言教学法（Teachers Applying Whole Language）是一个非常活跃的网络论坛。
36. Adams (1998).
37. 其他版本可以从网上查询。
38. 顶级实践者凯瑟琳·康普顿－莉莉（Catherine Compton-Lilly）阐释并演示了这种方法，相关信息可以从网上查询。
39. Glenberg et al. (2004). 研究中所讲述的故事非比寻常，儿童如果不从其他地方获得额外的信息，就很难理解故事的内容。
40. Hahn, Foxe, & Molholm (2014).
41. “3 个提示系统”方法很容易让人联想到第 5 章中描述的概率约束的水果—黄色—圆形组合。不同之处在于，熟练阅读者能够自动且下意识地结合大量非常小的、未标记的统计约束。我利用这个游戏来阐明概率约束的组合，因为该过程是在读者意识明确的情况下发生的，并且约束可以用语言来描述。美国心理学家，人工智能、教育和神经科学领域的核心人物戴维·鲁梅尔哈特认为：尽管如此，显性（游戏）和隐性（词汇统计）的过程之间也存在关联。“3 个提示系统”这一方法可以追溯到 1977 年，鲁梅尔哈特在他一篇极具影响力的文章中将阅读理解描述为“在各个层面同时施加约束的过程”。依据之前提出的总体思路，鲁梅尔哈特随后引领了神经网络方法的复兴，与麦克利兰和辛顿一同将这种神经网络方法应用于人类认知发展的研究。鲁梅尔哈特提供的框架正是我所描述的阅读模式的基础。“3 个提示系统”方法就像是在没有网络的情况下进行限制满足，即没有理论明确“提示”是什么，如何学习这些提示，如何组合这些提示，以及它们在阅读单词和理解文本中所发挥的作用。

参考文献

Adams, M. J. (1980). What good is orthographic redundancy? Center for the Study of Reading Technical Report 192. ERIC.

Adams, M. J. (1998). The three-cueing system. In F. Lehr & J. Osborn (Eds.), *Literacy for all: Issues in teaching and learning*. New York: Guilford Press.

Adams, M. J. (2004). Why not phonics and whole language? In W. Wray (Ed.), *Literacy: Major themes in education*, Vol. 2. London: RoutledgeFalmer.

*Adams, M. J. (2011). Advancing our students' language and literacy: The challenge of complex texts. *American Educator*, *34*, 3–11.

Adams, M., Bell, L. A., & Griffin, P. (Eds.). (2007). *Teaching for diversity and social justice*. New York: Routledge.

Allen, J., & Seidenberg, M. S. (1999). Grammaticality judgment and aphasia: A connectionist account. In B. MacWhinney (Ed.), *The emergence of language*. Hillsdale, NJ: Erlbaum.

Allington, R. L. (2002). *Big Brother and the National Reading Curriculum: How ideology trumped evidence*. Portsmouth, NH: Heinemann.

Allington, R. L. (2012). *What really matters for struggling readers: Designing research-based programs*. New York: Pearson.

Allington, R. L., & Woodside-Jiron, H. (1999). The politics of literacy teaching: How "research" shaped educational policy. *Educational Researcher*, *28*, 4–13.

American Academy of Pediatrics. (2009). Learning disabilities, dyslexia, and vision. *Pediatrics*, *124*, 837–844.

*American Association of School Librarians. (2009). *Standards for the 21st-century learner in action.* American Library Association.

American Federation of Teachers (AFT). (2012). *Raising the bar: Aligning and elevating teacher preparation and the teaching profession.* AFT.

*Anderson, J. A., Reder, L., & Simon, H. (1999). Applications and misapplications of cognitive psychology to mathematics education. Memory Lab, Carnegie Mellon University.

Ashkenazi, S., Black, J. M., Abrams, D. A., Hoeft, F., and Menon, V. (2013). Neurobiological underpinnings of math and reading learning disabilities. *Journal of Learning Disabilities*, *46*, 549–569.

Ashok, V. G., Feng, S., & Choi, Y. (2013). Success with style: Using writing style to predict the success of novels. *Proceedings of the 2013 Conference on Empirical Methods in Natural Language Processing*, 1753–1764. Seattle, WA: Association for Computational Linguistics.

Au, K. H. (1998). Social constructivism and the school literacy learning of students of diverse backgrounds. *Journal of Literacy Research*, *30*, 297–319.

Baratz, S., & Baratz, J. (1970). Early childhood intervention: The social science base of institutional racism. *Harvard Educational Review*, *40*, 29–50.

Baron, J., & Strawson, C. (1976). Use of orthographic and word-specific knowledge in reading words aloud. *Journal of Experimental Psychology: Human Perception and Performance*, *4*, 207–214.

Barton, D. (1995). Some problems with an evolutionary view of written language. In S. Puppel (Ed.), *The biology of language*. Philadelphia: John Benjamins Publishing.

Barton, P. E., & Coley, R. J. (2009). *Parsing the achievement gap II: Policy information report.* ERIC.

Bassok, D., & Rorem, A. (2014). Is kindergarten the new first grade? The changing nature of kindergarten in the age of accountability. Amherst Full Day Kindergarten.

Battaglio, S. (2011). *David Susskind: A televised life*. New York: St. Martin's Griffin.

Baumann, J. F., Hoffman, J. V., Duffy-Hester, A. M., & Ro, J. M. (2000). The first r yesterday and today: US elementary reading instruction practices reported by teachers and administrators. *Reading Research Quarterly*, *35*(3), 338–377.

*Beck, I. L., & Juel, C. (1995). The role of decoding in learning to read. *American Educator*,

19, 3.

*Beck, I. L., & McKeown, M. G. (1991). Social studies texts are hard to understand: Mediating some of the difficulties. *Language Arts*, *68*, 482–490.

Beck, I. L., McKeown, M. G., & Kucan, L. (2013). *Bringing words to life: Robust vocabulary instruction*. New York: Guilford Press.

Behrmann, M., Nelson, J., & Sekuler, E. B. (1998). Visual complexity in letter-by-letter reading: Pure alexia is not pure. *Neuropsychologia*, *36*, 1115–1132.

Behrmann, M., & Plaut, D. C. (2013). Distributed circuits, not circumscribed centers, mediate visual recognition. *Trends in Cognitive Sciences*, *17*, 210–219.

Bélanger, N. N., & Rayner, K. (2015). What eye movements reveal about deaf readers. *Current Directions in Psychological Science, 24,* 220–226.

Bélanger, N. N., Slattery, T. J., Mayberry, R. I., & Rayner, K. (2012). Skilled deaf readers have an enhanced perceptual span in reading. *Psychological Science*, *23*, 816–823.

Benford, G. (1980). *Timescape*. New York: Bantam Books.

Bentin, S., & Frost, R. (1987). Processing lexical ambiguity and visual word recognition in a deep orthography. *Memory and Cognition*, *15*, 13–23.

*Bialystok, E., Craik, F. I. M., Green, D. W., & Gollan, T. H. (2009). Bilingual minds. *Psychological Science in the Public Interest*, *10*, 89–129.

Bishop, D. V. M. (2009). Genes, cognition, and communication. *Annals of the New York Academy of Sciences*, *1156*, 1–18.

Bishop, D. V. M. (2013). Neuroscientific studies of intervention for language impairment in children: Interpretive and methodological problems. *Journal of Child Psychology and Psychiatry*, *54*, 247–259.

Blake, R., & Cutler, C. (2003). AAE and variation in teachers' attitudes: A question of school philosophy? *Linguistics and Education, 14*, 163–194.

Blough, D. S. (1982). Pigeon perception of letters of the alphabet. *Science*, *218*, 397–398.

Bransford, J. D., Brown, A. L., & Cocking, R. R. (Eds.). (2000). *How people learn: brain, mind, experience, and school.* Washington, DC: National Academy Press.

Britton, B. K., & Graesser, A. C. (2014). *Models of understanding text*. New York: Psychology Press.

Browman, C. P., & Goldstein, L. (1990). Gestural specification using dynamically-defined articulatory structures. *Journal of Phonetics*, *18*, 299–320.

Brown, M. C., Sibley, D. E., Washington, J. A., Rogers, T. T., Edwards, J. R., MacDonald, M. C., & Seidenberg, M. S. (2015). Impact of dialect use on a basic component of learning to read. *Frontiers in Psychology*, 6, article 00196.

Bruck, M. (1990). Word-recognition skills of adults with childhood diagnoses of dyslexia. *Developmental Psychology*, *26*, 439–454.

Bruck, M. (1992). Persistence of dyslexics' phonological awareness deficits. *Developmental Psychology*, *28*, 874–886.

Bruner, J. S., & Goodman, C. C. (1947). Value and need as organizing factors in perception. *Journal of Abnormal and Social Psychology*, *42*, 33–44.

Buckley, J. (2011). A closer look at verifying the integrity of NAEP. National Assessment Governing Board Meeting, August 5, 2011. DocSlide.

Cameron-Faulkner, T., & Noble, C. (2013). A comparison of book text and child directed speech. *First Language*, *33*, 268–279.

Caramazza, A., & Mahon, B. Z. (2003). The organization of conceptual knowledge: The evidence from category-specific semantic deficits. *Trends in Cognitive Sciences*, *7*, 354–361.

Caravolas, M., & Samara, A. (2015). Learning to read and spell words in different writing systems. In A. Pollatsek & R. Treiman (Eds.), *The Oxford handbook of reading*. Oxford: Oxford University Press.

Carey, S. (1978). The child as word learner. In M. Halle, J. Bresnan & G. A. Miller (Eds.), *Linguistic theory and psychological reality.* Cambridge, MA: MIT Press.

Carnoy, M., & Rothstein, R. (2013). *What do international tests really show about US student performance?* Economic Policy Institute.

Cassidy, K. W., Kelly, M. H., & Sharoni, L. (1999). Inferring gender from name phonology. *Journal of Experimental Psychology: General*, *128*, 362–381.

Center, Y., Wheldall, K., Freeman, L., Outhred, L., & McNaught, M. (1995). An experimental evaluation of reading recovery. *Reading Research Quarterly*, *30*, 240–263.

*Charity, A. H., Scarborough, H. S., & Griffin, D. M. (2004). Familiarity with school English in African American children and its relation to early reading achievement. *Child*

Development, *75*, 1340–1356.

Chater, N., Tenenbaum, J. B., & Yuille, A. (2006). Probabilistic models of cognition: Conceptual foundations. *Trends in Cognitive Sciences*, *10*, 287–291.

Chomsky, N. & Halle, M. (1968). *The sound pattern of English*. New York: Harper & Row.

Clark, A. (2013). Whatever next? Predictive brains, situated agents, and the future of cognitive science. *Behavioral and Brain Sciences*, *36*, 181–204.

Clay, M. M. (1991). *Becoming literate: The construction of inner control.* Taylor & Francis.

Clay, M. M. (1993). *An observation survey of early literacy achievement*. Portsmouth, NH: Heinemann.

Clay, M. M. (1998). *An observation of early literacy achievement*. Auckland, NZ: Heineman.

Clifford, G. J., & Guthrie, J. W. (1988). *Ed school: A brief for professional education.* Chicago: University of Chicago Press.

Cochran-Smith, M., & Lytle, S. (2006). Troubling images of teaching in No Child Left Behind. *Harvard Educational Review*, *76*, 668–697.

Cochran-Smith, M., & Zeichner, K. M. (Eds.). (2005). *Studying teacher education: The report of the AERA panel on research and teacher education*. Mahway, NJ: Erlbaum.

Coleman, J. S., US Office of Education, & National Center for Education Statistics. (1966). *Equality of Educational Opportunity*. Center for Educational Statistics Report OE-38001. Washington, DC: US Department of Health, Education, and Welfare, Office of Education.

Coles, G. (2000). *Misreading reading: The bad science that hurts children*. Portsmouth, NH: Heinemann.

*Connor, C. M., Morrison, F. J., Fishman, B. J., Schatschneider, C., & Underwood, P. (2007). Algorithm-guided individualized reading instruction. *Science, 315*, 464–465.

Cook, T. D., & Steiner, P. M. (2009). Some empirically viable alternatives to random assignment. *Journal of Policy Analysis and Management*, *28*, 165–166.

Council on Foreign Relations (CFR). (2012). *U.S. education reform and national security.* Independent Task Force Report No. 68. CFR.

Cox, C. R., Seidenberg, M. S., & Rogers, T. T. (2015). Connecting functional brain imaging and parallel distributed processing. *Language, Cognition and Neuroscience*, *30*,

380–394.

Craig, H. K., Zhang, L., Hensel, S. L., & Quinn, E. J. (2009). African American English-speaking students: An examination of the relationship between dialect shifting and reading outcomes. *Journal of Speech, Language, and Hearing Research*, *52*, 839–855.

*Crews, F. (2006). *Postmodern Pooh*. Evanston, IL: Northwestern University Press.

Critchley, M. (1970). *The dyslexic child*. Springfield, IL: Charles C. Thomas, 1970.

*Crystal, D. (2008). *Txtng: The gr8 db8*. Oxford: Oxford University Press.

*Cunningham, A. E., & Zibulsky, J. (2014). *Book smart: How to develop and support successful, motivated readers*. Oxford: Oxford University Press.

Daniels, P. T. (1996). The first civilizations. In P. T. Daniels & W. Bright, *The world's writing systems*. Oxford: Oxford University Press.

Daniels, P. T., & Bright, W. (1996). *The world's writing systems*. Oxford: Oxford University Press.

*Darling-Hammond, L. (2014). One piece of the whole: Teacher evaluation as part of a comprehensive system for teaching and learning. *American Educator*, *38*, 4.

Darling-Hammond, L., & Richardson, N. (2009). Research review/teacher learning: What matters. *Educational Leadership*, *66*, 46–53.

*DeFrancis, J. (1989). *Visible speech: The diverse oneness of writing systems*. Honolulu: University of Hawaii Press.

*Dehaene, S. (2010). *Reading in the brain: The new science of how we read*. New York: Penguin.

Dennis, I., Besner, D., & Davelaar, E. (1985). Phonology in visual word recognition: Their is more two this than meats the I. In D. Besner, T. Waller, & G. MacKinnon (Eds.), *Reading Research: Advances in Theory and Practice*, 5:170–195. New York: Academic Press.

Dickinson, D. K., & Sprague, K. E. (2003). The nature and impact of early child care environ- ment on the language and early literacy development of children from low-income families. In S. B. Neuman & D. K. Dickinson (Eds.), *Handbook of early literacy research* (New York: Guilford Press), 1:263–280.

Diehl, J. J., Frost, S. J., Sherman, G., Mencl, W. E., Kurian, A., Molfese, P., Landi, N., Preston, J., Soldan, A., Fulbright, R. K., Rueckl, J., Seidenberg, M. S., & Pugh, K.

R. (2014). Neural correlates of language and non-language visuospatial processing in adolescents with reading disability. *NeuroImage*, *101*, 653–666.

Diemand-Yauman, C., Oppenheimer, D. M., & Vaughan, E. B. (2011). Fortune favors the bold (and italicized): Effects of disfluency on educational outcomes. *Cognition*, *118*, 111–115.

Dingemanse, M., Blasi, D. E., Lupyan, G., Christiansen, M. H., & Monaghan, P. (2015). Arbitrariness, iconicity, and systematicity in language. *Trends in Cognitive Sciences*, *19*, 603–615.

Duckworth, A. L., Peterson, C., Matthews, M. D., & Kelly, D. R. (2007). Grit: Perseverance and passion for long-term goals. *Journal of Personality and Social Psychology*, *92*, 1087–1101.

Dudley-Marling, C., & Lucas, K. (2009). Pathologizing the language and culture of poor children. *Language Arts*, *86*(5), 362–370.

Duncan, G. J., & Sojourner, A. J. (2013). Can intensive early childhood intervention programs eliminate income-based cognitive and achievement gaps? *Journal of Human Resources*, *48*, 945–968.

Dunn, L. M., & Dunn, D. M. (2015). *Peabody Picture Vocabulary Test: PPVT 4*. New York: Pearson.

Ehri, L. C. (1995). Phases of development in learning to read words by sight. *Journal of Research in Reading*, *18*, 116–125.

Elliott, J. G., & Gibbs, S. (2008). Does dyslexia exist? *Journal of Philosophy of Education*, *42*, 475–491.

Elliott, J. G., & Grigorenko, E. L. (2014). *The dyslexia debate*. Cambridge: Cambridge University Press.

Ellis, A. W. (1979). Slips of the pen. *Visible Language*, *13*, 265–282.

Escoffier, M., & Di Giacomo, K. (2014). *Take Away the A.* Enchanted Lion Books.

Espy, K. A., Molfese, D. L., Molfese, V. J., & Modglin, A. (2004). Development of auditory event-related potentials in young children and relations to word-level reading abilities at age 8 years. *Annals of Dyslexia*, 54, 9–38.

*Fatsis, S. (2001). *Word freak: Heartbreak, triumph, genius, and obsession in the world of competitive Scrabble players*. Boston: Houghton Mifflin Harcourt.

Fernald, A., Marchman, V. A., & Weisleder, A. (2013). SES differences in language processing skill and vocabulary are evident at 18 months. *Developmental Science*, 16, 234–248.

*Fernald, A., & Weisleder, A. (2015). Twenty years after "meaningful differences," it's time to reframe the "deficit" debate about the importance of children's early language experience. *Human Development*, 58, 1–4.

Feynman, R. P. (2014). *The meaning of it all: Thoughts of a citizen-scientist*. New York: Basic Books.

Filik, R., & Barber, E. (2011). Inner speech during silent reading reflects the reader's regional accent. *PLOS ONE*, 610, e25782.

Firth, J. R. (1957). A synopsis of linguistic theory, 1930–1955. In Philological Society (Ed.), *Studies in linguistic analysis*. Oxford: Blackwell.

Fletcher, J. M. (2009). Dyslexia: The evolution of a scientific concept. *Journal of the International Neuropsychological Society*, *15*, 501–508.

Fletcher, J. M., & Vaughn, S. (2009). Response to intervention: Preventing and remediating academic difficulties. *Child Development Perspectives*, *3*, 30–37.

Flexner, A. (1930). *Universities: American, English, German*. New York: Oxford University Press.

Flexner, A., & Bachman, F. P. (1916). *Public education in Maryland: A report to the Maryland Educational Survey Commission*. New York: General Education Board.

Flexner, A., Pritchet, H., & Henry, S. (1910). *Medical education in the United States and Canada*. New York: Carnegie Foundation for the Advancement of Teaching.

Flusberg, S., & McClelland, J. L. (2014). Connectionism and the emergence of mind. Oxford Handbooks Online.

Flynn, J. R. (1987). Massive IQ gains in 14 nations: What IQ tests really measure. *Psychological Bulletin*, *101*, 171–191.

Fodor, J. A. (1975). *The language of thought*. Cambridge, MA: Harvard University Press.

Fowler, A. E. (1991). How early phonological development might set the stage for phoneme awareness. In S. Brady & D. P. Shankweiler (Eds.), *Phonological processes in literacy: A tribute to Isabelle Y. Liberman*. Hillsdale, NJ: Erlbaum.

Friend, A., DeFries, J. C., & Olson, R. K. (2008). Parental education moderates genetic influences on reading disability. *Psychological Science*, *19*, 1124–1130.

*Frith, C., & Frith, U. (2005). Quick guide: Theory of mind. *Current Biology*, *15*, R644–

R645.

*Frith, U. (1998). Literally changing the brain. *Brain*, *121*, 1011–1012.

Frith, U., & Happé, F. (1998). Why specific developmental disorders are not specific: On - line and developmental effects in autism and dyslexia. *Developmental Science*, *1*, 267–272.

Frost, R., Katz, L., & Bentin, S. (1987). Strategies for visual word recognition and orthographical depth: A multilingual comparison. *Journal of Experimental Psychology: Human Perception and Performance*, *13*, 104–115.

Fryer, R. G., & Levitt, S. D. (2006). The black-white test score gap through third grade. *American Law and Economics Review, 8*(2), 249–281.

Funnell, E. (1983). Phonological processes in reading: New evidence from acquired dyslexia. *British Journal of Psychology*, *74*, 159–180.

Gabrieli, J. D. E. (2009). Dyslexia: A new synergy between education and cognitive neuroscience. *Science*, *325*, 280–283.

*Galaburda, A. M., LoTurco, J., Ramus, F., Holly Fitch, R., & Rosen, G. D. (2006). From genes to behavior in developmental dyslexia. *Nature Neuroscience*, *9*, 1213–1217.

Garan, E. (2001). Beyond the smoke and mirrors: A critique of the National Reading Panel Report on phonics. *Phi Delta Kappan*, *82*, 500–506.

Garrard, P., Maloney, L. M., Hodges, J. R., & Patterson, K. (2005). The effects of very early Alzheimer' s disease on the characteristics of writing by a renowned author. *Brain*, *128*, 250–260.

*Gee, J. (2003). *What video games have to teach us about learning and literacy*. New York: Palgrave Macmillan.

General Accounting Office (GAO). (2007). *Poverty in America*. GAO.

Gernsbacher, M. A, Varner, K. R., & Faust, M. (1990). Investigating differences in general comprehension skill. *Journal of Experimental Psychology: Learning, Memory, and Cognition*, *16*, 430–445.

Gladwell, M. (2013). *David and Goliath: Underdogs, misfits and the art of battling giants*. Boston: Little, Brown & Co.

Glasser, M. F., Coalson, T. S., Robinson, E. C., Hacker, C. D., Harwell, J., et al. (2016). A multimodal parcellation of human cerebral cortex. *Nature*, advance online publication, July 20.

*Gleick, J. (2011). *The information: A history, a theory, a flood.* New York: Pantheon.

Gleitman, L. R. (1990). The structural sources of verb meanings. *Language Acquisition*, *1*, 3–55.

Glenberg, A. M., Gutierrez, T., Levin, J. R., Japuntich, S., & Kaschak, M. P. (2004). Activity and imagined activity can enhance young children' s reading comprehension. *Journal of Educational Psychology*, *96*, 424.

Glushko, R. J. (1979). The organization and activation of orthographic knowledge in reading aloud. *Journal of Experimental Psychology: Human Perception and Performance*, *5*, 674– 691.

Goldberg, Y. (2012). Do baboons really care about letter-pairs? Ben-Gurion University of the Negev.

Goldin - Meadow, S., & Mayberry, R. I. (2001). How do profoundly deaf children learn to read? *Learning Disabilities Research & Practice*, *16*, 222–229.

*Goldstein, D. (2014). *The Teacher Wars*. New York: Doubleday.

Goodman, K. S. (1974). Effective teachers of reading know language and children. *Elementary English*, *51*, 823–828.

Goodman, K. S. (1976). Reading: A psycholinguistic guessing game. In H. Singer & R. B. Ruddell (Eds.), *Theoretical models and processes of reading*, 497–508. Newark, DE: International Reading Association.

Goodman, K. S. (1986). *What' s whole in whole language.* Richmond Hill, Ontario: Scholastic.

Goodman, K. S. (1994). Reading, writing, and written texts: A transactional sociopsycholinguistic view. In R. B. Ruddell, M. R. Ruddell, & H. Singer (Eds.), *Theoretical models and processes of reading*. Newark, DE: International Reading Association.

Goodman, K. S. (1996). *Ken Goodman on reading: A common-sense look at the nature of language and the science of reading*. Portsmouth: Heinemann.

Goodman, K., & Goodman, Y. (1981). Twenty questions about teaching language. *Educational Leadership*, *38*, 437–442.

Gosa, T., & Alexander, K. (2007). Family (dis)advantage and the educational prospects of better off African American youth: How race still matters. *Teachers College Record*,

109(2), 285–321.

Goswami, U. (2015). Sensory theories of developmental dyslexia: Three challenges for research. *Nature Reviews Neuroscience*, *16*, 43–54.

Goswami, U., Ziegler, J. C., Dalton, L., & Schneider, W. (2001). Pseudohomophone effects and phonological recoding procedures in reading development in English and German. *Journal of Memory and Language*, *45*, 648–664.

Gough, P. B. (1983). Context, form, and interaction. In K. Rayner (Ed.), *Eye movements in reading: Perception and language processes*. New York: Academic Press.

*Gough, P. B., & Hillinger, M. L. (1980). Learning to read: An unnatural act. *Annals of Dyslexia*, *30*, 179–196.

Gough, P. B., Hoover, W. A., & Peterson, C. L. (1996). Some observations on a simple view of reading. In C. Cornoldi & J. Oakhill (Eds.), *Reading comprehension difficulties: Processes and intervention*, 1–13. Erlbaum.

Grainger, J., Dufau, S., Montant, M., Ziegler, J. C., & Fagot, J. (2012). Orthographic processing in baboons (*Papio papio*). *Science*, *336*, 245–248.

Granic, I., Lobel, A., & Engels, R. C. (2014). The benefits of playing video games. *American Psychologist*, *69*, 66–78.

Graves, W. W., Binder, J. R., Desai, R. H., Humphries, C., Stengel, B. C., & Seidenberg, M. S. (2014). Anatomy is strategy: Skilled reading differences associated with structural connectivity differences in the reading network. *Brain & Language*, *133*, 1–13.

Gray, L., & Taie, S. (2015). Public school teacher attrition and mobility in the first five years: Results from the first through fifth waves of the 2007–08 Beginning Teacher Longitudinal Study. National Center for Education Statistics.

Gray, P. (2010). Children teach themselves to read. *Psychology Today*. February 24, 2010.

Green, C. S., & Bavelier, D. (2003). Action video game modifies visual selective attention. *Nature*, *423*, 534–537.

Grossen, B. (1997). 30 years of research: What we now know about how children learn to read. ERIC.

Guinness. (1990). *Guinness Book of World Records*. New York: Bantam Books.

Hahn, N., Foxe, J. J., & Molholm, S. (2014). Impairments of multisensory integration and crosssensory learning as pathways to dyslexia. *Neuroscience & Biobehavioral Reviews*, *47*, 384–392.

Halliday, M. A. K. (1983). Ideas about language. In F. B. Agard, G. Kelley, A. Makkai, & V. Makkai (Eds.), *Essays in honor of Charles F. Hockett.* Leiden: Brill.

Hammill, D. D., Leigh, J. E., McNutt, G., & Larsen, S. C. (1988). A new definition of learning disabilities. *Learning Disability Quarterly*, *11*, 217–223.

Hanley, J. R., Masterson, J., Spencer, L., & Evans, D. (2004). How long do the advantages of learning to read a transparent orthography last? *Quarterly Journal of Experimental Psychology*, *57*, 1393–1410.

Hanushek, E. A., & Woessmann, L. (2008). The role of cognitive skills in economic development. *Journal of Economic Literature*, *46*, 607–668.

Hanushek, E. A., & Woessmann, L. (2012). Do better schools lead to more growth? Cognitive skills, economic outcomes, and causation. *Journal of Economic Growth*, *17*, 267–321.

Hargreaves, I. S., Pexman, P. M., Zdrazilova, L., & Sargious, P. (2012). How a hobby can shape cognition: Visual word recognition in competitive Scrabble players. *Memory and Cognition*, *40*, 1–7.

Harm, M., & Seidenberg, M. S. (1999). Reading acquisition, phonology, and dyslexia: Insights from a connectionist model. *Psychological Review, 106*, 491–528.

Harm, M., McCandliss, B., & Seidenberg, M. S. (2003). Modeling the successes and failures of interventions for disabled readers. *Scientific Studies of Reading*, *7*, 155–182.

Harm, M., & Seidenberg, M. S. (2004). Computing the meanings of words in reading: Division of labor between visual and phonological processes. *Psychological Review*, *111*, 662–720.

Harms, W., & DePencier, I. (1996). 100 years of learning at the University of Chicago Laboratory Schools. University of Chicago Laboratory Schools.

Harris, D. N., & Sass, T. R. (2011). Teacher training, teacher quality, and student achievement. *Journal of Public Economics*, *95*, 798–812.

*Hart, B., & Risley, T. R. (1995). *Meaningful differences in the everyday experience of young American children*. Baltimore: Paul H. Brookes Publishing.

Hart, S. A., Soden, B., Johnson, W., Schatschneider, C., & Taylor, J. (2013). Expanding the environment: gene × school-level SES interaction on reading comprehension. *Journal of Child Psychology and Psychiatry*, *54*, 1047–1055.

Hassett, D. D. (2006). Signs of the times: The governance of alphabetic print over "appropriate" and "natural" reading development. *Journal of Early Childhood Literacy*, *6*, 77–103.

*Hastie, R., & Sunstein, C. (2015). Polarization: One reason groups fail. *Chicago Booth Review*. July 21, 2015.

Hayes, D., Wolfer, L. T., & Wolfe, M. F. (1996). Schoolbook simplification and its relation to the decline in SAT-verbal scores. *American Educational Research Journal*, *33*, 489–508.

Heckman, J. J., & LaFontaine, P. A. (2008). The declining American high school graduation rate: Evidence, sources, and consequences. National Bureau of Economic Research.

Heckman, J. J., & LaFontaine, P. A. (2010). The American high school graduation rate: Trends and levels. *Review of Economics and Statistics*, *92*, 244–262.

Hillis, A. E., Newhart, M., Heidler, J., Barker, P., Herskovits, E., & Degaonkar, M. (2005). The roles of the "visual word form area" in reading. *Neuroimage*, *24*, 548–559.

*Hinton, G. E., Plaut, D. C., & Shallice, T. (1993). Simulating brain damage. *Scientific American*, *269*, 76–82.

Hodges, J. R., Patterson, K., Oxbury, S., & Funnell, E. (1992). Semantic dementia: Progressive fluent aphasia with temporal lobe atrophy. *Brain*, *115*, 1783–1806.

Hoeft, F., McCandliss, B. D., Black, J. M., Gantman, A., Zakerani, N., Hulme, C., et al. (2011). Neural systems predicting long-term outcome in dyslexia. *Proceedings of the National Academy of Sciences*, *108*, 361–366.

Hoff, E. (2003). The specificity of environmental influence: Socioeconomic status affects early vocabulary development via maternal speech. *Child Development*, *74*, 1368–1378.

Hoff, E. (2013). Interpreting the early language trajectories of children from low-SES and language minority homes: Implications for closing achievement gaps. *Developmental Psychology*, *49*, 4–14.

Hombo, C. M. (2003). NAEP and No Child Left Behind: Technical challenges and practical solutions. *Theory into Practice*, *42*, 59–65.

Hoover, W. A., & Gough, P. B. (1990). The simple view of reading. *Reading and Writing*, *2*, 127–160.

Hornickel, J., & Kraus, N. (2013). Unstable representation of sound: A biological marker of dyslexia. *Journal of Neuroscience*, *33*, 3500–3504.

Horton-Ikard, R., & Miller, J. F. (2004). It is not just the poor kids: The use of AAE forms by African-American school-aged children from middle SES communities. *Journal of Communication Disorders*, *37*, 467–487.

Hoxhallari, L., van Daal, V. H. P., & Ellis, N. C. (2004). Learning to read words in Albanian: A skill easily acquired. *Scientific Studies of Reading*, *8*, 153–166.

*Hulleman, C. S., & Harackiewicz, J. M. (2009). Promoting interest and performance in high school science classes. *Science*, *326*, 1410–1412.

Hulme, C., Goetz, K., Gooch, D., Adams, J., & Snowling, M. J. (2007). Paired-associate learning, phoneme awareness, and learning to read. *Journal of Experimental Child Psychology*, *96*, 150–166.

Hulme, C., Nash, H. M., Gooch, D., Lervåg, A., & Snowling, M. J. (2015). The foundations of literacy development in children at familial risk of dyslexia. *Psychological Science*, *26*, 1877–1886.

Huttenlocher, J., Haight, W., Bryk, A., Seltzer, M., & Lyons, T. (1991). Early vocabulary growth: Relation to language input and gender. *Developmental Psychology*, *27*, 236.

James, P. A., Oparil, S., Carter, B. L., Cushman, W. C., Dennison-Himmelfarb, C., et al. (2014). 2014 evidence-based guideline for the management of high blood pressure in adults: Report from the panel members appointed to the Eighth Joint National Committee (JNC 8). *Journal of the American Medical Association*, *311*, 507–520.

Jared, D., Levy, B. A., & Rayner, K. (1999). The role of phonology in the activation of word meanings during reading: Evidence from proofreading and eye movements. *Journal of Experimental Psychology: General*, *128*, 219–264.

*Jones, N. (2014). The learning machines. *Nature*, *505*, 146–148.

*Joshi, R. M., Treiman, R., Carreker, S., & Moats, L. C. (2008). How words cast their spell. *American Educator*, *32*, 6–16.

Jusczyk, P. W. (2000). *The discovery of spoken language*. Cambridge, MA: MIT Press.

Justice, L. M., & Ezell, H. K. (2002). Use of storybook reading to increase print awareness in at- risk children. *American Journal of Speech-Language Pathology*, *11*, 17–29.

*Kahneman, D. (2011). *Thinking, Fast and Slow*. New York: Macmillan.

Karemaker, A., Pitchford, N. J., & O' Malley, C. (2010). Enhanced recognition of written words and enjoyment of reading in struggling beginner readers through whole-word multimedia software. *Computers & Education*, *54*(1), 199–208.

Kellner, D. (2006). Technological transformation, multiple literacies, and the re-visioning of education. In J. Weiss, J. Hunsinger, J. Nolan, & P. Trifonas (Eds.), *The international handbook of virtual learning environments* 14, 241–268. Netherlands: Springer.

Kena, G., Musu-Gillette, L., Robinson, J., Wang, X., Rathbun, A., et al. (2015). The condition of education 2015. NCES 2015–144. National Center for Education Statistics.

Key, A. P., Ferguson, M., Molfese, D. L., Peach, K., Lehman, C., & Molfese, V. J. (2007). Smoking during pregnancy affects speech-processing ability in newborn infants. *Environmental Health Perspectives*, *115*, 623–629.

*Kim, J. (2008). Research and the reading wars. In F. M. Hess (Ed.), *When research matters: How scholarship influences education policy*. Cambridge, MA: Harvard Education Press.

Kramer, S. N. (1963). *The Sumerians: Their history, culture, and character*. Chicago: University of Chicago Press.

Kupiainen, S., Hautamäki, J., & Karjalainen, T. (2009). *The Finnish education system and PISA*, vol. 46. Norberto Bottani Website.

Labov, W. (1972). *Language in the inner city: Studies in the black English vernacular.* Philadelphia: University of Pennsylvania Press.

*Lai, C. Q. (2006). How much of human height is genetic and how much is due to nutrition. *Scientific American*, December 11, 2006.

Lake, B. M., Salakhutdinov, R., & Tenenbaum, J. B. (2015). Human-level concept learning through probabilistic program induction. *Science*, *350*, 1332–1338.

Landauer, T. K., & Dumais, S. T. (1997). A solution to Plato's problem: The latent semantic analysis theory of acquisition, induction, and representation of knowledge. *Psychological Review*, *104*, 211–240.

Landerl, K., Wimmer, H., & Frith, U. (1997). The impact of orthographic consistency on dyslexia: A German-English comparison. *Cognition*, *63*, 315–334.

Latomaa, S., & Nuolijärvi, P. (2002). The language situation in Finland. *Current Issues in Language Planning, 3*, 95–202.

Lee, Y. A., Binder, K. S., Kim, J. O., Pollatsek, A., & Rayner, K. (1999). Activation of phonological codes during eye fixations in reading. *Journal of Experimental Psychology: Human Perception and Performance*, *25*, 948–964.

*Leff, A. (2004). Cognitive primer: Alexia. *Advances in Clinical Neuroscience and Rehabilitation*, *4*, 18–22.

Lehman, D. (1998). *The last avant-garde: The making of the New York school of poets.* New York: Doubleday.

*Lesgold, A., & Welch-Ross, M. (2012). *Improving adult literacy instruction: Options for practice and research.* Washington, DC: National Research Council.

Leu, D. J., Jr. (1982). Oral reading error analysis: A critical review of research and application. *Reading Research Quarterly*, *17*(3), 420–437.

Levin, I., Saiegh-Haddad, E, Hende, N., & Ziv, M. (2008) Early literacy in Arabic: An intervention study among Israeli Palestinian kindergartners. *Applied Psycholinguistics*, *29*, 413–436.

*Liberman, I. Y., Shankweiler, D., & Liberman, A. (1989). The alphabetic principle and learning to read. In D. Shankweiler & I. Y. Liberman (Eds.), *Phonology and Reading Disability: Solving the Reading Puzzle*. International Academy for Research in Learning Disabilities Monograph Series, 6: 1–33. Ann Arbor: University of Michigan Press.

Lifton, Robert J. (1961). Thought reform and the psychology of totalism: A study of "brainwashing" in China. New York: W. W. Norton.

Logan, J. (2009). Dyslexic entrepreneurs: The incidence; their coping strategies and their business skills. *Dyslexia*, *1*, 328–346.

Lupyan, G., Rakison, D. H., & McClelland, J. L. (2007). Language is not just for talking: Redundant labels facilitate learning of novel categories. *Psychological Science*, *18*, 1077–1083.

Mabry, M. (2008). *Twice as Good: Condoleezza Rice and Her Path to Power*. New York: Modern Times.

MacDonald, M. C., Pearlmutter, N., & Seidenberg, M. S. (1994). The lexical nature of syntactic ambiguity resolution. *Psychological Review*, *101*, 767–703.

Magnuson, K. A., & Duncan, G. J. (2006). The role of family socioeconomic resources in the black-white test score gap among young children. *Developmental Review*, *26*(4), 365–399.

Maguire, E. A., Gadian, D. G., Johnsrude, I. S., Good, C. D., Ashburner, J., Frackowiak, R. S., & Frith, C. D. (2000). Navigation-related structural change in the hippocampi of taxi drivers. *Proceedings of the National Academy of Sciences*, *97*, 4398–4403.

*Maguire, J. (2006). *American bee: The national spelling bee and the culture of word nerds.* Emmaus, PA: Rodale Books.

Mann, H. (1844). Mr. Mann's seventh annual report: Education in Europe. *Common School Journal*, *6*, 72.

Mano, Q. R., Humphries, C., Desai, R., Seidenberg, M. S., Osmon, D. C. et al. (2013). The role of the occipitotemporal cortex in reading. Reconciling stimulus, task, and lexicality effects. *Cerebral Cortex*, *23*(4), 988-1001.

Marchand, P. (1998). *Marshall McLuhan: The medium and the messenger.* Cambridge, MA: MIT Press.

Markowitz, D. M., & Hancock, J. T. (2014). Linguistic traces of a scientific fraud: The case of Diederik Stapel. *PLOS ONE*, *9*, e105937.

Marslen-Wilson, W. D. (1975). Linguistic structure and speech shadowing at very short latencies. *Nature*, *244*, 522–523.

*Mayer, R. E. (2004). Should there be a three-strikes rule against pure discovery learning? *American Psychologist*, *59*, 14–19.

Mayhew, K. C., & Edwards, A. C. (1936). *The Dewey School: The laboratory school of the University of Chicago 1896–1903.* New York: D. Appleton-Century Company.

McArthur, G. (2008). Does What Works Clearinghouse work? A brief review of Fast ForWord®. *Australian Journal of Public Education* 32, 101–107.

McCandliss, B. D., Cohen, L., & Dehaene, S. (2003). The visual word form area: Expertise for reading in the fusiform gyrus. *Trends in Cognitive Sciences*, *7*, 293–299.

*McCardle, P., Scarborough, H. S., & Catts, H. W. (2001). Predicting, explaining, and preventing children's reading difficulties. *Learning Disabilities Research & Practice*, *16*, 230–239.

McClelland, J. L., Mirman, D., Bolger, D. J., & Khaitan, P. (2014). Interactive activation and mutual constraint satisfaction in perception and cognition. *Cognitive Science*, *38*,

1139–1189.

McClelland, J. L., & Rumelhart, D. E. (1981). An interactive activation model of context effects in letter perception: I. An account of basic findings. *Psychological Review, 88*, 375–407.

McConkie, G. W., & Rayner, K. (1975). The span of the effective stimulus during a fixation in reading. *Perception & Psychophysics*, *17*, 578–586.

McCutchen, D., & Perfetti, C. A. (1982). The visual tongue-twister effect: Phonological activation in silent reading. *Journal of Verbal Learning and Verbal Behavior*, *21*, 672–687.

McLaughlin, M., & DeVoogd, G. L. (2004). *Critical literacy: Enhancing students' comprehension of text.* New York: Scholastic Inc.

McLuhan, M. (1964). *Understanding media*. New York; McGraw-Hill.

*Mehta, J. (2013). Teachers: Will we ever learn? *New York Times*.

*Mehta, J., & Doctor, J. (2013). Raising the bar for teaching. *Phi Delta Kappan*, *94*, 8–13.

Melby-Lervåg, M., & Hulme, C. (2013). Is working memory training effective? A meta-analytic review. *Developmental Psychology*, *49*(2), 270–291.

Menand, L. (2001). *The metaphysical club: A story of ideas in America*. New York: Farrar, Straus and Giroux.

Metsala, J. L., & Walley, A. C. (1998). Spoken vocabulary growth and the segmental restructuring of lexical representations: Precursors to phonemic awareness and early reading ability. In J. Metsala & L. Ehri (Eds.), *Word recognition in beginning literacy*. Mahwah, NJ: Erlbaum.

Michalowski, P. (2003). A man called Enmebaragesi. In W. Sallaberger, K. Volk, and A. Zgoll (Eds.), *Literatur, Politik und Recht in Mesopotamien: Festschrift für Claus Wilcke*. Heidelberg: Harrassowitz.

Michelli, N., & Earley, P. (2011). Teacher education policy context. In P. M. Earley, D. G. Imig & N. M. Michelli (Eds.), *Teacher education policy in the United States: Issues and Tensions in an era of evolving expectations*. New York: Taylor & Francis, 1–13.

Miellet, S., O' Donnell, P. J., & Sereno, S. C. (2009). Parafoveal magnification visual acuity does not modulate the perceptual span in reading. *Psychological Science*, *20*, 721–728.

*Moats, L. C. (1999). *Teaching reading is rocket science: What expert teachers of* *reading should know and be able to do*. Washington, DC: American Federation of Teachers.

*Moats, L. C. (2000). *Whole language lives on: The illusion of "balanced" reading instruction*. Washington, DC: Thomas B. Fordham Institute.

Montag, J. L., & MacDonald, M. C. (2015). Text exposure predicts spoken production of complex sentences in 8- and 12-year-old children and adults. *Journal of Experimental Psychology: General*, *144*, 447.

Montag, J. L., Jones, M. N., & Smith, L. B. (2015). The words children hear: Picture books and the statistics for language learning. *Psychological Science*, *26*, 1489–1496.

Morais, J., Cary, L., Alegria, J., & Bertelson, P. (1979). Does awareness of speech as a sequence of phones arise spontaneously? *Cognition*, *7*, 323–331.

Morganbesser, S. (1977). Introduction. In S. Morgenbesser & J. Dewey, *Dewey and his critics: Essays from the Journal of Philosophy*. Indianapolis: Hackett Publishing.

Morrison, F. J., Alberts, D. M., & Griffith, E. M. (1997). Nature-nurture in the classroom: Entrance age, school readiness, and learning in children. *Developmental Psychology*, *33*, 254–262.

Motoyama, M., Levchenko, K., Kanich, C., McCoy, D., Voelker, G. M., & Savage, S. (2010). Re: CAPTCHAs—Understanding CAPTCHA-Solving Services in an Economic Context. *USENIX Security Symposium*, *10*, 3–8.

*Munakata, Y., & McClelland, J. L. (2003). Connectionist models of development. *Developmental Science*, *6*, 413–429.

Murnane, R. J. (2013). *US high school graduation rates: Patterns and explanations*. NBER Working Paper No. 18701. National Bureau of Economic Research.

Murnane, R. J., Willett, J. B., Duhaldeborde, Y., & Tyler, J. H. (2000). How important are the cognitive skills of teenagers in predicting subsequent earnings? *Journal of Policy Analysis and Management*, *19*, 547–568.

Muter, V., & Snowling, M. J. (2009). Children at familial risk of dyslexia: Practical implications from an at - risk study. *Child and Adolescent Mental Health*, *14*, 37–41.

Myers, C. A., Vandermosten, M., Farris, E. A., Hancock, R., Gimenez, P., et al. (2014). Whito matter morphometric changes uniquely predict children' s reading acquisition. *Psychological Science*, *25*, 1870–1883.

NAEP. (2011). *Reading 2011: National assessment of educational progress at grades 4 and 8*. NCES 2012–457. Washington, DC: US Department of Education.

National Assessment of Adult Literacy (NAAL). (2003). What is NAAL?

National Commission on Excellence in Education. (1983). *A nation at risk: The imperative for educational reform: A report to the nation and the secretary of education*. Washington, DC: US Department of Education.

National Endowment for the Arts (NEA). (2004). *Reading at risk: A survey of literary reading in America*. NEA.

National Endowment for the Arts. (2007). *To read or not to read: A question of national consequence.* NEA.

National Endowment for the Arts. (2009). *Reading on the rise: A new chapter in American literacy*. NEA.

National Institute of Child Health and Human Development (NICHD). (2000). *Report of the National Reading Panel: An evidence-based assessment of the scientific research literature on reading and its implications for reading instruction: Reports of the subgroups*. NIH Publication No. 00–4754. Washington, DC: US Government Printing Office.

Neuman, S. B., & Celano, D. (2001). Access to print in low - income and middle - income communities: An ecological study of four neighborhoods. *Reading Research Quarterly*, *36*(1), 8–26.

Nyhan, B., & Reifler, J. (2010). When corrections fail: The persistence of political misperceptions. *Political Behavior*, *32*(2), 303–330.

*Oetting, J. B., & Kent, R. (2004). Dialect speakers. In R. D. Kent (Ed.), *MIT Encyclopedia of Communication Disorders*, 294–296.

Oetting, J. B., & McDonald, J. L. (2001). Nonmainstream dialect use and specific language impairment. *Journal of Speech, Language, and Hearing Research*, *44*, 207–223.

*Olson, D. R. (1996). *The world on paper: The conceptual and cognitive implications of writing and reading*. Cambridge: Cambridge University Press.

Organisation for Economic Co-operation and Development (OECD). (2010). *PISA 2009 results: Overcoming social background: Equity in learning opportunities and outcomes (volume II)*. OECD.

Organisation for Economic Co-operation and Development (OECD). (2011). *Lessons from PISA for the United States: Strong performers and successful reformers in education*. OECD.

Organisation for Economic Co-operation and Development. (2012). *PISA 2012 results in focus*. OECD.

Organisation for Economic Co-operation and Development. (2013a). *PISA 2012 results*, Vol. 1: *What students know and can do*. OECD.

Organisation for Economic Co-operation and Development. (2013b). *PISA 2012 results*, Vol. 2: *Excellence through equity: Giving every student the chance to succeed*.

Orton, S. T. (1925). "Word-blindness" in school children. *Archives of Neurology and Psychiatry*, *14*, 581.

*Owen, A. M., Hampshire, A., Grahn, J. A., Stenton, R., Dajani, S., et al. (2010). Putting brain training to the test. *Nature*, *465*, 775–778.

Paston, A. (Ed.). (2013). *The Smithsonian book of presidential trivia*. Washington, DC: Smithsonian Books.

Pastore, R. (2012). The effects of time-compressed instruction and redundancy on learning and learners' perceptions of cognitive load. *Computers & Education*, *58*, 641–651.

Patterson, K., Ralph, M. A. L., Jefferies, E., Woollams, A., Jones, R., Hodges, J. R., & Rogers, T. T. (2006). "Presemantic" cognition in semantic dementia: Six deficits in search of an explanation. *Journal of Cognitive Neuroscience*, *18*, 169–183.

Paulesu, E., Démonet, J. F., Fazio, F., McCrory, E., Chanoine, V., et al. (2001). Dyslexia: Cultural diversity and biological unity. *Science*, *291*, 2165–2167.

Pearson, P. D. (1991). Developing expertise in reading comprehension: What should be taught? How should it be taught? Center for the Study of Reading Technical Report 512. IDEALS, University of Illinois Urbana-Champaign.

Pennington, B. F., & Bishop, D. V. (2009). Relations among speech, language, and reading disorders. *Annual Review of Psychology*, *60*, 283–306.

Pennington, B. F., & Lefly, D. L. (2001). Early reading development in children at family risk for dyslexia. *Child Development*, *72*, 816–833.

Perfetti, C. (2007). Reading ability: Lexical quality to comprehension. *Scientific Studies of*

Reading, *11*, 357–383.

Perfetti, C. A., & Hogaboam, T. (1975). Relationship between single word decoding and reading comprehension skill. *Journal of Educational Psychology*, *67*, 461–469.

Perfetti, C. A., & Roth, S. (1981). Some of the interactive processes in reading and their role in reading skill. In A. M. Lesgold & C. A. Perfetti (Eds.), *Interactive processes in reading*. Hillsdale, NJ: Erlbaum.

Perrachione, T. K. (2012). Impaired learning of phonetic consistency and generalized neural adaptation deficits in dyslexia. PhD thesis, MIT Department of Brain and Cognitive Sciences.

Perrachione, T. K., Del Tufo, S. N., & Gabrieli, J. D. (2011). Human voice recognition depends on language ability. *Science*, *333*, 595.

Peterson, P. E., Woessmann, L., Hanushek, E. A., & Lastra-Anadón, C. X. (2011). Globally chal- lenged: Are US students ready to compete? The latest on each state' s international standing in math and reading. PEPG 11–03. Program on Education Policy and Governance, Harvard University.

Peterson, R. L., & Pennington, B. F. (2012). Developmental dyslexia. *Lancet*, *379*, 1997–2007.

Piantadosi, S. T., Tily, H., & Gibson, E. (2012). The communicative function of ambiguity in language. *Cognition*, *122*, 280–291.

Pinker, S. (2003). *The Blank Slate: The Modern Denial of Human Nature*. New York: Penguin.

*Plaut, D. C. (2005). Connectionist approaches to reading. In M. J. Snowling & C. Hulme (Eds.), *The science of reading: A handbook*. Oxford: Blackwell.

Plaut, D. C., McClelland, J. L., Seidenberg, M. S., & Patterson, K. E. (1996). Understanding normal and impaired word reading: Computational principles in quasiregular domains. *Psychological Review*, *103*, 56–115.

Poldrack, R. A. (2011). Inferring mental states from neuroimaging data: From reverse inference to large-scale decoding. *Neuron*, *72*, 692–697.

Pollatsek, A., Lesch, M., Morris, R., & Rayner, K. (1992). Phonological codes are used in integrating information across saccades in word identification and reading. *Journal of Experimental Psychology: Human Perception and Performance*, *18*, 148–162.

Potter, M. C. (1984). Rapid serial visual presentation (RSVP): A method for studying language processing. *New Methods in Reading Comprehension Research*, *118*, 91–118.

Powell, B. B. (2009). *Writing: Theory and history of the technology of civilization*. Hoboken, NJ: John Wiley & Sons.

Price, C. J., & Devlin, J. T. (2003). The myth of the visual word form area. *Neuroimage*, *19*, 473–481.

Pugh, K. R., Frost, S. J., Rothman, D. L., Hoeft, F., Del Tufo, S. N., et al. (2014). Glutamate and choline levels predict individual differences in reading ability in emergent readers. *Journal of Neuroscience*, *34*, 4082–4089.

Pugh, K. R., Frost, S. J., Sandak, R., Landi, N., Moore, D., et al. (2010). The neural basis of reading. In P. L. Cornelissen, P. Hansen, M. Kringelbach, & K. R. Pugh (Eds.), *Mapping the word reading circuitry in skilled and disabled readers*. New York: Oxford University Press. 281–305.

Putnam, H. (1972). Psychology and reduction. *Cognition*, *2*, 131–146.

Ramirez, F. O., Luo, X., Schofer, E., & Meyer, J. W. (2006). Student achievement and national economic growth. *American Journal of Education*, *113*, 1–29.

Ravitch, D. (2011). *The death and life of the great American school system: How testing and choice are undermining education*. New York: Basic Books.

Ravitch, D. (2013). *Reign of error.* New York: Knopf.

Rayner, K., Foorman, B. R., Perfetti, C. A., Pesetsky, D., & Seidenberg, M. S. (2001). How psy- chological science informs the teaching of reading. *Psychological Science in the Public Interest*, *2*, 31–74.

*Rayner, K., Foorman, B. R., Perfetti, C. A., Pesetsky, D., & Seidenberg, M. S. (2002). How should reading be taught? *Scientific American*, *286*, 84–91.

Rayner, K., Schotter, E. R., Masson, M. E., Potter, M. C., & Treiman, R. (2016). So much to read, so little time: How do we read, and can speed reading help? *Psychological Science in the Public Interest*, *17*, 4–34.

Richardson, E. B. (2003). *African American literacies*. New York: Psychology Press.

Richardson, U., Leppänen, P. H., Leiwo, M., & Lyytinen, H. (2003). Speech perception of infants with high familial risk for dyslexia differ at the age of 6 months. *Developmental Neuropsy- chology*, *23*, 385–397.

Risko, V. J., Roller, C. M., Cummins, C., Bean, R. M., Block, C. C., et al. (2008). A critical analysis of research on reading teacher education. *Reading Research Quarterly*, *43*, 252–288.

*Rogers, T. T. (2009). Connectionist models. In L. R. Squire (Ed.), *Encyclopedia of neuroscience*, vol. 3. Oxford: Academic Press.

*Romberg, A. R., & Saffran, J. R. (2010). Statistical learning and language acquisition. *Wiley Interdisciplinary Reviews: Cognitive Science*, *1*, 906–914.

Rothstein, J., & Wozny, N. (2013). Permanent income and the black-white test score gap. *Journal of Human Resources*, *48*, 510–544.

Rudolph, J. L. (2005). Epistemology for the masses: The origins of "the scientific method" in American schools. *History of Education Quarterly*, *45*(3), 341–376.

Rueckl, J. G., Paz-Alonso, P. M., Molfese, P. J., Kuo, W. J., Bick, A., et al. (2015). Universal brain signature of proficient reading: Evidence from four contrasting languages. *Proceedings of the National Academy of Sciences*, *112*, 15510–15515.

Rumelhart, D. E. (1977). Toward an interactive model of reading. In S. Domic (Ed.), *Attention and Performance VI.* Hillsdale, NJ: Erlbaum.

Rumelhart, D. E., & Siple, P. (1974). Process of recognizing tachistoscopically presented words. *Psychological Review*, *81*, 99.

Saffran, E. M., & Marin, O. S. (1977). Reading without phonology: Evidence from aphasia. *Quarterly Journal of Experimental Psychology*, *29*, 515–525.

*Sahlberg, P. (2011). The professional educator: Lessons from Finland. *American Educator*, *35*, 34–38.

Salinger, T., Mueller, L., Song, M., Jin, Y., Zmach, C., et al. (2010). *Study of teacher preparation in early reading instruction*. NCEE 2010–4036. Washington, DC: National Center for Education Evaluation and Regional Assistance, Institute of Education Sciences, US Department of Education.

Sandak, R., Mencl, W. E., Frost, S. J., & Pugh, K. R. (2004). The neurobiological basis of skilled and impaired reading: Recent findings and new directions. *Scientific Studies of Reading*, *8*, 273–292.

Savage-Rumbaugh, S., McDonald, K., Sevcik, R. A., Hopkins, W. D., & Rubert, E. (1986). Spontaneous symbol acquisition and communicative use by pygmy chimpanzees (*Pan panis- cus*). *Journal of Experimental Psychology: General*, *115*, 211–235.

Scarborough, H. S. (1990). Very early language deficits in dyslexic children. *Child Development*, *61*, 1728–1734.

*Schmandt-Besserat, D. (1978). The earliest precursor of writing. *Scientific American*, *238*, 50–59.

Schmandt-Besserat, D. (1986). The origins of writing: An archaeologist' s perspective. *Written Communication*, *3*, 31–45.

Schmandt-Besserat, D. (1992). *From counting to cuneiform*, vol. 1. Austin: University of Texas Press.

Schmeck, R. R. (1988). An introduction to strategies and styles of learning. In R. Schmeck (Ed.), *Learning strategies and learning styles*, 3–19. New York: Plenum Press.

Seghier, M. L., Neufeld, N. H., Zeidman, P., Leff, A. P., Mechelli, A., et al. (2012). Reading without the left ventral occipito-temporal cortex. *Neuropsychologia*, *50*, 3621–3635.

*Seidenberg, M. S. (1997). Language acquisition and use: Learning and applying probabilistic constraints. *Science*, *275*, 1599–1604.

*Seidenberg, M. S. (2005). Connectionist models of reading. *Current Directions in Psychological Science*, *14*, 238–242.

Seidenberg, M. S. (2011). Reading in different writing systems: One architecture, multiple solutions. In P. McCardle, J. Ren & O. Tzeng (Eds.), *Dyslexia across languages: Orthography and the gene-brain-behavior link*. Baltimore: Paul Brooke Publishing.

Seidenberg, M. S. (2012). Computational models of reading: Connectionist and dual-route approaches. In M. Spivey, K. McRae & M. Joanisse (Eds.), *Cambridge handbook of psycholin- guistics*. Cambridge: Cambridge University Press.

*Seidenberg, M. S. (2013). The science of reading and its educational implications. *Language Learning and Development*, *9*, 331–360.

Seidenberg, M. S., & McClelland, J. L. (1989). A distributed, developmental model of visual word recognition and naming. *Psychological Review*, *96*, 523–568.

Seidenberg, M. S., & MacDonald, M. C. (1999). A probabilistic constraints approach to language acquisition and processing. *Cognitive Science*, *23*, 569–588.

Seidenberg, M. S., & Petitto, L. A. (1987). Communication, symbolic communication, and language. *Journal of Experimental Psychology: General*, *116*, 279–287.

Seidenberg, M. S., & Plaut, D. C. (2014). Quasiregularity and its discontents: The legacy of the past tense debate. *Cognitive Science*, *38*, 1190–1228.

Seidenberg, M. S., and Tanenhaus, M. K. (1979). Orthographic effects on rhyme monitoring. *Journal of Experimental Psychology: Human Learning and Memory*, *5*, 546–554.

Shanahan, T., & Barr, R. (1995). Reading recovery: An independent evaluation of the effects of an early instructional intervention for at-risk learners. *Reading Research Quarterly*, *30*(4), 958–996.

Shankweiler, D., & Liberman, I. Y. (Eds.). (1989). Phonology and reading disability: Solving the reading puzzle. International Academy for Research in Learning Disabilities Monograph Series 6. Ann Arbor: University of Michigan Press.

Siegel, J. (2010) *Second dialect acquisition*. Cambridge: Cambridge University Press.

Sleeter, C. E. (1996). *Multicultural education as social activism.* Albany: State University of New York Press.

Smith, F. (1971). *Understanding reading: A psycholinguistic analysis of reading and learning to read*. New York: Holt, Rinehart & Winston.

Smith, F. (1973). *Psycholinguistics and reading*. New York: Holt, Rinehart & Winston.

Smith, F. (1975). *Comprehension and learning.* New York: Holt, Rinehart and Winston.

Smith, F. (1979). *Reading without nonsense.* New York: Teachers College Press.

Smith, F. (1992). Learning to read: The never-ending debate. *Phi Delta Kappan*, *74*, 432–441.

Smith, N. J., & Levy, R. (2013). The effect of word predictability on reading time is logarithmic. *Cognition*, *128*(3), 302–319.

Snow, C. (1977). Mothers' speech research: From input to interaction. In C. E. Snow & C. A. Ferguson (Eds.), *Talking to children*, 31–49. Cambridge: Cambridge University Press.

Snow, C. E., Burns, M. S., & Griffin, P. (Eds.). (1998). *Preventing reading difficulties in young children*. Washington, DC: National Academies Press.

*Snowling, M. J. (2006). Language skills and learning to read: The dyslexia spectrum. In M. J. Snowling & M. E. Hayiou-Thomas (2006). The dyslexia spectrum: Continuities between reading, speech, and language impairments. *Topics in Language Disorders*, *26*, 110–126.

Snowling M. & Stackhouse, J., Eds. (2006). *Dyslexia, speech and language: A practitioner' s handbook*. Hoboken, NJ: John Wiley & Sons.

Snowling, M., & Frith, U. (1986). Comprehension in "hyperlexic" readers. *Journal of Experimental Child Psychology*, *42*, 392–415.

Sokal, A. D. (1996). Transgressing the boundaries: Toward a transformative hermeneutics of quantum gravity. *Social Text*, *46/47*, 217–252.

Sontag, S. (1978). *Illness as Metaphor*. New York: Farrar Straus & Giroux.

Spencer, L. H., & Hanley, J. R. (2003). Effects of orthographic transparency on reading and phoneme awareness in children learning to read in Wales. *British Journal of Psychology*, *94*(1), 1–28.

Sperling, A. J., Lu, Z.-L., Manis, F. R., & Seidenberg, M. S. (2005). Deficits in perceptual noise exclusion in developmental dyslexia. *Nature Neuroscience*, *8*, 862–863.

Sperling, A. J., Lu, Z.-L., Manis, F. R., & Seidenberg, M. S. (2006). Motion perception deficits in reading impairment: It' s the noise not the motion. *Psychological Science*, *17*, 1047–1053.

Sproat, R. W. (2000). *A computational theory of writing systems*. Cambridge: Cambridge University Press.

Stager, C. L., & Werker, J. F. (1997). Infants listen for more phonetic detail in speech perception than in word-learning tasks. *Nature*, *388*, 381–382.

Stanovich, K. E. (1980). Toward an interactive-compensatory model of individual differences in the development of reading fluency. *Reading Research Quarterly*, *16*, 32–71.

*Stanovich, K. E. (1994). Annotation: Does dyslexia exist? *Journal of Child Psychology and Psychiatry*, *35*(4), 579–595.

Stanovich, K. E. (2005). The future of a mistake: Will discrepancy measurement continue to make the learning disabilities field a pseudoscience? *Learning Disability Quarterly*, *28*, 103–106.

*Stanovich, P. J., & Stanovich, K. E. (2003). Using research and reason in education: How teachers can use scientifically based research to make curricular and instructional decisions. ERIC.

Starr, M. S., & Rayner, K. (2001). Eye movements during reading: Some current controversies. *Trends in Cognitive Sciences*, *5*, 156–163.

*Steiner, D., & Rozen, S. (2004). Preparing tomorrow' s teachers: An analysis of syllabi from a sample of America' s schools of education. In F. Hess, A. Rotherham, & K. Walsh (Eds.), *A qualified teacher in every classroom? Appraising old answers and new ideas*. Boston: Harvard Education Press.

Stinson, D. W., Bidwell, C. R., & Powell, G. C. (2012). Critical pedagogy and teaching mathematics for social justice. *International Journal of Critical Pedagogy*, *4*, 76–94.

Stoeckel, C., Gough, P. M., Watkins, K. E., & Devlin, J. T. (2009). Supramarginal gyrus involvement in visual word recognition. *Cortex*, *45*, 1091–1096.

Sunstein, C. (1999). The law of group polarization. John M. Olin Law & Economics Working Paper No. 91 (2nd series). University of Chicago Law School.

Tanaka, H., Black, J. M., Hulme, C., Stanley, L. M., Kesler, S. R., Whitfield-Gabrieli, S., Reiss, A. L., et al. (2011). The brain basis of the phonological deficit in dyslexia is independent of IQ. *Psychological Science*, *22*, 1442–1451.

*Taylor, I., & Taylor, M. (2014). *Writing and literacy in Chinese, Korean, and Japanese*. Rev. ed. Philadelphia: John Benjamins Publishing.

Taylor, J., Roehrig, A. D., Hensler, B. S., Connor, C. M., & Schatschneider, C. (2010). Teacher quality moderates the genetic effects on early reading. *Science*, *328*, 512–514.

Terry, N. P., Connor, C. M., Petscher, Y., & Conlin, C. R. (2012). Dialect variation and reading: Is change in nonmainstream American English use related to reading achievement in first and second grades? *Journal of Speech, Language, and Hearing Research*, *55*, 55–69.

Terry, N. P., Connor, C. M., Thomas-Tate, S., & Love, M. (2010). Examining relationships among dialect variation, literacy skills, and school context in first grade. *Journal of Speech, Language, and Hearing Research*, *53*, 126–145.

Thomas, M. S., & McClelland, J. L. (2008). Connectionist models of cognition. In R. Sun (Ed.), *The Cambridge handbook of computational psychology.* Cambridge: Cambridge University Press.

Tobias, E., & Duffy, T. (Eds.). (2009). *Constructivist theory applied to instruction: Success or failure*? Mahwah, NJ: Lawrence Erlbaum.

Tuffiash, M., Roring, R. W., & Ericsson, K. A. (2007). Expert performance in Scrabble: Implications for the study of the structure and acquisition of complex skills. *Journal of Experimental Psychology: Applied*, *13*, 124.

*Tunmer, W. E., Chapman, J. W., Greaney, K. T., Prochnow, J. E., & Arrow, A. W. (2013). Why the New Zealand National Literacy Strategy has failed and what can be done about it: Evidence from the Progress in International Reading Literacy Study (PIRLS) 2011 and Reading Recovery monitoring reports. *Australian Journal of Learning Difficulties*, *18*, 139–180.

Turkeltaub, P. E., Gareau, L., Flowers, D. L., Zeffiro, T. A., & Eden, G. F. (2003). Development of neural mechanisms for reading. *Nature Neuroscience, 6*, 767–773.

Tyson, C. A., & Park, S. C. (2006). From theory to practice: Teaching for social justice. *Social Studies and the Young Learner*, *19*, 23.

*US Department of Education (DOE). (2010). Thirty-Five Years of Progress in Educating Children with Disabilities Through IDEA. DOE.

Van Orden, G. C. (1987). A rows is a rose: Spelling, sound, and reading. *Memory and Cognition*, *15*, 181–198.

Van Orden, G. C., Johnston, J. C., & Hale, B. L. (1988). Word identification in reading proceeds from spelling to sound to meaning. *Journal of Experimental Psychology: Learning, Memory, and Cognition*, *14*, 371.

Walker, C. B. F. (1990). Cuneiform. In J. T. Hooker (Ed.), *Reading the past: Ancient writing from cuneiform to the alphabet*. Berkeley: University of California Press.

Walker, D., Greenwood, C., Hart, B., & Carta, J. (1994). Prediction of school outcomes based on early language production and socioeconomic factors. *Child Development*, *65*(2), 606–621.

*Walsh, K. (2013). 21st-century teacher education. *Education Next*, *13,* 18–24.

*Walsh, K., Glaser, D., & Wilcox, D. D. (2006). What education schools aren't teaching about reading and what elementary teachers aren't learning. National Council on Teacher Quality.

Washington, J. A., Patton Terry, N., & Seidenberg, M. S. (2013). Language variation and literacy learning: The case of African American English. In C. A. Stone, E. R. Silliman, G. P. Wallach, & B. J. Ehren (Eds.), *Handbook of language and literacy: Development and disorders*. 2nd ed. New York: Guilford Press.

Weaver, C. (1988). *Reading process and practice: From socio-psycholinguistics to whole language*. Portsmouth, NH: Heinemann Educational Books.

Weizman, Z. O., & Snow, C. E. (2001). Lexical output as related to children' s vocabulary acquisition: Effects of sophisticated exposure and support for meaning. *Developmental Psychology*, *37*(2), 265.

Werker, J. F., & Tees, R. C. (1999). Influences on infant speech processing: Toward a new synthesis. *Annual Review of Psychology*, *50*, 509–535.

Wilkinson, C. W. (1980). *Communicating through letters and reports*. 7th ed. Homewood, IL: R. D. Irwin.

Willcutt, E. G., Betjemann, R. S., McGrath, L. M., Chhabildas, N. A., Olson, R. K., et al. (2010a). Etiology and neuropsychology of comorbidity between RD and ADHD: The case for multiple-deficit models. *Cortex*, *46*, 1345–1361.

Willcutt, E. G., Pennington, B. F., Duncan, L., Smith, S. D., Keenan, J. M., et al. (2010b). Understanding the complex etiologies of developmental disorders: Behavioral and molecular genetic approaches. *Journal of Developmental and Behavioral Pediatrics*, *31*, 533–544.

*Willingham, D. T. (2006). How knowledge helps: It speeds and strengthens reading comprehension, learning—and thinking. *American Educator*, *30*, 30–37.

*Willingham, D. T. (2015). *Raising kids who read: What parents and teachers can do*. San Francisco: Jossey-Bass.

Wilson, S. (Ed.). (2009). Teacher quality. Education policy white paper. ERIC.

Wilson, W. J. (2011). To be poor, black, and American. *American Educator*, *35*, 10–23.

*Wolf, M. (2007). *Proust and the squid: The story and science of the reading brain.* New York: Harper.

Wolfram, W. (1974). The relationship of white southern speech to vernacular black English. *Language*, *50*(3), 498–527.

Wolfram, W. (2004). The grammar of urban African American vernacular English. In B. Kortmann & E. Schneider, *Handbook of varieties of English.* Berlin: Mouton.

Wood, E., & Barrows, M. (1958). *Reading skills*. New York: Holt, Rinehart & Winston.

Woolfolk, A. (2007). *Educational psychology*. 10th ed. Boston: Allyn & Bacon.

Wray, D. (2004). *Literacy: Major themes in education*, vol. 2. New York: Taylor & Francis.

Yakubovich, I. (2010). Anatolian hieroglyphic writing. In C. Woods, G. Emberling & E. Teeter (Eds.), *Visible language: Inventions of writing in the ancient Middle East and beyond*, 205. Oriental Institute Museum Publications 32. Chicago: Oriental

Institute.

Yang, J., McCandliss, B. D., Shu, H., & Zevin, J. D. (2009). Simulating language-specific and language-general effects in a statistical learning model of Chinese reading. *Journal of Memory and Language*, *61*, 238–257.

Yeatman, J. D., Dougherty, R. F., Ben-Shachar, M., & Wandell, B. A. (2012). Development of white matter and reading skills. *Proceedings of the National Academy of Sciences*, *109*, E3045–E3053.

Zhang, M. (2013). Contrasting automated and human scoring of essays. *ETS R&D Connections*, *21*, 1–11.

Zhu, X. (2005). Semi-supervised learning literature survey. Computer Sciences TR 1530, University of Wisconsin–Madison.

Ziegler, J. C., & Ferrand, L. (1998). Orthography shapes the perception of speech: The consistency effect in auditory word recognition, *5*, 683–689.

Ziegler, J. C., & Goswami, U. (2005). Reading acquisition, developmental dyslexia, and skilled reading across languages: A psycholinguistic grain size theory. *Psychological Bulletin*, *131*, 3–29.

未来，属于终身学习者

我这辈子遇到的聪明人（来自各行各业的聪明人）没有不每天阅读的——没有，一个都没有。巴菲特读书之多，我读书之多，可能会让你感到吃惊。孩子们都笑话我。他们觉得我是一本长了两条腿的书。

——查理·芒格

互联网改变了信息连接的方式；指数型技术在迅速颠覆着现有的商业世界；人工智能已经开始抢占人类的工作岗位……

未来，到底需要什么样的人才？

改变命运唯一的策略是你要变成终身学习者。未来世界将不再需要单一的技能型人才，而是需要具备完善的知识结构、极强逻辑思考力和高感知力的复合型人才。优秀的人往往通过阅读建立足够强大的抽象思维能力，获得异于众人的思考和整合能力。未来，将属于终身学习者！而阅读必定和终身学习形影不离。

很多人读书，追求的是干货，寻求的是立刻行之有效的解决方案。其实这是一种留在舒适区的阅读方法。在这个充满不确定性的年代，答案不会简单地出现在书里，因为生活根本就没有标准确切的答案，你也不能期望过去的经验能解决未来的问题。

而真正的阅读，应该在书中与智者同行思考，借他们的视角看到世界的多元性，提出比答案更重要的好问题，在不确定的时代中领先起跑。

湛庐阅读 App：与最聪明的人共同进化

有人常常把成本支出的焦点放在书价上，把读完一本书当作阅读的终结。其实不然。

时间是读者付出的最大阅读成本

怎么读是读者面临的最大阅读障碍

“读书破万卷”不仅仅在“万”，更重要的是在“破”！

现在，我们构建了全新的“湛庐阅读”App。它将成为你“破万卷”的新居所。在这里：

- 不用考虑读什么，你可以便捷找到纸书、电子书、有声书和各种声音产品；
- 你可以学会怎么读，你将发现集泛读、通读、精读于一体的阅读解决方案；
- 你会与作者、译者、专家、推荐人和阅读教练相遇，他们是优质思想的发源地；
- 你会与优秀的读者和终身学习者为伍，他们对阅读和学习有着持久的热情和源源不绝的内驱力。

下载湛庐阅读 App，
坚持亲自阅读，
有声书、电子书、阅读服务，
一站获得。

CHEERS

本书阅读资料包

给你便捷、高效、全面的阅读体验

本书参考资料

湛庐独家策划

- 参考文献
  为了环保、节约纸张，部分图书的参考文献以电子版方式提供
- 主题书单
  编辑精心推荐的延伸阅读书单，助你开启主题式阅读
- 图片资料
  提供部分图片的高清彩色原版大图，方便保存和分享

相关阅读服务

终身学习者必备

- 电子书
  便捷、高效，方便检索，易于携带，随时更新
- 有声书
  保护视力，随时随地，有温度、有情感地听本书
- 精读班
  2~4周，最懂这本书的人带你读完、读懂、读透这本好书
- 课　程
  课程权威专家给你开书单，带你快速浏览一个领域的知识概貌
- 讲　书
  30分钟，大咖给你讲本书，让你挑书不费劲

湛庐编辑为你独家呈现
助你更好获得书里和书外的思想和智慧，请扫码查收！

（阅读资料包的内容因书而异，最终以湛庐阅读App页面为准）

Language at the Speed of Sight: How We Read, Why So Many Can't, and What Can Be Done About It

图书在版编目（CIP）数据

如何阅读 / (美) 马克·塞登伯格 (Mark Seidenberg) 著 ; 吴娜 , 李哲 , 周海鹏译 . -- 杭州 : 浙江教育出版社 , 2022.3

书名原文 : Language at the Speed of Sight

ISBN 978-7-5722-3127-8

Ⅰ. ①如… Ⅱ. ①马… ②吴… ③李… ④周… Ⅲ. ①读书方法 Ⅳ. ① G792

中国版本图书馆 CIP 数据核字（2022）第 028557 号

浙江省版权局
著作权合同登记号
图字 :11-2020-393号

上架指导：认知科学 / 阅读科学

本书法律顾问　北京市盈科律师事务所　崔爽律师

如何阅读

RUHE YUEDU

[美] 马克·塞登伯格（Mark Seidenberg） 著
吴娜　李哲　周海鹏　译

责任编辑：刘晋苏　王方家
美术编辑：韩　波
封面设计：ablackcover.com
责任校对：傅　越
责任印务：沈久凌
出版发行：浙江教育出版社（杭州市天目山路 40 号　电话：0571-85170300-80928）
印　　刷：唐山富达印务有限公司
开　　本：710mm ×965mm 1/16
印　　张：27　　**字　　数：**488 千字
版　　次：2022 年 3 月第 1 版　　**印　　次：**2022 年 3 月第 1 次印刷
书　　号：ISBN 978-7-5722-3127-8　　**定　　价：**129.90 元

如发现印装质量问题，影响阅读，请致电 010-56676359 联系调换。